Gehörte Geschichten

Gehörte Geschichten

Phänomene des Auditiven

Herausgegeben von
Nils Lehnert, Ina Schenker und Andreas Wicke

DE GRUYTER

Die freie Verfügbarkeit der E-Book-Ausgabe dieser Publikation wurde durch
35 wissenschaftliche Bibliotheken und Initiativen ermöglicht, die die Open-Access-
Transformation in der Deutschen Literaturwissenschaft fördern.

ISBN 978-3-11-163108-0
e-ISBN (PDF) 978-3-11-074177-3
e-ISBN (EPUB) 978-3-11-074184-1
DOI https://doi.org/10.1515/9783110741773

Library of Congress Control Number: 2022939106

Bibliografische Information der Deutschen Nationalbibliothek
Die Deutsche Nationalbibliothek verzeichnet diese Publikation in der Deutschen
Nationalbibliografie; detaillierte bibliografische Daten sind im Internet über
http://dnb.dnb.de abrufbar.

© 2024 bei den Autorinnen und Autoren, Zusammenstellung © 2024 Nils Lehnert, Ina
Schenker und Andreas Wicke, publiziert von Walter De Gruyter GmbH, Berlin/Boston
Dieser Band ist text- und seitenidentisch mit der 2022 erschienenen gebundenen Ausgabe.
Dieses Buch ist als Open-Access-Publikation verfügbar über www.degruyter.com.

Einbandabbildung: ilyast/DigitalVision Vectors/Getty Images; bortonia/DigitalVision Vectors/
Getty Images; molotovcoketail/DigitalVision Vectors/Getty Images; Yury_Velikanov/iStock/
Getty Images Plus; Sashatigar/iStock/Getty Images Plus
Satz: Integra Software Services Pvt. Ltd.

www.degruyter.com

Open-Access-Transformation in der Literaturwissenschaft

Open Access für exzellente Publikationen aus der Deutschen Literaturwissenschaft: Dank der Unterstützung von 35 wissenschaftlichen Bibliotheken und Initiativen können 2022 insgesamt neun literaturwissenschaftliche Neuerscheinungen transformiert und unmittelbar im Open Access veröffentlicht werden, ohne dass für Autorinnen und Autoren Publikationskosten entstehen.

Folgende Einrichtungen und Initiativen haben durch ihren Beitrag die Open-Access-Veröffentlichung dieses Titels ermöglicht:

Dachinitiative „Hochschule.digital Niedersachsen" des Landes Niedersachsen
Universitätsbibliothek Bayreuth
Staatsbibliothek zu Berlin – Preußischer Kulturbesitz
Universitätsbibliothek der Freien Universität Berlin
Universitätsbibliothek der Humboldt-Universität zu Berlin
Universitätsbibliothek Bochum
Universitäts- und Landesbibliothek Bonn
Universitätsbibliothek Braunschweig
Staats- und Universitätsbibliothek Bremen
Universitäts- und Landesbibliothek Darmstadt
Technische Universität Dortmund – Universitätsbibliothek (Universitätsbibliothek Dortmund)
Sächsische Landesbibliothek – Staats- und Universitätsbibliothek Dresden
Universitätsbibliothek Duisburg-Essen
Universitäts- und Landesbibliothek Düsseldorf
Universitätsbibliothek Johann Christian Senckenberg, Frankfurt a. M.
Universitätsbibliothek Freiburg
Bibliothek der Pädagogischen Hochschule Freiburg
Niedersächsische Staats- und Universitätsbibliothek Göttingen
Universitätsbibliothek Greifswald
Staats- und Universitätsbibliothek Hamburg Carl von Ossietzky
Gottfried Wilhelm Leibniz Bibliothek – Niedersächsische Landesbibliothek, Hannover
Technische Informationsbibliothek (TIB) Hannover
Universitätsbibliothek Kassel – Landesbibliothek und Murhardsche Bibliothek der Stadt Kassel
Universitäts- und Stadtbibliothek Köln
Universitätsbibliothek der Universität Koblenz-Landau
Zentral- und Hochschulbibliothek Luzern
Universitätsbibliothek Magdeburg
Universitätsbibliothek Marburg
Universitätsbibliothek der Ludwig-Maximilians-Universität München
Universitäts- und Landesbibliothek Münster
Universitätsbibliothek Osnabrück
Universitätsbibliothek Vechta
Herzog August Bibliothek Wolfenbüttel
Universitätsbibliothek Wuppertal
Zentralbibliothek Zürich

Inhaltsverzeichnis

III Analyseverfahren gehörter Geschichten

IV Didaktische Aspekte gehörter Geschichten

Nils Lehnert, Ina Schenker und Andreas Wicke
Einleitung

Erzählen ist *das* transmediale Phänomen *par excellence* und zugleich *die* „anthropologische Universalie" (Mellmann 2017, 308) schlechthin. Erzählt werden Fakten und Fiktionen, erzählt wird in der Forschung und in den Medien, privat und öffentlich, im Alltag und als Kunst. Geschichten und ihren Kontexten und Bedeutungen auf den Grund zu kommen, ist längst eine gut ausgeleuchtete interdisziplinäre Angelegenheit und war schon immer das Kerngeschäft der Literatur- und Kulturwissenschaften. Theoretisch und methodisch fundiert ist die Erzählforschung im Bereich von Literatur, Theater, Performance und Film. Aufgrund ihrer Wissenschaftsgeschichte sind gerade die Philologien jedoch immer noch geneigt, Phänomene des Auditiven im wortwörtlichen Sinne zu *übersehen* (vgl. Schenker 2022, 23).

Eine historische Gegenüberstellung von vormodernem Hören und modernem Sehen prägt die Philologien zudem, was eine Dichotomisierung und Hierarchisierung der Sinne zur Folge hat (vgl. Morat 2013, 135). Und doch strebt die neuere Forschung verstärkt danach, diese „great divide theory" (Smith 2008, 58) zu überwinden und das Hören mit seinen konstitutiven Anteilen an der Produktion von Bedeutungen in den Fokus zu rücken. Diese Überlegungen führen zu Fragen der Methodik, Analysegrundlagen und Einbettung in breitere theoretisierende Ansätze, die vor allem als Desiderat im Umgang mit gehörten Geschichten gesehen werden können. Gerade an diesen Punkten können Auditivität und Philologien in ein sich gegenseitig bereicherndes Austauschverhältnis treten, wie etwa Elke Huwiler unter Beweis gestellt hat: *Sound erzählt*, so lautet der Titel ihres Aufsatzes (vgl. Huwiler 2005b). Auch Ina Schenkers kürzlich erschienene Monographie *Auditives Erzählen* widmet sich den Modi des Auditiven aus einer erzähltheoretischen und kulturwissenschaftlichen Perspektive inklusive einer Erweiterung methodologischer Kategorien (vgl. Schenker 2022). Schall, Ton, Laut, Klang, Geräusch, Musik, Stimme, Lärm und Stille sowie O-Ton und technische Bearbeitungen fordern Forschende zusätzlich auf, das Hörbare als eigenständigen Modus der Wirklichkeit und der Fiktion zu begreifen. *Auditiv* als „das zum Hören Gehörige" (Sanio 2013, 229) fokussiert, vermisst und ordnet nicht nur das akustische Phänomen als solches, sondern vor allem auch, wie Menschen es wahrnehmen und erleben, was sie und wie sie es rezipieren.

Durch die verfügbar gewordenen medialen Reproduktionstechnologien entsteht im 21. Jahrhundert vermehrt Bewegung in diesem Bereich. Zum einen eröffnen die Künste selbst Klangkontexte als Möglichkeit der Theoriebildung (vgl. Sanio 2013, 239), zum anderen vollzieht sich gegenwärtig durch „die Miniaturisierung und Tragbarkeit der Abspielgeräte und Kopfhörer sowie das wachsende Angebot auditiv wahrnehmbarer Medieninhalte ein weitaus weniger spektakulärer, dafür unmittelbar im Alltag der Menschen stattfindender Wandel" (Schulz 2018, 1). Das Aneignungsspektrum wird um eine weitere Rezeptionsebene ergänzt, die eine ins Ästhetische gewandelte, andere Alltagsverrichtungen begleitende Möglichkeit der (fiktionalen) Textwahrnehmung darstellt: Geschichten können fast überall gehört werden. So rückt das Auditive inklusive aller Überschneidungsphänomene, wie sie sich beispielsweise im Bereich des Audiovisuellen (Fernsehen, Games etc.) formieren, sowohl von den Seiten der Künste als auch als soziale Praxis verstärkt ins Augenmerk verschiedener Forschungsdisziplinen.

Dieser Band nimmt auditive Phänomene vor allem im Kontext des elektroakustischen Erzählens in den Blick und untersucht Genres, Basiselemente, Analyseverfahren und didaktische Aspekte gehörter Geschichten.[1] Es geht darum, methodische und theoretische Einbettungen zu schärfen und – soweit möglich – an konkreten Hör(bei)spielen zu belegen. Damit ist eine erste Besonderheit des Konzepts benannt, die sich etwa im Vergleich zum *Handbuch Literatur & Audiokultur* (Binczek und Wirth 2020) herausstreichen lässt: Während das *Handbuch* – genreadäquat – eher die größeren *Outlines* skizziert, geht es hier stärker um die konkrete Arbeit am Material, um die jeweils vorgestellten Analyseansätze nachvollziehbar und anwendungsorientiert einordnen zu können.[2] Die ausgewählten Aufsätze bemühen sich mithin, die Überblicksdarstellungen zu differenzieren und anhand ausgesuchter Hörtexte zu exemplifizieren. So wird einerseits die Kluft zwischen Theorie und Analysepraxis geschlossen, andererseits können die in den Beiträgen entfalteten Herangehensweisen auch über die untersuchten Artefakte hinaus als Werkzeugkasten fungieren.

Obwohl viele Beiträge (wie auch die Beitragenden selbst) freilich philologisch geprägt sind, soll der Schwerpunkt weniger auf „Interferenzen zwischen Literatur und akustischen Medien" (Schenk und Zeisberger 2019, 9) gelegt werden, sondern genuin auf das Auditive mit seinen ästhetischen Eigengesetzlichkeiten. Diesbezüglich befindet sich *Gehörte Geschichten. Phänomene des Auditiven* auf einer ähnlichen Impetus-Wellenlänge wie die *Diskurse des Sonalen* (Herrmann und Korten 2019). Beiden Bänden geht es darum, „sich vom visuellen Paradigma der medienkulturwissenschaftlichen Forschung weiter zu emanzipieren" (Herrmann

---

1 Rein mündlich überlieferte Erzählungen werden in diesem Band außen vorgelassen, da eine Abgrenzung im Bereich Genres vor allem über die Einflüsse der verschiedenen Medientechniken vorgenommen wird. Ebenso spielt die technische Medienspezifik in Bezug auf die analytischen Herangehensweisen eine Schlüsselrolle.
2 Im Vergleich zum *Handbuch* wird hier zudem der Fokus auf Audiotexte gelegt; die Analyse von schriftlichen Texten, die sich mit Audiokultur beschäftigen, entfällt.

und Korten 2019, Klappentext), um auditiven Phänomenen in ihrer Komplexität ‚auf Augenhöhe' begegnen zu können. Mit Bezug auf deren performatives Potenzial sei, so Britta Herrmann, „die Literaturwissenschaft gefordert, ihre Interpretationspolitik zu überdenken und Analyseinstrumente für ein *close listening* zu finden, um diesen Phänomenen gerecht zu werden und auch künftige Entwicklungen einer intermedialen, performativen Literaturgeschichte und ihrer Genres zu erforschen" (Herrmann 2020, 37; Herv. i. O.).

Daran anknüpfend stellt sich der erste Teil des vorliegenden Bandes zunächst die Frage nach potenziellen **Genres** gehörter Geschichten. Naheliegend und gut erforscht sind Hörspiel und Lesung. Wie Häusermann, Janz-Peschke und Rühr jedoch in ihrer Monographie zeigen, lässt sich bereits eine vermeintlich klare definitorische Frage wie „Was ist ein Hörbuch?" nicht ohne weiteres beantworten, ist doch die „Palette der Produktionen, die in den deutschsprachigen Ländern *Hörbücher* genannt werden, [äußerst] breit" (Häusermann et al. 2010, 11; Herv. i. O.). „Das Hörbuch im engeren Sinne ist die Lesung, das Hörbuch im weiteren Sinne schließt auch Hörspiele mit ein. Im weitesten Sinne werden […] sämtliche Produktionen mit vornehmlich gesprochenem Wortinhalt als Hörbücher bezeichnet" (Häusermann et al. 2010, 14). Diese noch nicht abschließend konventionalisierte Genredefinition gibt einen Vorgeschmack auf viele im Fluss befindliche und sich erst in jüngster Zeit konstituierende Forschungslinien.

So gibt es zum Pophörspiel, das lange Zeit im Schatten des Neuen Hörspiels sein Dasein fristete, im Rahmen der Monographie von Rinke (2018) und den exemplarischen Analysen, die Greif und Lehnert (2020) herausgegeben haben, nunmehr eine produktive Diskussion – ein seit Jahrzehnten beliebtes und verbreitetes Genre wie das Kriminalhörspiel muss aus Forschungsperspektive weiterhin als Desiderat bezeichnet werden, dasselbe gilt für fantastische Hörspiele. Darüber hinaus stellen sich Fragen von Subgenres, Überlappungs- und Grenzbereichen der jeweiligen Ausdrucksformen, aus denen sich wichtige Grundlagen für das auditive Erzählen ableiten lassen, die sich dann an weiteren hörbaren Geschichten produktiv reiben und das Analyseinstrumentarium erweitern und verschieben können. Dazu zählen Phänomene wie Podcasts, Comic-Lesungen und Audioguides, die vertieft konturiert werden. Grundlegend wird der Frage nachgegangen, welche unterschiedlichen formalen, strukturellen und thematischen Kriterien sich bündeln lassen, um ein Genre im Sinne eines offenen Systems zu bezeichnen, das immer wieder durch neue Variablen umgedacht werden kann.

René Kegelmann lotet Überschneidungen und Abgrenzungen zwischen Lesung und Hörspiel auf Grundlage des gemeinsamen Bezugstexts *Der nasse Fisch* von Volker Kutscher aus. Die Analyse konzentriert sich – nach einer Skizzierung der Handlungselemente – anhand ausgewählter Passagen auf die narrative Erzählinstanz in beiden auditiven Formaten. Als wichtigstes auditives Element der Lesung fungiert die Stimme des Sprechers oder der Sprecherin. Sie ist die erste deutende und interpretierende Instanz. Dagegen eröffnet das Hörspiel in seiner dialogischen und szenischen Komposition Gestaltungsspielraum für figurales Erzählen. So entstehen verschieden hörbare Geschichten, die je unterschiedliche Analyseinstrumentarien einfordern.

Der Beitrag von **Matthias C. Hänselmann** widmet sich dem Dialekthörspiel und wirft die Frage auf, ob Sprachlichkeit ein Marker für Genreausformungen auditiver Phänomene sein kann. In den Fokus rückt er das Mundarthörspiel, das er als transgenerische Grundform für die Erzählweisen im Hörspiel auffasst. Dieses konturiert er auch in Bezug auf Multilingualität und geht damit hochaktuellen Fragen nach Dialekten, Soziolekten, Idiolekten und den Geschichten nach, die unsere transkulturellen Gesellschaften erzählen. Die semiotischen Potenziale und narrativen Funktionalisierungsmöglichkeiten von Sprache werden als ein Bestimmungskriterium für Subgenres dieser Geschichten gefasst.

Auf Basis der Differenzkategorien von Zeitunabhängigkeit, Ortsunabhängigkeit und Hyper-Intimität kontrastiert **Ania Mauruschat** die Genres Podcast und Hörspiel. Obwohl der Artikel das Label ‚Podcast' problematisiert und ‚Post-Radiokunst', angelehnt an die Selbstbezeichnungen aktueller Podcastkünstlerinnen und -künstler, als Alternative diskutiert, lassen sich die exemplarischen Gattungsspezifika für eine Trennschärfe zum Hörspiel in Dienst nehmen. Mit Michaela Meliáns *Memory Loops*, Kaitlin Prests *The Heart* und FM Einheits *FM Modul* fokussiert der Beitrag durchaus der Podcast-Avantgarde zuzuordnende Produktionen, die gewissermaßen das Genre künstlerisch erforschen und dabei zugleich weiterentwickeln. Bei aller Unterschiedlichkeit der jeweiligen Herangehensweise teilen sich Mauruschats Analysebeispiele die Radiokunst als wichtigsten Bezugspunkt.

Ursula Klingenböck widmet sich der Comic-Lesung als besonderem Subgenre der Lesung. Von einer doppelten Auditivität geprägt, verortet sich die Comic-Lesung auf vielschichtigen Analyseebenen. So bringt bereits das lautmalerische visuelle Erzählen eine bestimmte Vorstellung von Klanglichkeit mit sich, die sowohl von visuellen als auch von sprachlichen Elementen vorgegeben ist. Die auditive Realisierung in der Performance – untersucht werden Lesungen der Werke Nicolas Mahlers – erweitert dieses Setting um den der Stimme eigenen Mehrwert. In der Comic-Autor-Zeichner-Lesung kommt dieser eine besondere Bedeutung für die Konzepte von Autorschaft und Werkbegriff zu. Wenn also nach einem gattungskonstituierenden Potenzial der Comic-Lesung gefragt wird, so sieht Klingenböck dieses in erster Linie in einer Neukonstruktion des Verhältnisses von visueller und auditiver Spur für bzw. durch den Akt ihrer Realisierung.

Audioguides aus dem kunstmusealen Vermittlungskontext rücken bei **Janneke Schoene** in den Fokus. Auch wenn sich Audioguides in ihrer Diversität nicht idealtypisch als eine gemeinsame Erzählform beschreiben lassen, dominieren Erzählweisen, die über den didaktischen Kontext hinausweisen. Es ist gerade erstrebenswert, dass sie als eigene gehörte Geschichten aufgefasst werden und vorrangig selbst Bedeutung erzeugen. Namentlich neuere Audioguides gehen über einen reinen Beschreibungskontext hinaus und agieren als autonome Form ästhetischen Erlebens. Wissen und Information sind also nur eine Seite, die diese Geschichten erzählen. Die andere Seite stellen eigenständig hörbare Geschichten dar, was auch inklusive Potenziale bietet, beispielsweise für Menschen mit visuellen Einschränkungen.

Esther von der Osten verfolgt die Fährte von Transkriptionen, vom Prozess des Transkribierens und vom Mitschnitt der Transkription als auditivem Teilbereich. Transkription und Transformation stehen in einem engen Wechselspiel, wenn aus einer aufgezeichneten und gehörten Geschichte ein geschriebener Text wird. Kommt der Vorgang der Übersetzung hinzu, wechselt die Erzählung nicht nur den medialen Kontext, sondern auch die Sprache. Die Analyse und das Genre pendeln zwischen Mündlichkeit und Schriftlichkeit, Auslassung und Fixierung, Adressierung und Neutralisierung sowie der beständigen Frage nach der Möglichkeit, Auditivität auch im Schriftlichen hörbar zu machen.

Der zweite Abschnitt des Bandes widmet sich den **Basiselementen** gehörter Geschichten. Es zeigt sich, dass das vorhandene Instrumentarium vor allem durch Praxis und Anwendung geschärft und weiterentwickelt wird. Je mehr konkrete Beispiele einer medial sensiblen Analyse unterzogen werden, desto breiter können sich die Gegenstände in der Forschung platzieren. Götz Schmedes hat im Rahmen seiner 2002 erschienenen Dissertation *Ansätze einer Hörspielsemiotik am Beispiel der Radioarbeiten von Alfred Behrens* – so der Untertitel – herausgearbeitet und unterscheidet zwischen den allgemeinen Codes Sprache, Stimme, Geräusch, Musik und Stille sowie den audiophonen Zeichensystemen Blende, Schnitt, Mischung, Stereophonie und elektroakustische Manipulation. Ausgewählten Bausteinen werden im vorliegenden Band jeweils einzelne Beiträge gewidmet, die vorhandene Kriterien bündeln und ausdifferenzieren sowie anhand konkreter Hörmedien untersuchen.

Hörtexte basieren auf auditiven Zeichensystemen. Mit einem besonderen Fokus auf den audiophonen Zeichen untersucht **Elke Huwiler** verschiedene Hörspiele. So geht sie davon aus, dass bestimmte semiotische Systeme, allen voran die Sprache, auch anderen Erzählformen zur Verfügung stehen. Die studiotechnische Bearbeitung ist dagegen genuin elektroakustisch hervorgebrachten Geschichten eigen. Dies bedeutet auch, dass sich gehörte Texte mit ihren technischen Möglichkeiten verändern und Innovationen in den Mitteln auch eine neue Experimentierfreude im Erzählen mit sich bringen können. Anhand von Hörspielen unter anderem von Dieter Kühn, Günter Kunert und Luise Rinser zeichnet Huwiler die narrative Bedeutungsgenerierung durch audiophone Zeichensysteme nach.

Geräusche fordern das Analyseinstrumentarium in ihrer Bedeutungs- und Deutungsoffenheit besonders heraus. **Jan Sinning** geht am Beispiel von Christoph Buggerts Hörspiel *Ein Nachmittag im Museum der unvergessenen Geräusche* den semiotischen Optionen von Geräuschen auf den Grund. Statt diese als ungreifbar und problematisch zu werten, betont er das Potenzial, das sich aus ihrer autonomen Eigenwelt ergibt. Geräusche wecken Assoziationen und Erinnerungen, bringen – wie im Nachkriegshörspiel – Erlebtes und Verdrängtes zurück an die Oberfläche und laden – wie im Neuen Hörspiel – dazu ein, über Gehörtes und nicht zuletzt auch über das Hörspiel selbst immer wieder neu zu reflektieren.

Neben den Geräuschen ist die Musik eines der semantisch offensten auditiven Phänomene. **Karla Müller** analysiert die Rolle der Musik qua Vergleich verschiedener Hörtexte zu Wilhelm Hauffs Erzählung *Das kalte Herz*. Dabei greift sie bereits etablierte Kategorisierungen als durchaus erkenntnisfördernd auf, etwa die Unterscheidung zwischen syntaktischer und semantischer Funktion. Innerhalb der semantischen Funktion hat sich auch die Unterscheidung in ‚begleitend' und ‚erweiternd' bewährt. Jedoch hebt Müller hervor, dass vor allem die Frage nach Eindeutigkeit oder Mehrdeutigkeit vertiefend in den Blick genommen werden kann, besonders wenn nicht nur Hörspiele, sondern, weiter gefasst, Hörtexte allgemein einbezogen werden.

Ina Schenker legt den Fokus auf die Stimme und etabliert Analysekategorien, die sowohl im kulturwissenschaftlichen als auch im erzähltheoretischen Kontext zur differenzierten Beschreibung und Interpretation von Stimmen im Hörspiel beitragen können. Anhand der Erzählphänomene und -strategien des *Racevoicing*, *Voicing the Narrator*, *Voicing the Child* und *Voice Aging* geht sie der Frage nach, welche Ausdrucksformen Stimmen im Hörspiel bewusst oder unbewusst annehmen können. Eine nicht unerhebliche Rolle spielt die Bedeutungskonstituente ‚Macht', die sich in stimm-körperlichen Repräsentationen von *Race*, *Gender*, *Age* und *Narrator* einschreibt.

Dass Stimme und Figur, Stimme und Identität, Stimme und Subjekt mehr als eng miteinander verwoben und zugleich trügerisch vernetzt sind, zeigt **Philipp Hegel** in seinem Beitrag anhand einer detaillierten Analyse von Gerhard Rühms *Hugo Wolf und drei Grazien, letzter Akt*. Den Ausgangspunkt bildet die Überlegung, dass die Stimme im Hörspiel für gewöhnlich zwischen der Sprecherin oder dem Sprecher einerseits und der Figur andererseits eine Verbindung herstellt. Sie verweist auf den gesellschaftlichen und kulturellen Stand, eventuell auch auf die

Herkunft einer Figur, ihren sprachlichen Habitus, ihre Bemühungen um Distinktion und Akkommodation, ihre psychischen Zustände und ihren Körper. Damit
einher geht jedoch niemals Sicherheit, denn elektroakustische Bearbeitung und
künstlerische Überformung machen ganz neue Deutungen hörbar.

Seit den Anfängen des Genres wird die Frage diskutiert, ob das Hörspiel
einen Erzähler bzw. eine Erzählerin braucht oder alle Informationen über Figurenrede, Geräusch, Musik etc. transportiert werden sollten. Erzählinstanzen
scheinen bisweilen als Notlösung angesehen zu werden. **Andreas Wicke** untersucht exemplarische Hörspielproduktionen der Nachkriegszeit aus narratologischer Perspektive und kommt zu dem Schluss, dass hier geradezu experimentell
mit Erzählinstanzen umgegangen wird. Ein bevorzugtes Modell lässt sich nicht
ausmachen, die Funktion der jeweiligen Erzähler geht jedoch wesentlich über
die Vorstellung von Figuren oder die Überbrückung von Ortswechseln und Zeit-
sprüngen hinaus. Das raffinierte Spiel mit Formen multiperspektivischen, sub-
jektivierten, metaleptischen oder unzuverlässigen Erzählens macht deutlich,
dass Erzählinstanzen keine Hilfskonstruktion sind; ganz im Gegenteil scheinen
sie in ihrer Vielfalt ein regelrechtes Qualitätsmerkmal oder eine Epochensigna-
tur des Hörspiels nach 1945 zu sein.

Von den einzelnen Basiselementen ausgehend, auf die die Hörtexte in den
unterschiedlichsten Genres setzen, geht es im dritten Teil um die Verortung in
breiteren theoretischen **Analyseansätzen**. Diese integrieren Phänomene des
Auditiven entweder in bereits vorhandene mediale Prämissen und Strategien
oder räumen ihnen einen eigenen Platz im Theoriengebilde ein. So wie Elke Huwiler (2005a) erzähltheoretische Analyseverfahren auf das Hörspiel übertragen
und damit eine Narratologie der elektroakustischen Kunst entwickelt hat, werden im vorliegenden Band anhand konkreter Produktionen methodische Ansätze wie Emotionsforschung, *Gender Studies*, Gestalttheorie und Sonischer
Materialismus für die Analyse gehörter Geschichten fruchtbar gemacht. Diese
Analyseansätze sind bereits in größeren Einzelschriften mit auditivem Fokus
entfaltet worden oder liegen als potenziell interdisziplinäre Metatheorien vor –
in beiden Fällen sind eine Schärfung und Vertiefung anhand anschaulicher *en
détail* vorgenommener Analysen ein Gewinn für die Anwendbarkeit.

Heinz Hiebler greift auf die semiotischen Basiselemente auditiver Phänomene zurück, wenn er in seiner medienorientierten Literaturinterpretation Peter
Rothins Hörspiel *Solaris* nach dem Roman von Stanisław Lem im Spannungsfeld
von Buch und Film untersucht. Die diskursiven Praktiken des Analysierens und
Beschreibens von auditiven Phänomenen sind zwar nicht in der Lage, das Gehörte mit sprachlichen Mitteln einzuholen oder gar zu ersetzen, sie ermöglichen
es jedoch, auf bestimmte Aspekte des Hörbaren zu zeigen und diese für die Rezipientinnen und Rezipienten verständlicher bzw. überhaupt erst wahrnehmbar zu

machen. So können anhand einer medienspezifischen Analyse Bedeutungen offengelegt werden, die bei einer reinen Interpretation des diegetischen Geschehens verborgen blieben.

Ein Baustein, der in der klassischen, aus dem strukturalistischen Kontext kommenden Erzähltheorie fehlt, ist der gezielte Aufbau oder Einsatz von Emotionen. **Matthias Mohn** nimmt diese für den auditiven Kontext in den Blick. Einerseits ist es bereits seit der Antike eine Binsenweisheit, dass künstlerisch gestaltete Narrationen auf unterschiedlichen Vermittlungswegen Rezipierende auf bestimmte Art und Weise zu affizieren vermögen und so (kathartisch) Furcht bzw. Angst und Schrecken evozieren. Andererseits sind dieser jahrhundertelangen rhetorischen Wirkungsforschung zum Trotz insbesondere die erzählerische Gestaltung und die Emotionsevokationsweise in elektroakustischen Erzählformen weiterhin wenig beforscht. Übertragungen und Anpassungen aus der medienorientierten Emotionsforschung sind also noch vonnöten, wohin Mohn mit seiner Analyse der Techniken der Angsterregung am Beispiel der Hörspielserie *Die drei ???* einen weiteren Schritt unternimmt.

Obwohl wenige Analyseansätze den aktuellen Diskurs in den Geistes-, Kultur- und Medienwissenschaften ähnlich stark prägen wie die *Gender Studies*, ist deren produktive Fruchtbarmachung für Hörmedien erstaunlich wenig elaboriert. **Nils Lehnert** untersucht im Überlappungsbereich von Figur und Geschlecht exemplarisch *Gender*-Belange in Elfriede Jelineks Hörspiel *Für den Funk dramatisierte Ballade von drei wichtigen Männern sowie dem Personenkreis um sie herum*. Bereits der Titel legt nahe, dass es um die Verhandlung (und Kritik) traditioneller Geschlechterrollen geht. Diese werden im Hörspiel aber nicht nur diskursiv thematisiert, sondern durch den ebenso plakativen wie eindrucksvollen Stimmentausch von Sprecherinnen und Sprechern, der sich in mehreren Schritten vollzieht und neben der biologisch prädisponierten Stimme auch Facetten von Modulation und Haltung in Geschlechterfragen umfasst, angezweifelt und als Konstrukt markiert.

Stefan Greif skizziert ein vielschichtiges Verfahren, das sowohl mit Basiselementen aus den semiotischen Kategorien (Geräusche, Stille etc.) operiert als auch weit darüber hinausweist und induktiv von Rolf Dieter Brinkmanns *Wörter Sex Schnitt* zu einer klanganthropologischen, sprachskeptischen und auch popästhetisch inspirierten Analyse anhebt. Anhand der O-Ton-basierten Audioarbeiten zeigt der Artikel, wie einerseits die von Brinkmann produzierten Störgeräusche (Rülpsen, Schmatzen etc.) sowohl bedeutungstragend wirksam werden und zugleich subvertieren können als auch andererseits der inflationäre Klangteppich aus technisierter Kulturumgebung dem Desiderat ‚Stille' konträr gegenübersteht. Greif berücksichtigt dabei nicht nur gesellschaftskritische Aspekte des Hörbaren, sondern auch die Machart: Pausen, Schnitte und Abbrüche sind als Teil einer Hörästhetik zu werten, die gegen Bürgerlichkeit aufbegehrt.

Martin Maurach stellt die Überlegung an, dass komplexe, experimentelle Hörtexte über einen gestalttheoretischen Ansatz fass- und analysierbar gemacht werden können. Am Beispiel von Michael Lentz' *Hotel zur Ewigen Lampe* führt er vor Augen, wie Kategorien des vordergründigen und hintergründigen Hörfeldes, aus dem sich Figuren aus Klang herausschälen, ein vertieftes Verständnis der Hörwahrnehmung bewirken können. Insbesondere geht es darum, zu entscheiden, inwieweit dieses Hörstück, das mehrere Originaltöne des früheren Ministers für Staatssicherheit der DDR, Erich Mielke, verarbeitet, als eine gehörte Geschichte oder ein zu Gehör gebrachter Ausschnitt aus der Geschichte aufgefasst werden kann. Dies bestimmt sich über die gestalttheoretische Auffassung der O-Töne als Figur.

Der Sonische Materialismus, den **Holger Schulze** vorstellt, verlässt das Theorem der Zeichen und Zeichensysteme, um Verständnis für Bedeutung auf sinnlich-körperliche Weise zu fassen. Hören wird als situativ aufgefasst, und so verbinden sich die individuellen Kontexte mit den präsentierten Inhalten, was der Artikel anhand von Phoebe Unters *who taught you to be white?* exemplifiziert. Im Gegensatz zur musikästhetischen Tradition wird nicht die Ungreifbarkeit von Klängen betont, sondern deren Materialität, Körperlichkeit und Eindringlichkeit. Diese sind auch an die technischen Neuerungen gebunden und werden besonders über diese möglich gemacht. Klang kommt beispielsweise über die Kopfhörer direkt in den Körper und formt eine materiale, die Hörenden beeindruckende und zum Deuten, Denken und Fabulieren anregende Masse, die folglich vor allem auch individualistisch zu bearbeiten und zu analysieren ist.

Im vierten und letzten Abschnitt des Bandes hat die **Didaktik** gehörter Geschichten ihren Platz. In der aktuellen mediendidaktischen Diskussion spielen auditive Phänomene – neben transmedialen Erzählformen, medienverbunddidaktischen Überlegungen und Konturierungen zur Filmdidaktik – eine wichtige Rolle. Dabei geht es auf der einen Seite um Aspekte der Wahrnehmungsästhetik, wie sie Jutta Wermke hervorhebt; damit verbunden ist die „Hörerziehung" im Sinne einer „systematische[n] Entfaltung von Wahrnehmungs- und Vorstellungsvermögen in der akustischen Dimension und die Entwicklung der Fähigkeit, Höreindrücke differenziert zu verbalisieren" (Wermke 2013, 182). Auf der anderen Seite entwirft Karla Müller (2012) eine Didaktik von Hörtexten im Deutschunterricht. Sie verweist auf die Nähe zwischen literarischem und medialem Lernen, zeigt aber auch, wie hörmedienspezifische Elemente in den Deutschunterricht integriert werden können. Müller betont, dass das, „was das Hörspiel von einer Buchlektüre signifikant unterscheidet, [...] immer in der ein oder anderen Form thematisiert werden" (Müller 2012, 103) sollte, es also um eine medienspezifische Form des Umgangs mit Hörtexten gehe. Der 2021 erschienene Band *Klangwelten für Kinder und Jugendliche. Hörmedien in ästhetischer, didaktischer und histori-*

scher Perspektive, herausgegeben von Petra Josting und Matthias Preis, demonstriert die Vielfalt gehörter Geschichten im Bereich der Kinder- und Jugendmedien und widmet auch dem Lernen mit Hörmedien ein Kapitel. Während die Forschung Steffen Gailbergers sich auf die Verbindung von Lesen und Hören konzentriert, im Wesentlichen also eine Lesedidaktik modelliert, die vom Hörbuch ausgeht (vgl. Gailberger 2013), hat Andreas Wicke (2019) mit Blick auf Hörspiele den Versuch unternommen, zentrale Aspekte dieses Genres vertiefend in den Blick zu nehmen, und Dimensionen formuliert, die sich etwa auf semiotische Ebenen wie Stimme, Geräusch und Musik, aber auch auf die Unterscheidung von Erzählinstanz und Figur beziehen. Hier werden analytische, produktive und reflexive Herangehensweisen berücksichtigt, außerdem die Untersuchung von Hörspielen in Medienverbünden. Die in der didaktischen Sektion des Bandes versammelten Beiträge setzen die Bemühung, einzelne Aspekte der Hörspieldidaktik in den Blick zu nehmen, fort und exemplifizieren ihre Thesen jeweils an einem konkreten Beispiel aus dem Bereich aktueller Kinderhörspiele.

Sebastian Bernhardt entwirft ein didaktisch orientiertes Analysemodell für Hörspiele, in dem zunächst – in Anlehnung an Müller (2012) und Wicke (2019) – verschiedene Elemente wie Erzählinstanz und Figur sowie Geräusch, Musik und Studiotechnik getrennt behandelt und jeweils mit konkreten Analysefragen operationalisiert werden. Wesentlich für das Vorgehen ist im nächsten Schritt jedoch das multimodale Zusammenspiel, das die einzelnen Elemente in einer Sonosphäre vereint. Hier geht es um die Wirkung, die dadurch hervorgerufen wird, dass die verschiedenen Zeichensysteme in einem komplementären, einem widersprüchlichen oder einem anreichernden Verhältnis zueinander stehen können. Exemplarisch gezeigt wird das skizzierte Analyseverfahren an der Hörspieladaption nach Kirsten Boies Kinderkrimi *Thabo. Detektiv und Gentleman – Der Nashorn-Fall.*

Im Beitrag von **Henriette Hoppe** geht es um die Erzeugung von Raum- und Zeitvorstellung im Hörspiel. Entsprechende Analyseaspekte aus der Erzähltheorie werden auf das Genre Hörspiel übertragen und am Beispiel von Milena Baischs *Anton taucht ab* exemplifiziert. Den je spezifischen Analysen von Raum und Zeit schließt sich eine produktive Überblendung beider Analysekategorien an, bevor Hoppe die einzelnen Fäden im Dienste der Anbahnung literarischer und medialer Kompetenzen zusammenführt. Dadurch bereitet der Beitrag den Weg, um die Arbeit mit Hörspielen elaboriert im Unterricht verankern zu können.

Schließlich überträgt **Florian Rietz** sein Modell der Perspektivübernahmekompetenz (vgl. Rietz 2017) aus dem Kontext des literarischen Lernens auf das Genre des Kinderhörspiels und zeigt am Beispiel des multiperspektivischen Erzählens in Thilo Refferts *Nina und Paul*, wie narratologische Überlegungen in den Literaturunterricht transportiert werden können. In seiner Analyse weist er auf signifikante Probleme der Perspektivkoordinierung hin und ordnet die erzähltheoretischen Überlegungen in einen literatur- und mediendidaktischen Kontext ein. Darüber hinaus macht er konkrete Vorschläge zur Thematisierung narrativer Phänomene im Deutschunterricht.

Für die engagierte Unterstützung in der Projektbegleitung, bei Lektorat und Druck danken wir Dr. Marcus Böhm und Stella Diedrich vom Verlag de Gruyter, außerdem gilt unser Dank Karolin Schäfer von der Universität Kassel für die gründliche redaktionelle Bearbeitung der Texte sowie das abschließende Lektorat.

Literatur

Binczek, Natalie/Wirth, Uwe (Hg.): Handbuch Literatur & Audiokultur. Berlin/Boston 2020.

Gailberger, Steffen: Systematische Leseförderung für schwach lesende Schüler. Zur Wirkung von lektürebegleitenden Hörbüchern und Lesebewusstmachungsstrategien. Weinheim/Basel 2013.

Greif, Stefan/Lehnert, Nils (Hg.): Pophörspiele. Interdisziplinäre Einzelanalysen. München 2020.

Häusermann, Jürg/Janz-Peschke, Korinna/Rühr, Sandra: Das Hörbuch. Medium – Geschichte – Formen. Konstanz 2010.

Herrmann, Britta: Literatur und Stimme. In: Handbuch Literatur & Audiokultur. Hg. v. Natalie Binczek und Uwe Wirth. Berlin/Boston 2020, S. 27–43.

Herrmann, Britta/Korten, Lars (Hg.): Diskurse des Sonalen. Klang – Kunst – Kultur. Berlin 2019.

Huwiler, Elke: Erzähl-Ströme im Hörspiel. Zur Narratologie der elektroakustischen Kunst. Paderborn 2005a.

Huwiler, Elke: Sound erzählt. Ansätze einer Narratologie der akustischen Kunst. In: Sound. Zur Technologie und Ästhetik des Akustischen in den Medien. Hg. v. Harro Segeberg und Frank Schätzlein. Marburg 2005b.

Josting, Petra/Preis, Matthias (Hg.): Klangwelten für Kinder und Jugendliche. Hörmedien in ästhetischer, didaktischer und historischer Perspektive (= kjl&m 21.extra). München 2021.

Mellmann, Katja: Anthropologie des Erzählens. In: Erzählen. Ein interdisziplinäres Handbuch. Hg. v. Matías Martínez. Stuttgart 2017, S. 308–317.

Morat, Daniel: Zur Historizität des Hörens. Ansätze für eine Geschichte auditiver Kulturen. In: Auditive Medienkulturen. Techniken des Hörens und Praktiken der Klanggestaltung. Hg. v. Axel Volmar und Jens Schröter. Bielefeld 2013, S. 131–144.

Müller, Karla: Hörtexte im Deutschunterricht. Poetische Texte hören und sprechen. Seelze 2012.

Rietz, Florian: Perspektivübernahmekompetenzen. Ein literaturdidaktisches Modell. Baltmannsweiler 2017.

Rinke, Günter: Das Pophörspiel. Definition – Funktion – Typologie. Bielefeld 2018.

Sanio, Sabine: Sound Studies – auf dem Weg zu einer Theorie auditiver Kultur. Ästhetische Praxis zwischen Kunst und Wissenschaft. In: Auditive Medienkulturen. Techniken des

Hörens und Praktiken der Klanggestaltung. Hg. v. Axel Volmar und Jens Schröter. Bielefeld 2013, S. 227–248.

Schenk, Klaus/Zeisberger, Ingold: Vorwort. In: Literarisches Hören. Geschichte – Vermittlung – Praxis. Hg. v. Klaus Schenk und Ingold Zeisberger. Kiel 2019, S. 9–11.

Schenker, Ina: Auditives Erzählen. Dem Leben lauschen: Hörspielserien aus transnationaler und transmedialer Perspektive. Bielefeld 2022.

Schmedes, Götz: Medientext Hörspiel. Ansätze einer Hörspielsemiotik am Beispiel der Radioarbeiten von Alfred Behrens. Münster et al. 2002.

Schulz, Miklas: Hören als Praxis. Sinnliche Wahrnehmungsweisen technisch (re-)produzierter Sprache. Wiesbaden 2018.

Smith, Mark M.: Sensing the Past. Seeing, Hearing, Smelling, Tasting, and Touching in History. University of California Press 2008.

Wermke, Jutta: Hördidaktik und Hörästhetik. Lesen und Verstehen auditiver Texte. In: Taschenbuch des Deutschunterrichts. Bd. 2. Hg. v. Volker Frederking, Axel Krommer und Christel Meier. 2. Aufl. Baltmannsweiler 2013, S. 182–201.

Wicke, Andreas: Hörspieldidaktik. In: kinderundjugendmedien.de 2019. URL: https://www.kinderundjugendmedien.de/index.php/fachdidaktik/3179-hoerspieldidaktik (01.04.2022).

I Genrevielfalt gehörter Geschichten

René Kegelmann

Lesung – Hörspiel

Eine Genreuntersuchung am Beispiel von Volker Kutschers
Der nasse Fisch

Dass ein Roman in verschiedenen medialen Adaptionen verfügbar ist, ist in der Gegenwartsliteratur kein seltenes Phänomen, sondern Alltag. Auch von Volker Kutschers 2007 erschienenem Roman *Der nasse Fisch* (NF) – der erste einer mittlerweile auf acht Gereon-Rath-Romane angewachsenen literarischen Serie – gibt es unterschiedliche Bearbeitungen (vgl. Lörke 2016; Badstübner-Kizik 2020). Der historisch gut recherchierte Kriminalroman *Der nasse Fisch* spielt im politisch turbulenten Berlin von 1929 und greift einen „Ausschnitt aus der jüngeren deutschen Vergangenheit" (Badstübner-Kizik 2020, 132) auf. Politische Umbrüche, Unruhen, Kriminalität und Verbrechen stehen im Mittelpunkt des Geschehens. Der junge, von Köln nach Berlin versetzte Kommissar Gereon Rath ermittelt im Verbrecher- und Prostitutionsmilieu.

Die auf dem Roman basierende TV-Serie *Babylon Berlin* unter der Regie von Tom Tykwer, Henk Handloegten und Achim von Borries, deren erste Staffel im Herbst 2017 ausgestrahlt wurde, weicht in zahlreichen Elementen stark von der Romanvorlage ab. Dennoch dürfte die serielle filmische Adaption – auf die erste Staffel von *Babylon Berlin* folgten eine zweite (2017) und dritte Staffel (2020) – die Bekanntheit des Romans wesentlich gesteigert haben (vgl. Badstübner-Kizik 2020, 133). Damit ist auch zu erklären, warum neuere Auflagen des Romans trotz deutlicher inhaltlicher und formaler Differenzen auf dem Cover an prominenter Stelle einen Verweis auf die Serie enthalten.

In diesem Beitrag werden vergleichend zwei Höradaptionen von *Der nasse Fisch* in den Blick genommen. Dabei soll anhand von exemplarischen Passagen aus den Genres Lesung und Hörspiel gezeigt werden, wie unterschiedlich dieselbe Geschichte jeweils erzählt wird.

Das 2018 aufwendig vom WDR in Zusammenarbeit mit Radio Bremen und dem rbb in der Bearbeitung von Thomas Böhm und Benjamin Quabeck produzierte achtteilige Hörspiel *Der nasse Fisch* (NFH) platziert den Verweis auf den filmischen Medientext an zentraler Stelle, wenn im Untertitel „die Hörspielserie zu *Babylon Berlin*" genannt wird. Dadurch entsteht der im Grunde irreführende Eindruck, dass es sich um ein Filmhörspiel handeln könnte. Filmhörspiele arbeiten „die Tonspur von Literaturverfilmungen in einem weiteren Bearbeitungsschritt zu Hörbüchern" (Pross 2013, 391) um. Das aber ist im Hörspiel *Der nasse*

https://doi.org/10.1515/9783110741773-002

Fisch mitnichten der Fall. Die Stimmen der Staffel sind andere als im Hörspiel, sodass ein Wiedererkennungswert der TV-Serie nicht gegeben ist.

Dennoch entspricht die öffentlichkeitswirksame Präsentation des Hörspiels einem neueren Trend auf dem Hörspielmarkt, der darauf abzielt, filmische Strukturen zu übernehmen und dadurch größere Hörerzahlen zu generieren (vgl. Heß 2021). Dementsprechend kommen Regisseurinnen und Regisseure in solchen Hörspielen häufig vom Film, so auch Benjamin Quabeck. Prominente Schauspielerinnen und Schauspieler wie Uwe Ochsenknecht (Filmproduzent Oppenberg), Meret Becker (Elisabeth Behnke), Ulrich Noethen (Wilhelm Böhm) oder Peter Lohmeyer (Oberkommissar Bruno Wolter) sind einem breiten Filmpublikum bestens vertraut.

Seit langem sind Hörspiele nicht mehr an bestimmte Sendezeiten im Radio gekoppelt (vgl. Schmedes 2002, 248) und können wie Filme online in Mediatheken abgerufen werden. Kurz nach der Ausstrahlung von *Der nasse Fisch* wurden in der ARD Mediathek bereits astronomische rund zwei Millionen Klicks der acht etwa halbstündigen Folgen verzeichnet (vgl. Hörspiel im Gespräch 2019, 13:34).

Volker Kutscher hebt in einem Gespräch zu Recht hervor, dass das Hörspiel in seinen Grundzügen dem Roman sehr viel näher als der TV-Version von *Babylon Berlin* stehe. Er äußert sich im Gespräch begeistert zur Erzählweise des Hörspiels und der Erzählerstimme (vgl. Hörspiel im Gespräch 2019, 07:20) sowie den seiner Ansicht nach gut getroffenen ca. 40 Erzählstimmen, dabei erwähnt er prominente Sprecher wie Reiner Schöne als Unterweltskönig Marlow und Uwe Ochsenknecht als Filmproduzent Oppenberg (vgl. Hörspiel im Gespräch 2019, 18:00).

Eine Parallele zwischen Roman und Hörspiel zeigt sich in der weitgehend eingehaltenen Chronologie des Handlungsablaufs, aber auch in der wörtlichen Übernahme einzelner Sätze aus der Romanvorlage. Prinzipiell könnte man anhand des Romans das Geschehen in den acht Teilen des Hörspiels chronologisch verfolgen. Dennoch wird der Stoff wesentlich gestrafft und hörspielspezifisch umgearbeitet. Ganze Kapitel werden gestrichen, zahlreiche Details in der Handlungsstruktur gekürzt, akustische Elemente wie Musik und Geräusche rücken in den Vordergrund.

Als zweite auditive Adaption nimmt der Beitrag eine Lesung als weitere „Transformation des schriftsprachlichen Mediums in die akustische Erzählform" (Mahne 2007, 104) in den Blick. Die stark gekürzte, etwa siebenstündige „autorisierte Lesefassung" von Sylvester Groth wurde erstmals 2007 (NFLG), eine ungekürzte, ca. 18-stündige Lesung von David Nathan im selben Hörbuchverlag 2017 (NFLN) publiziert. Im vorliegenden Beitrag wird insbesondere die Fassung von Groth herangezogen, im zweiten Analysebeispiel jedoch an einzelnen Stellen vergleichend auf die Lesung von Nathan zurückgegriffen.

Lesungen von Texten durch Schauspielerinnen und Schauspieler können im Unterschied zur Autorenlesung „als interpretatorischer, von außen vorgenommener Eingriff in den Text" (Binczek 2020, 147) verstanden werden. Insgesamt handelt es sich um einen Medienwechsel vom schriftbasierten Buch zum laut gelesenen Wort. Vor allem ist es die Stimme der oder des Lesenden, die dem Text eine Interpretation und Richtung gibt (vgl. Binczek 2020, 147).

Im Hörspiel hingegen wird die Geschichte als „szenisch gestalteter auditiver Text" (Müller 2014, 218) zu Gehör gebracht. Hörspiele setzen in der Regel stärker auf Dialoge und Figurenrede. Narrative und beschreibende Passagen des Ausgangstextes müssen daher in dialogische Formen umgearbeitet „und in akustische Zeichen, in Geräusch und Musik übersetzt werden" (Pross 2013, 390). Vito Pinto verweist auf die Bedeutung der Stimmen im Hörspiel, die wesentlich zu einer spezifischen Atmosphäre beitragen (vgl. Pinto 2012, 146). Findet sich in der Lesung in der Erzählstruktur ein Nacheinander verschiedener Elemente, so setzt das Hörspiel auf Gleichzeitigkeit.

Die mediale Differenz der beiden gehörten Geschichten dient als Ausgangspunkt für die nachfolgenden Überlegungen. Die Analyse konzentriert sich vergleichend auf zwei kürzere exemplarische und gut vergleichbare Passagen aus Lesung und Hörspiel. Beide Genres greifen ganz ähnliche Informationen auf, erzählen aber die Geschichte genrespezifisch sehr unterschiedlich: 1.) die Eingangsszene von *Der nasse Fisch* und 2.) die Verfolgungsszene eines Ganoven durch Bruno Wolter und Gereon Rath. Dabei rücken strukturbildende Elemente beider Genres in den Blick: Wie funktioniert die narrative Erzählinstanz in beiden auditiven Formen? Welche Rolle spielt sie in Bezug auf die Handlung? In welchem Modus wird im Hörspiel und in der Lesung erzählt? Wie werden die Perspektiven der Figuren in Lesung und Hörspiel fokalisiert? Im Beitrag wird außerdem ein Fokus auf die Handlung, die räumliche und zeitliche Verortung sowie die Erzeugung von Atmosphäre und Spannung gelegt. Auch kommt den Stimmen in beiden auditiven Fassungen eine besondere Bedeutung für die Narration zu.

Erstes Analysebeispiel: Die Eingangsszene von *Der nasse Fisch*

Wann würden sie zurückkommen? Er lauschte. In der Dunkelheit geriet jedes kleinste Geräusch zu einem Höllenlärm, jedes Flüstern wuchs zu einem Brüllen heran, die Stille selbst lärmte in seinen Ohren. Ein immerwährendes Dröhnen und Rauschen. Der Schmerz machte ihn halb wahnsinnig, er musste sich zusammenreißen. Das Geräusch der Tropfen nicht beachten, so laut es auch war. Tropfen, die auf einen harten, feuchten Boden fielen. Er wusste, dass es sein eigenes Blut war, das da auf den Beton tropfte.   (NF 9)

Die kurze Eingangspassage von *Der nasse Fisch* beschreibt die Folgen einer Folterung. Mit ihr beginnt nicht nur der Roman von Volker Kutscher (NF 9–13), sondern auch Lesung und Hörspiel. Im Zentrum steht ein Mann, der zum Erzählzeitpunkt mit zerschlagenen Füßen, „Seile in den Armbeugen", hängend allein in einem dunklen Raum auf die Rückkehr seiner Folterer wartet. Dabei vermischen sich innere Empfindungen und äußere Wahrnehmungen des Gefolterten mit Erinnerungen an zurückliegende Ereignisse, durch die nachvollziehbar wird, wie er in die gegenwärtige Lage geraten ist. Die teilweise weitreichenden Analepsen werden zeitraffend und in einem eng an die Figurenperspektive des Gefolterten gebundenen tendenziell dramatischen Modus erzählt. Oftmals wird – wie auch in der zitierten Eingangspassage – erlebte Rede eingesetzt: „[E]r musste sich zusammenreißen. Das Geräusch der Tropfen nicht beachten, so laut es auch war" (NF 9). Beschrieben werden in der Folge darüber hinaus die schweren Verletzungen des Gefolterten und die Folterinstrumente (gebrochene Beine, Hammer, Sturz, Schmerzen etc.), räumliche Begebenheiten und schließlich der zentral werdende Gedanke des Gefolterten, sich auf den Boden fallen zu lassen, um kriechend an die rettende Kapsel mit Gift zu gelangen, die sich noch in seiner Jacke einige Meter entfernt auf einem Stuhl befindet. Am Ende des Kapitels hat er es geschafft, an die Kapsel zu gelangen, bevor seine Folterer wieder den Raum betreten (NF 13).

In der Lesung von Sylvester Groth wird eine heterodiegetische Erzählerstimme hörbar, die darüber berichtet, wie die Umgebung aussieht und was in der Figur vor sich geht. Dabei ist der Übergang von scheinbar neutralem Erzählerbericht in erlebte Rede charakteristisch. In der insgesamt klassisch gehaltenen Lesung von Groth werden die Übergänge – wenn auch sehr behutsam – stimmlich hörbar, wodurch er Einblicke in Nuancen der Gefühlswelt des Gefolterten gibt. Die nur eine kurze Zeitspanne zurückliegende Folterung wird von der Figur erinnert, sie wird nicht direkt als gegenwärtiges Ereignis beschrieben.

An der Stelle, als die Erzählung in die erlebte Rede übergeht und damit das unmittelbare Bewusstsein des Gefolterten erfahrbar macht, wird in der autorisierten Lesefassung die Stimme Groths leiser. Auf diese Weise wird zum Beispiel im Eingangssatz „Wann würden sie zurückkommen?" (NFG I/00:39), der *medias in res* in die Gedankenwelt des Gefolterten führt, dessen emotionale Gefühlslage angedeutet. So ändert sich durch die leichte stimmliche Variation auch die Fokalisierung, denn in den Passagen der erlebten Rede ist es die Figur, an die die Gefühle und Wahrnehmungen unmittelbar geknüpft sind. Das wird auch an anderen Stellen deutlich, beispielsweise als er sich auf den Boden fallen lässt („Jetzt! Er biss die Zähne zusammen und schloss die Augen", NFG I/06:00). Die Passage, in der beschrieben wird, wie er an seine Jacke mit dem Gift gelangt, spiegelt in der Lesung ebenfalls innere Gefühlszustände des Mannes und wird merklich schneller als vorangegangene Stellen gelesen: „Schnell war er am Stuhl und hatte seine Jacke mit den Zähnen heruntergerissen. Gierig machte er sich über das Kleidungsstück her" (NF 13). Das Tempo entspricht der Dramatik der Passage, die Erinnerung an seine Geliebte Swetlana wird hingegen eher leiser, langsamer und eindringlich traurig gesprochen (NFG I/07:02).

Die Variation in der Stimme von Groth trägt dazu bei, dass Hörende das Geschehen leichter verfolgen und in die Gefühlswelt des Gefolterten eintauchen können. Insofern ist die nuancierte Sprechweise Groths ein „Mittel der Figurengestaltung" (Rost 2017, 99). Während die Leserinnen und Leser des Romans diesen Schritt selbst vollziehen müssen, nimmt die Stimme Groths in der Lesung eine vorsichtige Interpretation vor.

Im Hörspiel wird die Eingangspassage auditiv anders erzählt. Die Passage ist in das Intro und die Paratexte eingebettet (NFH I/00:00). Zunächst erklingt die in allen acht Folgen einsetzende symphonische Musik (Orgel, Trommeln) mit starkem Wiedererkennungseffekt. Die Musik wechselt sich mit einer weiblichen und neutralen Stimme ab, die die wichtigsten Informationen zur Hörspielserie (Titel, Romanvorlage, Bearbeitung, Musik, Regisseur, zeitliche Einordnung der Hörspielfolge 1) liefert (NFH I/00:04). Noch in diese Passage hinein wird eine charakteristische Klanglandschaft (vgl. Pinto 2012, 192) der folgenden Szenerie erzeugt. Zu hören sind die Schreie eines Mannes (NFH I/00:20) sowie fast zeitgleich massive Schläge (NFH I/00:21) gegen den Mann. Innerhalb kürzester Zeit wird eine beklemmende Atmosphäre akustisch erzeugt, die das Setting ,Folterung' evoziert. Ein wehrloser Mann wird offensichtlich brutal von einer anderen Person gequält.

Die Ausführungen verdeutlichen, dass verschiedene auditive Elemente – Stimmen (Sprecherin im Intro, zwei Männer) und Musik – nebeneinander vorhanden sind, die entweder durch Ein- und Ausblenden oder durch Pausen voneinander abgesetzt werden, aber in der Wahrnehmung fast zeitgleich und parallel auftreten. So beginnt die Szene mit lauter Musik, die zum einen die Funktion einer Wiedererkennung, zum anderen die einer Dramatisierung hat. Sobald die Stimme der Sprecherin einsetzt (NFH I/00:04), wird die Musik ab- oder ausgeblendet und umgekehrt, sodass die dominante Spur im Vordergrund und die andere im Hintergrund steht.

Zu diesen verschiedenen Spuren kommt eine weitere, die mit Geräuschen umschrieben werden kann. So schließt sich direkt an die neutrale Sprecherinnenstimme ein lautes metallisches Geräusch an (NFH I/00:37). Etwas scheint auf den Boden gefallen zu sein, weitere metallische Geräusche erzeugen den Höreindruck von Ketten o. ä. (NFH I/00:46). Gerade aber die Schwierigkeit, die die Hörerin und der Hörer bei der Bestimmung dieses Geräusches haben, führt zu einer emotionalen Verstrickung. Die Schreie des Gefolterten repräsentieren die Schmerzen, denen der Mann ausgesetzt ist. Neben den Schreien vor Schmerzen sind auch Geräusche des Wimmerns und Stöhnens des schwer Misshandelten zu hören (NFH I/00:35).

Eine zweite männliche Stimme ist zeitgleich und parallel zur Stimme des Gefolterten hörbar (NFH I/00:31), es ist offensichtlich die Stimme des Folterers (Fjodor Olev). In russischer Sprache energisch und bisweilen sehr lautstark vorgebracht, vermittelt sie den Eindruck von Brutalität. Die Hörerinnen und Hörer werden keinen Augenblick im Zweifel gelassen, dass dieser Mann Ernst machen und den Gefolterten nicht schonen wird, sollte er seinen Willen nicht bekommen. Gerade weil der Inhalt der Forderung aufgrund der russischen Sprache dem überwiegenden Teil des Publikums entgehen dürfte, entsteht eine besonders beklemmende Atmosphäre.

Während die Schmerzensschreie im Hintergrund sowie die Schläge in den Sprechpausen fortgeführt werden, schaltet sich eine sonore männliche Erzählerstimme ein, die den zuletzt auf Russisch gesprochenen Satz des Folterers wiederholt und dann ins Deutsche übersetzt („Wo ist das Gold?", NFH I/00:48). Diese Erzählerstimme stellt etwas Abstand zum Geschehen her, scheint über der Handlung zu stehen, muss aber nicht zwangsläufig als vertrauenswürdig eingeordnet werden. Ihre Funktion besteht im Wesentlichen darin, die unmittelbare Folterszene in eine allgemeinere Frage zu überführen: „Wie viele langsame Tode haben mit diesen Worten begonnen? Wie viele unbegreifliche Schmerzen? Wie viele Hammerschläge hält ein Körper aus, dessen Geist ihn verrät, um nichts zu verraten?" (NFH I/00:43).

Der Abstand zum unmittelbaren Foltergeschehen durch die Erzählerstimme erzeugt gleichzeitig Spannung, denn die Hörerinnen und Hörer stellen sich die Frage, wie die Antwort in Bezug auf die konkrete Folterszene ausfallen würde. Verstärkt wird dieser Eindruck dadurch, dass parallel zur Erzählerstimme verschiedene Atemgeräusche (NFH I/01:20), metallische Geräusche (NFH I/00:38; 00:46), leise Schritte und deren Hall sowie Wassergeräusche (NFH I/01:18) zu vernehmen sind. Die Erzählerstimme weitet ihre Fragen auf die Gegenwart und die Stadt aus: „Unerfreulich. Aber fast schon alltäglich in diesen Zeiten" (NFH I/01:10) und „In dieser Stadt. Im Babylon der Moderne. Im Hurenhaus der Republik. Im Sumpf der entglittenen Schicksale. Der unendlichen Möglichkeiten" (NFH I/01:18).

Erneut setzt auch wieder leise im Hintergrund eine getragene und düster gehaltene Klaviermusik ein (NFH I/01:10), sie erzeugt durch einzelne lang gezogene Töne eine unheilvolle Stimmung. In den Sprechpausen der Erzählerstimme wird die Musik aufgeblendet und läuft dann in den Sprechpassagen begleitend mit. Ihre Funktion ist wiederum eine doppelte: Zum einen wird eine ganz bestimmte Atmosphäre erzeugt, zum anderen dient sie als Überleitung in die folgende Razziaszene, was durch die leise eingeblendete Stimme von Kommissar Wolter hörbar wird: „Hinterausgang sichern" (NFH I/01:33). So wird

auch verständlich, warum die Musik im Gegensatz zur unmittelbaren Eingangs-
und Folterszene hier so hintergründig klingt. Die Polizei, die in der Folgeszene
die Razzia im Bordell vornimmt, muss noch Stillschweigen bewahren, bevor sie
zuschlägt.

Der Vergleich derselben Szene in beiden Genres zeigt deutlich einige Unterschiede. Auch wenn die Lesung textgetreu gehalten ist, so gibt es keine völlig
neutrale Leseweise. Das offenbart sich insbesondere in den in erlebter Rede vorgetragenen Passagen. Der hier durch die Stimmnuancen angedeutete emotionale
Zustand des Gefolterten hilft den Hörerinnen und Hörern bei der Einordnung
und Interpretation des Geschehens und bei der Abgrenzung vom emotionslose-
ren Erzählerbericht. Im Hörspiel hingegen ist die Parallelität des Geschehens charakteristisch. Die spezifische Klanglandschaft erzeugt eine starke atmosphärische
Dichte, die Stimmen, Musik und Geräusche beinhalten. Auf der Rezeptionsebene
führt das leicht zu einer emotionalen Verstrickung ins Geschehen.

Zweites Analysebeispiel: Die Verfolgungsszene

Die zweite Sequenz repräsentiert eine Verfolgungsjagd. Im Hörspiel verfolgen
Gereon Rath (Ole Lagerpusch) und Oberkommissar Bruno Wolter (Peter Lohmeyer) zu Fuß den Pornodarsteller Krajewski (Lars Rudolph), dem es gelungen
ist, nach der Polizeirazzia im Bordell zu fliehen. Die Analyse bezieht sich auf
den Beginn der Flucht aus dem Bordell (NFH III/04:18–04:48), über die Verfolgungsjagd auf ein hohes Gerüst am Rohbau des Karstadt am Alexanderplatz
(NFH III/04:49–06:12; NFH IV/00:00–00:41) bis hin zu dem Moment, als der
Ganove in einer Showdownszene Gereon Rath gegenübersteht und diesen während eines Dialogs mit einer Waffe bedroht, aber schließlich von Wolter überwältigt wird (NFH IV/00:42–02:30).

Die Lesung von Sylvester Groth streicht gegenüber der Romanvorlage (NF
21–26) mehrere Abschnitte und beschränkt sich auf wesentliche Elemente der
Verfolgung, während Detailschilderungen zur Topografie (Baustelle, Gerüst
etc.) entfallen.

Insgesamt beinhaltet die Passage Beschreibungen des heterodiegetischen
Erzählers, aber auch Figurenrede. Die Analyse möchte gerade die Szene auf
dem Gerüst besonders in den Blick nehmen und dabei neben der Lesung von
Groth auch jene von David Nathan einbeziehen, in der eine andere Sprechweise
des Ganoven auffällt. So wird die Bedeutung der Sprechweise für die Figurencharakterisierung hörbar.

Die Erzählerstimmen in beiden Lesungen sind tendenziell neutral gehalten und daher immer von der Figurenrede in den Dialogen zu unterscheiden, in der auch der emotionale Zustand der Figuren hörbar wird. Insbesondere in der Lesung von Nathan wird der Ganove als Figur charakterisiert, die Angst hat (NFLN III/03:12; 04:10), sehr gepresst spricht (NFLN III/03:48), eine drohende Haltung einnimmt und teilweise hektisch atmet (NFLN III/04:15; 04:35; 04:59). Rath hingegen wird als Figur gezeichnet, die beruhigend auf den Ganoven einwirken möchte, damit dieser seine Schusswaffe nicht einsetzt, und dabei langsam, eindringlich und deutlich spricht (NFLN III/03:37; 04:00; 04:13; 04:21; 04:49). Auch ist er bestrebt, seine Furcht nicht zu zeigen. Dass er Angst hat, wird in seiner Sprechweise im Gegensatz zu der des Ganoven nicht unmittelbar hörbar, aber an einzelnen Stellen angedeutet.

Interessant ist, dass im Text etliche Hinweise auf die Gefühlslage des Ganoven gegeben werden: „Der Mann schien ebenso erschrocken zu sein wie der Kommissar. Seine Augen waren weit aufgerissen" oder: „Seine Stimme klang nervös und schrill. Alles andere als majestätisch" (NF 25). Aber die Figurencharakterisierung realisiert sich im Hörmedium schließlich über die Stimme des Sprechers. In der Lesung von Groth erscheint der Ganove etwas selbstbewusster und kompromissloser. Seine Sprechweise ist nachdrücklich und strahlt weniger Ängstlichkeit aus als in der Lesung von Nathan (NFLG IV/00:45). Die Stimme wirkt salopp und ist mit weniger emotionalen Nuancen versehen als die von Nathan. Auch erscheint die Figur distanzierter, nicht ganz so in die Ecke getrieben, was aber auch damit zu tun haben könnte, dass in der gekürzten Lesung von Groth zwei Redepassagen des Ganoven entfallen. So ist die Erzählerstimme insgesamt vor allem in der zweiten Hälfte markant dominanter als bei Nathan, wo überwiegend der Eindruck eines Dialogs zwischen Rath und dem Ganoven entsteht.

Letztendlich lässt sich feststellen, dass die Erzählerstimme in beiden Lesungen weitgehend neutral ist, während die Figurenrede deklamatorische Züge erhält. Das dient einerseits dazu, die Stimmen gut unterscheidbar zu machen, andererseits dazu, den Text lebendig zu gestalten. Gerade in einer spannenden Szene wie der Verfolgungsszene wirkt die Situation durch die Figurengestaltung authentischer und abwechslungsreicher. So wird bei Nathan noch stärker als bei Groth spürbar, dass der Ganove aus Angst handelt. Dessen Berliner Dialekt liefert das nötige Zeitkolorit sowie eine regionale Zuordnung und führt dazu, dass der Sprecher authentisch wirkt. So wird auch in der analysierten Passage durch die Figurensprache spürbar, dass es sich um einen gehetzten, ängstlichen, im Berliner Dialekt sprechenden Mann handelt, der in seiner Zwangslage auch nicht davor zurückschrecken würde, Rath zu erschießen. In die Enge getrieben, richtet er seine Lignose auf Rath, kann aber schließlich von Bruno Wolter überwältigt werden.

Der entsprechende Hörspielspielausschnitt (NFH I/03:03–05:06) ist wesentlich kürzer und komprimierter, was bereits durch den Beginn der Verfolgung deutlich wird. Als der Mann aus dem Bordell flieht, hört man das befehlsartig ausgestoßene „Stehnbleiben!" (NFH I/03:03) von Bruno Wolter. Parallel sind in der Folge ein lautes Herunterlaufen auf Holztreppen und durcheinanderrufende Stimmen zu hören. Den musikalischen Übergang in diese Szene stellt eine ruhige Klaviermusik der vorangegangenen Bordellszene dar.

Eine Markierung bilden auch Straßengeräusche, als der Mann und seine Verfolger die Straße vor dem Tor des Hauses erreicht haben (NFH I/03:12). Die Verkehrsatmosphäre entsteht durch einen mal leiser, mal lauter laufenden Motor, auch ist das Gebell von Polizeihunden hörbar (NFH I/03:14). Insgesamt entsteht auf diese Weise eine Großstadtatmosphäre, in die die Verfolgungsjagd eingebettet ist. Musikalisch setzt eine Trommelmusik ein, die die Verfolgungsszene untermalt (NFH I/03:20–04:07), diese steigert sich im Verlauf der Verfolgung dramatisch. Das Trommelgeräusch geht später langsam in das Klettergeräusch Raths auf dem Gerüst über (NFH I/03:47–04:25). Die Klettergeräusche werden ganz langsam eingeblendet, während die Trommelmusik zunächst noch parallel weiterläuft und dann allmählich ausgeblendet wird (NFH I/04:07). Im Hintergrund setzt wieder eine langsame, gedämpfte und wenig melodische Klaviermusik ein, die auch zu hören ist, als der Ganove plötzlich auftaucht. Es ist die Musik, die den Dialog zwischen dem Ganoven und Rath (NFH I/04:23–05:05) repräsentiert. Die Kombination aus bedrohlichem Dialog und Musik, die eine unheilvolle Stimmung erzeugt, deutet an, dass die Spannung auf eine Entscheidung zuläuft. Einzelne Töne und schnellere, sich beschleunigende Musik steigern die Spannung weiter, bleiben aber im Hintergrund.

In der gesamten Verfolgungsszene spielen Dialoge eine wichtige Rolle. Das Geschehen wird im Hörspielausschnitt nicht von einem Erzähler berichtet, sondern zunächst durch den Dialog zwischen Oberkommissar Bruno Wolter und Gereon Rath (NFH I/03:18–04:13) bestimmt, dabei ist vor allem die laute Befehlsstimme von Wolter zu vernehmen. Die Funktion dieses Dialogs dient der Orientierung, denn die Polizisten unterhalten sich, während sie laufen, und durch die ab- oder anschwellenden Stimmen werden Abstände sichtbar und Bezüge zur Topografie („Er ist auf dem Gerüst", NFH I/03:45; „Wo?", NFH I/03:51) hergestellt. In die laute Stimme Wolters hinein ist das Stöhnen von Rath zu hören, der offenbar das Gerüst hochklettert, was anhand von knarzenden metallischen Lauten und auch seiner Anstrengung hörbar wird. Durch seine unsichere Stimme (NFH I/04:14) wird zudem deutlich, dass der Kommissar offenbar Höhenangst hat. Die Stimme Wolters klingt in solchen Momenten zwar nach wie vor dominant, ist aber akustisch entfernt. Die Hörerin und der Hörer sind durch eine Art akustische Großaufnahme (vgl. Pinto 2012, 210) direkt bei Rath und begleiten diese Figur unmittelbar beim Klettern auf dem Gerüst nach oben.

Hier setzt dann ein Dialog zwischen dem Ganoven, der sich plötzlich zu erkennen gibt, und Rath ein, der sich bis zum Auftritt von Wolter dramatisch steigert (NFH I/04:24). Anders als in der Lesung gibt es in der analysierten Passage des Hörspiels keinen Erzähler, der die Details liefert. Vielmehr steigert sich die Dramatik durch die Auseinandersetzung zwischen den beiden Figuren. Im Hörspiel tritt der Ganove wesentlich aggressiver auf als in der Lesung und bedroht Rath mit einer Pistole. Dass auch er bereit ist, die Lignose einzusetzen, um Rath zu erschießen, wird durch das Klicken des Abzugshahns akustisch verdeutlicht (NFH I/05:00). Der Dialog zwischen den beiden Figuren, die stimmlich gut unterscheidbar als Antipoden gekennzeichnet sind, belegt, wie nah das Hörspiel in seiner Erzählweise am Drama liegt. Während der Ganove aggressiv und bedrohlich auftritt, spiegeln sich in der Stimme Raths Beschwichtigungsversuche und auch dessen Unsicherheit. Am Ende formuliert er noch leise ein verzweifeltes „Nein!" (NFH I/05:01), wird dann aber durch den Schlag, den Wolter dem Ganoven verpasst, aus seiner prekären Lage befreit.

Fazit

Im Vergleich zweier exemplarischer Passagen aus Lesung und Hörspiel zeigt sich deutlich, dass beide Genres sehr unterschiedlich strukturiert sind. Die autorisierte Lesefassung von Sylvester Groth gibt den Text der Romanvorlage zwar stark gekürzt, aber ansonsten genrespezifisch wortgetreu wieder. Hinzufügungen oder Umgestaltungen sind nicht enthalten. Als wichtigstes Element der Lesung kann die Stimme des Sprechers oder der Sprecherin bezeichnet werden. Durch eine spezifische Sprechweise gibt diese dem Text eine Richtung bzw. konkretisiert und interpretiert ihn. Dass es hier durch stimmliche Akzentuierungen zu unterschiedlichen oder sogar konträren Figurencharakterisierungen kommen kann, veranschaulichte der Vergleich der beiden Lesungen von Sylvester Groth und David Nathan. Insbesondere wurde das an den Übergängen von neutral gehaltener Erzählerstimme und tendenziell deklamatorischen Figurenstimmen hörbar. Das bedeutet, dass bei der Auswahl von Lesungen ein besonderes Gewicht auf die stimmliche Qualität der Sprecherin oder des Sprechers gelegt werden sollte.

Das szenische Hörspiel hingegen inszeniert das Geschehen und setzt von vorneherein – vergleichbar dem Drama – wesentlich stärker auf Figurensprache. Dies belegen die Analysebeispiele sehr anschaulich: Zwar wurden einige wortwörtliche Redepassagen aus der Vorlage übernommen, gleichzeitig aber auch zahlreiche Details gestrichen und weitreichende Umformungen vorgenommen. Im Hörspiel geht es insgesamt um die Erzeugung einer charakteristischen Klanglandschaft bzw. Atmosphäre. Hörbar wurde das etwa im zweiten Analysebeispiel in den Redepassagen des Folterers in russischer Sprache. Von deutschsprachigen Hörerinnen und Hörern werden die Sätze des Folterers weniger sprachlich als vielmehr atmosphärisch aufgenommen, verstärkt wird dies durch weitere hörspielspezifische Mittel wie Geräusche und Musik. Die Parallelität von Stimmen, Geräuschen und Musik ist strukturbildend für das Genre des Hörspiels. Durch Auf- und Abblenden sind diese hörspielspezifischen Mittel parallel erfahrbar. Raum- und Zeitrelationen – etwa durch akustische Großaufnahmen – können auf diese Weise verdeutlicht werden, ohne dass sie ein Erzähler beschreiben müsste. Das bedeutet auch, dass verschiedene Stimmen im Hörspiel zwar wichtig sind, aber aufgrund der oben genannten Mittel in der Regel keine so zentrale Rolle wie in der Lesung spielen. Das Hörspiel erschafft vielmehr eine akustische Klanglandschaft, die einen eigenen erzählerischen Akzent setzt.

Literatur & Medien

Der nasse Fisch. Hörspiel nach dem Roman von Volker Kutscher. Regie: Benjamin Quabeck. Radio Bremen/WDR/rbb 2018.
Kutscher, Volker: Der nasse Fisch. Autorisierte Lesefassung. Gelesen von Sylvester Groth. Argon Verlag 2007.
Kutscher, Volker: Der nasse Fisch. Gereon Raths erster Fall. Berlin: Kiepenheuer & Witsch 2008.
Kutscher, Volker: Der nasse Fisch. Ungekürzte Lesung von David Nathan. Argon Verlag 2017.

***

Badstübner-Kizik, Camilla: Der nasse Fisch im Netz? Medien und Text(sorten)netze rund um Volker Kutschers historischen Kriminalroman. In: Was zu beginnen nicht aufhört. Facetten von Gegenwartsliteratur in der internationalen Germanistik und im Fach Deutsch als Fremdsprache. Hg. v. Almut Hille und Oliver Niels Völkel. München 2020, S. 132–150.
Binczek, Natalie: Audioliteratur: Hörspiel – Hörbuch. In: Handbuch Literatur & Audiokultur. Hg. v. Natalie Biczek und Uwe Wirth. Berlin/Boston 2020, S. 142–154.
Binczek, Natalie/Mütherig, Vera: Hörspiel/Hörbuch. In: Handbuch Medien der Literatur. Hg. v. Natalie Binczek, Till Dembeck und Jörgen Schäfer. Berlin/Boston 2013, S. 467–474.
Häusermann, Jürg/Janz-Peschke, Korinna/Rühr, Sandra: Das Hörbuch. Medium – Geschichte – Formen. Konstanz 2010.
Heß, Jonas: Die Vermittlung allein über Ton ist die große Kunst. Ein Gespräch mit dem Hörspiel-Produzenten Memo Jeftic über Netflix-Ästhetik, die Produktion von Hörspielen

und die Zukunft des erwachsenen Hörspiels. In: literaturkritik.de 2021. URL: https://literaturkritik.de/memo-jeftic-hoerspiele,27999.html (10.06.2021).

Hörspiel im Gespräch. Volker Kutscher im Interview mit Holger Rink und Lina Kokaly 2019. URL: https://www.ardmediathek.de/video/mdr/volker-kutscher-das-hoerspiel-ist-deutlich-enger-an-der-vorlage-als-die-serie/mdr-de/Y3JpZDovL21kci5kZS9iZWl0cmFnL2Nt cy9hYzY2OTgzOS05YTIwLTRlOTctODA0Ni1kM2Y0M2VhYZjc0OWQ/ (10.06.2021).

Huwiler, Elke: Erzähl-Ströme im Hörspiel. Zur Narratologie der elektroakustischen Kunst. Paderborn 2005.

Lörke, Melanie: Serielles Erzählen im Medienverbund am Beispiel der Gereon-Rath-Romane von Volker Kutscher. In: Serialität in Literatur und Medien. Bd. 2: Modelle für den Deutschunterricht. Hg. v. Petra Anders und Michael Staiger. Baltmannsweiler 2016, S. 138–147.

Mahne, Nicole: Transmediale Erzähltheorie. Eine Einführung. Göttingen 2007.

Pinto, Vito: Stimmen auf der Spur. Zur technischen Realisierung der Stimme in Theater, Hörspiel und Film. Bielefeld 2012.

Pross, Caroline: Hörspieladaption/Hörbuchadaption. In: Handbuch Medien der Literatur. Hg. v. Natalie Binczek, Till Dembeck und Jörgen Schäfer. Berlin/Boston 2013, S. 388–393.

Rost, Katharina: Charaktere hören – Zur Theatralität der Stimme(n) im Hörbuch. In: Stimme – Medien – Sprechkunst. Hg. v. Kati Hannken-Illjes, Katja Franz, Eva-Maria Gaus, Friederike Könitz und Silke Marx. Hohengehren 2017, S. 99–111.

Schmedes, Götz: Medientext Hörspiel. Ansätze einer Hörspielsemiotik am Beispiel der Radioarbeiten von Alfred Behrens. Münster et al. 2002.

Schnickmann, Tilla: Vom Sprech- zum Sprachkunstwerk. Die Stimme im Hörbuch: Literaturverlust oder Sinnlichkeitsgewinn. In: Das Hörbuch – Stimme und Inszenierung. Hg. v. Ursula Rautenberg. Wiesbaden 2007, S. 21–53.

Matthias C. Hänselmann
Das Mundarthörspiel

Standardsprache und Sprachvarietät

In der langen Diskussion zur Medienspezifik des Hörspiels wurde u. a. wiederholt
argumentiert, dass die Mundart die dem Hörspiel einzig adäquate Sprachform sei.
Als performative Sprachvariante und nicht-standardisierbare Sprechsprache im
eigentlichen Sinne lebe sie von der spezifischen artikulatorischen Realisation, ge-
höre somit wesentlich in den Bereich der audiopoetischen Medien und konstitu-
iere insofern ein Medienspezifikum des Hörspiels (vgl. u. a. Schütt 1977, 6 f.; Karst
1984, 284). Dennoch dominiert die sogenannte Standardsprache nach wie vor im
Hörspiel; sie besitzt in Gestalt des Bühnendeutsch trotz aller Annäherungsversu-
che an einen alltäglicheren, umgangssprachlichen Sprachduktus eine relative
normative Gültigkeit (vgl. Mogge 1980), wird – infolge langjähriger Konventionali-
sierung sowie durch den kontextuellen standardsprachlichen Rahmen des regu-
lären Radioprogramms – als solche vom Publikum erwartet und erscheint daher
in ihrer Verwendung grundsätzlich als unmarkiert. Treten aber andere Sprachformkomplexe hinzu, wird diese Selbstverständlichkeit durch den daraus resul-
tierenden Differenzcharakter entautomatisiert und Sprache – jenseits ästhetisch-
rhetorischer Stilisierung – als sekundäre Bedeutungsdimension aktualisiert: Es
zeigen sich Alternativen zum Hochdeutschen und die Wahl der jeweiligen Variante wird semiotisch relevant. Die zwei wichtigsten Sprachformkomplexe in dieser Hinsicht sind Mundart/Dialekt und Soziolekt.

Als ‚Mundart‘ wird meist eine im Kontext ästhetischer Kommunikation stehende Verwendung eines Dialekts bezeichnet, wobei in der Hörspielanalyse
i. d. R. beides synonym benutzt werden kann. Vier Aspekte sind für den Begriff
‚Dialekt‘ zentral:[1]

1) Ein Dialekt ist eine Sprache.
2) Der Begriff ‚Dialekt‘ setzt diese Sprache in Bezug zu einem bestimmten als
   ‚Sprache‘ bezeichneten übergeordneten Referenzsprachsystem, sowohl in
   äquivalenz- wie auch in oppositionsbildender Hinsicht: So ist ein Dialekt
   eine idiomatische Variante einer dominanten Dachsprache und insofern
   der durch Letztere bestimmten Sprachfamilie zuordenbar (Dialekte des
   Deutschen). Er grenzt sich von dieser durch eine räumlich beschränkte Ver-

---

1 Vgl. auch Coseriu 1980; Löffler 1982.

breitung sowie phonetische, lexikalische, grammatische etc. Eigenheiten
distinkt ab (vgl. Bausinger 1972, 11).

3) Diese Abgrenzung ist Folge einer sprachfunktionalen Trennung innerhalb
   eines Sprachraums mit medialer Diglossie, sodass die als standardisiertes,
   normiertes Diasystem fungierende Dachsprache zur primären, überregiona-
   len und vor allem schriftlichen Kommunikation dient, während die Dialekte als idiomatische Subsysteme für den regionalen, primär mündlichen
   Austausch bestimmt sind.

4) Aus dieser funktionalen Trennung ergibt sich eine im Verhältnis zur Dachsprache geringe Standardisierung, Normierung und (diachrone) Stabilität
   des Dialekts.[2]

Ähnlich wie ein Dialekt – nur weniger regional, stärker sozial bestimmt – handelt es sich auch bei einem Soziolekt um eine Sprachvarietät eines höher hier-
archisierten Diasystems. „Ein Soziolekt ist, was in einer Schicht gesprochen
wird" (Kubczak 1979, 97), ließe sich vereinfacht sagen, wobei verschiedenste
soziale Einflüsse wie Alter, Beruf, Bildungsgrad der entsprechenden Sprach-
gruppenmitglieder zur Entstehung und Formung des jeweiligen Soziolekts beitragen. Eine scharfe Trennung zwischen Dialekt und Soziolekt lässt sich nicht
ziehen, da einerseits jeder Dialekt als Sprache soziolektale Varietäten aufweist
(Land-Stadt-Differenzen, Alters-/Berufsgruppenunterschiede, Bildungsschich-
tung etc.; vgl. Heger 1982, 428) und andererseits auch eine oft prototypisch als
Soziolekt behandelte Sprachvarietät wie das sogenannte ‚Migrantendeutsch'
(„[E]s gibt weder ‚die Migranten' noch ‚ein Deutsch', das sie alle sprechen."
[Deppermann 2013, 1]) oder das „Kiezdeutsch als multiethnischer Dialekt des
Deutschen" (Wiese 2013, 42) angesehen werden muss. Damit lässt sich begrün-
den, dass Hörspiele wie etwa das im Flüchtlingsmilieu angesiedelte Stück *Die
Feuerbringer* von Tomer Gardi mit seiner stark soziolektalen Sprachgebung als
Dialekt- und insofern auch als Mundarthörspiel wahrgenommen werden soll-
ten – und das vielleicht umso mehr, da klassische Mundart-Radioensembles zu-
nehmend verschwinden.

Die folgenden Abschnitte entwerfen auf Basis der gegebenen Begriffsbestim-
mungen einen Definitionsansatz für das Genre ‚Mundarthörspiel', der sprachliche, narrationsbezogene wie emotionseffektive Gesichtspunkte integriert und
anschließend anhand konkreter Hörspielbeispiele veranschaulicht wird.

---

2 Der Rundfunk muss jedoch aufgrund seines Zwangs zu translokaler Rezipierbarkeit die von
ihm genutzten Dialekte unweigerlich standardisieren, was Mundartsendungen wiederholt die
Kritik zuzog, ihre Sprache sei „unecht" (vgl. besonders Karst 1984, 294–303; Wagener 1979, 171).

Sprachcharakteristika und genreklassifikatorische Implikationen

An jeden dieser Sprachformkomplexe – wie auch an die relationale ‚Hochsprache' selbst – sind semantische Charakterisierungen angelagert. „Die Einschätzung der Sprache und der Sprecher kann dabei [...] schwanken zwischen Image, Stereotyp und Vorurteil" (Bausinger 1972, 27), wobei ‚Image' eine unverbindliche, eher positive, ‚Stereotyp' eine fixierte und eher negative und ‚Vorurteil' eine verallgemeinerte und revisionsresistente negative Auffassung vom jeweiligen Sprachcharakter meint. Solche Sprachcharakterisierungen sind theoretisch historisch wandelbar, besitzen aber eine recht große Stabilität. Sie sind zudem abhängig vom jeweiligen Standpunkt und können derart von einzelnen Hörspielen affirmativ aufgegriffen, modifiziert, widerlegt oder selbst ausgebildet werden.

In der generalisierenden, negativen Außenperspektive der Hochsprache wäre ein Dialekt „etwas Gemeines und Niedriges; [...] nichts, als die *verderbte* Form der Schriftsprache" (Götzinger 1836, 31; Herv. i. O.);[3] eine entsprechend positive Perspektive könnte dagegen „‚das Unverbrauchte', ‚das Lebendige', ‚das Echte', ‚das Wahre', ‚das Direkte, Unmittelbare', ‚das Konkrete, Genaue', ‚das Anschauliche', ‚das Bildreiche', ‚das Farbige', ‚das Klangvolle, Sangbare', ‚das Humorvolle' des Dialekts" betonen, während vom Standpunkt eines Dialekts meist „Hochsprache [...] mit Begriffen wie ‚Distanz', ‚Künstlichkeit', ‚Abgegriffenheit' und ‚Papiercharakter' in Verbindung gebracht" (Wirz 2002, 46; vgl. auch Hänselmann 2020, 345–353) wird.

Speziell im Verhältnis zur Standardsprache aber ist „der Stellenwert der einzelnen Dialekte [...] sehr verschieden": Den rheinländischen Dialekten (Moselfränkisch, niederfränkisches Platt, Ripuarisch) und ihren Benutzerinnen und Benutzern werden z. B. gemeinhin Merkmale wie „leichtlebig, fröhlich, jovial und kontaktfreudig" (Bausinger 1972, 32; 26) zugeschrieben, dem Schwäbischen und seinen Sprecherinnen und Sprechern Aspekte wie Fleiß, Sparsamkeit, Besitzstreben etc.

In der Folge ergeben sich allgemeine semantische Implikationen, die für die Genredefinition des Mundarthörspiels elementar sind. Verwendet ein Hörspiel mehrere Dialekte oder neben der Standardsprache auch Dialekt(e), werden über die Sprache semantische Demarkationen von Eigenem und Fremdem etabliert, Fragen der Selbstverortung aufgeworfen und ein identitätsphilosophisches, sprach- sowie translationsreflexives Potenzial eröffnet. Jeder Hörspiel-

---

3 Es sei daran erinnert, dass die Schriftsprache auf Basis der wesentlich älteren Dialekte synthetisiert wurde.

text bewegt sich dabei immer – bewusst oder unbewusst – im Kontext der genannten Sprachcharakterisierungen und muss sich zu diesen affirmativ oder oppositionär verhalten. Er

> kann sich dieser Stereotypen bedienen (Parallelisierung), etwa indem er in der Bauernsprache vom bäuerlichen Dorfleben handelt, oder er kann gegen sie verstossen (Abweichung), etwa indem er ein philosophisches Gedicht im Dialekt oder konkrete Dialektlyrik schreibt. Obwohl die Abweichung das ästhetisch wirksamere Verfahren ist, halten fast alle Theoretiker die Parallelisierung für die einzig zulässige Technik literarischer Dialektverwendung. (Schmid-Cadalbert 2007, 347)

Dieser Umstand ist entscheidend auch für die Bewertung von Mundarthörspielen und betrifft die – über die rein sprachliche Physiognomie hinausgehende – Konstitution dieses Hörspieltyps. Wo immer Dialekt eingesetzt wird, ergibt sich ein Moment der Differenz, da jeder Dialekt als Abweichung vom im Hintergrund stehenden Standardsprachsystem gesehen und als Markierung für ,das Eigene' bzw. ,das Fremde' verwendet werden kann. Diese Differenzen können durch die Applikation weiterer semantischer Kategorien zu weltbildprägenden, wertetragenden Dichotomien ausgebaut werden, anhand derer sich die dargestellte Welt einer Erzählung strukturieren lässt. Bewegen sich diese semantischen Kategorien (zum Teil) im Rahmen tradierter Dialektstereotype (= Parallelisierung), sind auch die narrativen Strukturen stark vorgeprägt und die auftretenden Figuren in Charakterisierung, Rolle und diegetischer Problematik auf bestimmte Muster festgelegt.

Gerade dialektliteraturspezifische Stereotype sind im Hörspiel persistent und betreffen narrative Klischees, wie etwa die Figurentypen bzw. Typenfiguren, die Handlungswelt, den Problemkreis etc., sowie abstrakt-semantische Kategorien wie die „Kunstlosigkeit und Einfachheit", den „frische[n] Zug nach Natur und Natürlichkeit", den „Reiz des heimatlichen Erdgeruchs, des Jugendlandkräftigen" (Heer 1889, 2; 3; 9)[4] und damit auch Konzepte wie Ursprünglichkeit, Tradition, Ländlichkeit, Beschaulichkeit, Naturbezogenheit, Einfachheit, existenzielle Elementarität sowie seit einiger Zeit: Alter. All die genannten Aspekte verbinden sich meist zu einem semantischen Cluster, das es ermöglicht, komplexe ideologische Argumentationsstrukturen ökonomisch-dicht zu halten, indem es genügt, allein ein Konzept aus dem Gesamtparadigma anzuführen und zu explizieren, um dieses Paradigma *in toto* latent wachzurufen.

---

4 Außer positiven Zuschreibungen können natürlich auch traditionell pejorative Dialektsemantisierungen genutzt werden, etwa zur Charakterisierung des ungebildeten (Bauern-)Tölpels, wie es beispielsweise Huwiler in Wolfgang Hildesheimers *Das Atelierfest* an der Figur des dialektsprechenden Glasers feststellt (vgl. Huwiler 2005, 274).

So findet sich bei aktuellen dialektalen Hörspielen wie *Märzengrund* (ORF 2018) oder *Mittagsstunde* (RB 2019) ein semantischer Nexus zwischen den Paradigmen Alter, Mundartsprechen und Werteverkörperung gegenüber Jugend, standardsprachlichem Sprechen und Wertevergessenheit, der entsprechend der Bedeutungserzeugung eingesetzt wird. Einerseits vertreten Figuren, die in betreffenden Hörspielen durch eine dialektale Sprechweise charakterisiert sind, oft im doppelten Sinne eher konservative Ideen wie Bodenständigkeit, Heimat- und Naturverbundenheit, andererseits sind sie aber samt ihrer positiven Semantik durch den Dialekt gleichzeitig als einer ,guten alten Zeit' entstammend sowie als alt gekennzeichnet, wodurch letztlich eine Kritik an der vergangenheitsvergessenen Gegenwart kommuniziert wird. Alter wird in diesen dialektalen Hörspielen so zu einem zugleich positiven wie tragischen Moment – eine Semantisierung, die in dieser Konstellation eine Besonderheit des Mundarthörspiels darstellt (vgl. Hänselmann 2021).

Betont soziolektales Sprechen dagegen korreliert in Hörspielen wie beispielsweise *Keine Sekunde Schanze* (WDR 2015) häufig mit Jugendlichkeit, Außenseitertum, Bildungsarmut und Kriminalität, wodurch sich Figuren direkt durch ihren Zungenschlag einem bestimmten diegetisch nachgebildeten Milieu und einer sozialen Problematik zuordnen und entsprechende Hörspiele – so sympathisch sie auch sonst ihre Figuren gestalten mögen – oft ein realweltliches diskriminierend-diskreditierendes Vorurteil im Erzählformat reproduzieren.

Für die generische Klassifikation bedeutet das, dass das Mundarthörspiel zwar primär sprachlich bestimmt ist, jedoch auch durch genrespezifische Narrationsschemata und Plotmusterstereotype. Dieses Zusammenspiel hat eine rezeptionsästhetische Konsequenz, da es den für das Mundarthörspiel elementaren Wertungsfaktor der Authentizität mitbedingt, der sich – bei aller zumeist nur gefühlsmäßigen Verwendung – theoretisch exakt fassen lässt.[5] Durch den Faktor der Sprache kann der Begriff ,Mundarthörspiel' als generische Metakategorie fungieren, unter die sich entsprechend den Handlungsschemata andere Subgenres rubrizieren lassen, etwa Mundart-Krimi, Mundart-Schwank, Mundart-Melodram. Dadurch wird die Frage virulent, ob ein Hörspiel, in dem partiell oder auch durchweg Mundart gesprochen wird, allein deshalb schon ein Mundarthörspiel ist, da sich subgenerische Spezifikationen auf Basis narrativer Strukturen vor dem sprachlichen Faktor als dominant erweisen können und beispielsweise bei

---

5 Rezeptionsmuster, die von der Mundartverwendung rückschließen auf das scheinbar „authentische Erlebnis (das mundartliche Dialektsprechen [...] betont den Realismus)" (Bräutigam 2005, 183, mit Bezug auf Peter Steinbachs *Hell genug – und trotzdem stockfinster*), lassen sich vielfach belegen und reichen bis in die wissenschaftliche Auseinandersetzung mit Hörspielen (vgl. auch Feinäugle 1975, 51).

Hörspielen wie *Fleischfabrik* (SWF 2019) statt ‚Mundart-Kriminalhörspiel' die Bezeichnung ‚Regionalkrimi-Hörspiel' korrekter sein kann. Ausschlaggebend wäre eine als authentisch empfundene Dependenz von Mundart und dialektliterarischen Narrationsmustern, sodass nur Hörspiele als Mundarthörspiele zu klassifizieren wären, denen es gelingt, im Zusammenspiel von idiomatischer Ausdrucksweise und dialektliteraturkonformer Erzählgestaltung eine rezeptive Wirkung von Authentizität zu erzeugen. Mitbedingt wird das durch die Historizität von Dialekten, die zwar traditionelle Lebenswelten vollgültig sprachlich erfassen können, modernen Phänomenen aber vielfach sprachlos gegenüberstehen: Ein Gegenstand wie Atomwaffen bleibt dadurch lexematisch wie thematisch ein Fremdkörper im Dialekt(hörspiel).

Überwiegen dagegen heterogenerische Strukturmerkmale vor dialektliteraturspezifischen, wobei die verwendete nicht-standardsprachliche Ausdrucksform tendenziell überregional als reiner Stilzug zur Erzeugung von Atmosphäre und stimmungshaftem Lokalkolorit genutzt wird, sollten narrative Aspekte für eine präzise Gattungszuordnung stärker gemacht und beispielsweise von ‚Regionalkrimi-Hörspiel' gesprochen werden. So müssen Stimme, Sprache und Handlung eine schlüssige Einheit eingehen, um insgesamt glaubwürdig erscheinen zu können, wobei Glaubwürdigkeit nicht zwingend mit ‚Realität' korreliert, sondern in erster Linie aus einer narrativ-homologen Umsetzung von Sprachcharakteristika resultiert.

Dass dabei hintergründig – teils gar stereotype – Sprachcharakteristika wirksam sind, ist nicht notwendig negativ zu sehen, denn einerseits stehen diese Charakteristika in Relation zu einer je spezifischen dynamischen Sprachumwelt und verändern sich mithin, andererseits ist auch in diesem Rahmen (wie etwa im Bereich der Kriminalliteratur) ‚hohe Kunst' möglich (vgl. zu relevanten Kriterien Schiler 1971, 49).

Mundart als semiotischer Faktor im historischen Überblick

In seiner gut hundertjährigen Geschichte im deutschsprachigen Sendegebiet hat das Mundarthörspiel unterschiedliche Funktionalisierungsmöglichkeiten des Dialekts entwickelt, deren wichtigste im Folgenden anhand konkreter Beispiele benannt werden sollen.

An erster Stelle steht das Interesse, Figuren durch ihre dia- bzw. soziolektale Ausdrucksweise bestimmten regionalen Räumen und sozialen Schichten zuzuordnen. Schon 1930 lag bei der Umsetzung von Alfred Döblins *Berlin Alexanderplatz* unter dem Titel *Die Geschichte vom Franz Biberkopf* ein Schwerpunkt auf der Figurencharakterisierung durch unterschiedliche dialektale Einschläge und milieuspezifische Sprechweisen. Früh war dabei außerdem „das Hörspiel Vehikel heimatlicher und sprachpflegerischer Belange, [...] Vehikel der Demonstration von Bodenständigkeit, Volksnähe und Regionalbezug" (Karst 1984, 266), was während des Zweiten Weltkriegs in propagandistischer Form radikalisiert und für die Blut-und-Boden-Ideologie des NS-Regimes instrumentalisiert wurde. In Hans Ehrkes niederdeutschem Hörspiel *Batalljon 18* etwa erhielt die dialektale Sprache eine „deutlich ideologische Aufladung" und „eine politische Funktion, die sie in der Geschichte [...] des Dialekthörspiels [...] eben auch hat" (Döhl 1992, 17 f.).

In der direkten Nachkriegszeit, in der gegenüber den völkisch instrumentalisierten Vorläufern ein definitiver Neuanfang versucht wurde (vgl. Karst 1984, 296; Bühren 2001, 220 f.), dominierten vor allem Dialekthörspielserien (vgl. Schütt 1977, 19–33; Krug 2008, 68), die klar unterhaltungsorientiert waren und Mundarten primär zur Figuren- und Milieucharakterisierung sowie zur Schaffung eines bestimmten Lokalkolorits nutzten. Das dabei gepflegte Konstrukt einer nostalgisch-verklärten, im Grunde weltfremden Alltagswelt wurde erst allmählich seit den 1960er Jahren in Frage gestellt, wobei für die Integration zeitgemäßer, durchaus auch science-fiktionaler Themen plädiert wurde. So wandte sich etwa Kurt Marti bereits 1964 gegen diese Form der ‚verkitschten' Hörspielgestaltung und trat für die Umsetzung moderner, gar postmoderner Erzählungen ein, denn eine „solche Thematik wäre gewiss aktueller als die ‚Wäckerli-Welt' und jene selbstgefällige Bodenständigkeit, die sich ‚volkstümlich' gibt und das Volk doch nur mit einem falschen Selbstbildnis betrügt" (Marti 2010, 25).[6] Seither wird immer wieder „der nur klischeehafte ‚vertraute' Klang einer bäuerlich idyllischen Scheinwelt" (Bühren 2001, 221; vgl. auch Schiler 1971, 49 f.) manchen Dialekthörspiels moniert.

Wurde dem Dialekt im Hörspiel bis dato nur eine recht kleine Nische eingeräumt, stieg das allgemeine Interesse an ihm spätestens mit den medienrevolutionären Bestrebungen seit Ende der 1960er Jahre. Mit der Suche nach Glaubwürdigkeit, unkonventionellen Ausdrucksformen und der Hochschätzung für den O-Ton im Umfeld des Neuen Hörspiels kam es nicht nur in Paul Wührs *Preislied* und *Soundseeing* zum starken Rückgriff auf dialektale O-Töne (vgl. Schütt 1977, 33 f.; Feinäugle 1975, 51). Diese Ambitionen des Neuen Hörspiels wurden durchaus auch problematisch gesehen, da befürchtet wurde, dass dadurch „für das Dialekthörspiel sicher eine Abnahme der Hörerzahlen

---

6 Marti spielt hier auf die von Arthur Welti 1949/1950 in 16 Folgen für den SRF produzierte Hörspielserie um den Schweizer Dorfpolizisten Gottfried Wäckerli an (vgl. Schiler 1971, 50).

die Folge wäre" (Fluck 1983, 1658; vgl. auch Bühren 2001, 223). Das Inzentiv, dem traditionellen „literarischen" Hörspiel durch die „Abwendung von der Perfektion und Geschlossenheit des künstlerischen Produkts, die Hinwendung zum Alltäglichen" (Vowinckel 1995, 218) ein Pendant mit sprechtechnisch unverbildeten Stimmen entgegenzusetzen und „mit dem literarisch verhältnismäßig unverbrauchten Sprachklang zu experimentieren und zu spielen" (Schütt 1977, 32), führte gleichwohl zu einer gewissen Verstärkung dialektaler und umgangssprachlicher Züge im Hörspiel. Der klar politische, teils agitatorische Impetus des Neuen Hörspiels bewirkte zudem eine Transformation bzw. Erweiterung des bisherigen radiophonen Dialektgebrauchs, da nun auch „Themen mit zeit- und gesellschaftskritischem Akzent i[n den] Vordergrund dieser neueren Dialekthörspielproduktion" (Fluck 1983, 1658) gerieten.

Entsprechend wurden zunächst der dem Dialekt zuschreibbare Charakter des Unverstellten und seine Fähigkeit genutzt, die „alltägliche Wirklichkeit, die spürbare Authentizität" (Šebestová 2008, 125) zu simulieren. Weitere wichtige Funktionen des Mundartlichen im Hörspiel waren sodann die Aktualisierung latent gegebener klischeehafter Dialektcharakterisierungen (Bayerisch für „Gemütlichkeit", Berner „Behäbigkeit", der „Frohsinn[]" [Karst 1984, 308] des Kölschen, Sächsisch als „der schlimmste aller deutschen Dialekte" [Siebenhaar 2011, 91] etc.), die daran geknüpfte Möglichkeit der emotionalen Rezipierendenlenkung (vgl. Feinäugle 1975, 50) sowie der auf Alltagskonversationen gestützte Versuch, über den Dialekt verschiedene soziale Schichten herauszupräparieren (vgl. Lermen 1983, 228, mit Bezug auf Hörspiele Ludwig Harigs).

Zudem lassen sich durch den Mundartgebrauch sprachpsychologische Akzentuierungen vornehmen (vgl. Lombardi und Dicks 1974, 65), es kann, wie etwa in *Mitwicker Land*, die Wirkungsweise ganz konkreter, realer Machtstrukturen in einem bestimmten ländlichen Raum aufgezeigt werden (vgl. Bühren 2001, 226 f.) oder es wird – auf Basis der Dichotomie von Dialekt und als Amtssprache fungierendem Hochdeutsch – ein Spiel getrieben mit den an die jeweilige Sprachvariante gekoppelten Konzepten, Konstrukten, Handlungsnormen und Erwartungshaltungen sozialer Rollen (vgl. Gethmann 1974, besonders 277). „Mundart und Hochsprache [...] als Repräsentanten gegensätzlicher kulturell-politischer Positionen" (Keckeis 1973, 63)[7] können zudem – an unterschiedliche Figuren geknüpft – quasi personifiziert und in dieser Form gegeneinander verhandelt werden (vgl. zum Dialekt als ‚Klassensprache' Huwiler 2005, 176; Koller 2007, 376). Nach demselben

---

7 Die zitierte Äußerung bezieht sich auf Rainer Werner Fassbinders *Iphigenie auf Tauris*.

Prinzip lassen sich auch Funktionsweisen sprachinduzierter Ausgrenzungsmechanismen darstellen und narrativ analysieren.

Das Hörspiel mit seinem Primat des Akustischen ermöglicht es so, die Konzentration auf den gewaltsamen Aspekt von Sprache zu lenken, wobei gerade der Dialekt als Mittel verwendet werden kann, um Fremd- und Feindbilder zu konstruieren und besonders auch die „*Rolle des Außenseiters* [...], der einen anderen Dialekt spricht, andere Lebensgewohnheiten hat, andere Ansprüche an das Leben stellt als die Einheimischen" (Lermen 1983, 237; Herv. i. O.). So lenkte das Bemühen um eine sprachpolitische Kritik an der phrasenhaften, diskriminierenden oder subtil gewaltsamen Umgangssprache das Interesse der Hörspielschaffenden auch auf diesen Aspekt ihrer Arbeit (vgl. Lermen 1983, 323), wobei der Dialekt mitunter sogar als „eine Form von Sprachlosigkeit" (Schütt 1977, 32f., mit Bezug auf *Hannes – oder: Mann blifft Mann*) eingesetzt und speziell die Ausdrucksarmut der Mundart in den Vordergrund getrieben wurde.

Zuletzt wurden das Diktum, die Aura und das Selbstverständnis vorgeblich dialektaler Authentizität selbst in Frage gestellt, parodiert und dekonstruiert. So findet sich ein parodistisch gebrauchter, an der österreichischen Mundart orientierter Phantasiedialekt schon zentral in Gert Jonkes *Damals vor Graz*. Nicht parodistisch, sondern im Bemühen, durch einen aus jiddischen und schlesischen Elementen konstruierten Kunstdialekt einen sprachlichen Zugang und eine Ausdrucksmöglichkeit zu finden für die Reflexion über den eigenen als Soldat im Zweiten Weltkrieg umgekommenen Vater, verwendete 1980 Walter Kempowski in *Moin Vaddr läbt* das Dialektale und machte dabei auch auf die (unzuverlässigen) Zusammenhänge von Sprache, Realität und Erinnerung aufmerksam. Besonders Elfriede Jelinek funktionalisiert dagegen bis heute den Widerspruch zwischen einem authentischen Dialekt und seiner künstlichen bzw. falschen, fehlerhaften Aussprache und macht dadurch einerseits „das angeblich Ursprüngliche als das Künstliche deutlich", denn der „Dialekt verliert [auf diese Weise] die mit ihm gemeinhin assoziierte Ursprünglichkeit und Natürlichkeit. Er klingt so, als würde ein Norddeutscher bayerische Mundartdichtung vortragen"; und sie zeigt andererseits auch, „wie sich diese mit dem Etikett ‚natürlich' markierte Sprache besonders gut als Transportmittel für rechte Ideologie anbietet" (Koller 2007, 377–380).

Literatur & Medien

Batalljon 18. Hörspiel nach dem Drama von Hans Ehrke. Regie: Hans Böttcher. DRA 1932.
Damals vor Graz. Hörspiel von Gert Jonke. Regie: Heinz Hostnig. WDR 1970.
Das Atelierfest. Hörspiel von Wolfgang Hildesheimer. Regie: Fritz Schröder-Jahn. NWDR 1955.
Die Feuerbringer. Eine Schlager Operetta. Hörspiel von Tomer Gardi. Regie: Susanne Krings.
    WDR/BR 2018.
Die Geschichte vom Franz Biberkopf. Hörspiel nach dem Roman von Alfred Döblin. Regie:
    Alfred Braun und Max Bing. RRG 1930.
Fleischfabrik. Hörspiel von Christian Hussel. Regie: Steffen Moratz. SWF 2019.
Hannes – oder: Mann blifft Mann. Hörspiel von Bernd Schroeder. Regie: Curt Timm. RB/NDR
    1976.
Hell genug – und trotzdem stockfinster. Hörspiel von Peter Steinbach. Regie: Bernd Lau. WDR
    1981.
Iphigenie auf Tauris. Hörspiel nach Johann Wolfgang Goethe. Regie: Rainer Werner
    Fassbinder. WDR 1971.
Keine Sekunde Schanze. Hörspiel von Benjamin Quabeck. Regie: Benjamin Quabeck. WDR
    2015.
Märzengrund. Hörspiel nach dem Drama von Felix Mitterer. Regie: Martin Sailer. ORF 2018.
Mittagsstunde. Hörspiel nach Motiven des gleichnamigen Romans von Dörte Hansen. Regie:
    Wolfgang Seesko. RB 2019.
Mitwicker Land. Hörspiel von J. Monika Walther. Regie: Georg Bühren. WDR 1993.
Moin Vaddr läbt. Hörspiel von Walter Kempowski. Regie: Horst H. Vollmer. hr 1980.
Polizischt Wäckerli. Hörspielreihe von Schaggi Streuli. Regie: Arthur Welti. SRF 1949/1950.
Preislied. Hörspiel von Paul Wühr. Regie: Paul Wühr. BR/NDR 1971.
Soundseeing Metropolis München. Hörspiel von Paul Wühr. Regie: Paul Wühr und Michael
    Langer. WDR 1986.

***

Bausinger, Hermann: Deutsch für Deutsche. Dialekte, Sprachbarrieren, Sondersprachen.
    Frankfurt a. M. 1972.
Bräutigam, Thomas: Hörspiel-Lexikon. Konstanz 2005.
Bühren, Georg: Stimmen in der Landschaft. Neue Formen des regionalen Hörspiels. Region –
    Literatur – Kultur. Regionalliteraturforschung heute. Hg. v. Martina Wagner-Egelhaaf.
    Bielefeld 2001, S. 215–228.
Coseriu, Eugenio: „Historische Sprache" und „Dialekt". In: Dialekt und Dialektologie. Hg.
    v. Joachim Göschel, Pavle Ivic und Kurt Kehr. Wiesbaden 1980, S. 106–122.
Deppermann, Arnulf: Einleitung: Das Deutsch der Migranten. In: Das Deutsch der Migranten.
    Hg. v. Arnulf Deppermann. Berlin/Boston 2013, S. 1–5.
Döhl, Reinhard: Das Hörspiel zur NS-Zeit. Darmstadt 1992.
Feinäugle, Norbert: Didaktische Aspekte zeitgenössischer Dialektliteratur. In: Wirkendes Wort
    1975, 25, S. 46–57.
Fluck, Hans-Rüdiger: Neuere deutsche Mundartdichtung: Formen, Programme und
    Perspektiven. In: Dialektologie. Bd. 1,2. Hg. v. Werner Besch, Ulrich Knoop, Wolfgang
    Putschke und Herbert Ernst Wiegand. Berlin/New York 1983, S. 1651–1666.

Gethmann, Ernst: Was Rollenspiel im Radio kann und was nicht. In: Neues Hörspiel O-Ton. Der Konsument als Produzent. Versuche. Arbeitsberichte. Hg. v. Klaus Schöning. Frankfurt a. M. 1974, S. 274–281.

Götzinger, Max Wilhelm: Die deutsche Sprache und ihre Literatur. Bd. 1: Die deutsche Sprache. Stuttgart 1836.

Hänselmann, Matthias C.: Das deutsche Mundart-Sonett im 19. Jahrhundert. Entstehung, Entwicklung und Kontexte einer unmöglichen Gedichtform. Heidelberg 2020.

Hänselmann, Matthias C.: Die Sprache des Alters. Zur altersspezifischen Semantisierung des Dialekts im Mundarthörspiel. In: Alter(n) in der Populärkultur. Hg. v. Henriette Herwig und Mara Stuhlfauth-Trabert. Bielefeld 2022, S. 303–316.

Heer, Jakob Christoph: Die zürcherische Dialektdichtung. Ein Literaturbild. Zürich 1889.

Heger, Klaus: Verhältnis von Theorie und Empirie in der Dialektologie. In: Dialektologie. Bd. 1,1. Hg. v. Werner Besch, Ulrich Knoop, Wolfgang Putschke und Herbert Ernst Wiegand. Berlin/New York 1982, S. 424–440.

Huwiler, Elke: Erzähl-Ströme im Hörspiel. Zur Narratologie der elektroakustischen Kunst. Paderborn 2005.

Karst, Karl: Regionalsprache im Massenmedium. Mundart und Dialekthörspiel. In: Rundfunk in der Region. Probleme und Möglichkeiten der Regionalität. Hg. v. Walter Först. Köln et al. 1984, S. 251–324.

Keckeis, Hermann: Das deutsche Hörspiel 1923–1973. Ein systematischer Überblick mit kommentierter Bibliographie. Frankfurt a. M. 1973.

Koller, Doris: Entmythisierung des Alltags. Das Hörspielwerk Elfriede Jelineks 1972–1992. Regensburg 2007.

Krug, Hans-Jürgen: Kleine Geschichte des Hörspiels. Konstanz 2008.

Kubczak, Hartmut: Was ist ein Soziolekt? Überlegungen zur Symptomfunktion sprachlicher Zeichen unter besonderer Berücksichtigung der diastratischen Dimension. Heidelberg 1979.

Lermen, Birgit H.: Das traditionelle und neue Hörspiel im Deutschunterricht. Strukturen, Beispiele und didaktisch-methodische Aspekte. Paderborn et al. 1983.

Löffler, Heinrich: Gegenstandskonstitution in der Dialektologie: Sprache und ihre Differenzierung. In: Dialektologie. Bd. 1,1. Hg. v. Werner Besch, Ulrich Knoop, Wolfgang Putschke und Herbert Ernst Wiegand. Berlin/New York 1982. S. 441–463.

Lombardi, Luca/Dicks, Hans-Günther: Über das Hörspiel *Von Gastgebern und Gästen*. In: Neues Hörspiel O-Ton. Der Konsument als Produzent. Versuche. Arbeitsberichte. Hg. v. Klaus Schöning. Frankfurt a. M. 1974, S. 64–66.

Marti, Kurt: Verteidigung statt Zukunftsmodell. In: ders.: Notizen und Details 1964–2007. Beiträge aus der Zeischrift [sic!] *Reformatio*. Hg. v. Hektor Leibundgut, Klaus Bäumlin und Bernard Schlup. Zürich 2010, S. 22–25.

Mogge, Birgitta (Hg.): Die Sprachnorm-Diskussion in Presse, Hörfunk und Fernsehen. Stuttgart 1980.

Schiler, Friedrich Alfred: Spiel ohne Schluß. In: Tübinger Blätter 1971, 58, S. 49–50.

Schmid-Cadalbert, Christian: Dialektliteratur. In: Reallexikon der deutschen Literaturwissenschaft. Bd. 1. Hg. v. Klaus Weimar. Berlin 2007, S. 347–350.

Schütt, Jochen: Hörspielgenres: Das Dialekthörspiel. [Sendemanuskript]. Köln 1977.

Šebestová, Irena: Die Fremde in der Fremde. Zur künstlerischen Identität im Schaffen von Erica Pedretti. Frankfurt a. M. 2008.

Siebenhaar, Beat: Der sächsische Dialekt. In: Sächsische Mythen. Elbe, August, Eierschecke. Hg. v. Matthias Donath und André Thieme. Leipzig 2011, S. 91–99.

Vowinckel, Antje: Collagen im Hörspiel. Die Entwicklung einer radiophonen Kunst. Würzburg 1995.

Wagener, Peter: Verwendung und Funktion der gesprochenen Sprache in den elektronischen Medien – dargestellt am Beispiel eines niederdeutschen Hörspiels. In: Quickborn 1979, 69, S. 162–173.

Wiese, Heike: Das Potenzial multiethnischer Sprechergemeinschaften. In: Das Deutsch der Migranten. Hg. v. Arnulf Deppermann. Berlin/Boston 2013, S. 41–58.

Wirz, Christine: Mani Matter. Vom „värslischmid", der ein Poet war. Bern 2002.

Ania Mauruschat

Podcast und Hörspiel

Künstlerische Forschungen zur Post-Radiokunst

Das Hörspiel ist die genuine Kunstform des Radios: 1924 wurden die ersten Hörspiele gesendet. Seither wurde das auditive Erzählen von Geschichten im Radio
als dem ersten elektronischen Massenmedium unablässig erforscht und vorange-
trieben: mit Hilfe von Schall, Klang, Geräusch, Musik, Stimme, Lärm, Stille, Stereophonie und den diversen Möglichkeiten technischer Manipulation. Dabei war
es bis ins 21. Jahrhundert hinein gängig, dass man ein Hörspiel auf elektromagne-
tischen Wellen mit Lichtgeschwindigkeit von einem zentralen Sender aus in die
Fläche eines Sendegebiets gefunkt hat. Dort wurde es von entsprechend eingestell-
ten Empfangsgeräten aus der Luft gepflückt, in ein Schallereignis zurückverwan-
delt und so schließlich im Kopf der Zuhörerschaft zu einer gehörten Geschichte,
die allerdings im Moment ihres Erklingens auch schon wieder verklungen war.
Rund 100 Jahre später denken die meisten Menschen bei gehörten Geschichten
nicht mehr nur an Radio und Hörspiel, sondern vielmehr an deren digitalen Cou-
sin ersten Grades, den Podcast. Die Podcast-Expertin Siobhán McHugh bringt den
grassierenden Podcast-Boom zu Beginn der 2020er auf den Punkt:

> Right now there are over two million ‚podcasts‘ on iTunes and more than 43 million dis-
> tinct episodes online. Every man, woman and their dog seems to have a podcast, every
> brand wants one, and politicians, educators, entertainers, journalists, corporates, and
> ideologues of all kinds are playing in the podcast pond.   (McHugh 2022, 5)

Ein Podcast basiert auf unterschiedlichen technischen Innovationen, die sich um
das Jahr 2000 zu diesem neuen Phänomen verdichteten: das digitale Audiofilefor-
mat MP3 und die dazugehörigen mobilen Abspielgeräte, günstige oder gar kosten-
lose Audio-Produktionssoftware, Weblogs als etablierte Veröffentlichungsformen
im Internet und das Dateiformat RSS Web-Fed, das es möglich macht, Inhalte im
Internet zu abonnieren bzw. automatisch über neue Veröffentlichungen informiert zu werden. Wurde dieses Phänomen anfangs noch ‚Amateurradio‘ und ‚Au-
dioblogging‘ genannt, setzte sich ab 2004 die Bezeichnung ‚Podcast‘ durch – ein
Portmanteau-Wort aus den englischen Wörtern ‚pod‘ (englisch für ‚Gondel‘, ‚Kapsel‘) und ‚broadcast‘ (englisch für ‚Sendung‘, ‚Rundfunk‘), wobei ‚pod‘ von iPod
abgeleitet wurde, dem ersten MP3-Player der Firma Apple, der 2001 auf den Markt
kam (vgl. Hammersley 2004). Der Begriff kann sowohl eine ganze Sendereihe als
auch eine einzelne Episode dieser Reihe bezeichnen, die direkt für das Internet
zum Abonnement produziert werden. Darüber hinaus benennt ‚Podcast‘ aber auch

generell die digitale Vertriebsform von Audiofiles. Allgemein kann man sagen, dass das Wort ‚Podcast' ein Audiomedium bezeichnet. Aufgrund seiner technologischen Besonderheiten hat es aber natürlich auch formale Auswirkungen, wie im Weiteren gezeigt wird.

Seinen Durchbruch als neues Audiomedium erlebte der Podcast 2014, als drei weitere Aspekte zusammenkamen: Smartphones waren zu einem Massenphänomen geworden und lösten das klassische Mobiltelefon ab; die Firma Apple führte die lila Podcast-App als Standardvoreinstellung auf ihren iPhones ein, was den Zugriff und das Hören wesentlich erleichterte; außerdem ging die erste Staffel des US-amerikanischen Podcasts *Serial* online, der mit seinem packenden Erzählstil und den gut portionierten Episoden der *True-Crime*-Handlung die Zuhörerinnen und Zuhörer begeisterte und innerhalb kürzester Zeit millionenfach heruntergeladen und wegweisend für unzählige weitere Podcasts wurde (vgl. u. a. Hancock und McMurty 2018, 81 f.).

Im deutschsprachigen Raum entwickelte sich der Podcast parallel zu den Innovationen in den USA. Seinen endgültigen Durchbruch hierzulande erlebte er allerdings erst rund fünf Jahre später bzw. eigentlich erst in vollem Umfang während der COVID-19-Pandemie 2020/2021. Zwar gibt es regionale Unterschiede hinsichtlich der Ausprägungen und Stile beim Podcasting (vgl. McHugh 2016, 78), wie in den USA und dem Rest der Welt haben sich aber auch in Europa bestimmte Genres durchgesetzt: Interview-Podcast, Storytelling-Podcast, Wissensvermittlungs-Podcast, Nachrichten-Podcast, Corporate-Podcast und Chumcast als podcastspezifische Form des potenziell ewigen Plauderns über Gott und die Welt, manchmal salopp auch ‚Labercast' genannt. Wie die genannten Genres indizieren, eignet sich der Podcast aufgrund der relativ einfach zu beherrschenden und kostengünstigen technologischen Voraussetzungen, die schnelles und wenig hierarchisches Produzieren ermöglichen, vor allem für das schlichte Erzählen und Berichten sowie für Gespräche. Aufwendigere radiophone Formate wie das kunstvoll geschriebene und arrangierte Feature oder Hörspiel hingegen benötigen Zeit, Geld und *Know-How*. Liegt eine radiophone Feature- oder Hörspielproduktion allerdings erst einmal als Audiofile vor, spricht nichts dagegen, diese auch digital zu vertreiben, wie es zum Beispiel die ARD Audiothek und die Hörspielpools der unterschiedlichen Sendeanstalten längst tun. Allerdings gibt es bisher nur wenige experimentell anspruchsvolle und interessante Podcasts, die künstlerisch die medialen Möglichkeiten des auditiven Erzählens im Digitalzeitalter so ausloten, wie das Radio als damals noch unbekanntes Medium in seinen Anfangsjahren experimentell im Katastrophenhörspiel erforscht wurde (vgl. Rothe 2010). Im Folgenden wird anhand von drei Beispielen gezeigt, wie sich künstlerische Forschung zum auditiven Erzählen im Digitalen darstellt, welche Erkenntnisse eindrücklich bewusst gemacht werden und warum man in diesen Fällen statt von ‚Podcast' besser von ‚Post-Radiokunst' sprechen sollte.

Michaela Melián, *Memory Loops* (2010): Zeitunabhängigkeit

2008 gewann die Künstlerin, Musikerin und Hörspielmacherin Michaela Melián, die 1956 in München geboren wurde, den Wettbewerb *Opfer des Nationalsozialismus – Neue Formen des Erinnerns und Gedenkens* ihrer Heimatstadt mit dem Konzept eines virtuellen Audiodenkmals. Ihr akustisches Kunstwerk *Memory Loops*, das in Kooperation mit der Hörspielabteilung des Bayerischen Rundfunks und dem Kulturreferat der bayerischen Landeshauptstadt entstand, umfasst 300 deutsche und 175 englische Tonspuren, die auf Erinnerungen und Aussagen von NS-Opfern und Zeitzeugen sowie auf historischen Dokumenten basieren, die unmittelbar mit München und dessen Umgebung zu tun haben: „Zeugnisse von Diskriminierung, Verfolgung und Ausgrenzung während des NS-Regimes" (Melián 2010), wie es in der Projektbeschreibung heißt. Die ein- bis zehnminütigen Audiotracks sind auf einem virtuellen Stadtplan im Internet an den jeweiligen Adressen, auf die sie sich beziehen, hinterlegt und online unter www.memoryloops.net anhörbar. Dort können sie auch heruntergeladen und zu einer individuellen Audiotour auf dem eigenen MP3-Player oder Smartphone zusammengestellt werden, sodass man sich die Tracks auch direkt vor Ort anhören kann. Im realen Stadtraum sind außerdem an einigen Orten Schilder angebracht, auf denen eine Telefonnummer angegeben ist, über die sich das zur entsprechenden Adresse gehörige Audiofile abspielen lässt. Zudem komponierte Melián, die bereits mit *Föhrenwald* (2006) und *Speicher* (2008) zwei erfolgreiche Hörspiele beim BR realisiert hatte, aus den 475 Tonspuren fünf deutsche *Memory Loops*-Hörspielfassungen, die im Radio ausgestrahlt wurden, und eine einstündige englische Version. Alle sechs Stunden stehen zum Download im Hörspielpool des BR bereit.

    Die Audiofiles, in denen die Opfer von ihren Erlebnissen zwischen 1933 und 1945 berichten, sind mit dezenter Musik unterlegt und wurden von professionellen Sprecherinnen und Sprechern eingesprochen. Sie sind stimm- und textlastig, wie es für den Podcast typisch ist. Darüber hinaus reizt Melián jedoch die medialen Möglichkeiten des digitalen Audioformates viel stärker aus, als es Podcasts üblicherweise tun. Das zentrale und in der Regel auch erschöpfende technologische Charakteristikum des Podcast ist schließlich, dass die einzelnen Folgen dank RSS-Abonnement mehr oder weniger regelmäßig in der entsprechenden Podcast-App bereitgestellt werden, sodass man sie sich unabhängig von Ort und Zeit anhören kann. Bei *Memory Loops* hingegen ist das digitale Audiofile Bestandteil eines akustischen Denkmals, das den öffentlichen Raum mit dem Radio und dem Internet auf beeindruckende Weise verschränkt. Die künstlerische Leistung besteht darin, dass Meliáns Arbeit auf jeder der drei Ebenen – öffentlicher Raum, Radio und Internet – funktioniert, wie auch die drei unterschiedlichen Preise belegen, mit denen diese Arbeit ausgezeichnet wurde. So heißt es in der Begründung der Jury des städtischen Wettbewerbs für Kunst im öffentlichen Raum:

> Das Kunstwerk ist sowohl dezentral angelegt als auch auf historisch bedeutsame Orte bezogen. [...] Mit ihrem Konzept des Dezentralen, Individuellen, Immateriellen und Temporären sowie einem hohen Partizipationsanteil des Publikums eröffnet Melián individuelle Erkenntnis- und Erfahrungsmöglichkeiten [...]. (Melián 2010)

Diese Begründung betont vor allem die spezifische Räumlichkeit der Arbeit, die die Einheit der Stadt zuerst in hunderte dezentrale Orte auflöst, um sie daraufhin zu der neuen Einheit eines historischen Netzes zu verbinden, das im Internet kongenial auf dem Stadtplan abgebildet wird. Der neue akustische Raum, der auf diese Weise entsteht, wurde von der Jury, die die Radiofassung von *Memory Loops* zum Hörspiel des Jahres 2010 kürte, treffend als „Echoraum des Terrors" bezeichnet. Indem sie mit „verschiedenen Perspektiven, Verdichtungen, Wiederholungen" arbeite, lege die Musikerin und erfahrene Hörspielmacherin Melián „Erinnerungsschleifen durch den Stadtraum", die den „Blick auf die Stadt" veränderten und verunsicherten und den Opfern „eine Gegenwart in München" garantierten (Deutsche Akademie der Darstellenden Künste 2010, 340). 2012 schließlich erhielt Melián für *Memory Loops* den renommierten Grimme Online Award, weil es ein „digitales Kunstwerk" sei, das in der „dezenten Bildsprache" des ganz schlicht in schwarz, weiß, grau und blau gehaltenen Stadtplans im Internet und der „explorativ angelegten Navigation" (Grimme 2012) dem Thema gerecht werde. Insbesondere wurde dabei das Konzept gelobt, „im Stadtraum Tonspuren zu hinterlassen und so eine intensive Verbindung von medialer Aufbereitung und unmittelbarer Erfahrung zu kreieren", was „in ausgereifter Form" (Grimme 2012) realisiert worden sei.

Rund zehn Jahre bevor der Podcast sich auch im deutschsprachigen Raum durchsetzen konnte, hatte Melián mit *Memory Loops* bereits die neuen Möglichkeiten des auditiven Erzählens im Digitalzeitalter erkannt und auf überzeugende Weise umgesetzt. Ihr Experiment mit den technologischen Spielweisen des digitalen auditiven Erzählens von Geschichte(n) kann somit zweifellos als künstlerische Forschung und Theoriebildung bezeichnet werden, die die Grenzen zwischen Podcast und Hörspiel sowie zwischen Internet und Denkmal frühzeitig ausgelotet hat. Am stärksten trat dabei die Zeitunabhängigkeit des Podcast bzw. des digitalen Audiofiles zu Tage: Im Gegensatz zum Radio ‚versenden' sich bei *Memory Loops* die Audiofiles nicht, sondern sind – wie es sich für ein Denkmal gehört –

auf dem Stadtplan im Internet für die digitale Ewigkeit hinterlegt sowie vor Ort über die Telefonnummer und den Hörspielpool des BR verfügbar.

Kaitlin Prest, *The Heart* (seit 2014): Hyper-Intimität & Empathie

> I love that this technological shift from radio to podcast happened. For me, as somebody who's making work about love and intimacy, the podcast is a more intimate form because you're talking one on one to somebody. You're not trying to talk to every single person in the whole nation, from radical punk rock teenagers to grandma in Saskatchewan. You're talking to one person. (Prest zit. nach Mauruschat 2022)

Vielleicht hat niemand den Podcast künstlerisch so intensiv erforscht wie die Kanadierin Kaitlin Prest, Jahrgang 1986. Seit 2008 begleitet sie den digitalen Wandel des Audiomediums mit ihren Experimenten in unterschiedlichen Teams, Konstellationen, Projekten und Firmen. Ihr bekanntestes Podcast-Projekt ist *The Heart* (seit 2014) (vgl. dazu auch den Beitrag Holger Schulzes in diesem Band). Der Radio- und Podcast-Forscher Neil Verma stellt treffend fest, dass *The Heart* eher als eine Art loses Kunstkollektiv angesehen werden muss, anstatt als (eine) kontinuierliche Sendung begriffen zu werden. Verma versteht Prest, die als Host längst eine Kultfigur geworden sei, zu Recht im Sinne der filmwissenschaftlichen ,auteur theory' als künstlerische ,Autorenpodcasterin' oder ,Podcastmacherin' (vgl. Verma 2018, 2) und die Soundforscherin Sarah Montague vergleicht Prest wegen ihres offenen Umgangs mit den Themen Macht, *Gender* und Sex gar mit der experimentellen feministischen Filmemacherin Barbara Hammer (vgl. Montague 2017).

Prests anhaltendes Interesse für diese Themen reicht zurück bis ins Jahr 2008, als die damals 22-Jährige bei dem Collegeradiosender CKUT in Montreal ihre Radiokarriere mit der sex-positiven, feministischen und queeren Radiosendung *Audio Smut* (englisch für ,Audioschmutz') begann. Dies prädestinierte sie dafür, sich auch später mit ihren Experimenten einem ganz spezifischen Aspekt des Podcast zu widmen: seinem Potenzial für die Herstellung von Intimität und damit im Idealfall auch Empathie. Da auch das Radio auf seine Weise Intimität erzeugen kann, ist in der Podcast-Forschung die Rede von einer ,Hyper-Intimität', die Podcasts hervorrufen, da sie in der Regel über Kopfhörer oder Ohrstöpsel gehört würden. Diese Hörweise, so Martin Spinelli und Lance Dann, bedinge, dass der Klang eines Podcast direkt in den Körper eintrete:

> [T]he external architecture of the torso, shoulders, head, and ears do not filter the sound. [...] [T]hus any acoustic sense of distance, exteriority, and even otherness becomes

> impossible. [...] [E]arbuds allow for a hyper-intimacy in which the voice you hear is in no way external but present inside you.
> (Spinelli und Dann 2019, 132)

Neben dieser technologischen Intimität ist insbesondere beim Podcasting auch eine performative Intimität zu beobachten, da bei der gesprochenen Sprache als intimer Form der Kommunikation häufig auch eine besonders intime Sprechweise eingesetzt wird, wie etwa das Senken der Stimme oder ein Flüstern (vgl. Karathananolpoulus 2015, 115–133). Auch *The Heart* setzt solche intimen, Nähe erzeugenden Elemente ein: durch den charakteristischen Herzschlag, der zu Beginn jeder Folge zu hören ist, sowie durch die ruhige, zugewandte Sprechweise von Prest als Host und Autorin. Der Podcast-Forscher Richard Berry sieht außerdem zwei weitere soziale Gründe für die Hyper-Intimität des Podcast:

> [I]n many cases, podcasts are presented by people from within a listener's own community of interest or by people she/he may already have a relationship with via social media and are frequently recorded in a podcaster's own personal or domestic space.
> (Berry 2016, 666)

Diese dreifache Hyper-Intimität ergänzte sich bei Prest und anderen Podcasterinnen und Podcastern um die Tatsache, dass der Podcast als Audioformat in vielfacher Hinsicht freier ist als das Radio. So sind laut Spinelli und Dann viele Podcasts bezüglich ihres Stiles, Inhalts und Engagements denn auch wesentlich feuriger und wagemutiger und adressierten mit relativ explizitem Material Themen, die öffentlich-rechtliche, überregionale Radiosender kaum auf Sendung gehen lassen würden (vgl. Spinelli und Dann 2019, 112 f.).

Bei aller Unterschiedlichkeit der einzelnen Serien und Folgen widmet sich *The Heart* im Wesentlichen immer wieder der Erforschung und dem Hinterfragen bestimmter *politics of desire* (Verma), insbesondere weiblicher und queerer Erfahrungen. Die kunstvolle Radikalität und Intensität der Experimente hat *The Heart* alle renommierten Radiokunst- und Podcast-Preise eingebracht. Ausgezeichnet wurden z. B. die Folge *Last* über die Macht eines letzten Kusses und *Movies in your Head*, eine Folge über das fatale Phantasieren beim Verlieben in eine andere Person. Beides sind Produktionen von Prest, die wie so oft bei ihr an der Grenze von Dokumentation und Fiktion angesiedelt sind. *The Heart* schreckt aber auch nicht vor komplexen Themen zurück: *Mariya* zum Beispiel ist die reale Geschichte der Autorin Mariya Karimjee. In einem Essay hatte diese über ihren Versuch geschrieben, als junge Frau in den USA eine erfüllende Sexualität zu erleben, trotz der weiblichen Genitalverstümmelung, die sie als Siebenjährige in Pakistan erlitten hatte. Prest und ihre Kollegin Mitra Kaboli adaptierten Karimjees Essay einfühlsam für *The Heart*, wobei die Autorin ihre Geschichte selbst erzählt. Und *Silent Evidence* ist eine vierteilige Serie, in der die Journalistin Tennessee Watson den Täter konfrontiert, der sie als kleines Mädchen missbrauchte.

Die britische Radioforscherin Kate Lacey vertritt die Auffassung, dass wir als Bürgerinnen und Bürger eines Staates oder als Teil einer Gemeinschaft zum Wohle der Einzelnen und der Gruppe die Verantwortung hätten, nicht nur *zuzu-hören*, sondern auch gezielt *hin*zuhören, auf Stimmen zu hören, die wir ansonsten vielleicht überhören oder aus der Öffentlichkeit verdrängen würden (vgl. Lacey 2013, 182–199). Genau diesem Ethos ist auch *The Heart* verpflichtet: Indem die Serie die Möglichkeiten des Podcast nutzt, auch randständige Themen aufzugreifen und marginalisierte Stimmen zu Wort kommen zu lassen, und zwar auf hochwertig produzierte, äußerst kreative und vor allem hyper-intime Weise ohne Effekthascherei, ermöglicht sie Empathie im besten Sinne des Wortes. Empathie ist es denn auch, was Prest mit ihren intimen Podcastprojekten erreichen möchte:

> I believe in empathy. I believe that learning and understanding and seeing and relating with characters living through things that we've never experienced helps us be more kind. It helps us to be more compassionate to everyone. That is what social justice is about for me. It is about care. It's about caring for everyone. We're all a family called humans. How do we take care of each other? I think that this is also what radio art stories should be about. (Prest zit. nach Mauruschat 2022)

FM Einheit, *FM Modul* (2020/2021): Ortsunabhängigkeit

> FM Modul ist aus dem Chaos geboren. Seit nunmehr einem Jahr bin ich mit Berufsverbot belegt und musste mir überlegen, wie ich mit meiner Kunst weiterkomme und wie ich ein Publikum finde. Das Denken der Kaospiloten, eine Ausbildung für Führungskräfte, die darauf setzt, unkonventionelle Wege zu gehen und im Notfall sich selbst ans Steuer zu setzen und den Karren aus dem Dreck zu ziehen, hat mich geleitet. (FM Einheit 2021)

Das Chaos, von dem der deutsche Industrial- und Elektro-Musiker sowie Hörspielmacher FM Einheit spricht und das ihn wie so viele andere Kunst- und Kulturschaffende daran hinderte, ihren Beruf auszuüben, bezieht sich auf die Situation zu Beginn der COVID-19-Pandemie. Der 1958 in Dortmund geborene FM Einheit, mit bürgerlichem Namen Frank Martin Strauß, war eigentlich für das gesamte Jahr 2020 von Teodor Currentzis, dem griechisch-russischen Dirigenten und Gründer des musicAeterna Orchesters und Chors, zu einer *Artist's Residency* nach St. Petersburg eingeladen worden. Dort sollte er ungestört, idealerweise ohne Mobiltelefonverbindung zur Außenwelt, in der Abgeschiedenheit eines kreativen Labors seine Ideen für eine „neue Kunst ohne Begrenzungen" (musicAeterna) entwickeln. Als die Pandemie durch Reiseverbot und *Social-Distancing*-Gebot diese Künstlerresidenz vereitelte und FM Einheit zu Hause im oberbayrischen Tittmoning bleiben

musste, erfand sich der kreative Noise-Musiker und Live-Performer kurz ent-
schlossen neu – und wandelte sich zum Podcaster bzw. zum „hidden composer
in residence" (FM Modul Ankündigungstext #1 Radio, 2020), wie seine Selbstbe-
zeichnung auf der Website seines künstlerischen Podcastprojekts *FM Modul* lautet. Anstatt im Petersburger Klanglabor zu forschen, experimentierte FM Einheit
im heimischen. Gemeinsam mit dem Medienarchäologen Siegfried Zielinski und
dem Künstler und Programmierer David Link kreierte er über ein Jahr hinweg
drei Staffeln mit insgesamt 25 Folgen des künstlerischen Podcasts *FM Modul*, die
rund alle zwei Wochen auf der Internetseite www.musicaaeterna.org und bei den
gängigsten Podcastportalen veröffentlicht wurden. Die sprechenden Titel der 25
Folgen lauten u. a. *Radio*, *Virus*, *Apparat*, *Ozean*, *Stille* und *Stimmen*, wobei in
jeder Sendung ein Thema behandelt und erforscht wird. Das Konzept beschreibt
FM Einheit wie folgt:

> Die Idee ist ein Laboratorium, ein virtuelles Tonstudio, in dem ich Musik produzieren
> kann und andere Künstler über das Netz einladen kann, teilzunehmen. Die Musiken sind
> neue Kompositionen, die ich fast täglich hier in meinem Studio erfinde und die aus un-
> endlichen Weiten meines Archivs stammen. Dazu bitte ich Wissenschaftler, Poeten,
> Künstler um Beiträge für ein bestimmtes Thema. Dann suche ich verschiedene Stimmen,
> um das Ganze aufregend zu gestalten. Gegensätzliches trifft aufeinander, Geschichte wird
> erforscht, Meinungen werden geäußert, Roboter sprechen, Sänger singen.
>
> (FM Einheit 2021)

Inspiriert dazu wurde FM Einheit von der Geschichte des Radios als dem seiner
Ansicht nach „idealen Ort, um Geschichten zu erzählen" (FM Einheit 2021). So
heißt es in der Beschreibung zur ersten Folge, deren Titel auch *Radio* lautet:

> The lockdown is a serious sign that the abuse
> of resources and people is overwhelming our planet.
> We need to reimagine our future.
> We have to be careful with our own resources: our senses.
> There is no need to illustrate what we hear with pictures.
> To have space for dreams and fantasy one of our oldest
> electrical communication apparatuses – the radio – seems
> to be the ideal device.
>
> FM Модуль is asking scientists and artists from
> around the world about hints and strategies:
> how to learn from past presences for future presences
> and how to let the utopian rich constellations from the past work their
> way into the future.
>
> (FM Modul Ankündigungstext #1 Radio, 2020)

Um zu vermitteln, wie dieses akustische Podcastexperiment klingt, in dem „künftige" von „vergangenen Gegenwarten" lernen sollen, in dem „die drei Zeitmodi

Vergangenheit, Gegenwart und Zukunft" (Zielinski zit. nach Maruschat 2021) miteinander in einen produktiven Dialog treten, wird im Folgenden der Beginn der Folge *Radio* beschrieben: Es beginnt mit Zielinski, der auf Englisch von Walter Benjamins Hörspiel über die Mondbewohner berichtet, die von ihrem Stern aus die irdische Stadt Göttingen und einen ihrer Bewohner, den Physiker und Aphoristiker Georg Christoph Lichtenberg, mit Hilfe von technischen Geräten studieren. Diese Apparate ermöglichen, die Menschen auf der Erde nicht nur zu beobachten und zu belauschen, sondern auch, ihre Träume zu lesen. Gefolgt wird diese Passage von neu komponierten musikalischen und atmosphärischen Klängen, zum Teil mit FM Einheits Gesang, bis schließlich in einem Ausschnitt aus dem Hörspiel *Radio Inferno* (BR 1993) von Andreas Ammer und FM Einheit die markante und sonore Stimme des berühmten britischen Musikjournalisten und Radio-DJs John Peel erklingt, der in dem Stück den Moderator gab. Danach setzen Aufnahmen von Funksprüchen der Nationalsozialisten auf Kurzwelle ein, die FM Einheit auch in dem Hörspiel *Deutsche Krieger II – Adolf Hitler Enterprise* (1995) verwendete, sowie im Originalton das berühmte Zitat des Reichspropagandaleiters Joseph Goebbels „Der Rundfunk gehört uns, niemandem sonst" (Goebbels 1991, 87). Direkt im Anschluss ist wiederum Zielinski auf Englisch zu hören, dieses Mal jedoch mit einem Bericht über die Zensur und Unterdrückung der Meinungs- und Informationsfreiheit im Nationalsozialismus, die insbesondere Piratensender verbot, sowie über Radio Buchenwald, den Kurzwellen-Piratensender, den die Häftlinge im KZ sich u. a. mit Hilfe zweier Eimer gebaut hatten. Während Zielinskis Bericht schwellen wabernde Klänge an, bis schließlich wieder John Peel zu hören ist mit der Ansage: „You're listening to Radio Inferno." (FM Modul Folge #1 Radio, 2020; 00:00–18:32)

Das Besondere an dem hier beschriebenen Ausschnitt ist, dass alle Elemente auf der gleichen Ebene angesiedelt sind, es gibt unter ihnen keine Hierarchie. Genauso egalitär ist auch die Heterogenität in den anderen 24 Folgen inszeniert. Für ihre Gestaltung baten FM Einheit und Zielinski befreundete Forschende und Kreative wie die Musikerin Erika Stucky, den Klangkünstler Paul DeMarinis, den Medienwissenschaftler Henning Schmidgen und die Avantgarde-Stimmkünstlerin Diamanda Galas um Beiträge zu den unterschiedlichen Themen der jeweiligen Folge. Diese zugelieferten Beiträge fügte FM Einheit jeweils wie eine Art „Kompositeur" (Zielinski zit. nach Maruschat 2021) mit seinen eigenen Neuaufnahmen und Kompositionen oder den Samples aus seinem Archiv zu einer Folge zusammen. Zielinski beschreibt die Zusammenarbeit mit FM Einheit so:

> Er ist […] der Kopf […], der das alles zusammenhält. […] [E]r gibt dem Ganzen […] die musikalische und klangliche Kraft, aber die Ideen haben wir immer zusammen am Telefon entwickelt. […] Wir haben uns nie getroffen, in der ganzen Zeit, nur telematisch, nur durch Klang und Text. (Zielinski zit. nach Maruschat 2021)

Der Sinn des Podcast-Experimentes *FM Modul* besteht laut Zielinski darin, heraus-
zufinden, wie man dieses Archiv „lebendig machen, lebendig halten und lebendig
weiterentwickeln" kann. Es gehe darum, das „Spannungsverhältnis der drei Zeitmodi Vergangenheit, Gegenwart und mögliche Zukünfte" (Zielinski zit. nach Mauruschat 2021) kreativ zu gestalten bzw. miteinander ins Gespräch zu bringen,
wobei den Medien bzw. der Digitaltechnologie eine wichtige Aufgabe zukomme,
da sie es überhaupt erst ermögliche, dieses Audiofile-Archiv zu remixen und im
Internet zugänglich zu machen. Anstatt FM Einheits Materialsammlung ein
Archiv zu nennen, das nach Michel Foucault Teil von Herrschaft und entsprechend auch immer von Regierungsgewalt durchdrungen sei, zieht Zielinski es
vor, von FM Einheits ‚*An*-Archiv' zu sprechen:

> Das Anarchische, was auch im Anarchiv drinsteckt, das freie Spiel, die freie Modulation
> der Kräfte, [...] das interessiert uns sehr. Wie kann ich aus diesem ziemlich gewaltigen
> Archiv [...] etwas generieren, was ständig aktiv ist, was ständig auch Neues hervorbringt?
> Nicht nur durch die Verknüpfung der verschiedenen Elemente, die darin enthalten sind,
> sondern natürlich auch durch die Mischung mit neuem Material. [...] Uns schwebt vor,
> dass man das Archiv ständig präsent hält im Internet, auf einer besonderen Plattform, die
> sich konsequent an das anlehnt, was wir auf der Plattform musicAeterna in Sankt Peters-
> burg ausprobiert haben, also eine wilde Mischung von [...] unterschiedlichen stimmlichen
> Traditionen und musikalischen Verbindungen [...], mit FM Einheit sozusagen als dem
> zentralen Moderator. (Zielinski zit. nach Mauruschat 2021)

Da *FM Modul* wie *The Heart* lediglich im Internet existiert und sich insbesondere die Ortsungebundenheit von Audiofiles im Netz zu Nutze macht, liegt es
nahe, die 25 Folgen als Podcast zu begreifen. Allerdings ist *FM Modul* ohne
Radio nicht zu denken, wie die Ausführungen FM Einheits und der Ankündigungstext belegen. Vielleicht greift der Versuch, *FM Modul* als Podcast zu klassifizieren, darum trotzdem zu kurz. Das Verhältnis von Radio bzw. Hörspiel
und künstlerischen Podcast-Projekten scheint wesentlich komplexer zu sein.

Fazit

Alle drei hier präsentierten und diskutierten Kunstprojekte, die mit digitalem
Audio arbeiten, können als Beispiele für künstlerische Forschung zum Podcast verstanden werden. Jedes der drei Beispiele hebt einen Aspekt hervor, der den Podcast vom Hörspiel im Radio unterscheidet: Michaela Meliáns Audio-Denkmal
Memory Loops (2010) als permanente Installation im öffentlichen Stadtraum
macht sich insbesondere die Zeitunabhängigkeit des immer verfügbaren digitalen Audiofiles zu Nutze. Kaitlin Prests langjährige Podcast-Reihe *The Heart*
hat seit 2014 so kontinuierlich wie erfolgreich das Potenzial des Podcast zur

Herstellung von Hyper-Intimität und Empathie untersucht. Und der „hidden composer in residence" FM Einheit, der wegen der Corona-Pandemie seinen künstlerischen Forschungsaufenthalt in St. Petersburg nicht antreten konnte, hat die Lösung dieses Problems in der Unabhängigkeit des Podcast von dem Ort seiner Entstehung, in seiner globalen Vernetzung sowie der Virtualität gefunden.

Interessanterweise zögern trotz alledem aber nicht nur die beiden etablierten deutschen Hörspielschaffenden Michaela Melián und FM Einheit ihre Arbeiten als Podcasts zu bezeichnen. Auch Kaitlin Prest als Millennial und sogenannte *Digital Native* bezieht sich entschieden auf die Radiokunst, wenn sie von ihren Arbeiten spricht:

> I call it radio because it's radio to me, whether on the radio or an iPhone. I still call it radio because I believe my work exists within a creative tradition called radio making. They also still call it filmmaking; they call filmmakers filmmakers. Where's the film? It's nowhere to be seen. They're digital files, but do we call them digital makers? No. I don't want to reference Apple every time I talk about my artwork by calling it a podcast.
>
> (Prest zit. nach Mauruschat 2022)

So sehr diese drei Beispiele auch künstlerische Forschung zum digitalen Audioformat betreiben, alle drei sind ohne das Radio undenkbar. In der Auseinandersetzung mit dem Radio haben sie ihr Handwerk gelernt, nicht erst beim Experimentieren mit Audiofiles. Ihr wichtigster Bezugspunkt ist die Geschichte der Radiokunst, nicht der neueste Podcast mit den meisten Downloads. Anstatt den Hype weiter voranzutreiben, in dem „every man, woman and their dog seems to have a podcast" (McHugh 2002, 5), sollte man darum trotz aller Nähe zum Podcast solche herausragenden Beispiele für künstlerische Forschungen zur Weiterentwicklung des Radios im Digitalzeitalter nicht als Podcasts bezeichnen, sondern vielmehr als das, was sie eigentlich sind: Post-Radiokunst.[1]

Literatur & Medien

FM Modul. Moderator: FM Einheit 2020/2021. Folge #1 Radio. URL: https://musicaeterna.org/media/podcasts/fm-module-1/?lang=en (28.03.2022).
Michaela Melián: Memory Loops. München, 2010. Kooperation mit dem Bayerischen Rundfunk. URL: https://www.memoryloops.net/#/ (28.03.2022).
The Heart. Host: Kaitlin Prest. 2014–2022. URL: https://www.theheartradio.org/ (28.03.2022).

---

1 Ich danke Fabian Goppelsröder für die wertvollen Gespräche, die mich zu diesen Überlegungen zur Post-Radiokunst geführt haben, sowie Kaitlin Prest, FM Einheit und Siegfried Zielinski für ihre großzügigen Auskünfte.

***

Australian Broadcasting Corporation (ABC): ABC Audio Studios. URL: https://abcpodcasts.sub mittable.com/submit#:~:text=Podcasts%20are%20built%20for%20the,not%20mean%20it's%20an%20obligation (28.03.2022).

Berry, Richard: Part of the establishment: Reflecting on 10 Years of Podcasting as an Audio Medium. In: Convergence 2016, 6, S. 661–671.

Deutsche Akademie der Darstellenden Künste: Seismographie des Hörspiels. 40 Jahre Hörspiel des Monats, 1977–2017. 30 Jahre Hörspiel des Jahres, 1987–2017. München 2017.

FM Einheit: FM Modul. Ankündigungstext #1 Radio. musicAeterna. 2020. URL: https://musicaeterna.org/media/podcasts/fm-module-1/?lang=en (28.03.2022).

FM Einheit: Statement zu FM Modul. 2021. Auf Anfrage von Alexander Morgan Mauch.

Goebbels, Joseph: Rede #13. Datum: 25. 3.1933– Berlin, Haus des Rundfunks – Ansprache an die Intendanten und Direktoren der Rundfunkgesellschaften ("Die zukünftige Arbeit und Gestaltung des deutschen Rundfunks"). In: Goebbels-Reden 1932–1945. Hg. v. Helmut Heiber. Bindlach 1991, S. 82–107.

Grimme Online Award: Grimme Online Award 2012. Memory Loops. URL: "https://www.grimme-online-award.de/archiv/2012/preistraeger/p/d/memory-loops/?(28.03.2022).

Hammersley, Ben: Audible Revolution. Online Radio is booming thanks to iPods, cheap audio software and weblogs, reports Ben Hammersley. In: The Guardian (12.02.2004). URL: https://www.theguardian.com/media/2004/feb/12/broadcasting.digitalmedia (28.03.2022).

Hanock, Danielle/McMurtry, Leslie: 'I know what a podcast is': Post-*Serial* Fiction and Podcast Media Identity. In: Podcasting. New Aural Cultures and Digital Media. Hg. v. Dario Llinares, Neil Fox und Richard Berry. Cham 2018, S. 81–105.

Karathanasopoulou, Evangelia: An Examination of the Concept of Intimacy in Radio Studies, Combining Mainstream and Non-Mainstream Theories and Practices. Sunderland 2015.

Lacey, Kate: Listening Publics. The Politics and Experience of Listening in the Media Age. Cambridge 2013.

Mauruschat, Ania: Interview mit Siegfried Zielinski. 2021.

Mauruschat, Ania: Interview mit Kaitlin Prest. 2022.

McHugh, Siobhán: How Podcasting is Changing the Audio Storytelling Genre. In: Radio Journal: International Studies in Broadcast & Audio Media 2016, 1, S. 65–82.

McHugh, Siobhán: The Power of Podcasting. Telling Stories through Sound. Sydney 2022.

Melián, Michaela: Memory Loops. 2010. URL: https://www.memoryloops.net/#/ (28.03.2022).

Montague, Sarah: Towards a Poetics of Audio. The Importance of Criticism. In: The Sarahs. The Sarah Lawrence College International Audio Fiction Award (03.04.2017). URL: http://thesarahawards.com/article/2017/4/3/towards-a-poetics-of-audio-the-importance-of-criticism (28.03.2022).

musicAeterna: Residencies. Dom Radio. URL: https://musicaeterna.org/residencies/dom-radio/ (02.04.2022).

Rothe, Katja: Katastrophen hören. Experimente im frühen europäischen Radio. Berlin 2010.

Spinelli, Martin/Dann, Lance: Podcasting. The Audio Media Revolution. London et al. 2019.

Verma, Neil: Pillow Talk: Kaitlin Prest's The Shadows and the Elements of Modern Audio Fiction. Radio Doc Review 2018, 4.

Ursula Klingenböck
Comic-Lesung
Gehörte Bilder(-Geschichten)

> Eine richtige Lesung konnte
> es ohnehin nicht werden
> (Czarkowski 2015)

15. April 2015, 20:00 Uhr, Peter-Weiss-Haus in Rostock. Nicolas Mahler liest aus seinem (Gedicht-)Band *dachbodenfund* (2015). Keine fünf Wochen zuvor ist ihm – als erstem Comic-Autor-Zeichner – auf der Leipziger Buchmesse der Preis der Literaturhäuser verliehen worden. Rostock ist eine von insgesamt zehn Lesestationen, zu denen der Preis der Literaturhäuser seine Preisträgerinnen und Preisträger für gewöhnlich verpflichtet. Was aus Nicolas Mahlers Auftritt geschlossen wird bzw. für diesen bereits vorausgewusst wurde – nämlich, dass es sich um keine „richtige Lesung" (Czarkowski 2015) handeln könne –, erhält auch für die Form der Comic-Lesung als solche Bedeutung: Das Sprechen von der ‚richtigen' Lesung impliziert immer auch eine Idee von der ‚falschen'.

Ein kursorischer Blick auf die Veranstaltungskalender im deutschsprachigen Raum zeigt, dass Comic-Lesungen stattfinden. Sie sind sowohl als selbständiges Format als auch als Komponente unterschiedlich konfigurierter literaturbezogener Veranstaltungen wie Buchmessen, Comic-Festivals und wissenschaftliche Konferenzen mit und ohne institutionelle Anbindung an Einrichtungen des Kultur- und Bildungssektors vertreten. Ihre Schauplätze sind Literaturhäuser, Bibliotheken, Museen, Funkhäuser, Buchhandlungen, Universitäten sowie der ‚Nicht-Ort' des Internets, der als virtueller Raum für Veranstaltungen und deren primäre Rezeption zunehmend an Bedeutung gewinnt. Comic-Lesungen sind häufig anlassbedingt (Neuerscheinungen, Wiederauflagen, Jubiläen, die Zuerkennung eines Preises) und zweckgerichtet. Als niedrigschwellige Angebote stellen sie den ersten oder auch wiederholten Kontakt zwischen dem konkreten, auf einem Zeichenträger fixierten Artefakt, vielleicht auch *dem* Comic als Form und seinen potenziellen Leserinnen und Lesern her. Im Sinne Bourdieus (1999) zielen Comic-Lesungen auf den Erwerb bzw. Zugewinn von ökonomischem, sozialem, kulturellem und symbolischem Kapital und ermöglichen dadurch Comic-Schaffenden Zutritt zum bzw. eine Positionierung im literarischen Feld und verhandeln dieses neu.

Im Unterschied zu anderen Transformationsformaten der Literatur wie der Lesung, dem Hörbuch und Hörspiel oder dem Film hat die Comic-Lesung bislang kaum im Interesse der Forschung gestanden. Eine umfassende Phänomenologie, auf deren Basis eine systematische Auseinandersetzung mit der Comic-Lesung erfolgen kann, muss erst erstellt, eine theoretische Sondierung vorgenommen und ein methodisches Set für einzelwissenschaftliche und disziplinenübergreifende Arbeiten entwickelt werden. Ein Anfang in der Comic-Lesung-Forschung ist mit den Beiträgen von Helbling (2015) und Führer (2017) gemacht. Helbling nähert sich der Form am Beispiel junger Comiczeichnerinnen und -zeichner und fokussiert primär auf den Leseakt. Führers Beitrag zu einem konkreten Format der Comic-Lesung ist in erster Linie didaktisch interessiert.

Methodische und theoretische Grundlegung des Beitrags

Das Frageinteresse dieses Beitrags gilt der Comic-Lesung in ihrer aktuellen Praxis und ihren spezifischen Formen am Beispiel ausgewählter Arbeiten des österreichischen Zeichners Nicolas Mahler. Die Annäherung an den Gegenstand erfolgt über die Comicwissenschaften. Ausgehend von der Multimodalität (vgl. u. a. Wilde 2017, 112; Packard 2019, 49–72) des Comics soll zunächst dessen „akustische Imprimatur" (Bartel 2020, 114) skizziert sowie ein kursorisches Dispositiv (s)einer auditiven Realisierung(en) entworfen werden. Die methodisch-theoretische Referenz bildet ein Konzept von Audiokultur (vgl. Binczek 2020b, 1–23), das um sound- (vgl. Hillebrandt 2018; Herrmann 2015) und theaterwissenschaftlich (vgl. Fischer-Lichte 2004) perspektivierte Überlegungen zur Comic-Lesung und ihrer Performativität ergänzt werden soll. Indem die Comic-Lesung auf einer modalen und medialen Transformationsleistung beruht bzw. in deren Vollzug erst entsteht, sind intermediale bzw. medienkomparatistische Komponenten stets mitzudenken. Mit dem schrift-bildlich fixierten Comic und seiner Lesung ist immer auch die Frage nach dem Verhältnis der beiden Formen zueinander bzw. nach deren Wirkungen auf die jeweilig andere zu stellen. Dabei ist, einen weit gefassten Textbegriff voraussetzend, der auch die Performanz miteinschließt, von einem konzeptionell und ästhetisch eigenen ,Text' der Comic-Lesung auszugehen (für Hörformate vgl. Jäger 2014, 237). Wenn hier dennoch vom ,Prätext' der Lesung gesprochen wird, dann ausschließlich mit temporalem Bezug und ohne hierarchisch-wertende Implikationen, wie sie etwa in der Rede vom Original und seiner Bearbeitung bzw. Adaption transportiert werden. Der Analyseteil fokussiert auf Nicolas Mahlers Gedichtbände *dachbodenfund* (2015), *in der isolierzelle* (2017) und *solar plexy* (2018) sowie die zuletzt erschienene Graphic Novel *Nachtgestalten* (2021, gemeinsam mit Jaroslav Rudiš) und deren unterschiedliche Realisationen bei Comic-Lesungen in Deutschland, Österreich und der Schweiz.

Audiokulturelle Aspekte des Comics: Sound im Comic – [kɔmɪk ʔals saʊ̯nd]

Trotz seiner multimodalen Verfasstheit wird der Comic vielfach auf seine visuellen, d. h. seine skripturalen, para-skripturalen und ikonografischen Anteile reduziert. Um ein Nachdenken über Comic-Lesungen zu ermöglichen, empfiehlt sich darüber hinaus ein Blick auf die auditive Qualität des Comics. Dabei rückt einerseits der Sound *im* Comic, andererseits der Comic *als* Sound in seinen unterschiedlichen medialen und performativen Realisationsformen und -praktiken in den Blick. Ein Konzept von Audiokultur, wie es von Binczek für schriftbasierte Texte entworfen wurde, erlaubt es, Schrift/Text und Sound nicht über Differenz und Unvereinbarkeit zu modellieren, sondern beide „in [ihrer] Interaktion und Interdependenz" (Binczek 2020b, 1) vorzustellen.

Als Schrift-Bild-Texte operieren Comics mit Sound (vgl. ausführlich Bachmann 2014). Indem sie zum einen *von* Sprache, Musik und Geräuschen sprechen und diese reflektieren und zum anderen *mit* diesen und *durch* diese sprechen, kommt dem Sound im Comic – wie in (fast) jeder Literatur – Bedeutung auf der Ebene des Inhalts (Motivik, Thematik) wie der Darstellung (in der Diktion der Narratologie: der *histoire* wie des *discours*) zu. Die verbale Sprache wird auch im Comic durch (Buchstaben-)Schrift repräsentiert, deren Zeichenhaftigkeit über Lettering und Font, Schriftart, Schriftschnitt (Schriftstärke, -breite und -lage), Schriftgröße sowie durch Farb-, Form- und Kontureffekte multipliziert wird. Über verschiedene Varianten von Textblöcken und Sprech- bzw. Denkblasen wird sie als gezeigte (z. B. metaleptische Kommentare) oder als gesprochene Sprache markiert sowie einer narrativen Instanz bzw. als direkte oder auch innere Rede einer Figur der Handlung zugeordnet. Flankiert, mitunter auch ersetzt, wird sie durch bildsprachliche Elemente wie Piktogramme oder die kommunikativen Qualitäten des Körpers (Mimik, Gestik) und des Raumes (Nähe- und Distanzverhältnisse). Geräusche werden durch phonetische und morphemische Soundwords (vgl. Press 2018, 13) nach ihrer Grammatik (Interjektionen, Verbstämme, Inflektive) und damit über die Alphabetschrift und ihre Features dargestellt, Musik wird über buchstaben- (z. B. über Textzitate/Lyrics) und notenschriftliche (z. B. Partituren) Zeichen oder ikonisch (z. B. Abbildung von Schallquellen oder -räumen) repräsentiert. Mittels Schalllinien wird Klang als emittiert markiert und durch grafische Elemente in seiner akustischen Lautstärke, Tonhöhe und Klangfarbe (vgl. Schüwer 2008, 359) ‚hörbar' gemacht.

Die unterschiedlichen Zeichenmodalitäten des Comics sprechen nicht nur diverse „Kan[äle] der Sinneswahrnehmung" (Stöckl 2016, 9) an, sondern sie ermöglichen auch eine entsprechende Imagination bzw. fordern diese ein. Ihre

Konkretisierung im individuellen Leseprozess hat Pollmann mit der synästhetischen Metapher „you can listen with your eyes" (Pollmann zit. nach Pellitteri 2019, 542) treffend beschrieben. Aspekte der kognitiven, psychologischen oder phänomenologischen Rezeption sollen hier nicht weiterverfolgt werden. Zum einen fehlt eine brauchbare methodische Modellierung für eine (comicwissenschaftliche) Untersuchung der Verarbeitungsprozesse, zum anderen verspricht diese kaum spezifische Erkenntnisse für die Form der Comic-Lesung. Die folgenden Überlegungen gelten daher Realisationsformen des Comics, die auf phonische Wiedergabe (vgl. Hague 2014, 73–77) und auditive Rezeption setzen. Im Zentrum stehen Formen, die aus einer Medientransformation resultieren (vgl. Rinke 2018, 240 f.).

Das Dispositiv für auditive Comics wird im Wesentlichen durch den Audiocomic, die Audio-Slideshow, die Comic-Verfilmung und eben die Comic-Lesung gebildet. Ausschließlich akustisch realisierte Beispiele sind selten. Sie begegnen in dramaturgisch und technisch überformten Formaten, die auf die Praktiken des Hörspiels oder des Hörfilms (vgl. Binczek 2020a, 142–154) verweisen.[1] Audio-Slideshows und Trickfilme arbeiten mit der akustischen *und* der visuellen Ebene des Comics, sprich: mit Sound- und Bildelementen. Stehende oder auch animierte Text-Bild-Einheiten bzw. Teile daraus werden medial reproduziert, mitunter auch animiert, sie werden getaktet und mit der integrierten Audiospur synchronisiert. Anders als bei den abgeschlossenen, gespeicherten und daher iterablen Formen von Audiocomic, Audio-Slideshow und Comic-Verfilmung handelt es sich bei der Comic-Lesung um ein Bühnenformat, das erst in seinem Vollzug entsteht. Wie alle Lesungen sind Comic-Lesungen durch physische Präsenz, chronotopische Situiertheit und Inszenierung gekennzeichnet. Gezeigtes Bild und meist live generierter Sound werden so erst während der bzw. durch die Lesung zusammengebracht und einem Kollektiv von Rezipierenden vorgesprochen bzw. vorgespielt. Die Flüchtigkeit und Einmaligkeit des Ereignisses machen es notwendig, für Analysezwecke auf (möglichst nicht bearbeitete) mediale Reproduktionen zuzugreifen, welche die akustischen und visuellen Daten wiederholbar und somit (potenziell) verfügbar machen. Faktum und Phänomen der Medialisierung – etwa die Folgen für Aura, Präsenz und Feedbackschleife – können hier nicht weiterverfolgt werden.

---

1 Beispiele wären die eng mit dem Massenmedium des Radios verknüpften und damit medienhistorisch interessanten *Akustic Strips* (vgl. Wilde 2020, 214) oder die zeitgenössischen *Audio Dramas* und Podcasts der *AudioComics Company* (gegründet 2010).

Mahler liest – Fallbeispiele

1969 in Wien geboren, steht Nicolas Mahler für Cartoons und Comics, insbesondere Literaturcomics, aber auch (Comic-)Gedichte. Er arbeitet u. a. für *Die Zeit*, *FAZ*, *NZZ*, *Le Monde* sowie das Satiremagazin *Titanic*, wurde u. a. mit dem Max und Moritz-Preis 2010 und zuletzt mit dem Sondermann-Preis 2019 ausgezeichnet.[2] Mahler zeichnet und schreibt nicht nur, sondern er liest auch. Aus seinen zahlreichen Comics bzw. deren Lese-Realisationen wurden für die Analyse zwei Beispiele bzw. Beispielreihen gezogen: die Lesungen aus *dachbodenfund*, *in der isolierzelle*, *solarplexy* sowie aus seiner aktuellen Publikation *Nachtgestalten* (gemeinsam mit Jaroslav Rudiš).

Gedichte: *dachbodenfund, in der isolierzelle, solar plexy*

Am 22. März 2018 wird im Literaturhaus Salzburg der Wiener Luftschacht Verlag vorgestellt. Das Kernstück der Veranstaltung sind drei Autorenlesungen, mit denen das aktuelle verlegerische Programm ausgelotet wird: Mario Wurmitzer, Sonja Harter und Nicolas Mahler, der aus seinen in knapper Folge erschienenen Gedichtbänden liest. Interessant ist das Beispiel deshalb, weil es sich – und das unterscheidet die jüngeren Sammlungen von den gezeichneten *Gedichten*, die sich einer Lesung konsequent entziehen – streng genommen nicht um Comics, sondern um teilweise illustrierte Montage-Gedichte aus Spielzeug-, Erotik- und Technikmagazinen mit wechselnden Text-Bild-Bezügen handelt (vgl. Abb. 1).

   Die Lesung Mahlers konnte folglich (und ich komme damit auf das Eingangszitat zurück) auch keine ‚richtige‘ *Comic*-Lesung werden. Die Performance beginnt mit einer anekdotischen, auf den Veranstaltungsort verweisenden Entstehungsnarration der *dachbodenfund*-Texte und einem Blick auf das Verfahren der Montage. Verfügbar ist die Lesung sowohl in einem Audiostream der Sendereihe *Radio Literaturhaus* (DF1a) als auch in einem rund zwanzigminütigen Videomitschnitt (DF1b). Dass akustische und visuelle Elemente als konstitutiv für die Performance zu denken sind, wird zum einen in der Relationierung von Sprache und Bild durch den Comic-Autor-Zeichner deutlich, die den Effekt des Sporadischen, wie er die Buchillustration kennzeichnet, auch in die Lesung holt. Zum anderen weist die Anmoderation die Audiodatei als Reduktionsstufe aus: „Sie hören nun ein paar Gedichte. Leider sehen Sie die dazu passenden Comics [sic!] nicht" (DF1a

---

2 Für bio-bibliografische Angaben vgl. das *Closure*-Themenheft zu Nicolas Mahler.

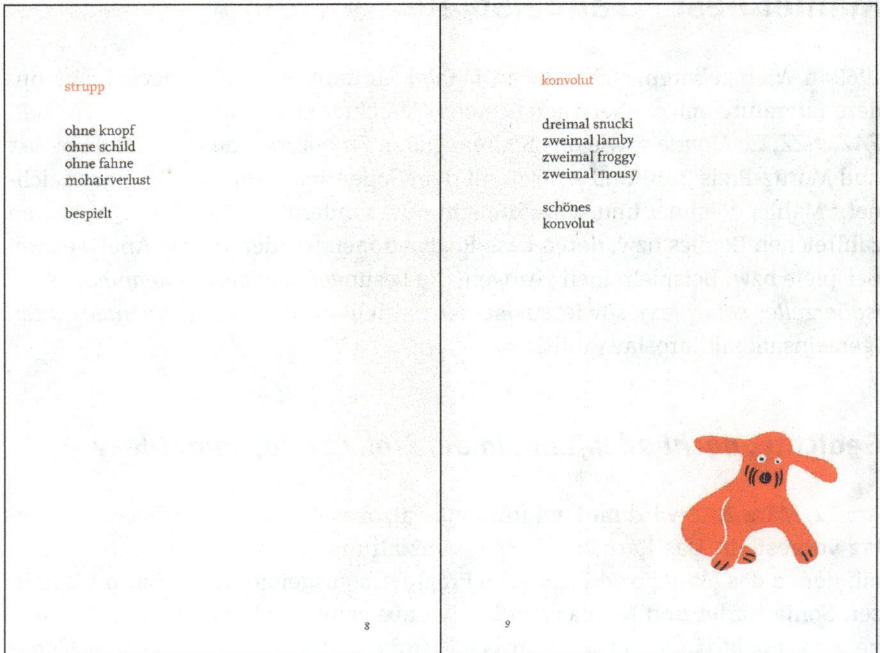

Abb. 1: Montage-Gedichte von Nicolas Mahler (Mahler 2015, 8 f.).

39:00). Das Prinzip der Montage steht auch für die Poetik der Lesung, welche eine bereits zuvor getroffene Entscheidung, nämlich die Selektion, Neukombination und -kontextualisierung des zu Sprechenden respektive des zu Zeigenden performiert. Im sicht- und hörbaren Weiterblättern durch das Buch dient dieses nicht nur als Textträger und -referenz des Gelesenen, sondern zitiert auch das Buch als zentralen Gegenstand des Formats ‚Lesung‘ in seiner Medialität und Materialität. Der Bewegung im Buch entspricht das Weiterklicken der digitalisierten und auf dem Laptop gespeicherten Bilder. Anders als bei (‚richtigen‘) Comic-Lesungen werden Text und Bild in ihren Präsentationsmodi voneinander separiert. Die Gedichte werden ausschließlich stimmlich realisiert, visuell inszeniert werden nur die Illustrationen. Zumindest teilweise aus Text-Bildseiten ausgeschnitten, werden die Illustrationen zum einen aus der Einheit Buchseite bzw. Doppelseite und damit aus einer Idee vom Ganzen herausgenommen; zum anderen generieren die entkoppelten Bilder im Zeitmanagement der Lesung – die Illustrationen bleiben über mehrere (gesprochene) Texte hin sichtbar – neue textuelle Referenzen. Im Unterschied zum Buch, das durch die unregelmäßige Abfolge von Bild- und Textpräsenzen strukturiert ist, wird die Lesung primär durch den Bild-Bild-Wechsel strukturiert. Die zeitliche Ordnung des Buches wird in der multimedialen Lesung in eine Vorder- und Hintergrundkonstruktion und damit in ein räumliches Konzept überführt. Mahler liest akzentuiert, unaufgeregt-monoton, langsam. Über sorgfältig gesetzte und semantisierte Pausen transformiert der Vortrag die sichtbare äußere (Zeilenumbrüche) wie innere (Montage-Elemente) Struktur des verschrifteten Textes in eine hörbare. Indem sie die Gedichtmontagen von *solar plexy* an den Schluss stellt, folgt die Lesung nicht nur einer chronologischen Ordnung, sondern auch einer Dramaturgie der Spannung. Diese erzeugt sich aus dem Genre des erotischen Gedichts sowie dem Reiz des Geheimnisvollen und Neuen. Die zu lesenden Texte werden als bislang unveröffentlicht eingeführt und die Performance über den Status der Erstlesung valorisiert. Dies speist eine hohe Rezipierendenerwartung – so wird getuschelt und vorausgelacht (DF1b 13:55–14:20). Das Ende der Lesung wird von einem bewusst herbeigeführten oder auch zufälligen, jedenfalls aber effektvollen und vom Comic-Autor-Zeichner launig kommentierten („Ist das der Rausschmeißeffekt?", DF1b 19:22) Ausfall der Bühnenbeleuchtung begleitet und, dem Format der Bühnenshow entsprechend, um ein weiteres („Ich hab' noch eines", DF1b 19:25) Lese-Element verschoben.

Graphic Novel. *Nachtgestalten*

Die Lesereihe der *Nachtgestalten* (2021) – die am 22. Februar 2021 bei Luchterhand erschienene Graphic Novel ist die erste Koproduktion von Jaroslav Rudiš (Text) und Nicolas Mahler (Zeichnungen)[3] – unterscheidet sich von den bislang besprochenen zum einen durch ein produktionsästhetisches Moment, zum anderen durch die veränderten ökonomischen, gesellschaftlichen und kulturbetrieblichen Rahmenbedingungen des zweiten Corona-Jahres. Durch die Einschränkungen im Eventbereich sind die März-Lesungen der *Nachtgestalten* in Stuttgart[4] (NG1) am 15. März 2021, in Wiesbaden (NG2) am 17. März 2021 und in St. Gallen (NG3) am 26. März 2021 vom Bühnenereignis zur digital konzipierten und vermittelten medialen Form geworden. Die Medialisierung eröffnet auch eine neue Diskursebene, sei es als Gegebenes/Faktum und dessen Erwähnung, sei es als Tool und dessen Handhabbarmachung (NG1 00:23:50; 00:47:00), sei es in der metatextuellen Reflexion.

---

3 Wie Mahler 2015 wurde auch der 1972 in Turnov geborene Rudiš mit dem Preis der Literaturhäuser ausgezeichnet.
4 Für die Zurverfügungstellung eines privaten Links geht mein besonderer Dank an Laura Hornstein vom Literaturhaus Stuttgart.

Die am 15. März 2021 im Literaturhaus Stuttgart stattfindende, rund eineinhalbstündige Comic-Premiere der *Nachtgestalten* ist wesentlich als Präsenzveranstaltung konfiguriert, nur Nicolas Mahler ist via Videokonferenz aus Wien zugeschaltet. In einem Setting, das umfangreiche Para-, genauer: Epitexte zum Buch respektive zur Präsentationsform entwickelt, macht die Lesung mit nur fünfzehn Minuten einen relativ geringen Anteil aus. Die stimmliche Realisation erfolgt ausschließlich durch Rudiš, was insofern überrascht, als die *Nachtgestalten* als Unterhaltung zwischen zwei männlichen Protagonisten streng dialogisch konzipiert sind. Die Performance reproduziert damit die arbeitsteilige Konzeption und lanciert über die gewussten Autorschaften – ob gewollt oder nicht – ein Primat des Textes über das Bild. Die Redeanteile werden live eingesprochen. Rudiš ist nur über seine Stimme präsent, was den Autor – und für eine häufig autobiografistisch gelesene Graphic Novel nicht unwesentlich – von seinen Figuren entkoppelt. Anders als bei Mahlers (Live-)Lesung aus seinen Gedichtbänden läuft die Lesung nicht vor dem Hintergrundbild des Comics, sondern vor dem gezeichneten Popsong *People get emotional* der 1962 in Stuttgart geborenen Malerin und Fotografin YAM ab. Diese Poetik der Transformation kann auch als programmatisch für die Comic-Lesung gelten. Was von Mahler für die Bildebene des Comics gesagt werden wird (NG1 01:01:00) – die Herausforderung einer nicht nur akustischen, sondern auch kinetischen, durch die reduzierte Handlung sowie durch die Gleichförmigkeit der Bewegung gekennzeichneten Ruhe –, gilt auch für seine Realisierung in der Performance. Die Lesung beginnt mit vier aufeinander folgenden und insofern, als sie weder Figurenrede noch akustische Bildinhalte umfassen, zwar erzählenden, aber ‚stummen‘ Bildern. Erst nach gut zwanzig Sekunden, in denen nur das Geräusch des Blätterns hörbar ist, setzt der Dialog/die Sprechstimme mit einer bzw. der verhängnisvollen Frage ein: „Hast du [eigentlich] mit Hana geschlafen?" (NG1 00:24:25). Rudiš liest ohne Sprecher-Differenzierung und Dramatik, mit effektlosen Zäsuren und gelegentlichen unbeabsichtigten Abweichungen vom schriftlich fixierten Redetext (Redezusätze, Auslassungen, Versprecher). Anders als im Comic, dessen Inszenierung auf raumzeitliche Einheiten (das Panel, die Sequenz, die Seite) angelegt ist, werden in der Lesung Seiten- und Panelkontexte zum Teil aufgelöst. Panels werden einzeln eingeblendet, Figurenrede (NG1 00:27:35; 00:33:20) in die Elemente der syntaktischen Einheit/der Zeile bzw. der Sprachäußerung/der Sprechblase zerlegt und dadurch die Strukturmomente der Sukzession bzw. der Alternation akzentuiert. Während die Lesung der *Nachtgestalten* in Stuttgart über eine gemeinsame real-räumliche Komponente verfügt, ist das Event in Wiesbaden (NG2) ausschließlich im virtuellen Raum angesiedelt. Die Lesung ist innerhalb des rund einstündigen Events früh platziert, gelesen wird exakt derselbe Ausschnitt wie zwei Tage zuvor in Stuttgart. Ebenso identisch, und mutmaßlich per Drehbuch fixiert, sind die Themen des anschließenden Werkstattgesprächs.

In beiden Veranstaltungen wird die Affinität der *Nachtgestalten*, vielleicht auch des Comics im Allgemeinen, zum Film angesprochen. Interessant wird diese für die Lesung der *Nachtgestalten* am 26. März 2021 im Zuge des 13. Literaturfestivals Wortlaut in St. Gallen (NG3). Anders als bisher stehen Rudiš und Mahler – von einer sehr knappen Selbstvorstellung in ihrer Funktion als Texter und Zeichner einmal abgesehen – ausschließlich über ihre Graphic Novel bzw. deren szenische Konkretisation mit Text, Bild und Musik durch das Ensemble *Theater am Tisch* im Fokus. Der Text wird von Marcus Schäfer und Oliver Losehand (beides Schauspieler und ,starke Stimmen' im Sinne von Herrmann 2020, 34) professionell interpretiert, Dramatisierung und Emotionalisierung (etwa die zunehmende Betrunkenheit der Protagonisten und die Zuspitzung ihrer verbalen Auseinandersetzung) werden durch ein umfassendes prosodisches Register von Modulation, Betonung, Tempo u. a. erzielt. Die auditiven Anteile des Buch-Comics werden durch paraverbale Äußerungen, gesangliche Elemente (der Song *Darauf pissen die Eulen*, NG3 38:00) und vor allem die Musik der E-Gitarristen Peter Lutz und Marcel Elsener erweitert, die Bilder des Comics wurden von Jurek Edel (Grafiker) animiert. Was in der knapp sechzigminütigen Vorstellung in St. Gallen wirksam auf die Bühne gebracht wird, ist eine Neuinterpretation der Graphic Novel, welche als modale und mediale Transformationsleistung auf Performanz- bzw. Rezeptionsebene nicht hinreichend beschrieben ist. Während sich die Entscheidungsarbeit der Stuttgarter und Wiesbadener Lesungen wesentlich auf den zu präsentierenden Abschnitt (übereinstimmend der Anfang des Comics) sowie dessen akustische (hier: ausschließlich stimmliche) bzw. visuelle (Wahl der Bildeinheit, Taktung der vorgegebenen Bildfolge) Realisation beschränkt, verändert die St. Gallener Lesung ihren Prätext substanziell. Der weniger von ,Aktion' – zwei Männer gehen sprechend und auch schweigend durch die nächtliche Stadt (Prag) und machen in diversen Kneipen Halt, um zu trinken – als von seinen Dialogen (Erinnerungen, Reflexionen, Raisonnements, Kommentare ...) getragene Comic wird nach seinen wesentlichen Inhaltselementen wiedergegeben. Allerdings werden diese einer neuen Ordnung unterstellt, welche sowohl die Erzählchronologie als auch die zyklische Organisation des Buches auflöst. Die meist durch Erinnerungen, aber auch durch aktuelle Eindrücke ausgelösten und in loser Folge gefügten Episoden werden in der St. Gallener Fassung um narrative Komponenten ergänzt: eine Exposition, welche über die örtlichen und zeitlichen Gegebenheiten informiert sowie die *dramatis personae* nennt und zueinander konstelliert. Weder die in einer Art *A-parte*-Konstruktion eingeführte Erzählerrede – sie ist für die Rezipientinnen und Rezipienten hörbar, aber nicht für die Figuren – noch die Redeanteile der Figuren, die von zwei Sprechern realisiert werden, sind visualisiert. Möglich wird dies durch Partikularisierung. Projiziert werden durch feste Einstellungsgrößen oder auch Kamerazooms erzeugte Ausschnitte (konstant z. B. der in der Schmuckfarbe Blau gestaltete und als Nachthimmel semantisierte Hintergrund) aus den Text-Bild-Einheiten der Graphic Novel, die durch blendenartige Techniken hart aneinandergefügt werden. In animierten Passagen, allen voran das für die Story konstitutive und in seinem Verlauf wahrnehmbar gemachte Gehen der Protagonisten, werden sie auch zu Panoramen montiert. In der zweidimensional-parallelen Ästhetik des Theaters (vgl. Mahler und Müller 2020) durchqueren die Figuren die Kulissen des Bildes, treten in sie herein und aus ihnen hinaus. In der Inszenierung des Theaters am Tisch werden Bild- und Tonspur (bis auf die bildsprachlichen Elemente des Comics) weitestgehend voneinander getrennt, die Doppelung der akustischen Anteile durch Schrift und Stimme/Geräusch, wie sie die Comic-Lesung für gewöhnlich kennzeichnet, erscheint aufgehoben. Das bleibt nicht ohne Konsequenz für die Gewichtung von Text und Bild und, wenn auch nicht parallel geführt, von Hören und Sehen: Der live gesprochene Text wird zum Hauptstrang, dem im Vergleich zur gedruckten Ausgabe wenige und auf ihre Kulissenfunktion reduzierte Bilder zugestellt werden. Weite Teile bleiben ganz ohne Projektionsbild, stattdessen werden die Musiker und insbesondere die Sprecher in ihrer Bühnenumgebung ins Bild gesetzt. Ihre Interaktion mit dem Comic wird auch über ihre körperliche Präsenz inszeniert. Sie sitzen an einem Tisch, lesen und trinken tschechisches Dosenbier. Das ist zum einen ein inhaltliches Zitat aus dem Comic, zum anderen spielt die Performance über das Requisit der Bierdose auch ironisierend mit einem der häufigsten Leseformate, der Wasserglaslesung, und erhält dadurch metaisierende Qualität. In den szenischen Acts werden die Sprecher zu Darstellern. Indem sie die Rollen der beiden Protagonisten übernehmen, werden sie in der Theater-Illusion ein Stück weit zu den Figuren des Comics.

Resümee und Ausblick

Comic-Lesungen sind neben Audio-Slideshows und Comic-Verfilmungen nur eine Möglichkeit, um Comics audibel zu machen. In ihren Settings folgen sie wesentlich dem Formenspektrum der literarischen Lesung von der Wasserglaslesung über die szenische Lesung bis hin zur multimedialen Performance. Ihre spezifische Qualität erhalten sie durch die bimodale Verfasstheit des Prätextes, der nicht nur über die Schrift, sondern auch über das Bild bzw. die Wechselwirkung beider kommuniziert. Eine Transformation von Schrift und Bild in Stimme bzw. Sound, wie sie auch die Bezeichnung ‚Lesung' suggeriert, erfolgt nicht. Stattdessen ist das reproduzierte und gezeigte Bild konstitutiver Bestandteil der

Comic-Lesung. In den meisten Fällen werden die Schrift-Bild-Arrangements des Comics in den ikonografisch-strukturellen Einheiten der Seite, der Sequenz, des Panels, seltener auch als Bildfragment übernommen (für Mahler vgl. die Lesungen in Wien, Stuttgart und Wiesbaden). Eine Ausnahme stellt die szenische Lesung mit animierten Bildern des Theaters am Tisch in St. Gallen dar. Im Konzept der Comic-Lesung wird Sound also sowohl visuell, d. h. in seiner schriftlichen Fixierung, als auch akustisch, d. h. in seiner klanglichen, ergo stimmlichen, musikalischen und geräuschhaften Qualität vermittelt – und zwar nicht alternativ, sondern additiv. Der appositorische Charakter der Sound-Spur wird durch eine spezifische räumlich-zeitliche Relation von visueller und akustischer Präsenz verstärkt, die als ungleichzeitige Gleichzeitigkeit beschrieben werden kann. Indem der Klang zeitlich wie räumlich vor dem sichtbaren Bild verhallt, wird er zu einem den visuell vermittelten Inhalt wiederholenden Additum des Bildes. Dass er über Redundanz nicht hinreichend beschrieben ist, liegt im Mehrwert des tatsächlich, d. h. sinnlich wahrnehmbaren und nicht bloß imaginierten Klangs, vor allem der Stimme (vgl. Grimshaw-Aagaard et al. 2019). In der Comic-Autor-Zeichner-Lesung kommt dieser eine besondere Bedeutung für die Konzepte von Autor und Werk zu. Wenn also nach einem gattungskonstituierenden Potenzial der Comic-Lesung gefragt wird, so ist dieses in erster Linie in einer Neukonstruktion des Verhältnisses von visueller und auditiver Spur für den bzw. durch den Akt ihrer Realisierung zu sehen.

Literatur & Medien

Lesung aus Nicolas Mahlers Dachbodenfund, In der Isolierzelle, Solar Plexy. Literaturhaus Salzburg, 22.03.2018. Audiomitschnitt. URL: https://cba.fro.at/series/radio-literaturhaus/page/4?orderby=date&search_series#038;search_series (25.05.2021).

Lesung aus Nicolas Mahlers Dachbodenfund, In der Isolierzelle, Solar Plexy. Literaturhaus Salzburg, 22.03.2018. Videomitschnitt. URL: https://www.youtube.com/watch?v=7oAQw2TF1Rg (25.05.2021).

Lesung aus Nicolas Mahlers und Jaroslav Rudiš' Nachtgestalten. Literaturhaus Stuttgart, 15.03.2021.

Lesung aus Nicolas Mahlers und Jaroslav Rudiš' Nachtgestalten. Literaturhaus Wiesbaden, 17.03.2021. URL: https://www.youtube.com/watch?v=eD_aErs1tbg (25.05.2021).

Lesung aus Nicolas Mahlers und Jaroslav Rudiš' Nachtgestalten. Literaturhaus St. Gallen, 26.03.2021. URL: https://www.wortlaut.ch/programm/nachtgestalten (25.05.2021).

Mahler, Nicolas: Dachbodenfund. Gedichte. Wien 2015.

Mahler, Nicolas: In der Isolierzelle. Gedichte. Wien 2017.

Mahler, Nicolas: Solar Plexy. Gedichte. Wien 2018.

Mahler, Nicolas: Gedichte. Mit e. Nachw. v. Raimund Fellinger. Berlin 2020.

Mahler, Nicolas/Rudiš, Jaroslav: Nachtgestalten. München 2021.

***

Bachmann, Christian A.: Bildlaute und laute(r) Bilder. Onomatopöien, Sprechblasen und andere „audio-visuelle" Darstellungsmittel in Comics und Bildergeschichten – zur Einführung. In: Bildlaute und laute Bilder. Die ‚Audio-Visualität' der Bilderzählungen. Hg. v. Christian A. Bachmann. Essen 2014, S. 7–24.

Bachmann, Christian A.: „Irgendwann ist mir das halt selber aufgefallen, dass es verdichtet ist, was ich mach." Nicolas Mahler zur Einführung. In: Closure 2019, 5.5, S. 3–21.

Bartel, Michael: Akustische Notationssysteme. In: Handbuch Literatur & Audiokultur. Hg. v. Natalie Binczek und Uwe Wirth. Berlin 2020, S. 107–132.

Binczek, Natalie: Audioliteratur: Hörspiel/Hörbuch. In: Handbuch Literatur & Audiokultur. Hg. v. Natalie Binczek und Uwe Wirth: Berlin 2020a, S. 142–154.

Binczek, Natalie: Einleitung: Literatur und Audiokultur. In: Handbuch Literatur & Audiokultur. Hg. v. Natalie Binczek und Uwe Wirth. Berlin 2020b, S. 1–23.

Börnchen, Stefan: DING, BINGG, Dings. Kaffee, Soundwords und Bewegungsspuren in Max Baitingers Comic *Röhner* (2016). In: Lauschen und Überhören. Literarische und mediale Aspekte auditiver Offenheit. Hg. v. Stefan Börnchen und Claudia Liebrand. München 2020, S. 125–160.

Bourdieu, Pierre: Die Regeln der Kunst. Genese und Struktur des literarischen Feldes. Übers. v. Bernd Schwibs und Achim Russer. Frankfurt a. M. 1999.

Czarkowski, Thorsten: Comic-Autor mit Witz und viel Tiefsinn. In: Ostsee-Zeitung (17.04.2015). URL: https://www.ostsee-zeitung.de/Mecklenburg/Rostock/Comic-Autor-mit-Witz-und-viel-Tiefsinn (25.05.2021).

Fischer-Lichte, Erika: Ästhetik des Performativen. Frankfurt a. M. 2004.

Führer, Carolin: Reading Panels. Zum performativen Potenzial multimodaler Texte. In: ide 2017, 3, S. 66–73.

Grimshaw-Aagaard, Mark/Walther-Hansen, Mads/Knakkergaard, Martin (Hg.): The Oxford Handbook of Sound and Imagination. Bd. 1. New York 2019.

Hague, Ian: Comics and the Senses: A Multisensory Approach to Comics and Graphic Novels. London 2014.

Helbling, Brigitte: Impossible Comiclesung. In: culturmag (05.12.2015). URL: http://culturmag. de/litmag/essay-impossible-comiclesung/90638 (25.05.2021).

Herrmann, Britta (Hg.): Dichtung für die Ohren. Literatur als tonale Kunst in der Moderne. Berlin 2015.

Herrmann, Britta: Literatur und Stimme. In: Handbuch Literatur & Audiokultur. Hg. v. Natalie Binczek und Uwe Wirth. Berlin 2020, S. 27–43.

Hillebrandt, Claudia: Literaturwissenschaft. In: Handbuch Sound. Geschichte – Begriffe – Ansätze. Hg. v. Daniel Morat und Hansjakob Ziemer. Stuttgart 2018, S. 120–125.

Jäger, Ludwig: Audioliteralität. Eine Skizze zur Transkriptivität des Hörbuchs. In: Das Hörbuch. Praktiken audioliteralen Schreibens und Verstehens. Hg. v. Natalie Binczek und Claudia Epping-Jäger. München 2014, S. 231–253.

Mahler, Nicolas/Müller, Manfred: Nicolas Mahler im Gespräch mit Manfred Müller. In: SchreibArt online (12.11.2020). URL: https://www.youtube.com/watch?v=XEayB-Re4Qs (25.05.2021).

Müller, Johannes von: Die Sprechblase. Einbindung in das Bild, Auswirkung auf das Bild. In: Bildlaute und laute Bilder. Die ‚Audio-Visualität' der Bilderzählungen. Hg. v. Christian A. Bachmann. Essen 2014, S. 81–100.

Packard, Stephan/Rauscher, Andreas/Sina, Véronique/Thon, Jan-Noël/Wilde, Lukas R. A./
    Wildfeuer, Janina: Comic-Analyse. Eine Einführung. Stuttgart 2019, S. 49–72.
Pellitteri, Marco: The Aural Dimension in Comic Art. In: The Oxford Handbook of Sound and
    Imagination. Bd. 1. Hg. v. Mark Grimshaw-Aagaard, Mads Walther-Hansen und Martin
    Knakkergaard. New York 2019, S. 511–548.
Platthaus, Andreas: Sind Comics Kunst? In: FAZ (08.11.2013). URL: https://www.faz.net/aktu
    ell/feuilleton/bilder-und-zeiten/essay-in-bildern-sind-comics-kunst-12651310.html
    (25.05.2021).
Press, Alexander: Die Bilder des Comics. Funktionsweisen aus kunst- und
    bildwissenschaftlicher Perspektive. Bielefeld 2018.
Rinke, Günter: Das Pophörspiel. Definition – Funktion – Typologie. Bielefeld 2018.
Schüwer, Martin: Wie Comics erzählen. Grundriss einer intermedialen Erzähltheorie der
    grafischen Literatur. Trier 2008.
Wilde, Lukas R. A.: Die ‚gezeichnete Tonspur‘ und ihre Alternativen: Zur widerständigen Rolle
    der Akustik im ‚Medium Comic‘. In: Bildlaute und laute Bilder. Die ‚Audio-Visualität‘ der
    Bilderzählungen. Hg. v. Christian A. Bachmann. Essen 2014, S. 121–128.
Wilde, Lukas R. A.: Die Sounds des Comics. Fünfmal mit den Augen hören. In: spiel 2017, 2,
    S. 127–162.

Janneke Schoene

Visuelle Kunst hören

Audioguides als transmediale Kunstvermittlungsformate

Museen erzählen Geschichten auf vielfache Weise: mithilfe von Texten und Bildern, in Katalogen, Broschüren, Wandtexten, Objektbeschriftungen, aber auch schon in der Zusammenstellung und im Arrangieren von Ausstellungsstücken. Die Tendenz musealen Storytellings geht weg von einem ‚Vertrauen‘ auf die alleinige Wirkkraft von Objekten oder Werken zur vermehrten Inszenierung von Ausstellungen als Erlebnisräumen und zum Einsatz von verschiedenen narrativen Vermittlungsformaten. Im Folgenden werden vor diesem Hintergrund Audioguides als eines der Genres bzw. Subgenres der Kunstvermittlung untersucht.

Obwohl meist gefordert wird, dass die sprachliche Beschreibung von Kunstwerken als solche idealerweise durchsichtig bzw. unsichtbar sein sollte (vgl. Popp 2013, 54), waren es die Medien der auditiven Kunstvermittlung zunächst keinesfalls. Zu Beginn waren Audioguides größere Geräte, die nur vor Ort im jeweiligen Museum verwendet werden konnten. Für die vermutlich erste Museumsaudiotour waren 1952 im Stedelijk Museum Amsterdam ein Kurzwellenradiosystem und tragbare Empfangsgeräte mit Kopfhörern im Einsatz, die ein individuell steuerbares und jederzeit nutzbares Erlebnis ermöglichen sollten (vgl. Tallon 2006). Auch wenn derartige technische Aspekte wichtig für die Wahrnehmung von Audiotouren und ihre Analyse sind, etwa weil manche – z. B. durch die Art der im Einsatz befindlichen Kopfhörer – mehr als andere die Hörerinnen und Hörer von Umgebungsgeräuschen und räumlichem Kontext abschotten, wird es hier vor allem um die verschiedenen Arten der hörbaren Erzählung und um Audioguides als narratives bzw. meta-narratives Format gehen, das sich an ausgestellten Kunstwerken orientiert (vgl. Mildorf 2016, 2). 1952 bestand die genannte Audiotour aus einzelnen Vorträgen, die auf Niederländisch, Englisch, Deutsch und Französisch verfügbar waren. Darauf aufbauend werden Audiotouren und -guides bis heute überwiegend als beschreibend und interpretativ, als didaktisches Medium verstanden und – als eine Art „disembodied voice" (Tallon 2004) – oft in Beziehung zur Live-Museumsführung gesetzt. So heißt es etwa bei Tallon: „[T]he [...] users demonstrate a motivation to learn (or else they wouldn't have [...] hired an audioguide). This unique combination of qualities underscores the audio tour's powerful educational potential" (Tallon 2006, 2). Ähnlich bezeichnet Eggert Audioguides als „mikrodidaktisches Element musealer Lernkulturen" und betont ihre pädagogische Qualität, würde die Besucherforschung doch den Wunsch zu lernen bei ihrer Nutzung zeigen (vgl. Eggert 2009, 215; 225; 227).

Derartigen Annahmen soll aber zumindest in Ansätzen widersprochen werden. Zum einen sollte der Aspekt der Unterhaltung durch Audioguides nicht unterschätzt werden (vgl. Mildorf 2016, 1), zum anderen können Audioguides auch darauf abzielen, ein gewisses Engagement anzuregen, das als Aktivierung in Form räumlicher Bewegung, aber auch als Teilnahme in Form einer Interaktion mit dem vorliegenden Endgerät bzw. einer gedanklichen Interaktion und Verstärkung visueller Erfahrungen durch akustische Informationen gemeint ist (vgl. Fischer 2004, 2; 51). Insofern können sie auch Medien ‚ästhetischen Erlebens' sein. Ferner soll kritisch hinterfragt werden, ob Audioguides als komplexe, transmediale Formate Kunstwerke tatsächlich ‚übersetzen', wie es oft heißt. Sicher leisten sie in der Verbalisierung von Werken einen Übersetzungstransfer bzw. eine Transmediation: Gemälde, Skulpturen, ganze Installationen etc. werden in (zunächst geschriebene und dann) gesprochene Sprache und somit ein anderes Medium mit gänzlich anderen Charakteristika in Bezug auf Wahrnehmung, Interpretation und Verstehen übertragen, doch muss dies nicht zwingend einer Übereinstimmung entsprechen. Fraglich ist auch, ob es dabei um die Übersetzung bzw. Vermittlung von Bedeutung geht, da Audioguides ganz wie andere auditive und ebenso nicht-auditive Erzählungen in Museen sowie sprachliche Kunstkommentare im Allgemeinen (vgl. Popp 2013, 11) Bedeutung performativ erzeugen – oftmals auch in einer Juxtaposition von Kunstwerk und Erzählung.

Audioguides als Genre?

Die (publizierte) Forschung zu Audioguides ist überaus rar (vgl. Tallon 2006, 1). Vorab sei festgestellt, dass es nur schwerlich möglich scheint, Audioguides als Genre zu erfassen, sofern man dieses nicht ausschließlich am technischen Medium und daran festmachen will, dass es sich um akustische Führungen handelt, die mithilfe von unterschiedlichen tragbaren technischen Endgeräten abgespielt werden (vgl. Popp 2013, 40). Im Fokus stehen also aufgenommene, hörbar (und meist zugleich lesbar) gemachte Erzählungen, die wiederum auch weniger narrative Elemente wie Beschreibungen, Orientierungshilfen etc. beinhalten.

In ihrer heutigen Form lassen sich Audioguides kaum von Multimediaguides in ihrer Gesamtheit unterscheiden, da mittlerweile relativ selten rein auditive Geräte eingesetzt werden, sondern Audiotouren zusammen mit verschiedenen Medien in digitale Systeme eingebettet sind. Das Erleben des Auditiven ist somit nicht immer von dem stehender und bewegter Bilder zu trennen. Mancherorts wird dies als problematisch empfunden, weil zusätzliches Material oder die digitale Dopplung von Kunstwerken als Ablenkung von den eigentlichen, ‚authentischen Objekten' empfunden werden kann (vgl. Popp 2013, 44). Wichtiger scheint es hier zu betonen, dass alle in Museen eingesetzten Ausstellungsmedien in einer komplexen Interrelation zueinander stehen und ein Museumsbesuch zudem als eine Art performatives Ritual beschrieben werden kann, sodass eine Untersuchung von Audioguides sich etwa kaum auf Texttranskripte fokussieren sollte, wie oftmals geschehen (vgl. Popp 2013, 63; 73). Zur narrativen Struktur von Audioguides gehört nicht bloß ein Zusammenspiel von gesprochenem Text/gesprochener Sprache und (etwaigen) Soundelementen, sondern auch ein Zusammenspiel dieser Elemente mit den ausgestellten Kunstwerken in spezifischen Ausstellungen mit jeweils spezifischen Erzählungen (vgl. Mildorf 2016, 246 f.).

Die zahlreichen Unterschiede zwischen verschiedenen Audioguides sind dabei vom Selbstverständnis der jeweiligen Institutionen, aber auch von Faktoren wie Produktionskosten, -zeit u. ä. abhängig. Das Layout einiger Audio- bzw. Multimediaguides ist klar und benutzerfreundlich gestaltet, andere sind ebenso unübersichtlich wie die Webseiten mancher Museen bzw. bieten so viele verschiedene Ebenen, Informationen und Elemente zum Lesen und Klicken, dass sie rein visuell naturgemäß mehr Aufmerksamkeit auf sich ziehen als andere. Ob dies in Bezug auf Aspekte der auditiven Erzählung aber als positiv oder negativ zu bewerten ist, kann nicht verallgemeinert werden. Im Großen und Ganzen können Audioguides zwischen Erzählung und Beschreibung – und das meint auch die Beschreibung von explizit im Bild nicht zu Sehendem – verortet werden (vgl. Popp 2013, 150; 157). Viele Guides liefern vor allem Hintergrund- und Zusatzinformationen, Kontexte und Deutungen (vgl. Fandrych und Thurmair 2016, 385). So führen sie oft von den besprochenen Werken selbst weg, anstatt etwa deren Präsenz zu verstärken. Zudem bietet bzw. bot zumindest vor einiger Zeit noch die größere Anzahl an Guides punktuelle Informationen zu einzelnen Kunstwerken ohne ersichtlichen Zusammenhang (vgl. Eggert 2009, 224 f.). Seltener handelt es sich um kohärent lineare Führungen, auch wenn Audio- bzw. Multimediaguides oft unterschiedlich lange thematische Rundgänge umfassen, deren Inhalte sich nicht immer aus ihren Titeln erschließen und auch in der Regel nicht als gesamtheitliche Erzählungen fungieren, die einzelne Werke abseits der thematischen bzw. zeitlichen Nähe miteinander verbinden.

Nicht zuletzt aus diesem Grund sind die wenigsten Audioguides dialogisch und frei erzählend gestaltet, sondern zumeist deutlich schriftsprachlich formuliert und konzipiert. Überwiegend wird abgelesen, obwohl das in Praxisleitfäden als No-Go gilt (vgl. Dawid und Schlesinger 2012, 96). Wenngleich es sich also um auditive Erzählungen handelt, sind Audioguides geschriebener meist näher als gesprochener Sprache und entsprechend eher kompliziert formuliert. Insofern sicherlich akademisch korrekt und auf Wohlklang bedacht, jedoch kaum für eine breitere Masse zugänglich. Dabei wird bezüglich ihrer Formulierung grundsätzlich doch eine radikale Einfachheit gefordert, schließlich verfügen ihre Hörerinnen und Hörer selten über fachliche Expertise und terminologisches Wissen (vgl. Dawid und Schlesinger 2012, 95 f.). Dazu sei ein Beispiel aus dem Audioguide der Berlinischen Galerie (ABG) zitiert, in dem es in Bezug auf Anton von Werners Gemälde *Enthüllung des Richard-Wagner-Denkmals* (1908) heißt:

> Detailversessen mit fotografischer Genauigkeit beschreibt [...] von Werner ganz im Stile konservativer Historienmalerei die Szenerie: [...] Zahlreiche Gäste haben sich auf einer Lichtung [...] eingefunden, um der Enthüllung [...] beizuwohnen. Die Garderobe der Gäste unterstreicht den feierlichen Anlass. In erhabener Pose thront der Komponist [Wagner, Anm. J. S.] auf dem Marmorsockel – ganz so wie es dem Zeitgeist entspricht, der ihn als Heroen der Musik verklärte.
> (AGB Tour Blind/Sehbehindert, Enthüllung des Richard-Wagner-Denkmals,
> Zum Kunstwerk, 00:01)

In ihrer Formulierung passt diese auditive Erzählung durchaus zur Stimmung des Bildes, doch richtet sie sich offensichtlich vorrangig an implizite Zuhörende (vgl. Popp 2013, 143), die einem gebildeten oder zumindest belesenen Publikum angehören, das aus Sicht des Museums womöglich als ideale Hörerschaft gleich dem eigenen sozialen Umfeld imaginiert wird.

Im Allgemeinen fällt es Besucherinnen und Besuchern ohne tiefere Vor- oder Fachwortkenntnisse sicher schwerer, die auditiven Erzählungen auf vielen Guides nachzuvollziehen oder gar nachzufühlen. So ist beispielsweise für Pausen u. ä. auf den häufig kurz angelegten Tracks kein Platz. Zuhören ist, wie vielerorts betont, eine komplexe, anspruchsvolle Tätigkeit. Als Richtwert für die Länge einzelner Audiotexte gilt eine Dauer von ein bis zwei Minuten (vgl. Dawid und Schlesinger 2012, 96), wobei zusätzliche Beschreibungen (etwa einzelner Bildelemente, der Technik etc.) bis zu vier Minuten dauern können. Diese Kürze steht regelmäßig in einem Spannungsverhältnis zur komplizierten Formulierung vieler Guides. Der genannte Audioguide der Berlinischen Galerie bietet neben einem kurzen Track zum Kunstwerk für Publikum mit Beeinträchtigung des Sehens zusätzlich eine ausführlichere Beschreibung sowie mechanisch gelesene Tracks zur Orientierung im Museum, die im Übrigen einige Tastmodelle und ein taktiles Leitsystem in den Museumsräumlichkeiten ergänzen.

Wie im Falle dieses Beispiels werden die Kurzerzählungen auf Audioguides im Durchschnitt betont ruhig, langsam und monoton gesprochen. Doch auch andere Extreme lassen sich finden, deren sprachliche Gestaltung stark inszeniert und übertrieben artikuliert ist. Auf dem Multimediaguide *KHM Stories* des

Kunsthistorischen Museums Wien (AKHM), der unter Titeln wie *Love kills – Der Tod macht Schluss* oder *Schnee von gestern?! – Klima, Kunst und Katastrophen* u. ä. verschiedene Stories für Kinder, Jugendliche und Erwachsene beinhaltet, heißt es in theatralischem Ton zu Domenico Fettis *Hero und Leander* (um 1621/1622) unter der Überschrift *Verlieben verboten!*:

> Ohje, ich wollte doch nur ausprobieren, ob Liebe wirklich grenzenlos ist. Und jetzt ist schon wieder jemand gestorben. Dabei hat alles so gut angefangen. [...] Aus Liebe ist Leander so oft wie möglich nachts durch die Meerenge der Dardanellen zu Hero geschwommen und vor Sonnenaufgang wieder zurück. Um Leander den Weg übers dunkle Meer zu zeigen, befestigte Hero eine brennende Fackel an dem Turm, in dem sie wohnte. Doch dieses leuchtete Leander nicht lange, denn eines Nachts blies der Sturm sie aus. Jetzt liegt Leander da, mausetot, ertrunken beim Hinüberschwimmen.
> (AKMH, Love kills – Der Tod macht Schluss, Verlieben verboten!, 00:01)

Im Anschluss daran können die Hörerinnen und Hörer kurze Audioerklärungen zu den Figuren des Bildes auswählen, die ebenso ‚salopp' gehalten sind: Hero habe keine Ahnung von Liebe gehabt, „das fiel auch Leander auf, und er verwendete dieses Argument, um sie herumzukriegen – mit Erfolg. Dabei hatten sich die beiden gerade erst auf einer Party kennengelernt".

Zusätzlich zu einer entsprechenden stimmlichen Gestaltung verwenden manche Audioguides stimmungsvolle Musik oder Klänge – mal nur in Bezug auf einzelne Werke, mal zu Beginn eines jeden Tracks oder auch als Untermalung einer gesprochenen Erzählung. Die meisten Guides aber greifen nur sparsam auf diese Elemente zurück. Insofern sind Objektivität und Neutralität nicht bloß im Stimmeinsatz die Regel, was wiederum nicht gleichbedeutend mit der grundsätzlichen Erzählhaltung ist (vgl. Popp 2013, 121). Dies kann damit begründet werden, dass entsprechende Elemente eigene emotionale Reaktionen befördern, die sich von denen der Kunstwerke unterscheiden können (vgl. Tallon 2006, 5). Hingegen äußern sich oftmals sogenannte Kunstexpertinnen und -experten, um in den Hörerinnen und Hörern ähnliche Ansichten durch emotionale, also vorrangig positive, Bewertungen zu erzeugen (vgl. Fandrych 2013, 394). Doch wie angedeutet nutzen nur wenige Audioguides Aufnahmen aus spontan wirkenden Interviews mit Direktorinnen und Direktoren, Kuratorinnen und Kuratoren etc. Ein Gegenbeispiel ist der Audioguide des Hessischen Landesmuseums Darmstadt zur komplexen Werkinstallation *Block Beuys*. Darauf spricht neben einer jeweils einleitenden Stimme Kuratorin und Sammlungsleiterin Gabriele Mackert relativ frei und verspricht sich gelegentlich auch, etwa in Bezug auf eine Aktion von Joseph Beuys auf einem Festival in Aachen 1965: „Und er [Beuys, Anm. J. S.] hatte eine Säure auf der Bühne dabei, um, äh, Dampfwolken wollte er damit herstellen." Dabei ist deutlich zu hören, dass die Aufnahmen für den Audioguide an anderer Stelle durchaus beschnitten wurden. Der Guide wurde also nicht grundsätzlich von sogenannten Konversationsfüllern bereinigt. Zudem hält Mackert zu Beuys' Aktion *Wie man dem toten Hasen die Bilder erklärt*, für die er seinen Kopf mit Honig und Goldblättchen verhüllte, ganz subjektiv fest, er habe in seiner Erscheinung „womöglich fast wie ein Außerirdischer" ausgesehen, was man als Zuhörerin oder Zuhörer nicht gleich empfinden muss – und als Lesart der Aktion auch eher ungewöhnlich ist. Dass die auditive Erzählung auf diesem Guide natürlich gesprochener Sprache näher ist, muss seiner Qualität aber keinen Abbruch tun, sondern kann das Zuhören in gewisser Weise erleichtern. Ebenso ist eine grundsätzliche Bewertung von Audioguides nicht an der ‚Qualität' der Sprecherinnen und Sprecher auszumachen, die rein objektiv nicht bewertet werden kann.

Auch wenn die meisten Audioguides nun in ihrer Rhetorik als nicht-dialogisch bezeichnet worden sind, nutzen sie vielfach dialogische Konstruktionen wie „Ist Ihnen aufgefallen …?", Formulierungen wie „Wie Sie sehen können …", „Vor uns hängt …" etc. Dies kann dazu führen, dass Dinge in einer Art gemeinsamem und abtastendem Sehen besser erfasst werden (vgl. Popp 2013, 171), sodass die immersive Qualität von Audioguides im Rahmen einer ‚verkörperten Erfahrung' bzw. mentalen (Re-)Visualisierung verstärkt wird (vgl. Holsanova 2016, 60–64). Insofern setzen Audioguides aber oft einen gemeinsamen Raum der Wahrnehmung voraus, was gar als didaktischer Versuch erscheint, als eine Art ‚innere' Stimme des Publikums zu fungieren und nicht bloß einen spezifischen Eindruck, sondern auch spezifische Bedeutungen zu erzeugen. Dabei gehen Audioguides in ihrer deiktischen Sprache meist von einem existierenden Blick und dem Primat des Visuellen aus, selbst dann, wenn sie sich explizit (auch) an ein Publikum mit Einschränkungen im Sehen richten. Auf einem entsprechenden Audioguide des Hessischen Landesmuseums Darmstadt, der auf einige Tastmodelle abgestimmt ist, wird in Bezug auf Max Pechsteins *Bildnis in Rot* zunächst ausgeführt, wie der Kontrast des Bildes unweigerlich an die Wärme eines Sommertages erinnere, wie deutlich einzelne Pinselstriche u. ä. zu erkennen seien, man Details aber erst ausmachen könne, wenn sich das Auge an die Komposition der Farben gewöhnt habe. Auch wird konsequent „der Betrachter" adressiert. Ein Track mit einer zusätzlichen detaillierten Beschreibung fokussiert dann beispielsweise die Bedeutung der Farbe Rot als Warnfarbe, die vom menschlichen Auge im Alltag schneller wahrgenommen werde etc.

Ein Gegenbeispiel hierzu bildet der bereits genannte Guide der Berlinischen Galerie, der Gäste mit entsprechenden Einschränkungen auffordert, ein Werk in Gedanken etwa nachzumalen und mental kreativ tätig zu werden, was durchaus auch die immersive Qualität für sehende Besucherinnen und Besucher steigern kann. Zu Fried Thielers abstraktem Gemälde *Erzählung für W. Turner* (1962) heißt es:

Fang da an, wo der Künstler wohl auch begann, und lege die große Leinwand auf den Boden. Sie ist elfenbeinfarben, ein gedämpft heller, fast neutraler Untergrund. An den Rändern des Bildes kannst Du [...] das helle Beige einfach stehen lassen. Oder wie in der linken unteren Bildecke mit großen Pinselstrichen, die Strukturen hinterlassen, mit Farbe noch verstärken. Nun kommt das Blau ins Bild. Es fühlt sich kühl an. Du gehst zur linken oberen Bildecke und beginnst, die Farbe aufzutragen. Das kannst Du tun, indem Du Schwämme und Tücher mit flüssiger Farbe ausdrückst oder sie mit dem Pinsel auf die Leinwand schleuderst. Du kannst auch mit den Fingern tupfen oder Dir einen anderen Farbauftrag ausdenken. [...] Du umrundest das Bild, trittst vor und zurück. [...] Du entscheidest, wann das Bild fertig ist. Vielleicht fragst Du Dich, was der Betrachter daraus macht: Wasser, Himmel [...] oder einen Blick ins Weltall. Eine blaue Stimmung? Neben Dir stehen Farbtöpfe, eine Gießkanne, Pinsel, Tücher und Quasten. Deine Hände sind weiß, schwarz, blau.

(ABG Tour Blind/Sehbehindert, *Erzählung für W. Turner*, Beschreibung, 00:45)

Anstatt Möglichkeiten des Einfühlens zu bieten, hinterlassen viele Audioguides aber in ihrer Kürze eher Fragen bzw. fördern Irritierendes zutage (vgl. Popp 2013, 102), wie ein Beispiel aus dem Arp Museum (AAM) Bahnhof Rolandseck zeigt. Zu Jonathan Meeses Skulptur *Doc Flashflesh – Feuerrotes Erzdrachenbaby* wird darauf lediglich ein typisch verworrenes Zitat des Künstlers von einem Sprecher gelesen und u. a. das „Erzdrachenbaby als totalmetabolische[r] Bote[] der Diktatur der Kunst" benannt, als „Erzdrüse der totalen Kunst, [...] Botenstoff der totalen Liebe" – was deutlich nicht als Ausführung inhaltlicher Art, sondern als Ausdruck von Meeses künstlerischer Selbstinszenierung fungiert:

Das Erzdrachenbaby schlüpfte aus dem Erzei, bestehend aus der Weltformel. Das Erzdrachenbaby ist das Lieblingsstofftier der Nährkette. Der Mund des Erzbabydrachens ist so lieb, üppig und muminhaft, wie der Erzmund von Scarlett Johansson. Dieser totale Metabolismus des Scarlettierbabys umhüllt alles, vor allem Lollies, mit Erzspeichel der totalen Kunst. Das Erzdrachenbaby sagt Maul auf, Lolly rein, Revolution raus. [...] Das süßesüßesüße Totalbaby trägt den demütigen Menschen als Spielzeug in die totale Neutralität und die Machtergreifung der Kunst vollzieht sich. [...] Das metabolischste Tierbaby Erzdrache sagt: Kunst an die Macht. Das Erzdrachenbaby ist das totalgähnende Erzelement der Totalzukunft.

(AAM, Kunst am Ort, 211, 00:03)

Künstlerische Audioguides und ästhetisches Erleben

Von Kunstschaffenden gesprochene bzw. entwickelte Audioguides sollen hier als Gegenpart zu konventionellen Guides genannt werden, da sie anders als diese meist generativ sind (vgl. Fischer 2004, 50; 60). In der Regel fungieren sie gar als eine Art sprachliches (Bei-)Werk und stimulieren auf unterschiedliche

Weise ein (zusätzliches) ästhetisches Erleben. Ein Beispiel hierfür ist ein Audioguide, den der bereits genannte Künstler Beuys für eine große Retrospektive 1979 im New Yorker Guggenheim Museum eingesprochen hat. Diese folgte einer (auto-)biographischen Lesart seiner Kunst und inszenierte gezeigte Werke als Stationen auf einer Reise des Künstlerlebens, das wiederum auf dem Audioguide vonseiten der Kuratorin der Schau als wichtige Hintergrundinformation bezeichnet wurde. Explizit betonten ein Wandtext sowie auch der Guide, dass der Künstler selbst sein künstlerisches Anliegen, die vermeintliche Verschränkung von Leben und Kunst, die Universalisierung von Kunst sowie seinen erweiterten Kunstbegriff und seinen Begriff der Sozialen Plastik am besten erklären könne: „To him [Beuys, Anm. J. S.], the artist's material [...] is the process of living itself. It's a view that will become abundantly clear as you go through this exhibition, and as you listen to Joseph Beuys himself."

Bei genauer Betrachtung von Audioguide und Ausstellung wird allerdings deutlich, dass die darauf dargestellte bzw. entfaltete Bedeutung nur in der performativen Narration als Supplement zu den ausgestellten Arbeiten und in einer Juxtaposition zu ihnen bestand, was der permanenten Performance von Beuys innerhalb seines Schaffens entsprach. Die auditiven Erzählungen führten oftmals weg von den eigentlichen Objekten. So wurden die Überbleibsel der Installation *Honigpumpe am Arbeitsplatz*, die 1977 auf der *documenta 6* über 100 Kilogramm verdünnten Honig mithilfe eines Schlauchsystems über mehrere Geschosse und durch die Räumlichkeiten des Kasseler Fridericianums pumpte, etwa durch eine Erklärung von Arbeit und Anliegen der von Beuys gegründeten Free International University bzw. durch einen Auszug aus seinem sozialpolitischen Manifest *Aufruf zur Alternative* veranschaulicht. Entsprechend urteilten Besucherinnen und Besucher sowie Ausstellungskritiken damals, dass Beuys in seinem bzw. die Ausstellung in ihrem Anliegen scheiterte, da sich die ‚Bedeutung' der Werke ohne die durch den Künstler bereitgestellten Erklärungen nicht erschließe und man ihnen in der Schau fast hilflos gegenüberstehe (vgl. Schoene 2018, 214 f.). Dies ist eine Reaktion auf die Spannung zwischen dem, was zu sehen ist, und dem, was als zu Verstehendes beschrieben wird. Der Audioguide von 1979 ist in diesem Zuge eben nicht didaktisches Format oder interpretativ, sondern generativ, ein Medium ästhetischer Erfahrung. Auf Grundlage einer eingehenden Analyse kann geschlossen werden, dass die benannte Befremdung als ironischer Kommentar auf gängige Künstlerschaftsmodelle und biographistische bzw. exegetische Rezeptionstendenzen angelegt – und Teil der Narration des Audioguides war.

Aktuelle Audioguides, die einzelne Werke von Beuys besprechen, verwenden in ihrer Rhetorik und Ausführung – gleich der breiten Beuys-Forschung – heute übrigens oftmals Zitate bzw. Formulierungen und Interpretationen des Künstlers, ohne diese als solche zu markieren, sodass künstlerisches Anliegen und Interpretation des Werks zusammenfallen, was die Ironie verschwinden lässt, mit der Beuys selbst vorging. In dieser Hinsicht und mit Blick auf die genannten Ausstellungsrezensionen – aber auch ganz generell in Bezug auf Audioguides – scheint es, dass ein ‚Nicht-Verstehen‘, eine gewisse Spannung, ein Offenlassen bzw. eine „not-knowingness" nicht normenkonform ist (vgl. Fischer 2004, 57), wenngleich aus Erfahrungen in der Kunstvermittlung geschlossen werden kann, dass Besucherinnen und Besucher damit doch weniger ein Problem hätten.

Es gibt durchaus einige Beispiele für kritisch anmutende Formulierungen, die Hörerinnen und Hörer einladen, sich Werken zu nähern, und eine gemeinsame Auseinandersetzung – nicht aber eine bloße Erklärung – zumindest implizieren. So begann der umfangreiche Audioguide zur Ausstellung *Joseph Beuys – Parallelprozesse* in der Kunstsammlung NRW 2010, der von Journalist Helge Drafz entworfen und eingesprochen wurde, nach einer Begrüßung, einer kurzen Einführung in die Technik, in das Anliegen der Ausstellung und in Beuys' Schaffen, bevor die Entstehung oder Bedeutung des ersten besprochenen Werks erläutert wurde, bei der ersten Station, *Torso* (1945/1951), wie folgt: „Sollte man dieses Werk an den Anfang einer Ausstellung stellen? Hier den Rundgang beginnen? Die Skulptur ist eine Zumutung. Sie könnte alle Vorurteile derjenigen bestätigen, die Beuys schon immer kritisch gegenüber standen."

Ausblick: Audioguides als Formate des Nicht-Wissens

Neben entsprechenden Audioguides, die Spannung erzeugen bzw. eine „not-knowingness" ausweisen oder sich durch eine gewisse Offenheit in ihrer Erzählung auszeichnen, soll ein weiterer Guide genannt werden, der für eine Biennale im Whitney Museum in New York 1993 entstanden ist. Darauf stellte die Künstlerin Andrea Fraser Auszüge aus Interviews mit Mitarbeitenden des Hauses zusammen. Die gestellten Fragen („Wer, glauben Sie, ist Ihr Publikum?", „Was möchten Sie, das Ihr Publikum mitnimmt?" etc.) waren darauf aber nicht mitenthalten, sondern lediglich Fragmente der Antworten, die nicht nur aus diesem Grund abstrakt oder nichtssagend wirkten, sondern auch weil die Künstlerin einige mitten im Gedanken abbrechende Sätze aufnahm und mit leeren Phrasen und Ausrufen ihrerseits verband (vgl. Fischer 2004, 55–57). Wie Fischer ausführt, zeigte sich damals deutlich eine Art Angst und der Anspruch der Institution, alles erklären können zu müssen. Eine Form der „critical not-knowingness" stieß seitens des

Museums auf wenig Begeisterung, da sie mit dem breiten Museumsdiskurs natürlich nicht konform ist (vgl. Fischer 2004, 56).

Generell aber wäre es wünschenswert, dass für Audioguides weniger der Anspruch einer Normenkonformität herrschen würde, wie sie der Versuch einer Definition des Genres impliziert, der im Vorfeld dieses Beitrags letztlich verworfen
wurde. Spielerische Möglichkeiten und Freiheiten, vor allem im zeitgenössischen
Bereich, bieten diesbezüglich Beiträge von Kunstschaffenden, was sicher auch
daran liegt, dass zeitgenössische Kunst nicht im gleichen Maße erforscht und auf
das „‚richtig[e]' Betrachten" (Fandrych 2016, 392) hin analysiert wurde. In
dieser Hinsicht soll abschließend eine letzte Audiobeschreibung von 2020 aus
der Ausstellung *To Splice* mit Angelica Falkeling, Sara Lindeborg und Selma
Sjöstedt in der Galerie Signal in Malmö genannt werden. Diese konnte auf Schwe-
disch und Englisch über Soundcloud aufgerufen werden. Angelica Falkeling
sprach darin über die eigenen Werke bzw. Installationen in fünf Tracks von
unter einer Minute bis zu fast sieben Minuten Länge. Besonders an diesen Audio-
beiträgen war, dass Falkeling keinerlei Normen zu folgen schien. Zum einen
waren diese für die Größe der Galerie und der Ausstellung relativ lang, was das
Publikum zwangsläufig dazu einlud, häufiger die Position und Perspektive im
Raum zu ändern, sodass der Raum selbst gewissermaßen präsenter wurde. Zum
anderen schien Falkeling keineswegs darauf bedacht, deutlich oder nachvollziehbar zu sprechen, sondern versprach sich gelegentlich, haderte mit der Aussprache von Worten und testete die eigene Stimme bzw. verfiel wiederholt in
eine Art Singsang. Auch machte Falkeling Fehler inhaltlicher Art, wenn es um
die Details ging, an die xier sich augenscheinlich nicht mehr genau erinnerte,
weil xier die eigene Installation beim Einsprechen nicht vor Augen hatte – was
als eine andere Form des Zulassens einer *‚not-knowingness'* verstanden werden
kann. Dass Falkeling die eigenen Arbeiten gewissermaßen im Kopf rekonstru-
ierte, lud die Hörenden ein, diese parallel dazu – gewissermaßen gemeinsam –
zu erkunden und zu erfahren.

Audioguides sind, so lässt sich schließen bzw. betonen, nicht bloß didaktische Medien, die in ihrer Narration Bedeutungen und Wissen vermitteln, auch
wenn sie meist auf Kontexte und weiterführende Informationen fokussiert sind.
Sie erzeugen Bedeutung auch vorrangig, was zugleich heißt, dass sie nicht unbe-
dingt auf ein Verständnis von Kunstwerken abzielen. Sie können ebenso ein
ästhetisches Erleben anregen oder in Bezug auf die Präsenz von Kunstwerken verstärken. Dies bietet wiederum verschiedene Möglichkeiten für Inklusion, etwa in
Bezug auf Besuchergruppen mit visuellen Einschränkungen, und Möglichkeiten,
die Hegemonie des Visuellen gegenüber auditiven Elementen im Museum zu befragen und abzubauen (vgl. Fischer 2004, 60). Gerade in Hinsicht auf neue und
besonders inklusive Impulse ist somit festzuhalten, dass Audioguides und

-beschreibungen überaus divers sind. Dies erscheint nicht bloß wünschens-wert, sondern sollte von weiteren wissenschaftlichen Analysen des Mediums nicht zugunsten einer Stärkung etwaiger Gemeinsamkeiten im Sinne einer Anlei-tung vernachlässigt werden, beispielsweise wenn es um die anfangs benannte Frage nach Audioguides als Genre geht. Um diese aufzunehmen, bräuchte es auch einen breiten und möglichst international aufgestellten Pool an Beispielen, der nicht bloß größere Häuser, sondern auch kleine, flexiblere Kunstinstitutio-nen mit mehr Freiheiten berücksichtigt und in einer umfangreichen Untersu-chung, wie benannt, ebenso die spezifischen räumlichen Eigenschaften von Ausstellungen erfasst bzw. diese in Beziehung zu den auditiven Erzählungen der Audio- und Multimediaguides setzt, was vorangehend nur zu einem Bruchteil ge-leistet werden konnte.

Literatur & Medien

Audioguide/Multimediaguide. arp museum Bahnhof Rolandseck.
Ein Guide für alle. Inklusiver Audioguide. Berlinische Galerie: Landesmuseum für Moderne
    Kunst, Fotografie und Architektur.
KHM Stories – Erlebe das Kunsthistorische Museum. Multimediaguide. Kunsthistorisches
    Museum Wien.

***

Dawid, Evelyn/Schlesinger, Robert: Texte in Museen und Ausstellungen. Ein Praxisleitfaden.
    Bielefeld 2012.
Eggert, Barbara: Der Audioguide als Element der Lernkultur im Museum. Untersuchungen zum
    intendierten Hörer. In: Transkulturelle Perspektiven auf Kulturen des Lernens. Hg.
    v. Wiltrud Gieseke, Steffi Robak und Ming-Lieh Wu. Bielefeld 2009, S. 215–242.
Fandrych, Christian/Thurmair, Maria: Audioguides. Die Inszenierung von Kunst im Hörtext. In:
    Handbuch Sprache in der Kunstkommunikation. Hg. v. Heiko Hausendorf und
    Marcus Müller. Berlin/Boston 2016, S. 380–400.
Fischer, Jennifer: Speeches of Display. Museum Audio Guides by Artists. In: Aural Cultures.
    Hg. v. Jim Drobnick. Toronto 2004, S. 48–61.
Holsanova, Jana: A Cognitive Approach to Audio Description. In: Researching Audio
    Description. New Approaches. Hg. v. Anna Matamala und Pilar Orero. London 2016,
    S. 49–73.
Kunz-Ott, Hannelore (Hg.): Mit den Ohren sehen. Audioguides und Hörstationen in Museen
    und Ausstellungen. Berlin/München 2012.
Mildorf, Jarmila: Pictures into Sound: Aural World-Making in Art Gallery Audio Guides. In:
    Audionarratology. Interfaces of Sound and Narrative. Hg. von Jarmila Mildorf und Till
    Kinzel. Berlin/Boston 2016, S. 239–255.

Popp, Kathrin: Das Bild zum Sprechen bringen. Eine Soziologie des Audioguides. Bielefeld 2013.

Schoene, Janneke: Beuys' Hut. Performance und autofiktionale Subjektivität. Heidelberg 2018.

Tallon, Loïc: On Audio Tours. An unknown quantity. Auszug. URL: https://static.an.co.uk/wp-con tent/uploads/2016/09/1AA029E3_18.-Loi%CC%88c-Tallon.pdf (21.03.2022), S. 1–7.

Tallon, Loïc: Introduction: Mobile, Digital and Personal. In: Digital Technologies and the Museum Experience. Handheld Guides and Other Media. Hg. v. Loïc Tallon und Kevin Walker. Lanham 2008, S. xiii–xxv.

Esther von der Osten

Im Hör-Spielraum

Transkription als Zwischen-Genre, am Beispiel eines Vortrags von Jean-Luc Nancy

Ich lasse diese Niederschrift nicht ohne Bedenken veröffentlichen. Mir scheint, sie dürfte nur mit dem Bemühen gelesen werden, etwas von ihrer wirklichen ‚Sprechweise' zu vernehmen, die zudem von den ganz eigenen Schwierigkeiten des gewählten Themas geprägt war. [...] Was folgt, ist kein Text. Zu lesen ist vielmehr die Transkription einer spontanen Rede mit ihren Zufällen und ihrem Ungefähren. Diese Übertragung ist sehr sorgfältig und klug angefertigt worden, aber in der geschriebenen Form geht unvermeidlich der größte Teil der Bewegung und der Intonation verloren. (Nancy 2020a, 13; 51)

Diese Hinweise stellt Jean-Luc Nancy der Buchpublikation der *Vier Vorträge für Kinder* voran, die er zwischen 2002 und 2008 auf Einladung von Gilberte Tsaï am Théâtre de Montreuil hielt. Die Themen waren Gott, Gerechtigkeit, Liebe und Schönheit. Von den Vorträgen existieren Audioaufzeichnungen, die als Grundlage der Transkription dienten und einen Vergleich zwischen dem gesprochenen Vortrag, wie er auf dem Tonträger aufgezeichnet ist, und dem veröffentlichten Text der Buchfassung erlauben.[1]

Im Folgenden soll das Verhältnis von aufgezeichneter spontaner Rede und Transkription in Verbindung mit einem semiotischen Zugang zur Hörspielanalyse untersucht werden, wie ihn etwa Schmedes (2002) oder Huwiler (2005) formulieren. Deren Ansätze gehen davon aus, dass auch das para- und nonverbale Material der Sprache Bedeutung generiert, dass es also mehrere semiotische Systeme in auditiven Narrationen gibt, die bei der Analyse eines Hörspiels zur Geltung kommen. Wenngleich das hier vorgestellte Beispiel kein Hörspiel ist und auch keine Erzählung, so nutzen der Vortrag und die Transkription durchaus Elemente des Narrativen. Es ist anzunehmen, dass Jean-Luc Nancy in seinem Vortrag – neben den zahlreichen spontanen Klangereignissen einer freien Rede – mit Rhythmen, Pausen und Zögern, dem sich Vortasten eines „Denkens, das im Erwachen ist" (Nancy 2020a, 8), wie der Philosoph es formuliert, auch ganz be-

---

1 Die hier zitierte Audioaufnahme des Vortrags *L'idée du juste* hat Gilberte Tsaï freundlicherweise für die Übersetzung zur Verfügung gestellt. Sie hat die Vortragsreihe der *Petites conférences* im Jahr 2000 initiiert und organisiert sie seither. Im Institut mémoires de l'édition contemporaine (IMEC) sind die rezenteren Aufnahmen der Vorträge archiviert. Die Transkription der Vorträge von Jean-Luc Nancy ist 2009 unter dem Titel *Quatre petites conférences* bei Bayard erschienen. Mit Dank an Gilberte Tsaï und an Jean-Luc Nancy für die Erlaubnis, aus dem Audiomitschnitt zu zitieren.

wusst mit para- und nonverbalen Momenten arbeitete, um eine Art narrativen Modus herzustellen, der das zuhörende Verstehen und insbesondere dasjenige von Kindern, an die sich sein Vortrag explizit wandte, erleichtert. Die Bedeutung des Adressiertseins der Rede und dieser spezifischen Adressierung für die Art und Weise seines Vortragens hebt der Philosoph zu Beginn mehrmals hervor.[2] Seine Redeweise lässt sich und den Zuhörenden Zeit: Zeit zum Hören, zum Wiederholen und zum Erklären. Er arbeitet mit narrativen Elementen, konkreten Beispielen und direkter Anrede. Die größere Zugänglichkeit eines solchen Diskurses gilt nicht nur für Vorträge wie diese an Kinder gerichteten, sondern auch etwa für Schreibweisen, die das Wissen und *Savoir-faire* mündlicher Wissensvermittlung für ihre Darstellungsverfahren fruchtbar machen.

Tatsächlich vermittelt der Vortrag den Eindruck einer großen Zugänglichkeit der Rede des Philosophen. Er spricht langsam, nicht laut, aber mit stimmlicher Präsenz, mit vielen Pausen, Wiederholungen und zahlreichen kleinen Erklärungen nebenbei. Obwohl man die Kinder in der Aufnahme nicht hört, sind sie in seiner Rede präsent, in den Zwischenräumen, in den Pausen und in den zahlreichen verbalen oder nicht-verbalen Gesten der Anrede. Diese bewirken, dass über das Zuhören eine Teilnahme am Ereignis möglich wird: Man ist innerhalb jenes Hör-Raums, in dem Wissen weitergegeben wird, ein mehrfältiges Wissen, das in mehr als eine Richtung wandert, das zirkuliert.

Über die unsichtbare Präsenz der Angesprochenen spielt ein Moment von Einbildungskraft mit, was eine Brücke zum Hörspiel bildet. Das Hörspiel arbeitet allerdings bewusst mit verschiedenen Zeichensystemen, deren Wertigkeiten es jeweils neu miteinander aushandelt. Dagegen bietet die Audioaufzeichnung eines Vortrags eine Masse von Klangmaterial, das bei einer Transkription nach mehr oder weniger bewussten Prämissen und Regeln in bedeutungtragend oder nicht geordnet und hierarchisiert wird. Es wird also ein einziges Zeichensystem erstellt und von dem getrennt, was als insignifikant bewertet wird.

Elke Huwiler schreibt mit Verweis auf die Arbeit von Götz Schmedes und die Theatersemiotik Erika Fischer-Lichtes:

> Die potentielle Gleichwertigkeit der Elemente im Hörspiel, ob diese verbal, paraverbal oder nonverbal sind, ist eine der wichtigsten theoretischen Voraussetzungen für die Auseinandersetzung mit dieser Kunstform. Mittels des semiotischen Ansatzes können grundsätzlich alle Elemente und ihre Beziehungen untereinander in beiden Kunstformen

---

2 Dass eine vorgetragene, präsentierte Rede von ihrem Wesen her adressiert ist, betont Jean-Luc Nancy auch mit Bezug auf das Theater: „Die Schauspieler wechseln Worte, damit an uns Zuschauer eben dies adressiert wird, dass es sich um Anreden handelt. […] Adressierte Rede ist körperliche Rede" (Nancy 2020b, 35 f.).

> auf ihr Bedeutungspotential hin untersucht und der Schrifttext jeweils mit seiner Hör-
> spiel-Adaptation verglichen werden. (Huwiler 2005, 54 f.)

Natürlich verfügt das Hörspiel über ein weitaus breiteres Spektrum an potenziellen Zeichen als ein Vortrag. Auch bei diesem können jedoch nicht nur genuin
stimmliche Elemente wie Stimmlage, Tempo, Akzent, Timbre, sondern zusätzlich Geräusche, Zögern oder Stille, Raumklang und Entfernung mitspielen. Sofern ein Vortrag nicht von vornherein als *Performance-Lecture* angelegt ist, geht
es ihm zwar nicht darum, tendenziell alle Zeichensysteme als gleichwertige Bedeutungsträger einzusetzen. Dennoch könnte die Auseinandersetzung mit der
potenziellen Bedeutsamkeit der non- und paraverbalen Elemente auch für die
Reflexion der Transkription fruchtbar sein.[3]

Im Unterschied zum Hörspiel geht es bei Transkriptionen wie der vorliegenden weniger um den Einsatz von Bedeutungselementen zur Gestaltung von Sinn
als vielmehr um das Weglassen von Elementen, die nicht als Bedeutungsträger
angesehen werden, die jedoch je nach Redesituation mehr oder weniger maßgeblich an der Konstruktion von Bedeutung durch die Zuhörenden und Redenden
beteiligt sein können. Dieses Weglassen aber erzeugt selbst Sinn, der in einem je
unterschiedlichen Verhältnis zum Klangmaterial eines Mitschnitts steht, wie später an zwei Beispielen gezeigt werden soll. Jede Transkription ist ein Archiv im
Sinne Derridas, als *consignation*, als hierarchisierende Zusammenstellung von
Zeichen. Wer transkribiert, befindet darüber, was in das jeweilige Archiv einzugehen hat und was in der jeweils erstellten Hierarchie von Sinn als überflüssig erachtet wird. Auf diese Veränderung der Gewichtungen weist Jean-Luc Nancy hin:
„[I]n der geschriebenen Form geht unvermeidlich der größte Teil der Bewegung
und der Intonation verloren. Dieser Verlust geht manchmal so weit, dass er Gefahr läuft, den Sinn etwas zu verdrehen" (Nancy 2020a, 51).

Der hier unternommene Vergleich von Audiomitschnitt und Transkription
hat wohlgemerkt nicht die Intention einer Kritik an der Transkription – und
zwar nicht nur, weil eine vollständige Transkription eines Vortrags strengge-
nommen ohnehin unmöglich ist, sondern vor allem, weil die für den Zweck der
Buchpublikation getroffenen Entscheidungen eigenen Ökonomien folgen und
andere Kriterien in den Blick nehmen. Für die Arbeit an einer Semiotik des Au-

---

3 Ähnlich empfiehlt Norbert Dittmar in seinem *Leitfaden* zur wissenschaftlichen Transkription, „Formen und Funktionen der Sprech- und Hörtätigkeit besser [zu] kennen: Ganz offensichtlich sind diese kommunikativen Tätigkeiten für die Rekonstruktion der Redebeiträge bei
der Verschriftlichung von mit elektronischen Mitteln aufgezeichneten Gesprächen höchst relevant. Das Abhören von Audio- oder Videobändern verlangt ja von Transkribenten ähnliche
Hör- und Verständnisleistungen wie von ‚online'-Hörern in der konkreten Kommunikationssi-
tuation" (Dittmar 2004, 35).

ditiven könnte ein Vergleich von Aufzeichnung und Transkription jedoch interessant sein.[4]

Ereignis

Vergleicht man einen Vortrag auf einem Tonträger zunächst mit Hörspiel und Lesung, so lässt sich im Sinne Huwilers argumentieren, dass im Hörspiel jedes akustische Element zeichenhaft ist, in der Lesung dagegen nicht. Ein auf einem Tonträger gespeicherter Vortrag nun unterscheidet sich sowohl von einem Hörspiel als auch von einer Studio-Lesung (anders als ein Mitschnitt einer Live-Lesung *vor* und folglich *mit* Publikum) in seiner Ereignishaftigkeit, mit einem je einmaligen Zusammenwirken verschiedener Zeichensysteme.[5] Selbst wenn dem Vortrag schriftliche Ausführungen zugrunde liegen und umso mehr wenn er frei, anhand von Notizen gehalten wurde wie im vorliegenden Fall, trägt er als Rede, die in einer bestimmten Situation, vor einem bestimmten Publikum und an dieses adressiert vorgetragen wird, den Charakter eines einmaligen Ereignisses. Das Verhältnis von Notizen/Manuskript und vorgetragener Rede stellt einen Übersetzungsprozess dar, an dem die Präsenz des jeweiligen Publikums und der gesamte Kontext von Raum und Zeit maßgeblich mitwirken.[6] Die Tonaufzeichnung ist eine Spur eines solchen Vortragsereignisses. Für die Erstellung einer Transkription und die Arbeit mit ihr können also die Umstände, wann, wo, vor wem und ausgehend von welcher Art schriftlicher Aufzeichnungen ein Vortrag gehalten wurde, von Interesse sein.[7] Auf diese Ereignishaftigkeit mit ihrem performativen Moment weist Nancy zu Beginn des Buches selbst hin:

> Diese Transkriptionen sind mit großer Sorgfalt angefertigt worden, wofür ich hier meine Dankbarkeit zum Ausdruck bringen möchte. Nichtsdestoweniger ist es nun einmal so,

---

4 Zu Beginn des 20. Jahrhunderts arbeiteten Eduard Sievers und Henry Sweet an einer Ohren-Philologie, die sich bereits mit Transkriptionen befasste (vgl. Meyer-Kalkus 2015; zu historischen und aktuellen Transkriptionssystemen vgl. Merrill 2016).
5 Dieses je einmalige Zusammenwirken lässt sich vielleicht kontrastierend in Bezug auf das invariante System von Relationen beschreiben, welches nach Huwiler einen Hörspieltext ausmacht (vgl. Huwiler 2005, 53 f.).
6 Hierauf weist auch Hélène Cixous im Zusammenhang mit ihren Seminaren immer wieder hin (z. B. am 10. April 2021), die sie über Tage, bisweilen Wochen vorbereitet und doch im Hier und Jetzt der Sitzungen spontan gestaltet (vgl. Segarra 2020, 9–16).
7 Um das Einwirken oder die Gegenwärtigkeit dieser (und weiter unten genannter) Elemente in der aufgezeichneten Rede zu beschreiben, könnte man versuchen, sie in einem späteren Arbeitsschritt als eigene semiotische Systeme zu erfassen.

dass weder der Rhythmus noch die verschiedenen Tonfälle noch die gesamte Pragmatik des Aussagens, in die ein beträchtlicher Teil der Information eines Vortrags eingeht, sich ins Schriftliche übertragen lassen. Bekanntlich ist die „Kommunikation" nicht von ihrem Ereignis zu trennen. Das trifft umso mehr auf diese Art von Rede zu, die sich an Kinder richtet und mit ihnen im Austausch steht.   (Nancy 2020a, 7)

Nancy verbindet das Ereignis der Kommunikation hier explizit mit der Adressierung der Rede. Dazu später mehr, denn nicht nur das Ereignis des Vortrags selbst wird bereits mit seiner Aufzeichnung und Niederschrift verändert, sondern auch seine spezifische Adressierung. Die Einmaligkeit der jeweiligen Situation wird sowohl in deren Wiederholbarkeit an sich verändert als auch durch die jeweilige Aufzeichnungstechnologie. So ausgefeilt diese auch sein mag, zeichnet sie doch nur eine Auswahl aus der potenziell unendlichen Menge an Elementen auf, die an einem Geschehen Anteil haben und es dementsprechend mitgestalten. Auch durch das Trägermaterial des Mediums, die Formatierung, Schnitte, Filterungen, die Möglichkeiten seiner nachträglichen Bearbeitung usw. wird bereits ein Raum der Signifikation abgesteckt.

Hör-Spiel-Räume

Auch kann die konkrete räumliche Anordnung während des Vortrags, das räumliche Verhältnis von Auditorium und Vortragenden, Anteil am Gesagten haben.[8] So stellt ein Theaterraum die Rede in einen semantischen Bezug zur Bühne als dem Ort des Spiels, des Erscheinens und der fiktionalen, dramatischen Verhandlung von Fragen der Polis. Dieser Kontext semantisiert sie anders als ein Allzweckraum mit Rednerpult, ein Vortragssaal oder ein Kreis von Zuhörenden, die alle auf gleicher Höhe und im gleichen Abstand zueinander sitzen. Weil das Publikum und der Raum mitspielen, mag eine Rede bisweilen auf andere Zeichensysteme zurückgreifen, um dieses Mitspielen etwa zu unterbinden, sich davon unterstützen oder sogar umlenken zu lassen. Sie kann beispielsweise versuchen, einem Raumcharakter entgegenzusteuern, der der Rede qua Standort oder in der Terminologie der Hörspielanalyse qua Schallquellenpositionierung eine ungewollte Autorität gibt. Die Schallquellenpositionierung, die im Hörspiel den Raum semantisiert, wird in Transkriptionen meist übergangen (abgesehen von Didaska-

---

8 Stephan Günzels Analyse des Aktionsbildes (vgl. Günzel 2011, 63–74), die Deleuzes Medientheorie des Filmbildes als eine Theorie der Emotion versteht und die Emotion im Zwischen situiert, könnte für die weitere Analyse des Geschehens beim Transkribieren hilfreich sein, insoweit sich Visuelles auf Akustisches überhaupt übertragen lässt.

lien wie ‚Lachen im Publikum'), was aber nicht heißt, dass sie keine Wirkung hätte. Wenn das Mikrofon um der Aufzeichnungsqualität willen in Körpernähe der Sprechenden ist, verschwindet die räumliche Distanz, die im realen Raum zwischen Sprechenden und Zuhörenden lag und den Raum mitsemantisierte. Auch hört ein Mikrofon am Körper anders als die Ohren des Auditoriums, weil etwa nonverbale Elemente wie Räuspern, Atem usw. entfernter im Raum kaum zu hören sind, beim Anhören einer ungefilterten Aufzeichnung jedoch sehr wohl. Der sprechende Körper hat eine unterschiedliche Präsenz und affiziert anders. Die jeweilige Semantisierung und Semantisierbarkeit des Raums beeinflusst die Art des Zuhörens, der zuhörenden Mitwirkung des Publikums an der Rede und die Art des Transfers sowie die je spezifische Art von Offenheit oder Widerstand, der einer Rede entgegengebracht wird und diese mitgestaltet. Was wird davon in einer Aufzeichnung hörbar? Und was bleibt von diesem Hörbaren in einer nachträglichen Bearbeitung, die in der Regel auf die bessere Verstehbarkeit der gesagten Worte zielt, erhalten?

Der Transkription als Auswahl und Niederschrift von Gehörtem liegt demnach ein Wahrnehmungsprozess zugrunde, für dessen Beschreibung einerseits die Begrifflichkeiten der Hörspielanalyse, andererseits – insofern die Aufzeichnung ein einmaliges spontanes adressiertes Sprechereignis mit Publikum betrifft – theaterwissenschaftliche Analysemittel sinnvoll scheinen. Die transkribierende Person tritt wie bei einer Aufführung oder beim Anhören einer Geschichte hörend in einen Bezug zu dem, was sie als Gehörtes zu notieren hat. Vielleicht kann man sogar so weit gehen zu sagen: in Interaktion. Man könnte die Transkription eines von einer Audioaufnahme gehörten Vortrags somit weniger als Schriftspur einer Tonspur, sondern vielmehr als Spur eines Hörereignisses beschreiben, bei dem die transkribierende Person tendenziell vom Gehörten affiziert wird und, als affizierbare, an der Sinnstiftung beteiligt ist. Das soll nun erläutert werden.[9]

Mit Bezug auf die theatrale Aufführung schreibt Erika Fischer-Lichte: „Die leibliche Ko-Präsenz meint ein Verhältnis von Ko-Subjekten" (Fischer-Lichte 2004, 47; vgl. auch Dittmar 2004, 34 f.). Trotz anderer Ausgangslage lässt sich dieses Verhältnis von Ko-Subjekten bis zu einem gewissen Grad auf die von Spektralität durchzogene Ko-Präsenz/Absenz beim Anhören einer Audio-Aufzeichnung ausdehnen. Und zwar, weil beim Hören der Audioaufnahme die Ko-Präsenz von Sprechenden und Hörenden imaginär hergestellt wird. Die Körper der Gehörten sind in dieser Art von Ko-Präsenz über die Stimmen präsent. Mit der Körperlichkeit ihrer stimmlichen Präsenz affizieren sie, sprechen sie die an, die ihnen zuhören. Zur vergangenen Gemeinschaft der Hörenden gehören

---

9 Zum Begriff der Spur vgl. Krämer 2007, 11–33.

oder verhalten sich auch Transkribierende beim Anhören der Aufnahme. Auch beim Transkribieren entsteht ein Bezug sowohl zum Gehörten als auch zu den anderen Zuhörenden. In diesem Bezug und im Affiziertsein durch die Stimmen, durch das „Pathische der Kommunikation" (Krämer 2006, 274) werden beim Transkribieren die Szene und der Hör-Raum imaginär (re)konstruiert. Dieser Prozess erfolgt auch beim Hören eines Hörspiels und verbindet die Transkription mit der elektroakustischen fiktionalen Erzählform.[10]

Das theatralische Miterleben als leiblicher Prozess, den Fischer-Lichte mit der Theorie der Spiegelneuronen in Verbindung bringt, lässt sich also in gewisser Hinsicht auf das Hören eines Audiomitschnitts übertragen. Nun gilt es, zu unterscheiden zwischen dem, was als Gesamtheit der bewusst gesetzten akustischen Zeichen den Hör-Raum im Sinne der Hörspielanalyse konstituiert, und einer Semiotisierung des Raums der Rede, der man sich eher über Erika Fischer-Lichtes Definition des Hör-Raums in ihrer *Ästhetik des Performativen* nähern kann (vgl. Fischer-Lichte 2004, 214–219). Dieser wird von Aufführenden und Publikum in der Reaktion aller Beteiligten auf das Raum-Geschehen in einer Feedback-Schleife hervorgebracht, die den Hör-Raum unablässig verändert.[11] Wohl reicht das Feedback derer, die einen Audiomitschnitt hören, nicht auf dieselbe Weise wie bei einer Aufführung zurück bis zu den Sprechenden, die möglicherweise gar nicht mehr unter den Lebenden weilen. Zumindest jedoch wird, wer einen Vortrags- oder Aufführungsmitschnitt anhört, Zeugin oder Zeuge eines vergangenen Feedbackprozesses, der wiederum das Hören und Transkribieren in seiner Auswahl des Gehörten beeinflussen dürfte. Die je singulären Semantisierungen des Raum-Geschehens durch die Anwesenden wirken durch Phänomene des Transfers nicht nur auf die Rede zurück, sondern auch zwischen den Hörenden und verändern einander. Beim Nachhören zirkulieren sie spektral weiter und affizieren die Transkription.

Raum und Publikum werden beim Hören eines Audiomitschnitts also ‚mitgehört', selbst dann, wenn sie nicht über Geräusche vernehmbar sind (die womöglich aus der Aufnahme herausgefiltert wurden), und sie werden imaginär konstruiert. Dies geschieht umso mehr, wenn die Rede sie einbezieht, etwa den Raum, in dem sie stattfindet, oder wenn sie das Publikum in seiner Besonderheit anspricht, hier als Publikum von Kindern. Diese imaginäre Konstruktion ist

---

10 Dass „das spurbildende Geschehen als eine Erzählung rekonstruiert wird" (Krämer 2007, 17), gilt auch für die Rekonstruktion beim Anhören der ‚Ton-Spur', dem durch die affektive und imaginäre Einbindung ein Moment von Interaktion eignet.

11 Die Akustemologie, die dem Wissen um und durch die Klanggebung nachgeht, richtet ihre Aufmerksamkeit in einem weiteren Sinne auf das „reflexive Feedback von Klanggebung und Hören" (Feld 2018, 2).

ein spezifischer Hör-Raum, er ist nicht neutral. Er trägt dazu bei, wie die potenziell unendliche Menge an Hörbarem angeordnet, wie aus ihr ausgewählt wird. Er trägt zur ‚Glättung‘ des Gehörten bei, wie es in der Transkriptionstheorie heißt. Die Transkription wäre dann das Ergebnis dieser besonderen Art von Interaktion am Kreuzpunkt von Hörspiel und Theater- oder Redeereignis.

Zeiten

Auch das Tempo der Transkription arbeitet an der jeweiligen Herstellung von Sinn mit. Ein Mitschnitt erlaubt, das Gesagte beliebig oft anzuhalten und zurückzuspulen. Je häufiger und kleinteiliger dies getan wird, desto genauer wird die Transkription und desto länger dauert das Verfahren – es dürften also bisweilen auch bezahlungsökonomische Aspekte in die Genauigkeit einer Transkription hineinspielen. Wer transkribiert, schreibt zunächst nieder, was er oder sie meint, gehört zu haben.[12] Die Veränderungen etwa in der Syntax und Auslassungen entdecken sich erst beim Zurückspulen. Das Transkribieren eröffnet ein paradoxes Verhältnis zur Rede der jeweils Sprechenden, weil die Arbeit, um die Rede getreu wiederzugeben, ihr immer wieder das Wort abschneidet, immer wieder in das Ereignis der Rede eingreift – was wiederum eine eigene Ereignishaftigkeit hat, ein Hörereignis, bei dem die Transkription ihre Spur hinterlässt. Gerade durch das Zurückspulen und Wiederstarten, das mal in der Mitte eines Worts, mal in seinem Entstehen, mal zwischen Wörtern oder Sätzen, in einem Räuspern, Atemholen, einer Pause, einem ‚ähm‘ oder ähnlichem beginnt, tritt das Materielle und Geräuschhafte der Rede viel deutlicher hervor als beim ‚einfachen‘ Zuhören, bei dem das Gehirn bereits eine Vorauswahl im Hörbaren trifft und zwischen den semiotischen Ebenen hierarchisiert. Und eben weil das Klangmaterial viel deutlicher in seiner Materialität hervortritt, tritt auch die Frage der Wertung und der Grenzziehung von verbal und non- oder paraverbal und deren jeweiligem Bedeutungspotenzial hervor. Ein Beispiel ist etwa der Umgang mit Diskurspartikeln wie ‚ähm‘, ‚öhm‘ oder ‚äh‘.

Die beschriebene Transkription situiert sich also an einem gattungsspezifischen Kreuzpunkt. Das ‚Hör-Spiel‘ findet im Spielraum eines nachträglichen Hörens – dem das Gehörte aber, von der Imagination bearbeitet, im Notieren gegenwärtig ist – und eines Notierens statt, dessen Gegenwart von der Spektralität des Gehörten durchzogen und in eine Serie von Wiederholungen und Nachjustierungen aufgebrochen ist. Gehört wird, mit anderen Worten, eine Au-

---

12 Zur Wahrnehmungstäuschung beim Transkribieren vgl. Woggon 2012, 26.

diospur, die das quasi-theatrale Ereignis einer an ein anwesendes Publikum adressierten Rede verzeichnet. Zu den Angesprochenen gehören auch jene, die nachträglich die Tonspur hören und von diesem ‚Hör-Ereignis' mitsamt seiner Affizierung wiederum eine Schriftspur erzeugen, die Transkription. Auch die Affizierung hinterlässt ihre Spur in der Transkription bzw. hierarchisiert die Auswahl der Zeichen, die Erstellung des jeweiligen Archivs.

Adressierung

Auch die Adressierung der Rede kann sich in einer Transkription ändern. Jemand, an den die Rede sich richtet, wird eine andere Transkription, ein anderes Zeichenarchiv erstellen als jemand, der sich buchstäblich nicht davon angesprochen fühlt. Das Angesprochensein verändert das Hören sowie die Wertung und Auswahl des zu Notierenden. Auch können Zweck oder Zielgruppe der Transkription einen Wechsel ihrer Adressierung bedingen. Für einen solchen Adresswechsel sei nun ein Beispiel aus Jean-Luc Nancys Vortrag *Die Idee des Gerechten* angeführt.

Zunächst eine direkt vom Audiomitschnitt erstellte und dann übersetzte Transkription (Kursiviertes erscheint nicht im publizierten Text, Fettgedrucktes soll hier angesprochen werden):[13]

> Ihr wisst alle etwas über das, was man das Gerechte und das Ungerechte nennt, *und genauso weiß davon etwas* **ein Junge,** der hier im Saal ist *und den ich* übrigens *kenne und der mich gefragt hat,* als er *vorher* erfuhr, dass ich über gerecht und ungerecht sprechen würde, da hat er mich absichtlich vorhin gefragt: „Worüber wirst du genau – ‚au juste' – sprechen?" **Aber das, ja, das beweist ja genau, dass er etwas davon weiß, „au juste".** *Das ist übrigens, wir können* **ein ganz bißchen davon ausgehen** *„Wovon wirst du* au juste *sprechen?"* **Das bedeutet: wovon wirst du genau, präzise sprechen?** *Und also hat* **er, der** *mich das gefragt hat,* Simon, um seinen Namen nicht zu nennen, gespürt, dass er ein Wortspiel machte, *vielleicht* **noch ohne es erklären, entfalten zu können – teilweise ein Wortspiel.**

---

13 Eigene Transkription: „Vous savez tous quelque chose au sujet de ce qu'on appelle le juste et l'injuste, *de même* qu'en *sait quelque chose* **un garçon** qui est dans la salle *et que je connais* par ailleurs *et qui m'a demandé* ayant appris *plus tôt* que j'allais parler du juste et de l'injuste *il* a fait exprès tout à l'heure de me demander: ‚De quoi tu vas parler au juste?' **Mais ça, oui, ça prouve qu'il sait quelque chose de ça, ‚au juste'.** *C'est d'ailleurs, on peut* **un tout petit peu partir de là** ‚De quoi tu vas parler au juste?' **Ça veut dire: de quoi tu vas parler exactement, précisément?** *Et donc,* **lui, qui** *m'a demandé cela,* Simon, pour ne pas le nommer sentait bien qu'il faisait un jeu de mots **sans peut-être qu'il puisse encore l'expliquer, le déplier, un jeu de mots, en partie**" (Nancy 2006, 04:35–05:59).

Übersetzung des publizierten Texts:[14]

> Ihr wisst also alle etwas über das, was man das Richtige, das Gerechte nennt, das im Französischen beides *le juste* heißt, und über das, was man das Ungerechte nennt, *l'injuste*. **Ein kleiner Junge,** der übrigens hier im Saal ist, hatte gehört, dass ich über das Gerechte und das Ungerechte sprechen werde, und hat mir vorhin ganz absichtlich gesagt: „Ich weiß nicht *recht*, wovon du sprechen wirst." **Diese Reflexion beweist, dass er eine Vorstellung davon hat, wofür es steht.**
>
> Wir können übrigens **von dieser Reflexion ausgehen**: „Ich weiß nicht *recht*, wovon du sprechen wirst." **Der kleine Junge,** der mir das gesagt hat – Simon, um seinen Namen nicht zu nennen – hat gut gespürt, dass er mit dem Wort *recht*, „*au juste*" im Französischen, ein Wortspiel machte, **auch wenn er dessen Feinheiten vielleicht noch nicht recht erklären konnte.** (Nancy 2020a, 53; Übersetzung zweckbedingt abgewandelt)

Die publizierte Transkription kürzt wiederholende, verlangsamende und deiktische Elemente, die das Präsentische betonen, wie „aber das, ja, das". Durch Anakoluthe wie „Das ist übrigens" oder „wir können ein ganz bisschen davon ausgehen" wird die Frage des Jungen räumlich gegenwärtig, ein Ausgangspunkt, an dem die Rede kurz verharrt, ehe sie weitergeht. Nancy wiederholt die Frage und erläutert sie dann: „Das ist übrigens, wir können ein ganz bißchen davon ausgehen ‚Wovon wirst du *au juste* sprechen?' Das bedeutet: wovon wirst du genau, präzise sprechen?" Auch die Formulierung „er, der mich das gefragt hat" verweist zusammen mit dem Vornamen auf den Jungen, der so mit dem Publikum als Fragender anwesend ist. Dagegen ist der in der Publikation hinzugefügte „kleine Junge" – der sich möglicherweise, zumal im Kreise anderer Kinder, gar nicht so bezeichnet hören möchte – nicht nur weniger präsent, sondern an Ältere adressiert, in deren Augen er „klein" ist.

Der Wechsel der Adressierung kann sich bei der Verschriftlichung auch in einem Diskurswechsel zeigen. So wird aus der Äußerung, die das Spiel mit der Wendung *au juste* fortführt – „Aber das, ja, das beweist ja genau, dass er etwas davon weiß, ‚*au juste*'" –, in der publizierten Transkription: „Diese Reflexion beweist, dass er eine Vorstellung davon hat, wofür es steht." Das Gesagte wird hier in einen Diskurs übersetzt, der mit abstrakten Begriffen wie *réflexion*, *idée*, *représenter* operiert.

---

14 „Vous savez donc tous quelque chose au sujet de ce que l'on appelle le juste et l'injuste. **Un petit garçon** qui est d'ailleurs dans la salle, ayant appris que j'allais parler du juste et de l'injuste a fait exprès de me demander tout à l'heure: ‚De quoi tu vas parler, au juste ?' **Cette réflexion prouve qu'il a une idée de ce que cela représente.**
Nous pouvons d'ailleurs **partir de cette réflexion**: ‚De quoi vas-tu parler, au juste ?' **Le petit garçon** qui m'a posé cette question – Simon, pour ne pas le nommer – savait bien qu'il faisait un jeu de mots, **même s'il ne savait peut-être pas encore en expliquer les subtilités**" (Nancy 2009, 51).

In der für die Lektüre vorgesehenen Publikation tritt also in der Wahl der Kürzungen und Ersetzungen die Adressierung an die Kinder zurück, sie ist viel weniger deutlich markiert als im Vortrag selbst. Dieser hat bereits in den Worten – also noch ohne die non- oder paraverbalen Elemente zu berücksichtigen – eine andere Zeitlichkeit und ‚Umwegigkeit‘, die eben die Funktion der Anrede hat, die Funktion, die Kinder als im Moment selbst Mitdenkende anzusprechen und sie am Denken zu beteiligen. Die Anakoluthe, Wiederholungen und Pausen öffnen die Rede für das Hören und Denken der Zuhörenden. Auch wenn die Kinder in diesen Momenten nichts sagen, entstehen durch diese Offenheiten Räume der Rede, in denen das Gehörte und das sich suchende Denken zirkuliert, nachhallt, hin- und hergehen kann. Auch die pathische Kommunikation der Beteiligten trägt diesen Raum. So stellt im einleitenden Satz das in der Publikation gekürzte Kursivierte explizit eine Verbindung her zwischen allen Angesprochenen und dem Jungen, der die Frage stellt: „Ihr wisst alle etwas über das, was man das Gerechte und das Ungerechte nennt, *und genauso weiß davon etwas* ein Junge, der hier im Saal ist".

Im zweiten Beispiel verzichtet die Publikation auf die direkte Anrede des Publikums:

> Jedem zu geben, was ihm zusteht, *„jeder" heißt hier zwei Sachen zugleich, es heißt jeder, immer jeweils einer, du, du, du, aber es heißt natürlich auch alle, es ist jeder, immer jeweils einer, und folglich jeder, immer jeweils einer, in der Gesamtheit aller zusammen, was heißt, dass darin, jedem das zu geben, was ihm zusteht,* heißt zunächst, hinter dem Ausdruck „jeder" stehen zwei Prinzipien zugleich, die wir da zusammen bestehen lassen. Das erste ist ein Prinzip der Gleichheit: „Jeder" wird genau wie alle anderen angesehen. Das zweite ist ein Prinzip nicht der Ungleichheit, sondern der Differenz, weil sich jede Person von allen anderen unterscheidet.[15]

Gekürzt wurde hier das Performative, das buchstäblich in Szene Gesetzte der Aussage, die gestische und verräumlichte Anschaulichkeit dessen, was danach in weit abstrakteren Termini dargelegt wird, nämlich die beiden Prinzipien, die in „jeder" koexistieren, Differenz und Gleichheit, in der mündlichen Version

---

[15] „Donner à chacun ce qui lui est dû – *„chacun" ici veut dire deux choses à la fois, ça veut dire chacun, un par un, toi, toi, toi, mais ça veut dire aussi tous, bien sûr, c'est chacun, un par un, et par conséquent chacun, un par un, dans la totalité de tous ensemble, ce qui veut dire que dans donner à chacun ce qui lui est dû* – c'est tout d'abord faire coexister deux principes derrière le terme de ‚chacun'" (Nancy 2009, S. 59 f. sowie die Audioaufnahme des Vortrags *L'idée de justice*, 29:19). An dieser Stelle ist in die publizierte Übersetzung eine gekürzte Version der Transkription eingefügt: „Jedem zu geben, was ihm zusteht [– da heißt ‚jeder' zunächst jeder einzelne, du, du, du, und es heißt auch alle, und damit jeder einzelne in der Gesamtheit von allen, die einzelnen allesamt]. Hinter diesem Ausdruck ‚jeder' stehen zwei Prinzipien" (Nancy 2020a, 62).

vertreten als „immer jeweils einer, du, du, du" und „alle zusammen". Die direkte Anrede an einzelne Kinder – „du, du, du" –, die zugleich alle zusammen das Publikum bilden, lässt beim Hören des Audiomitschnitts den Raum, den Schau- und Hörplatz der Rede als Ort des Entstehens dieser Rede und dieses Denkens gegenwärtig werden. Es berührt das, was Nancy in seinem Vorwort als Anliegen der Vorträge äußerte:

> Es ging mir darum, wieder mit dem Denken in Berührung zu kommen, das im Erwachen ist. Und in diesem Zustand oder vielmehr in dieser Bewegung ist es seinem Wesen nach immer, ganz gleich, in welchen Formen und in welchem Grade es ausgearbeitet sein mag. Hier versucht nicht ein älterer Denker, sich kindgerecht verständlich zu machen. Vielmehr sucht sich in ihm eine Berührung mit diesem Erwachen, mit dieser Wachheit, ohne die es denken nicht gäbe (und ,denken' steht hier sehr wohl im Infinitiv).
>
> (Nancy 2020a, 8)

Auch wenn Nancy hier vermutlich – zumindest auch – größere Sinnzusammenhänge meint als die eben im Detail analysierten, könnten diese vielleicht dennoch, gerade mit den Elementen der Mündlichkeit, ein Beispiel für dieses Denken geben. Ein Denken, das im Entstehen ist, das sich aus der Anrede entwickelt, aus dem „du, du, du", und aus all den einzelnen Zuhörenden, die jenes „alle zusammen" des Publikums zusammensetzen. Vor diesem und im Austausch mit diesem entwickelt Jean-Luc Nancy seine Gedanken, mit jedem einzelnen Kind, das zuhörend mitdenkt und dessen Gedanken die Rede des Sprechenden mitweben.[16] Ein Mitweben, das jedes Mal, wenn Jean-Luc Nancys Vorträge lesend oder hörend wieder in einem Hör-Raum erklingen, mit ihm weitergehen wird.

Literatur & Medien

Nancy, Jean-Luc: Petite conférence sur la justice. Audioaufnahme des Vortrags vom 21.10.2006 im Théâtre de Montreuil.
Nancy, Jean-Luc: Dieu, la justice, l'amour, la beauté. Quatre petites conférences. Montrouge 2009.
Nancy, Jean-Luc: Gott, Gerechtigkeit, Liebe, Schönheit. Vier Vorträge für Kinder. Bebildert v. Rosemarie Trockel. Hg. v. Wilfried Dickhoff. Übers. v. Esther von der Osten. Berlin 2020a.

---

16 Mit Rosemarie Trockels gewebten Bildern, die der deutschen Ausgabe beigefügt sind, wird dieses Mitweben auf besondere Weise sichtbar.

***

Dittmar, Norbert: Transkription. Ein Leitfaden mit Aufgaben für Studierende, Forscher und Laien. Wiesbaden 2004.

Feld, Steven: Akustemologie. In: Handbuch Sound. Hg. v. Daniel Morat und Hansjakob Ziemer. Stuttgart 2018, S. 2–7.

Fischer-Lichte, Erika: Ästhetik des Performativen. Frankfurt a. M. 2004.

Günzel, Stephan: Vor dem Affekt: die Aktion. Emotion und Raumbild. In: Raum und Gefühl. Der Spatial Turn und die neue Emotionsforschung. Hg. v. Gertrud Lehnert. Bielefeld 2011, S. 63–74.

Huwiler, Elke: Erzähl-Ströme im Hörspiel. Zur Narratologie der elektroakustischen Kunst. Paderborn 2005.

Krämer, Sibylle: Die Rehabilitierung der Stimme. Über die Oralität hinaus. In: Stimme. Annäherung an ein Phänomen. Hg. v. Sibylle Krämer und Doris Kolesch. Frankfurt a. M. 2006, S. 269–295.

Krämer, Sybille: Was also ist eine Spur? Und worin besteht ihre epistemologische Rolle? Eine Bestandsaufnahme. In: Spur – Spurenlesen als Orientierungstechnik und Wissenskunst. Hg. v. Sybille Krämer, Werner Kogge und Gernot Grube. Frankfurt a. M. 2007, S. 11–33.

Merrill, Julia: Die Sprechstimme in der Musik: Komposition, Notation, Transkription. Wiesbaden 2016.

Meyer-Kalkus, Reinhart: ‚Bizarres Philologentum‘ und Repräsentation akustischer Weltkulturen. Phonographische Sprachaufnahmen aus deutschen Kriegsgefangenenlagern im Ersten Weltkrieg im Berliner Lautarchiv. In: Wege zur Weltliteratur. Komparatistische Perspektiven der Editionswissenschaft. Hg. v. Gesa Dane, Jörg Jungmayr und Marcus Schotte. Berlin 2015, S. 43–70.

Nancy, Jean-Luc: Körper. Übers. v. Valérie Ivanović und Esther von der Osten. Wien 2020b.

Schmedes, Götz: Medientext Hörspiel. Ansätze einer Hörspielsemiotik am Beispiel der Radioarbeiten von Alfred Behrens. Münster et al. 2002.

Segarra, Marta: Introduction. In: Hélène Cixous, Lettres de fuite. Séminaire 2001–2004. Hg. v. Marta Segarra. Paris 2020, S. 9–16.

Woggon, Helga: Transkription und Übersetzung. Video-Interviews als Lesetexte. In: Zeugen der Shoah. Die didaktische und wissenschaftliche Arbeit mit Video-Interviews des USC Shoah Foundation Institute. Hg. v. Sigrid Abenhausen, Nicolas Apostolopoulos, Bernd Körte-Braun und Verena Lucia Nägel. Berlin 2012. URL: https://www.zeugendershoah.de/unterrichtsmaterialien/vha_broschuere/VHAS_Broschuere_Web.pdf (21.03.2022), S. 24–28.

II Basiselemente gehörter Geschichten

Elke Huwiler

Zeichen im Hörspiel

Erzählen durch technische Mittel von der Monophonie bis zur Digitalität

Einst auf ein rein literarisches Sprachkunstwerk reduziert (vgl. Dziadek 1991, 12), hat sich das Hörspiel inzwischen als eigenständige Kunstform etabliert. Dies hängt vor allem mit den sich verändernden Produktions- und Distributionsbedingungen seit den 1980er Jahren zusammen: Die deutsche Rundfunklandschaft öffnete sich für private Fernseh- und Radiosender (vgl. Kührmeyer 2012, 7), das Hörspiel begann sich teilweise vom Radio zu lösen, es etablierte sich eine freie Hörspielszene (vgl. Schütz 2011), und schließlich boten sich durch die Digitalisierung seit den 1990er Jahren ganz neue Möglichkeiten für Hörspielschaffende (vgl. Herbertz 2012). Neuere Publikationen zeugen von der Fülle an Hörspielformen sowie von der Wandelbarkeit einer Kunstgattung, die in ihrer Entwicklung noch längst nicht abgeschlossen zu sein scheint.[1] Um das Hörspiel zu beschreiben und zu analysieren, sind deshalb neue, methodologisch vielfältige Ansätze vonnöten.[2]

Semiotik

Die folgenden Ausführungen gehen von einem semiotischen Ansatz aus, den insbesondere Götz Schmedes (2002) spezifisch für das Hörspiel formuliert hat und der die verschiedenen Elemente des Hörspiels zunächst als eigenständige, potenziell bedeutungsgenerierende Zeichen beschreibt. Diese lassen sich prinzipiell in jeglichen historischen und gegenwärtigen Formen des Hörspiels erkennen – in Klangkunstwerken genauso wie in traditionellen Hörspielen, in Pophörspielen wie im Neuen Hörspiel.

Allgemein erfolgt die Erzeugung von Bedeutung in kulturellen Systemen „vermittels der Herstellung von Zeichen" (Fischer-Lichte 1998, 8), und so ist auch das Hörspiel als Kunstform zu betrachten, in der Bedeutungen generiert werden; diese können „aus jedem einzelnen Zeichen, aus der Gesamtheit der

---

1 Tendenzen sind dabei u. a., Hörspiele von ihrer Bindung an den Rundfunk zu lösen und auch andere mediale Kanäle dafür auszuprobieren (vgl. Bachmann 2013; Huwiler 2007) oder Hörspiele und Popmusik zum sogenannten Pophörspiel zu verschmelzen (vgl. Rinke 2018).
2 Die vorliegenden Ausführungen stützen sich insbesondere auf Huwiler 2005a; 2005b; 2007.

Zeichen und der Spezifik ihrer Komposition hervorgehen" (Schmedes 2002, 62). Im Hörspiel entstehen Bedeutungen sowohl aus dem sprachlichen Wortlaut als auch aus anderen Zeichen, da ihm neben der Sprache weitere Zeichensysteme zur Verfügung stehen. Die potenzielle Gleichwertigkeit der Elemente im Hörspiel – ob diese verbal, nonverbal oder paraverbal sind – ist eine der wichtigsten theoretischen Voraussetzungen für jegliche Auseinandersetzung mit dieser Kunstform. Mittels des semiotischen Ansatzes sind grundsätzlich alle Elemente und ihre Beziehungen untereinander auf ihr Bedeutungspotenzial hin untersuchbar, wobei je nach Analysefokus unterschiedliche Arten von Bedeutungen relevant sein können.

Da viele Hörspiele eine Geschichte erzählen, fokussieren die vorliegenden Ausführungen auf die narrative Bedeutung von Zeichensystemen. Bei der Untersuchung der Narrativität von Hörspielen ist von einer transmedial ausgerichteten Erzähltheorie auszugehen. Diese „resultiert aus der Einsicht, daß es sich beim Erzählen um ein intermediales Problem handelt, das weit über verbale Textsorten und über das Medium der Literatur hinausgeht" (Nünning und Nünning 2002, 12). Dass und wie durch Sprache narrative Bedeutungen erzeugt werden können, ist durch die auf literarische Analysen ausgerichtete klassische Erzähltheorie ausgiebig aufgearbeitet worden. In Hörspielen werden narrative Zusammenhänge jedoch durch eine Kombination von sprachlichen und nicht-sprachlichen Elementen erschaffen, zuweilen auch ausschließlich durch nicht-sprachliche Elemente. Dabei können die Bedeutungen, die den nicht-sprachlichen Zeichensystemen eingeschrieben sind, den Aussagegehalt der Sprache unterstützend begleiten oder aber ihm widersprechen, wodurch im Zusammenspiel mit dem sprachlichen Zeichensystem neue narrative Bedeutungen möglich werden. Es ist nicht normativ festzulegen, welche Geräusche, Musikpassagen etc. oder welche Kombinationen dieser Elemente mit dem sprachlichen Zeichensystem welche spezifisch narrativen Bedeutungen erzeugen, vielmehr müssen diese Bedeutungszuschreibungen je nach Kontext in jedem einzelnen Hörspiel neu aufgedeckt werden.[3]

Schmedes beschreibt neben den allgemeinen (auch außerhalb des Hörspiels vorkommenden) Zeichensystemen im Hörspiel – Sprache, Stimme, Geräusch, Musik, Stille und Originalton – die sogenannten audiophonen (d. h. für

---

3 Diese Zuschreibungen können zudem historisch variieren: „Für die Medienrealität der neunziger Jahre ist die schlechte Qualität historischer Bandaufnahmen, das Knacken und Rauschen der Aufnahme- und Wiedergabegeräte, ein Zeichen für Historizität. Für die Zeitgenossen der Aufnahme waren sie natürlicher Begleitumstand und daher nicht weiter bedeutsam" (Schmedes 2002, 32).

das Hörspiel spezifischen) Zeichensysteme: Blende, Schnitt und Mischung, Stereophonie sowie elektroakustische Manipulation. Der vorliegende Beitrag fokussiert diese audiophonen Zeichensysteme, da die allgemeinen generell mehr Beachtung finden.[4]

Audiophone Zeichensysteme

Blende, Schnitt und Mischung werden am Mischpult durch das „Öffnen oder Schließen des Summenreglers" eingefügt und sind „die technischen Verfahren zur Herstellung linearer Kontinuität im Hörspiel, die rein formal die zeitliche Abfolge einzelner Abläufe betreffen" (Schmedes 2002, 87). Die Blende wurde schon seit Beginn der Hörspielgeschichte als eigenständiges Gestaltungsmittel eingesetzt und bildete im historischen monophonen Hörspiel gar eines der wichtigsten Stilprinzipien überhaupt, da sie als „Atem des Hörspiels" (Schwitzke 1963, 125) gesehen wurde.

    Der Schnitt als eigenständige Möglichkeit, die Syntax eines Hörspiels zu gestalten, hat sich erst mit dem Aufkommen des Neuen Hörspiels etabliert; zuvor war er als „rein technischer Vorgang ohne dramaturgische und künstlerische Bedeutung" (Schwitzke 1963, 192) betrachtet worden. Im Prinzip sind die spezifischen Gestaltungsmöglichkeiten Schnitt und Blende für das Hörspiel auch nach der Einführung der digitalen Tonstudiotechnik „größtenteils unverändert geblieben" (Ladler 2001, 16). Dass jedoch durch die Digitalisierung Blende und Schnitt ganz einfach gesetzt und auch wieder rückgängig gemacht werden können, hat zu mehr Experimenten und Ausprobieren am Material geführt:

> Heikle Schnitte in analoger Technik stellten nicht selten ein Wagnis dar. Nur mühsam und oft unter Inkaufnahme von Wiedergabequalitätseinbrüchen konnten auf herkömmlichen Schnittmaschinen die Verklebungen wieder aufgelöst und die Montagevorgänge rückgängig gemacht werden. Der Wegfall solcher Hemmnisse macht Produzenten in der digitalen Arbeitsstation experimentierfreudiger, zumal hier die Ergebnisse auch sehr schnell abrufbar und auf ihre Wirkung hin prüfbar sind. (Herbertz 2012, 39)

Durch die Vereinfachung des Verfahrens ist eine generelle Tendenz auszumachen, ausgiebig Schnitt- und Montagetechniken zu verwenden – „[s]elbst Kriminalhörspiele, wie etwa der seit einigen Jahren gesendete *Radio Tatort*, fordern mit harten Schnitten, vielschichtiger Mischung und manchmal ver-

---

4 Vgl. z. B. Timper 1990 und Krug 2019 zu Musik, Elstner 2010 zu Stimme, Maye et al. 2007 zu O-Ton oder Hoppe und Frey 2015 zu Geräuschen sowie diverse Beiträge in diesem Band.

wirrender Dramaturgie vom Publikum hohe Aufmerksamkeit und Konzentration" (Rinke 2018, 59).

Blende und Schnitt können einzelne syntaktische Einheiten gegeneinander abgrenzen oder Übergänge gestalten; die Mischung hingegen bezieht sich immer auf eine syntaktische Einheit selbst, also beispielsweise auf eine zeitlich begrenzte Figurenkonstellation in einem Raum. Durch eine bestimmte Mischung kann ein raum-zeitliches Kontinuum gekennzeichnet und von anderen unterschieden werden: Wenn in einem dargestellten Raum bestimmte Figuren miteinander kommunizieren und im Hintergrund ein raumbildendes Geräusch zu hören ist, so bestimmt die Mischung, die das Lautstärkeverhältnis zwischen den verschiedenen Schallquellen regelt, die spezifische Art dieser „akustischen Atmosphäre" (Schmedes 2002, 88). Auch wenn ein dargestellter Raum in einem Hörspiel ‚raumlos' erscheint, ist das als Resultat einer bestimmten Mischung dieses Raumes zu verstehen. ‚Raumlosigkeit' wird vor allem für die Darstellung narrativer Ebenen verwendet, die sich deutlich von anderen Ebenen unterscheiden sollen – beispielsweise die Ebene der erzählenden Instanz und die Ebene der Geschichte.

Das Zeichensystem der Stereophonie, oder genauer der räumlichen Schallquellenpositionierung, entfaltet sich im akustischen Resonanzraum des Hörspiels; diesen Raum, der sich eröffnet, sobald etwas (Schall) ‚erklingt', also akustisch hörbar wird, definiert Armin Paul Frank folgendermaßen:

> Als Raumklang, Akustik oder Halligkeit bezeichnet man jene akustische Qualität, die den drei akustischen Elementen Stimme, Musik und Geräusch als sinnlich wahrnehmbares Indiz für die Größe des Raumes, in dem sie erklingen, untrennbar anhaftet.
>
> (Frank 1981, 95)

Die Größe des darzustellenden Raumes wird durch die Positionierung der Schallquellen innerhalb der Schallakustik markiert: Im monophonen Hörspiel, das keine rechte und linke Aufteilung der Schallquellen zulässt, wird die Größe des darzustellenden Raumes durch Nähe oder Ferne zum Mikrophon indiziert und akustisch durch die oben beschriebene Raumblende gestaltet. Dem stereophonen Hörspiel steht hingegen zusätzlich die Möglichkeit der linken und rechten Positionierung der Schallquellen im akustischen Raum zur Verfügung. Schmedes bezeichnet diese stereophone Schallquellenpositionierung in zweierlei Hinsicht als eigenes Zeichensystem: „erstens als Mittel zur Unterscheidung von Positionen innerhalb eines Klangraums und zweitens als Mittel zur Gestaltung des Raums selbst, dessen Dimension aus dem Arrangement der Schallquellen hervorgeht", und es ist die Nutzung des „Zeichenpotentials räumlich-gegenständlicher Differenzierung", die die „Signifikanz" der Stereophonie ausmacht (Schmedes 2002, 90). Signifikant im Sinne eines Zeichensystems wird die Stereophonie erst dann, wenn sich durch sie neue Informationen ergeben – d. h. wenn ein Hörspiel nur eine einzige Stereoposition aufweist, lässt es die Möglichkeit der Generierung neuer Informationen durch verschiedenartige akustische Raumpositionen und Anordnungen der Schallquellen ungenutzt. Der Unterschied zwischen monophonen und stereophonen Hörspielen liegt bezüglich des akustischen Raumes darin begründet, ob ein ‚Raum' indiziert oder ob er tatsächlich akustisch gestaltet wird: „Das monophone Spiel signalisiert den imaginären Schauplatz durch mancherlei akustische Zusatzinformationen, das stereophonische naturalisiert den Raum solcher Spiele" (Geißner 1970, 103). Durch die Stereophonie wird die „Bewegung des Menschen" von der einen Seite zur anderen oder in der Tiefe angezeigt, und die Kunstkopftechnik – die „kopfbezogene Stereofonie" (Klippert 2012, 62) – erschafft die Dreidimensionalität. So eröffnet sich den Hörenden ein akustischer Raum, in dem sie sich quasi selbst befinden, weil sie Schallquellen vorn und hinten, rechts und links sowie oben und unten wahrnehmen.[5] Mit der stereophonen und der Kunstkopf-Technik können naturalistische Räume nachgebildet werden, es lassen sich jedoch auch „autonome Schallräume" (Lermen 1975, 146) gestalten.

Akustisches Material kann schließlich auch mittels der Studiotechnik verfremdet werden, d. h. die Bedeutung eines Zeichens wird durch elektroakustische Manipulation erweitert. Bedingung dafür ist, „dass die Manipulation erkennbar, also eine Differenzierung zwischen Ursprungsmaterial und Ergebnis nach der Manipulation möglich ist, und dass der technische Eingriff nicht nur dazu dient, eine naturalistische Szenerie ohne eigene dramaturgische Funktion herbeizuführen" (Schmedes 2002, 91).

Die beschriebenen Zeichensysteme generieren im Hörspiel meist nicht für sich allein genommen Bedeutung, sondern sie werden in Beziehung zueinander gesetzt. Außerdem „können einzelne Zeichensysteme andere ersetzen" (Schmedes 2002, 92); diese ‚Mobilität', die Fischer-Lichte für theaterspezifische Zeichen postuliert, lässt sich auch auf das Hörspiel übertragen:

> Weil die heterogenen theatralischen Zeichen [...] teilweise dieselben Zeichenfunktionen zu erfüllen vermögen, lassen sie sich auch gegenseitig austauschen und ersetzen. So kann Regen beispielsweise durch Geräusche, Beleuchtung, Kostüm, Requisit, Gestik oder Worte bedeutet werden: Der Regenmantel vermag in diesem Fall dieselbe Funktion zu erfüllen wie das Geräusch fallender Tropfen, die schützend über den Kopf gehaltene Hand, trübes flackerndes Licht, das Aufspannen eines Regenschirms oder das Aussprechen der Worte: „Es regnet." (Fischer-Lichte 1998, 182)

---

5 Nachzulesen sind die technischen Einzelheiten dieses Phänomens u. a. bei Klippert 2012, 62–66. Die Sonderform der stereophonen Kunstkopftechnik vermochte sich allerdings nicht in der gleichen Weise durchzusetzen wie die Stereophonie an sich (vgl. Herbertz 2012, 32).

Zusammengefügt werden einzelne Teile des Hörspiels durch den technischen Vorgang der Montage. Vor allem mit dem Aufkommen des Neuen Hörspiels gewinnt dieses Verfahren an Bedeutung, was mit der „Hervorhebung der Materialität des Mediums" zusammenhängt, während der Begriff ‚Montage' laut Schmedes „für die Dramaturgie des Literarischen Hörspiels kaum Relevanz besitzt" (Schmedes 2002, 98). Schnitt und Blende bezeichnen die spezifischen Zeichensysteme, die eingesetzt werden, um verschiedene Teile im Hörspiel voneinander abzugrenzen, Montage hingegen das Strukturprinzip, das diese Teile miteinander in Verbindung bringt.

Beispiele der narrativen Bedeutungsgenerierung durch audiophone Zeichensysteme

Eine häufig verwendete Technik in narrativen Hörspielen ist das gleichzeitige Hörbarmachen von Schallquellen zweier erzähltechnisch differenter Ebenen. Im monophonen Hörspiel wird dieser Effekt durch eine spezifische Mischung oder durch die sogenannte Durchblende erzielt, einen „zeitweilige[n] Simultanverlauf des Ausblendgeschehens mit dem Einblendgeschehen" (Klippert 2012, 73). Die Durchblende schafft zahlreiche spezifische Möglichkeiten der Narration, beispielsweise in Bezug auf den Erzählzeitpunkt. So wird im monophonen Hörspiel auf diese Weise sehr oft die extradiegetische Erzählebene gestaltet: Die Erzählinstanz befindet sich hier nahe am Mikrophon und in einem akustischen Schallraum, der als ‚raumlos' bezeichnet wird. Beim Einblenden der diegetischen Ebene, in der sich das erzählte Geschehen direkt abspielt, hingegen eröffnet sich dank einer spezifischen Mischung ein ganzes Panorama von Geräuschen. Räumliche Distanz der Handlungsfiguren wird durch unterschiedliche Abstände vom Mikrophon nachgeahmt. Im stereophonen Hörspiel können unterschiedliche Erzählebenen überdies durch unterschiedliche stereophone Positionen dargestellt werden. So z. B. im Hörspiel *Äskulap* (Ä) von Luise Rinser, wo auf diese Weise eine gleichzeitige Erzählung konstruiert wird: Der mit einer Frau verheiratete Protagonist des Hörspiels, der soeben sein erstes homoerotisches Erlebnis hatte, beginnt beim Nachdenken zu singen. Die gedachten Worte werden von einer spezifischen räumlich-akustischen Position aus ausgesprochen: „Ich höre Singen und wundere mich, dass ich es bin, der singt. Seit vielen Jahren habe ich nicht gesungen. Den Vogel, der zu früh am Morgen singt, frisst am Abend die Katze. Sagte meine Großmutter" (Ä 01:40). Von einer anderen räumlich-akustischen Position aus, aber im gleichen akustischen Schallraum, hört man an dieser Stelle tatsächlich ein Singen. Den Hörenden wird so deutlich, dass die Stimme des Erzählers eine gedankliche Ebene ausdrückt, während durch die übergeblendete, gleichzeitig erklingende Stimme des Mannes, der singt und ab und zu redet, die simultan ablaufende Handlung wiedergegeben wird.

Auch zeitliche Übergänge können mit Durchblenden und spezifischen Schallquellenpositionierungen realisiert werden. So werden in Dieter Kühns Hörspiel *Das lullische Spiel* (LS), in dem ein alter Mann namens Ramon sich an verschiedene Zeiten seines Lebens erinnert, jeweils dessen unterschiedliche Stimmen mit zwanzig, vierzig, sechzig oder achtzig Jahren kurz übereinander geblendet, um den Übergang in die erinnerte Zeit darzustellen. Zwei Stimmen fließen dabei ineinander und repräsentieren so gleichzeitig das Vergangene und das Gegenwärtige, denn Ramon wird im Hörspiel von vier verschiedenen Stimmen gesprochen. Der achtzigjährige Mann figuriert als Erzähler in der Basiserzählung und erinnert sich beispielsweise an seine früheste Jugend:

> Achtzigjähriger: Ich sehe mich als Seneschall neben einer Hofdame, sehe mich zuerst neben ihr sitzen, und zwar saß ich gewöhnlich links,
>
> Achtzigjähriger/Zwanzigjähriger: (*gleichzeitig*) sah (sehe) ich ihre linke Seite, was eine besonders wertvolle Ergänzung für mich war (ist), und da zog (zieht) zuerst ihr Ohr, ihr linkes Ohr meinen Blick an, wobei sich meine Aufmerksamkeit insbesondere auf ihrem Ohrläppchen sammelte (sammelt) [...].   (LS 06:39)

Der alte und der junge Ramon sprechen hier gemeinsam fast die gleichen Worte, außer dass das Tempus der Verben sich jeweils unterscheidet. Sie reden gleichzeitig, d. h. die Verbformen überlagern sich akustisch. Nach ein paar weiteren Sätzen spricht der junge Ramon allein weiter. Der Übergang gestaltet sich akustisch so, dass die einsetzende junge Stimme aus der Rechts-Position heraus zunächst sehr leise, dann jedoch immer lauter werdend seine Passage liest und damit allmählich näher rückt, während sich die alte Stimme auf der Mitte-Position entsprechend entfernt.

Hier werden somit in Bezug auf die narrative Zeitstruktur neben der Überblende auch die hörspielspezifischen Zeichensysteme ‚Räumliche Schallquellenpositionierung‘ und ‚Mischung‘ eingesetzt. Zusammen mit dem Zeichensystem ‚Stimme‘ gestalten sie die Schnittstellen zwischen zurückliegenden und gegenwärtigen Ereignissen. Das Hörspielmanuskript umschreibt die akustische Umsetzung dieser Gestaltungsstruktur in der Regieanweisung folgendermaßen: „Der junge Ramon in Aussenposition, rechts hinter dem Kunstkopf: diese Position wird bei allen Wiederholungen und Variationen der folgenden Textpassage konsequent eingehalten. Zuerst spricht Ramon II in ziemlicher Entfernung vom Kunstkopf, wird nur allmählich verständlich" (Kühn o. J., 5). Diese Positionsaufteilung innerhalb der Schallakustik und die Überlagerung verschiedener Stimmen signalisieren die allmählich näherkommende Erinnerung an frühere Ereignisse, wobei das Vergangene schließlich ganz vergegenwärtigt wird.

In *Das lullische Spiel* wird auch elektroakustische Manipulation eingesetzt: Auf einem Marktplatz, wo Ramon von Dieben zusammengeschlagen wird und bewusstlos zu Boden sinkt, sind zunächst Marktplatzgeräusche wie schreiende Stimmen und orientalische Hintergrundmusik zu hören, welche sich jedoch zu einem lauten, schrillen Signal verdichten und abrupt abbrechen. Der Klangteppich versinnbildlicht als klar erkennbare elektroakustische Manipulation der vorher eingeblendeten realitätsabbildenden Geräusche zunächst die Perzeptionsweise des Mannes, der die auf ihn einschlagenden Diebe als höchst bedrohlich empfindet, und der Schnitt verdeutlicht die abgebrochene Wahrnehmung der Umwelt durch den Mann, der bewusstlos wird. Auch den Schluss des Hörspiels bildet ein Schnitt, der narrativ eingesetzt wird: Der alte Mann bekommt Fieber, seine Erinnerungen beginnen durcheinanderzugeraten, er kann keine klaren Sätze und Wörter mehr bilden, und schließlich erfolgt ein abrupter Schnitt – dieser markiert hier deutlich den Tod des Mannes, ohne dass dies sprachlich weiter ausgeführt werden muss.

Die elektroakustische Manipulation bewirkt meistens einen Verfremdungseffekt, der an sich bereits narratives Potenzial hat. So wird im Hörspiel *Der Monolog der Terry Jo* von Max Bense und Ludwig Harig die Stimme des Mädchens Terry Jo, das nach der Ermordung seiner gesamten Familie im Schockzustand pausen- und scheinbar zusammenhangslos Worte aneinanderreiht, zu Beginn computertechnisch verfremdet. Das Wortmaterial des Monologs wurde in der Hörspielrealisation durch ein computertechnisches Verfahren in Einzelteile zerlegt und mit einer synthetischen Stimme verzerrt wiedergegeben. Erst nach und nach wird im Hörspiel die Stimme des Mädchens als solche erkennbar, so wie auch erst allmählich die aneinandergereihten Laute einen semantischen Sinn ergeben. So wird das fortschreitende Erwachen und Begreifen des Mädchens durch elektroakustische Manipulation von Stimmmaterial hörbar gemacht. Auch in Alfred Anderschs Hörspiel *Die Letzten vom Schwarzen Mann* verdeutlichen elektroakustisch manipulierte Töne einen narrativen Zusammenhang: Die beiden im Zweiten Weltkrieg auf dem Berg *Der Schwarze Mann* gefallenen Soldaten Lester und Karl wandern als Geister zwischen den Lebenden umher, weil sie erst dann ihre letzte Ruhe finden, wenn ihre Leichen geborgen werden. Immer, wenn im Hörspiel die irreale Welt der Geister dargestellt werden soll, wird die Szene untermalt mit einer Musikpassage, die jedoch elektroakustisch verfremdet, verzerrt und gläsern klingt und damit eine unheimliche, irreale Atmosphäre evoziert.

Auch durch andere technische Mittel kann eine bestimmte Erzählatmosphäre erzeugt werden: So geben Überblenden, Schnitte und eine spezifische Mischung dem Hörspiel *Der Hai* (H) von Günter Kunert ein schnelles Erzähl-

tempo, indem ständig zwischen den verschiedenen Schauplätzen und Erzähl-
räumen hin- und hergewechselt wird. Eine Erzählerstimme berichtet, wie die
zwei Matrosen Mitchum und Harry, die Schiffbruch erlitten haben, auf offener
See treiben, während in ihrer Heimatstadt Climax City bereits ihr Begräbnis begangen wird:

> Erzähler: Schon halb vergessen die Leute vom sanft ruhenden Wrack eines Schiffes mit
> Namen Golden Arrow. Wo seid ihr? Wo? Wo?
>
> Mitchum: *(in die letzten Worte des Erzählers hinein, von weit weg)* SOS – SOS – SOS
>
> Erzähler: Fünfundzwanzig Kränze und einer werden bestellt. In Wyoming und Wisconsin,
> New York, North Dakota, Nebraska. Zwei davon in Climax City, nahe Seattle. Diese beiden
> tragen weiße Schleifen. Auf der einen steht „Meinem lieben Sohn", auf der anderen „Mei-
> nem Bräutigam". Der Bürgermeister von Climax City findet sich von dem fernen Unfall
> aufs Ärgste betroffen. Ich erteile ihm hiermit das Wort, an dem er seit Stunden feilt.
> *(Geräusch von Schritten)*
>
> Bürgermeister: Verehrte Anwesende, Freunde, Mitbürger, liebe Trauergäste, nein, schlecht,
> schlecht. [...]
>
> Erzähler: Während der Steinmetz von Climax City mit müden Schlägen zwei Namen aus
> den Gedenkplatten hervorholt, taucht aus der gewaltigen schwankenden See etwas Win-
> ziges auf. Ein Schlauchboot.
>
> Mitchum: *(nahe)* SOS – SOS – SOS
>
> Harry: Ach hör schon auf, wir sind erledigt. (H 03:27)

Es lässt sich in dieser Passage der Einsatz mehrerer audiophoner (und allgemei-
ner) Zeichensysteme feststellen. Mit Hilfe der Durchblende sind einzelne Szenen
als ineinanderfließend gestaltet, wie z. B. das erste SOS-Zeichen Mitchum Millers,
das in die Frage des Erzählers hineingeblendet wird und somit ebendiese Frage
bereits beantwortet. Außerdem werden Schnitte verwendet, um einzelne Szenen
nebeneinander zu montieren; dadurch, dass diese Szenen kurz sind und der akustische Schnitt an sich abrupt ist, erhält die Erzählung eine spezifische Dynamik.
Zudem werden durch Mischung und Geräusche die einzelnen narrativen Ebenen
und Räume voneinander unterschieden: Während der Bürgermeister spricht, indizieren Schritte, dass er sich in einem Zimmer hin- und herbewegt, und auch die
akustische Mischung zeigt einen solchen narrativen Raum an, dagegen befindet
sich der Erzähler nahe am Mikrophon und im Grunde in einer ‚raumlosen' Akus-
tik. Im Hintergrund hört man zu Beginn das Meer rauschen, als der Erzähler
spricht. Dies bezeichnet, wie später deutlich wird, ein Nebeneinandersetzen der
extradiegetischen und der diegetischen Ebene: Der Erzähler spricht, während be-

reits das Bild des Meeres akustisch wahrnehmbar wird, so wie in einem Film ein *voice-over narrator* über die Ebene des Bildes geblendet wird. Durch die Mischung kann auch die Aurikularisierung[6] verdeutlicht werden: Der Erzähler sucht ähnlich einer Kamera zu Beginn die beiden Männer und kann sie nur in der Ferne wahrnehmen, dem entgegen befindet sich die Aurikularisierungsposition in der zweiten SOS-Passage direkt bei den beiden Männern.

Fazit

Die Art der Bedeutungsgenerierung durch audiophone Zeichensysteme wurde hier in Bezug auf die Gestaltung narrativer Bezüge erläutert, doch natürlich können diese Zeichensysteme auch andere Zusammenhänge aufzeigen. Schnitte, Blenden, O-Töne, elektroakustische Manipulationen und die spezifische Montage verschiedensten akustischen Materials vermögen Assoziationen zu wecken, ein Klangbild zu evozieren und so einen Sachverhalt, ein Gefühl oder z. B. eine spezifische Epoche darzustellen. Oft werden in Hörspielen solche Klangbilder mit narrativen Elementen gemischt. So wird zwar auch in einem Hörstück wie Heiner Goebbels' *Die Befreiung des Prometheus* (1994a) eine Geschichte erzählt,[7] doch wird diese durch musikalische und technische Mittel viel eher in assoziativen Klangbildern dargeboten, wobei Schnitt, Blende und Montagetechniken von besonderer Bedeutung sind und mit „selbstständigen, musikalischen Mitteln, die in der Ausdruckshierarchie nicht unter, sondern neben dem Text rangieren (in Songformen, Collagen, der Filmtechnik nahen Schnitten und Rückblenden)" (Goebbels 1994b), gearbeitet wird.

Die beschriebenen audiophonen oder technischen Elemente, die in Hörspielen (narrative) Bedeutungen generieren können, werden heutzutage ganz selbstverständlich eingesetzt, und die Digitalisierung hat dazu beigetragen, dass die Experimentierfreudigkeit gerade in Bezug auf die technischen Möglichkeiten zugenommen hat. Die Wandelbarkeit der Kunstform ‚Hörspiel' ist auf ihre grundsätzliche Offenheit zurückzuführen: „[T]he unique openness of the Hörspiel as a special kind of radio art makes it possible to respond almost instantaneously to

---

6 Narratologisch handelt es sich hier um die Fokalisierung, doch das „concept of focalization seems odd when it is used in an acoustic, sound-only art form. Focalization, frequently defined as a specific ‚point of *view*', refers to sight and the act of vision. In radio dramas it seems more beneficial to employ a parallel terminology for ‚a perspectical filter' with respect to other senses" (Lutostański 2016, 120; Herv. i. O.).
7 Das Stück beruht auf Texten von Heiner Müller.

cultural and technological transformations" (Mauruschat 2014, 229) – und dieses Aufnehmen kultureller und technischer Transformationen hat wiederum dazu geführt, dass neue technische Entwicklungen nicht nur die Produktion und Distribution des Hörspiels beeinflusst haben, sondern auch die Art des Geschichtenerzählens in dieser Kunstform an sich wesentlich geformt haben.

Literatur & Medien

Äskulap. Funkmonolog von Luise Rinser. Regie: Beate Rosch. DS-Kultur 1992.
Das lullische Spiel. Hörspiel von Dieter Kühn. Regie: Heinz Hostnig. NDR/BR/SDR 1975.
Der Hai. Hörspiel von Günter Kunert. Regie: Oskar Nitschke. SDR 1966.
Der Monolog der Terry Jo. Hörspiel von Max Bense und Ludwig Harig. Regie: Klaus Schöning. SR/RB 1968.
Die Befreiung des Prometheus. Hörstück von Heiner Goebbels nach Texten von Heiner Müller. Regie: Heiner Goebbels. ECM Records 1994a.
Die Letzten vom Schwarzen Mann. Eine Geistergeschichte von der Grenze. Hörspiel von Alfred Andersch. Regie: Fritz Schröder-Jahn. NWDR/hr 1954.

***

Bachmann, Michael: Andreas Ammers Apocalypse Live. In: Medien. Erzählen. Gesellschaft. Hg. v. Karl N. Renner, Dagmar von Hoff und Matthias Krings. Berlin/Boston 2013, S. 19–36.
Dziadek, Olf: Konstituierung und Destruktion. Eine Geschichte der Gattung Hörspiel. In: Sprache im technischen Zeitalter 1991, 117, S. 11–25.
Elstner, Alice: Der Einsatz der Stimme im Hörspiel. Theorie und Praxis. Saarbrücken 2010.
Fischer-Lichte, Erika: Semiotik des Theaters. Eine Einführung. Bd. 1: Das System der theatralischen Zeichen. 4. Aufl. Tübingen 1998.
Frank, Armin Paul: Das englische und amerikanische Hörspiel. München 1981.
Geißner, Hellmut: Spiel mit dem Hörer. In: Neues Hörspiel. Essays, Analysen, Gespräche. Hg. v. Klaus Schöning. Frankfurt a. M. 1970, S. 92–107.
Goebbels, Heiner: Die Befreiung des Prometheus. In: Booklet Hörstücke. München 1994b.
Heister, Hans Siebert von: Um ein Hörspiel. In: Der Deutsche Rundfunk 1927, 7, S. 437.
Herbertz, Peter: Vom Kunstkopf zum Vielkanaldigitalismus. Zur Entwicklung der Elektroakustik seit Erscheinen der ‚Elemente des Hörspiels'. In: Werner Klippert: Elemente des Hörspiels. Neu herausgegeben und mit einleitenden Texten sowie Hörbeispielen versehen. Saarbrücken 2012, S. 29–46.
Hoppe, Sabrina/Frey, Felix: Hörspielrezeption und räumliches Präsenzerleben. Der Einfluss von Geräuschen auf das Gefühl der Anwesenheit in der medialen Welt. Audio drama and spatial presence. Sound effects and their influence on the experience of presence in the mediated world. In: Studies in Communication and Media 2015, 3, S. 277–289.
Huwiler, Elke: Erzähl-Ströme im Hörspiel. Zur Narratologie der elektroakustischen Kunst. Paderborn 2005a.

Huwiler, Elke: Sound erzählt. Ansätze einer Narratologie der akustischen Kunst. In: Sound. Zur Technologie und Ästhetik des Akustischen in den Medien. Hg. v. Harro Segeberg und Frank Schätzlein. Marburg 2005b, S. 285–305.

Huwiler, Elke: Erzählen zwischen Radiosendung und Live-Performance: Narratologische Aspekte unterschiedlicher Formen des Hörspiels. In: Mediale Ordnungen. Erzählen, Archivieren, Beschreiben. Hg. v. Corinna Müller und Irina Scheidgen. Marburg 2007, S. 201–219.

Klippert, Werner: Elemente des Hörspiels. Neu herausgegeben und mit einleitenden Texten sowie Hörbeispielen versehen. Saarbrücken 2012.

Krug, Hans-Jürgen: Musik im Hörspiel. In: Handbuch Musik und Medien. Hg. v. Holger Schramm. Konstanz 2019, S. 65–93.

Kühn, Dieter: Das lullische Spiel. [Produktionsmanuskript] Hamburg o. J.

Kührmeyer, Anette: Ein Raum unbegrenzter Möglichkeiten. Hörspielproduktion und -rezeption im digitalen Zeitalter. In: Werner Klippert: Elemente des Hörspiels. Neu herausgegeben und mit einleitenden Texten sowie Hörbeispielen versehen. Saarbrücken 2012, S. 7–27.

Ladler, Karl: Hörspielforschung. Schnittpunkt zwischen Literatur, Medien und Ästhetik. Wiesbaden 2001.

Lermen, Birgit: Das traditionelle und neue Hörspiel im Deutschunterricht. Strukturen, Beispiele und didaktisch-methodische Aspekte. Paderborn 1975.

Lutostański, Bartosz: A Narratology of Radio Drama: Voice, Perspective, Space. In: Audionarratology. Interfaces of Sound and Narrative. Hg. v. Jarmila Mildorf und Till Kinzel. Berlin/Boston 2016, S. 117–132.

Mauruschat, Ania: Noise, soundplay, extended radio: *Bugs & Beats & Beasts* as an example of resilience in the German *Hörspiel*. In: Radio: The Resilient Medium. Papers from the third conference of the ECREA Radio Research Section. Hg. v. Madalena Oliveira, Grazyna Stachyra und Guy Starkey. Sunderland 2014, S. 229–240.

Maye, Harun/Reiber, Cornelius/Wegmann, Nikolaus (Hg.): Original / Ton. Zur Mediengeschichte des O-Tons. Mit Hörbeispielen auf CD. Konstanz 2007.

Nünning, Vera/Nünning, Ansgar: Produktive Grenzüberschreitungen: Transgenerische, intermediale und interdisziplinäre Ansätze in der Erzähltheorie. In: Erzähltheorie transgenerisch, intermedial, interdisziplinär. Hg. v. Vera Nünning und Ansgar Nünning. Trier 2002, S. 1–22.

Rinke, Günter: Das Pophörspiel. Definition – Funktion – Typologie. Bielefeld 2018.

Schmedes, Götz: Medientext Hörspiel. Ansätze einer Hörspielsemiotik am Beispiel der Radioarbeiten von Alfred Behrens. Münster et al. 2002.

Schütz, Simone: Im Schatten des Sendemastes. In: Hörspiel Plätze. Positionen zur Radiokunst. Hg. v. Hörspielsommer e. V. Dresden/Leipzig 2011, S. 38–51.

Schwitzke, Heinz: Das Hörspiel. Dramaturgie und Geschichte. Köln/Berlin 1963.

Timper, Christiane: Hörspielmusik in der deutschen Rundfunkgeschichte. Originalkompositionen im deutschen Hörspiel 1923–1986. Berlin 1990.

Zeyn, Martin: Alles war möglich. Das Hörspiel im Bayerischen Rundfunk von 1949–1973. In: Vom Sendespiel zur Medienkunst. Die Geschichte des Hörspiels im Bayerischen Rundfunk. Das Gesamtverzeichnis der Hörspielproduktion des Bayerischen Rundfunks 1949–1999. Hg. v. Herbert Kapfer. München 1999, S. 31–74.

Jan Sinning

Geräusch

Geräuscherleben und Erinnerung in Christoph Buggerts Hörspiel *Ein Nachmittag im Museum der unvergessenen Geräusche*

„Das Geräusch sitzt in meinem Kopf, seit Jahrzehnten. Wer es ändert, verharmlost die Geschichte" (NMG 00:13:52), so erklärt die Erzählstimme, ein Alter Ego des Autors Christoph Buggert, das Konzept hinter seinem autobiografischen Hörspiel *Ein Nachmittag im Museum der unvergessenen Geräusche* (NMG). Die Handlung führt durch dreizehn aus Geräuschen bestehende Hörräume, die durch ihre enge Verbindung zur Biografie des Autors gleichzeitig auch Erinnerungsräume sind. Viele Geräusche haben biografische „Zwillingsgeräusch[e]" (NMG 00:16:55): „Wenn das eine sich meldet, stellt das zweite sich ein" (NMG 00:16:58). Beispielsweise ruft das Geräusch eines Auffahrunfalls Assoziationen zu einem „Knall" hervor, den Buggert „während der Flucht über die Ostsee" hörte (NMG 00:17:06).

Buggert selbst deutet seinen engen emotionalen Bezug zu auditiven Phänomenen mithilfe seines beruflichen Werdegangs: „Mehr als ein halbes Jahrhundert für eine der lebendigsten und vielfarbigsten Kunstgattungen unserer Zeit [das Hörspiel, Anm. J. S.] tätig gewesen zu sein, als Autor sowie als Redakteur – vermutlich können das nicht allzu viele vorweisen" (Buggert 2019). Diese Verbindung wird von Buggert in seinem Hörspielwerk immer wieder thematisiert, jüngst in *Einsteins Zunge. Aus dem Nachlass meines Bruders*, einer sehr persönlichen Auseinandersetzung mit dem Leben und dem Tod seines Bruders Georg, die 2020 mit dem Deutschen Hörspielpreis der ARD ausgezeichnet wurde. Sowohl in *Einsteins Zunge* als auch in *Museum* hat Buggert mit dem Liquid Penguin Ensemble (Katharina Bihler und Stefan Scheib) zusammengearbeitet. Und schon in früheren Veröffentlichungen wie dem 1990 produzierten Hörspiel *Deutschlandbesuch* verarbeitet er Elemente aus seiner Biografie, etwa die Flucht über die Ostsee am Ende des Zweiten Weltkriegs und seine Kindheit im Bremen der Nachkriegszeit. Die Verbundenheit mit der Kunst- und Medienform Hörspiel findet ihren Ausdruck auch im Umgang mit erlebten Geräuschen. Diese stellen eine Manifestation des „nie schweigende[n] Gemurmel[s] im Kopf" dar, „das teils von außen eindringt, teils eigene Erinnerungen oder Denkprozesse fortsetzt" (Buggert 2019), ein Umstand, der aufs Engste mit den bereits benannten Kindheitserlebnissen in den letzten Kriegsjahren verknüpft ist. Gerade der Krieg produziert Geräusche, die sich im Gedächtnis festsetzen, sie sind „gespei-

chert, irgendwo in meinem Kopf" und lassen sich „nicht abschalten" (NMG
00:03:54). Im Pressetext zum Hörspiel heißt es: „Nicht nur in Form der Geräusche lebt der Krieg in ihm weiter" (NMG, Pressetext). Somit stellen Geräusche
in diesem Hörspiel zwar auf hör(spiel)ästhetischer Ebene ein „bewährte[s] Instrumentarium der Emotionsvermittlung bzw. Emotionalisierung" (Mohn 2019,
222) dar, wirken aber auf narratologischer Ebene „selbst wie Zitate, ohne dass
dies durch Brechung der Fiktion eigens angekündigt werden müsste" (Maurach
2003, 113), indem sie der Verarbeitung des „körperlichen Begreifen[s]" (Fuhrmann 2014, 125) von erlebten Geräuschen dienen.

In der folgenden Analyse soll der Versuch unternommen werden, sich dem
Feld der Geräusche anhand von Buggerts Hörspiel zu nähern, indem bereits bestehende Überlegungen zur Semiotik des Zeichensystems ‚Geräusch' aufgegriffen
werden. Die Geräusche sollen aber auch im Sinne Friedrich Knillis als „konkrete
Schallvorgänge" (Knilli 1961, 107) betrachtet werden – Phänomene, die sich semiotischen Einordnungen entziehen. Ausgehend von diesem Spannungsfeld wird der
Zusammenhang zwischen Geräusch und Erinnern untersucht, denn „das Museum
im Kopf hat alles gespeichert" (NMG 00:08:09).[1]

„Auch Geräusche haben eine Ehre": Geräuschdeutungen zwischen Semiotik und Autonomie

Die Deutung des Verhältnisses zwischen Geräuschen als Phänomen und Zeichensystem im Hörspiel und dem Medienkontext ‚Hörspiel' muss als ambivalent ein-
geschätzt werden. Beschreibungen von Geräuschen als bloßer „Geräuschkulisse"
neben „Erzähler" und „Sprechern" (Neuhaus 2009, 103) lassen sich auch in
neueren Beschreibungen von Hörspielen finden. Es gab jedoch bereits in den frühen 1960er Jahren, ausgelöst durch die Theoriekontroversen zwischen Heinz
Schwitzke und Friedrich Knilli, Diskussionen über die Bedeutungszusammen-
hänge von Geräuschen (vgl. Sinning 2020, 80): Schwitzke vertritt die Position,
dass der „Dramaturgie des Geräuschs und der Musik [...] nichts künstlerisch
brauchbares entspricht" (Schwitzke 1961, 19). Im Gegensatz dazu hält Knilli, im
Sinne der *Musique concrète*, Geräusche für autonome, mit der Sprache gleichge-
stellte Elemente (vgl. Knilli 1961, 8). Knilli wird so zu einem „Vordenker" (Greif

---

1 Herzlichen Dank an Silvie Lang, Christoph Buggert, Günter Rinke und Stefan Scheib für die
freundliche Unterstützung.

und Lehnert 2020, 30) des sich in den Folgejahren konstituierenden Neuen Hör-
spiels, in dem das Hörspiel als „Sprache, Geräusch und Musik verbindende
Gattung" (Würffel 2000, 77) gedeutet wird. Bereits 1961 beschreibt Knilli das
Hörspiel als eine aus „konkrete[n] Schallvorgänge[n]" bestehende *„Eigenwelt"*
(Knilli 1961, 107 f.; Herv. i. O.), wobei er sich explizit gegen das Primat der
Sprache in den Nachkriegshörspielen der 1950er Jahre wendet:

> Nur eine Mengenrechnung könnte entscheiden, wie sich im einzelnen Geräusch-, Ton-,
> und Sprachanteile dieser Hörspiele verteilen. Sicher jedoch ist, dass sowohl die Hörspiele
> *Günter Eichs* als auch die Hörspiele *Weyrauchs* und *Wuttigs*, ja die herkömmlichen Hör-
> spiele schlechthin Schallgestalten sind, in denen Sprachvorgänge überwiegen.
>
> (Knilli 1961, 108; Herv. i. O.)

Im Neuen Hörspiel, das sich in den späten 1960er Jahren entwickelt, werden Geräuschen „vielfältige dynamische Funktionen" zugeschrieben: „als Interpunk-
tionszeichen, Symbol, Dialogpartner, Existenzbeweis, Mittel zur Charakterisierung,
zur Milieudarstellung usw." (Rinke 2018, 60), was zu „experimentelle[n] Spiele[n]
mit Stimmen, Klängen, musikalischen Zitaten und Geräuschen sowie mit den technischen Mitteln des Studios, z. B. Schnitt, Mischung, Stereophonie, Blende, Hall,
Verzerrer usw." (Rinke 2020, 59), führt.

Hier ist allerdings anzumerken, dass in der neueren Hörspielforschung die
„unterschiedlichen Funktionen", die sich aus „unterschiedlichen Zusammenhängen" ergeben (Schmedes 2002, 78), oftmals an denotative und auf narratologischer Ebene konnotative Bedingungen geknüpft werden. Nach wie vor werden
Geräusche vor allem in Kombination mit weiteren allgemeinen Zeichensystemen
wie Sprache, Stimme, Musik, Stille etc. betrachtet (vgl. Schmedes 2002, 71). Hieraus lässt sich folgende Charakterisierung von Geräuschen ableiten:

Erstens sind sie „entweder vom Menschen verursacht oder nicht sowie direkt auf ein Denotat beziehbar oder symbolisch" (Huwiler 2005, 59 f.). Wenn
etwa in *Museum* mehrere Telefone gleichzeitig klingeln (NMG 00:13:35), kann
dies als nicht von Menschen gemachtes Geräusch mit eindeutigem Denotat
identifiziert werden, das selbstredend auch einen symbolischen Gehalt besitzt,
etwa als Ausdruck von Hektik und Betriebsamkeit. Ähnlich ist es mit dem men-
schengemachten Geräusch von schnellen Schritten auf Asphalt (NMG 00:25:13).
Auch für Geräusche, die sich nicht unmittelbar auf ein Denotat beziehen lassen
und daher symbolischen Gehalt besitzen, gibt es in *Museum* Beispiele: Das Hörspiel beginnt im Intro mit einer Collage aus entfernten *„Kriegsgeräusche[n]. Ma-
schinengewehr, Einschlag einer Granate, Schreie von Verwundeten"* (NMG-Skript,
3; Herv. i. O.), wie es in den Regieanweisungen heißt. Diese sind zunächst nicht
als solche identifizierbar, in der folgenden Handlung symbolisieren die Kriegsgeräusche jedoch die unmittelbare Gefahr durch das Näherrücken der Front.

Zweitens können sie auf paradigmatischer Ebene, deren Gegenstand der semantische „Bezug eines Geräuschs zum Sachverhalt, den es beschreibt" (Schmedes 2002, 78), ist, nach Personalität (personale bzw. nicht-personale Geräusche) und Verfremdungs- bzw. Realitätsgrad (reale bzw. unverfremdete Geräusche im Gegensatz zu irrealen bzw. verfremdeten Geräuschen) differenziert werden. Außerdem können sie auf syntagmatischer Ebene, die die Beziehung von Geräuschen zu ihrem Umfeld beschreibt, in Hintergrund- und Vordergrundgeräusche, szenische, illustrierende und autonome Geräusche unterteilt werden (vgl. Schmedes 2002, 78 f.): Das oben beschriebene Geräusch schneller Schritte ist personal sowie unverfremdet und zunächst im Vordergrund zu hören, wird allerdings von der Erzählstimme überlagert und somit zum Hintergrundgeräusch (NMG 00:25:19). Direkt daran anschließend ist ein Geräusch zu hören, das gleichzeitig aus Geschützlärm und klirrenden Fensterscheiben besteht. Es ist somit verfremdet und nicht-personal (NMG 00:25:35).

Drittens können Geräusche als syntaktische Einheit interpretiert werden, als „Teil eines narrativen oder dramatischen Zusammenhangs", „symbolisches Ausdrucksmittel" oder „rhythmisches [...] Strukturelement" (Schmedes 2002, 79). Auch hierfür stellen die in *Museum* verwendeten Kriegsgeräusche ein naheliegendes Beispiel dar. Sie begleiten durch das Hörspiel, sind immer wieder präsent und somit ein rhythmisches Element, auf das sich indirekt und direkt immer wieder bezogen wird, sodass sie zugleich symbolische und narrative Funktionen einnehmen.

Diese schematische semiotische Sicht auf den Gesamtkomplex ‚Geräusch' als „Superzeichen", wenn „ein Geräusch Bestandteil des Handlungsverlaufs ist und zur Illustration einer Szene beiträgt" (Schmedes 2002, 78), die sich ohne Zweifel sehr gut zur Analyse von Hörspielen eignet, verengt Geräusche jedoch auf die Bedeutungs- und Funktionszusammenhänge, wodurch Knillis Ansatz einer Autonomie des Geräuschs als totales Klangphänomen (vgl. Knilli 1961, 108) unterlaufen wird. Dies kann zu einer Reduktion in der Betrachtung von Geräuschen führen, etwa wenn diese nur dann beachtet werden, „wenn die Bedeutungsgenerierung eines Geräuschs für die Herstellung eines spezifischen narrativen Zusammenhangs im Hörspiel relevant ist" (Huwiler 2005, 60).

Dabei gab es bereits im Neuen Hörspiel alternative Ansätze zur Reduktion von Geräuschen auf Bedeutungs- und Funktionszusammenhänge, etwa in den Klangspielen Rolf Dieter Brinkmanns in den frühen 1970er Jahren (vgl. Rinke 2020, 59 sowie Greif in diesem Band) oder im *Geräuschhörspiel* von Peter Liermann und Holger Rink (hr 1979):

Das Hörspiel handelt von Geräuschen – und davon, ihnen auf die Spur zu kommen; indem es sie ernst nimmt, gibt es ihnen jene Wirklichkeit zurück, die ihnen schon längst nicht mehr gehört, als deren Ausdruck sie aber fungieren; nämlich: einfach da zu sein, ohne Legitimation! (*Geräuschhörspiel*, Pressetext)

Der Ansatz, Geräusche ernst zu nehmen, findet sich auch in Christoph Buggerts Hörspielautobiografie *Museum* wieder, etwa als nacherzählt wird, wie Buggert während einer Hörspielproduktion mit dem Regisseur über den Einsatz eines bestimmten Geräuschs in Streit gerät:

Wuff ... So ungefähr ... Wuff-wuff-wuff ... Und: Wuff ... Und: Wuff-wuff ... Manchmal dicht hintereinander. Dann kleine Pausen dazwischen, mal kürzer, mal länger. Als stürzt ein Meteorit in einen Riesenberg Watte. Viele Meteoriten, ein Meteoriten-Schwarm. Die Geschütze waren die ganze Nacht zu hören, mehrere Nächte. (NMG 00:02:10)

Der Regisseur entscheidet sich stattdessen dafür, das Geräusch eines Maschinengewehrs einzusetzen:

Der Regisseur verteidigte sich am Telefon: „Ich weiß, Sie haben an schweres Frontgeschütz gedacht, zig Kilometer entfernt. Das hat nichts gebracht, es klang zu harmlos. Als würden irgendwo in der Landschaft Kartoffeln abgeladen." (NMG 00:11:00)

Bei einer Publikumsdiskussion wird diese inszenatorische Entscheidung von einem Zeitzeugen kritisiert, der sich an ein ähnliches Kriegsgeräusch wie der Erzähler erinnert:

Das Stück hat einen Fehler. Von weit entferntem Geschützfeuer ist die Rede, vor dem eine Familie fliehen muss. Ich habe Ähnliches durchgemacht. Wie Sie sehen, lebe ich noch. Bei Maschinengewehrfeuer, wie es eben zu hören war, hätten wir es nicht geschafft. (NMG 00:19:33)

Die aus der Eigenwelt der Geräusche bestehenden „akustische[n] Szenen" addieren sich „im Geräuschgedächtnis der Menschen zur Homophonie" (Meier und Meier-Dallach 1994, 124), aus der sich in der Erinnerung Signifikanten entwickeln. So reflektiert Buggert angesichts der oben beschriebenen Geräuschkontroverse mit dem Regisseur über die Natur von Geräuschen:

Erst Jahre später ist mir klar geworden: Auch Geräusche haben eine Ehre, sie lügen nie. Immer sind wir es, die leichtfertig damit umgehen. (NMG 00:20:29)

In den Folgekapiteln soll der Versuch unternommen werden, bei der Betrachtung von Buggerts *Museum* dem Konzept einer geräuschlichen Autonomie im Sinne Knillis Rechnung zu tragen, ohne dabei die semiotische Einordnung und semantische Suche nach der Bedeutung von Geräuschen außer Acht zu lassen. Hierfür sollen zunächst die Grundlagen einer Geräuschsemiotik formuliert werden: Hörspiele funktionieren nicht optisch, sondern nur über „akustische Signale und Zeichen", wie Werner Klippert schreibt, der Hörspielmachende dazu aufruft, sich bewusst zu machen, „durch den Einsatz welchen Schallmaterials die jeweilige Darstellabsicht des Hörspiels am besten realisiert werden kann" und „was denn die einzelnen akustischen Elemente ihrer Art nach sind und was sie für den Hörer bedeuten" (Klippert 1977, 50). Hörspiele bestehen demnach aus akustischen Zeichen, wie in diesem Fall Geräuschen, die von den Hörspielmachenden bewusst ausgewählt werden, d. h. nicht zufällig zum Element des Hörspiels werden, um bei den Rezipierenden bestimmte Reaktionen hervorzurufen (vgl. Mohn in diesem Band). Diese Reaktionen können zunächst einmal lediglich physikalisch-auditiv sein: Schall trifft auf das empfangende Ohr der Rezipierenden, die so die konkrete Eigenwelt von Geräuschen auditiv wahrnehmen (vgl. Knilli 1961, 29). Diese Eigenwelt ist zum einen dadurch gekennzeichnet, dass Geräusche „nur approximativ" (Stockhausen 1972) definierbar sind, was auf eine grundsätzlich vorhandene geräuschliche Autonomie hinweist. Zum anderen besitzen sie aber auch einen durch die Hörspielproduktion entstehenden Referenz- bzw. „Abbildungscharakter" (Knilli 1961, 29), der unabhängig von ihrer Identifizierbarkeit und Herkunft, als von Menschen gemacht oder synthetisch erzeugt, besteht.

Die oben beschriebene Szene in Buggerts Hörspiel, in der sich der Autor an die Diskussion mit seinem Regisseur um die korrekte Verwendung des Frontlärmgeräuschs erinnert, soll hier als Beispiel dafür dienen, die Charakteristika von Geräuschen noch einmal konkret zu benennen:

Geräusche sind zunächst einmal a) autonome Schallereignisse, die wahrgenommen werden, in diesem Fall der Frontlärm. Unabhängig davon, wie dieses Geräusch erzeugt wurde, ob es sich um eine Originalaufnahme handelt oder synthetisch produziert wurde, ist es gleichzeitig auch approximativ, da es die Wirklichkeit höchstens abbildet, wobei sich der Realitätsgrad durchaus unterscheiden kann, was die im Hörspiel dargestellte Kontroverse um den korrekten Geräuscheinsatz anschaulich zeigt. Hieraus ergibt sich das zweite Charakteristikum, b) die Referenzialität von Geräuschen, d. h. Geräusche referieren auf die Welt außerhalb des Hörspiels, wobei hier noch unterschieden werden kann, c) ob das Geräusch menschlichen Ursprungs ist oder nicht und ob es personal ist oder nicht. In dem hier beschriebenen Fall ist der Geschützlärm nichtmenschlichen Ursprungs und nichtpersonal. Ein Gegenbeispiel findet sich in Buggerts Hörspiel etwa im Geräusch von langsamen, schlurfenden Schritten auf Holzfußboden, die ein menschliches Denotat haben und personal sind – der Ursprung der Geräusche wird in diesem Fall sogar von der Erzählinstanz benannt. Die Geräusche gehören zur Figur des Pastor Möller und entstehen bei seinen nächtlichen Toilettengängen (NMG 00:08:56). Hiervon ausgehend kann nun d) der „narrative Zusammenhang" (Huwiler 2005, 60) von Geräuschen untersucht und nach der syntaktischen „Funktion von Geräuschen" (Schmedes 2002, 79) differenziert werden, was sich im Fall des Geschützlärms daran zeigt, dass diese Geräusche am Anfang und am Ende des Hörspiels stehen (NMG 00:00:30; 01:01:43) und sich im Handlungsverlauf immer wieder auf diese bezogen wird. Werden narrative bzw. dramatische Handlungszusammenhänge bei der Rezeption eines Hörspielgeräuschs nicht unmittelbar als solche identifiziert, sollten e) die symbolische Funktion von Einzelgeräuschen bzw. Geräuschpassagen sowie f) die Rhythmik von sich wiederholenden Geräuschen mitbedacht werden (vgl. Schmedes 2002, 79).

Der hier umrissene Ansatz, Geräusche als autonome Klangereignisse wahrzunehmen und gleichzeitig semiotisch einzuordnen, soll im Folgenden konkretisiert werden. Zum einen werden Bezüge zu Produktionen der Nachkriegszeit hergestellt, wofür die Hörspiele *Träume* von Günter Eich (1951/1955) und *Das Geräusch* von Ludwig Harig (1963) als Vergleichsgegenstände dienen. Zum anderen soll *Museum* in der Tradition der Geräuschexperimente des Neuen Hörspiels betrachtet werden, wofür das oben bereits erwähne *Geräuschhörspiel* von Peter Liermann und Holger Rink (1979) als Vergleichsmoment herangezogen wird.

Ein Nachmittag im Museum der unvergessenen Geräusche – ein spätes Nachkriegshörspiel?

Im fünften Traum in Günter Eichs Hörspiel-Zyklus *Träume* (T) hören die Figuren laut Regieanweisung ein *„leises, aber stetiges und eindringlich schabendes Geräusch"* (Eich 1953, 181; Herv. i. O.), das sich im Laufe der Handlung als ein für Menschen tödlicher Termitenbefall herausstellt, was eine Figur folgendermaßen beschreibt:

> Hast du noch nicht bemerkt, dass das gleiche Geräusch überall zu hören ist? [...] Wenn du es erst einmal gehört hast, hörst du es überall, in den Wohnungen und in der Untergrundbahn, in den Bäumen und im Getreide. Ich glaube, sie nagen auch unter der Erde. Der Boden, auf dem wir stehen, ist noch eine dünne Haut, alles hat nur noch eine dünne Haut und ist innen hohl. (T 01:03:48)

Ein ähnliches Motiv findet sich auch in Ludwig Harigs Hörspiel *Das Geräusch* (DG). Die Figuren hören ein Geräusch, das „schabt" und „kratzt" (DG 10:44):

> Das Geräusch kommt anfangs wie ein Alptraum auf die Menschen eines Stadthauses zu. Unerklärbar kündigt es sich einzelnen Bewohnern an, die plötzlich hören, was allgemein nicht gehört wird oder gehört werden will. (*Das Geräusch*, Pressetext)

Beiden Hörspielen gemein ist die Verbindung zwischen dem Geräuscherleben der Figuren, dem plötzlichen und unerklärlichen Erklingen eines unangenehmen Geräuschs, das den Figuren „in den Ohren brennt" (DG 12:00) und so „angstevozierende Funktionen" (Mohn 2019, 216) auslöst. Die Geräusche stehen dabei auch in einem direkten Zusammenhang mit Krieg und Vernichtung: In Eichs fünftem Traum im Hörspiel *Träume* führt der Termitenbefall zum Zerfall der Menschen, die das Geräusch hören, was an die Auswirkungen von Massenvernichtungswaffen erinnert. Das Geräusch macht somit den Figuren, aber auch den Hörenden die Fragilität ihrer Existenz bewusst und erfüllt demnach eine symbolische Funktion. Hierbei ist allerdings anzumerken, dass Eich trotz jener symbolischen Bedeutung von Geräuschen in *Träume* in einem Interview auf die Frage nach der Möglichkeit, eine Dramaturgie des Hörspiels zu entwerfen, antwortet:

> Wenn morgen jemand kommt, der etwas Neues bringt, wird das auch akzeptiert werden, und es gibt ja sicher noch Möglichkeiten, die nicht ausgeschöpft sind, das ist, ich will mal sagen, das dramaturgische Mithineinnehmen der Geräusche in das Hörspiel, was ich also zum Beispiel überhaupt nicht mache – bei mir gibt es ja kaum ein Geräusch und mir sind sie gleichgültig, ich lebe von der Sprache, vom Satz und vom Wort her.
>
> (Eich 1993, 497)

Die Möglichkeiten des ,dramaturgischen Mithineinnehmens der Geräusche', die Eich hier benennt, d. h. über deren symbolischen Gehalt hinaus, zeigen sich spätestens im Neuen Hörspiel und nicht zuletzt auch in dessen Nachfolgern wie Christoph Buggerts *Museum*. Manfred Koch beschreibt in einem Radio-Essay, das den treffenden Titel *Angstgeräusche* trägt, Eichs Motivation folgendermaßen: Er wollte angesichts des „Sicherheitsstreben[s]" seiner Landsleute, das darin bestand „so schnell wie möglich wieder ,Normalität' herzustellen", indem man sich in seichtere Gefilde der Unterhaltungsmedien flüchtete, „Angst machen" (Koch 2020, 15); in *Träume* siege das „Angstgeräusch" (Koch 2020,16).

Auch in Harigs Hörspiel *Das Geräusch* erfüllen Geräusche vor allem symbolische Funktion, allerdings sind hier die Bezüge zum Krieg deutlicher. Eine Figur vergleicht die auditive Wahrnehmung des Geräuschs mit der „Kriegsgeschichte" eines Mannes, „der konnte Dinge sehen, die unsichtbar waren" (DG 11:55). Eine weitere Figur, die Dame, fühlt sich an eine frühere Begegnung mit Ratten erinnert, die bekämpft und ausgerottet werden sollten. Das weckt Assoziationen zur Gleichsetzung von jüdischen Menschen mit Ratten in der nationalsozialistischen Propaganda, wie etwa im Propagandafilm *Der ewige Jude* von Fritz Hippler aus dem Jahr 1940 (vgl. Friedman 1989, 24). Die Dame setzt gegen Ende des Hörspiels zu einem bemerkenswerten Monolog an:

> Wenn wir etwas wüssten, könnten wir was dagegen tun. Aber es sind nur Vermutungen.
> Nur Geräusche, die uns beunruhigen, dunkle, glucksende Stille. Keine Stimmen, die
> etwas bedeuten. Aber die Geräusche, die da sind, bedeuten vielleicht etwas wie Stimmen,
> die nicht da sind. Und die Stimmen dieser Geräusche sind wirklicher, als wenn sie etwas
> bedeuten und die man versteht. Vielleicht wissen wir längst, was es ist, aber wir wollen
> es nicht glauben. Damals war es die Stimme, die wir wohl verstanden. Aber wir wollten
> sie nicht hören, wir machten sie schweigen und dann war sie still. Und wir meinten, sie
> bliebe stumm und verschollen, aber jetzt ist es nicht mehr dieselbe Stimme, die uns ver-
> stört und aus unseren Verstecken holt. (DG 27:10)

Geräusche ersetzen hier also symbolisch Stimmen – die Stimmen der Getöteten,
die durch Geräusche zurück ins Bewusstsein der Figuren gelangen und anwach-
sen. Die Figuren haben sich in Harigs Hörspiel *Das Geräusch* zumindest indirekt
eines Massenmords schuldig gemacht, einer Ausrottung, die perfekt vonstatten-
gehen und daraufhin in Vergessenheit geraten sollte. Die negativen Auswirkungen ihres Handelns haben sie selbst jedoch auch zu spüren bekommen. So
berichtet die Dame an einer früheren Stelle, dass sie fliehen mussten: „Erinnerst
du dich denn nicht mehr? Wir waren geflohen, wir wollten nichts mehr damit zu
tun haben" (DG 22:54). Nun dringt das Verdrängte wieder zurück an die Oberfläche, wird in Erinnerungen umgewandelt, ähnlich wie in Buggerts Hörspiel: „Beeinflussen können wir die Erinnerung sowieso nicht. Sie entscheidet alleine, was
sie aufbewahrt – und was sie für immer löscht" (NMG 00:03:41). Dass die Flucht
der deutschen Bevölkerung aus den Ostgebieten zu vielen schrecklichen Erlebnissen und Traumatisierungen führte, kann als gesichert angenommen werden,
wofür Buggerts Hörspiel ein eindrucksvolles Zeugnis darstellt, insbesondere
wenn bedacht wird, dass es sich hier um Kindheitserinnerungen handelt. Vor
dem Hintergrund der deutschen Verbrechen im Nationalsozialismus jedoch sind
diese Ereignisse höchst ambivalent zu bewerten. Dessen ist sich auch Buggerts
Alter Ego im Hörspiel bewusst:

> Das ist Krieg. Ob du überlebst, hängt nicht von dir ab. Reiner Zufall, reines Glück. Alle,
> die es nicht geschafft haben, könnten Schlimmeres berichten. Die mit Genickschuss. Die
> Gehenkten, Vergasten. Aber sie würden schweigen. Weil Worte nicht reichen – für das,
> was Menschen sich antun. (NMG 00:32:35)

So kann festgestellt werden, dass in allen drei Hörspielen Geräusche im auditiven Gedächtnis der Figuren Verdrängtes – verdrängte Schuld und verdrängtes
Leid – an die Oberfläche bringen. Das vom französischen Soziologen Maurice
Halbwachs entwickelte Konzept der *mémoire collective*, der „sozialen Rahmung
individueller Erinnerung" (Peitsch et al. 2019, 6), beschreibt, wie durch Geräusche Erinnerungen ausgelöst werden können (vgl. Halbwachs 2019, 36; Voigt
2019, 27). Das Spannungsfeld zwischen Erinnerung und Verdrängung wird in
der bundesdeutschen Nachkriegsliteratur immer wieder behandelt (vgl. Braese

1998, 359). Derartige posttraumatische Belastungsstörungen sind durch eine „ungewollte Gebundenheit gekennzeichnet", die sich „in Bildern, Geräuschen oder anderen lebhaften Eindrücken des traumatischen Ereignisses" zeigt, die unbeabsichtigt ins Bewusstsein „eindringen" (Maercker 1997, 10). Die Dialektik zwischen verdrängter Schuld und Erinnerung, sowohl im individuellen als auch im kollektiven Gedächtnis, die sich in den hier vorgestellten Nachkriegs-hörspielen *Träume* und *Das Geräusch* zeigen lässt, findet ihren Nachhall in *Ein Nachmittag im Museum der unvergessenen Geräusche*.

Ein Nachmittag im Museum der unvergessenen Geräusche – ein spätes Neues Hörspiel?

Christoph Buggerts Hörspiel teilt mit dem Neuen Hörspiel die Reflexion und Selbstreferenzialität auf das Medium, indem nach Helmut Heißenbüttel „das Hör-spiel sich selbst zum Problem" (zit. nach Döhl 1992, 61) wird. Dies geschieht in narrativen Handlungszusammenhängen durch die „Grenzüberschreitung zwi-schen fiktionalen und nicht-fiktionalen Teilen", durch „künstlerische Verfahren, vor allem durch Techniken der Collage" sowie ein „Spiel mit Erzählebenen" (Rinke 2018, 33). Der biografische Anteil von Buggerts Hörspiel, die verschiede-nen Erzählstimmen, die die Erläuterungen seines Alter Ego kommentieren, die Beschreibungen von Hörspielproduktionsprozessen und nicht zuletzt auch die direkte Bezugnahme auf Geräusche und deren hörspielspezifische Verwendung ermöglichen es, Traditionslinien zum Neuen Hörspiel zu erkennen. Wie dort wird auch hier der Versuch unternommen, „sprachliches und sonstiges akustisches Material in neuen, ungewohnten Kontexten vorzuführen, dadurch automatisierte Wahrnehmungsvorgänge zu stören und neue Verstehensprozesse in Gang zu set-zen" (Rinke 2018, 35). Hier bietet sich ein Vergleich mit dem *Geräuschhörspiel* (GH) von Peter Liermann und Holger Rink an.

Das Hörspiel besteht aus zwei längeren, komplett identischen Geräuschse-quenzen (GH 00:00–13:40; 26:00–39:40) und einer Erläuterung der beiden Hör-spielmacher (GH 13:40–26:00). Für die Geräuschsequenzen, die sich wiederum in drei Teile unterteilen lassen, haben die Hörspielmacher exakt dieselben Geräu-sche verwandt, jedoch „anders benutzt und montiert" (GH 19:15). Ziel ist es hier-bei, „dem elementaren Charakter des Geräusches auf die Spur zu kommen" (GH 18:58). Narrative Elemente lassen sich nur im zweiten Abschnitt der Geräuschse-quenzen finden, der sich „durchaus am traditionellen Hörspiel" orientiert, indem „eine Geschichte erzählt wird" und sich somit „die Mittel der Darstellung dieser Handlungsabfolge unterordnen" (GH 19:00). Dargestellt wird eine „unbestimmte

Wartesituation" (GH 19:10): „Die Handlung ist geprägt vom Ausgeliefertsein des Wartenden gegenüber den Geräuschen" (GH 20:18). Dieselben Geräusche wurden in den anderen Abschnitten unterschiedlich angewandt: Der erste Teil ist ein „Klangkomplex" (GH 20:56), der aus verschiedenen Montagen und Verfremdungen entsteht, wodurch die Geräusche, ihres Sinnzusammenhangs beraubt, „nach Rhythmen und Strukturen" (GH 21:05) organisiert werden und somit im Sinne der *Musique concrète* funktionieren (vgl. Knilli 1961, 24). Der dritte Abschnitt besteht aus deutlich erkennbaren Einzelgeräuschen ohne Handlungszusammenhang, wobei der Sinnzusammenhang erhalten bleibt und die Geräusche auf sich selbst zurückgeführt werden sollen (GH 22:45), indem sie „abstrakt und konkret zugleich" (GH 23:40) werden.

Zwar ist der im *Geräuschhörspiel* erprobte Ansatz, im Sinne Knillis ein „konkretes Spiel und Gegenspiel" (Knilli 1961, 110) von Schallvorgängen zu schaffen, um einiges radikaler als in Buggerts *Museum*, aber beide Hörspiele versuchen sich an einer spielerisch-experimentellen und (medien-)reflexiven Auseinandersetzung mit den Wirkweisen und dem Potenzial von Geräuschen im Hörspiel, was wiederum als typisch für das Neue Hörspiel gesehen werden kann, da so der „Konsument" des Hörspiels zum „Produzenten" wird (Schöning 1974, 7), indem er das Gehörte aktiv reflektiert:

> Wenn ein Geräusch als ‚Geräusch' angekündigt oder als ‚Hörspielgeräusch' an irgendeiner Stelle im akustischen Geschehen vorgeführt wird, ist der Hörer irritiert und beginnt darüber nachzudenken, was er sich bisher unter einem Hörspiel vorgestellt hat. (Rinke 2018, 34)

Hieraus lässt sich der Schluss ziehen, dass der von Knilli beschriebene Ansatz einer akustischen ‚Eigenwelt' der Geräusche im Hörspiel, in der diese – so hat es Rolf Dieter Brinkmann formuliert – „einfach nur da" (Brinkmann 1969, 8) sind und demnach „nicht über sich selbst hinausweisen und einen Sinn vermitteln" (Rinke 2020, 59) müssen, im Neuen Hörspiel eine praktische Umsetzung erfahren hat. Christoph Buggerts Hörspiel *Museum* wandelt insofern auf den Spuren des Neuen Hörspiels, als es dieses Geräuscherleben neu in den Mittelpunkt der Handlung stellt.

Fazit

Christoph Buggerts Hörspiel *Museum* endet mit der Frage, was ein Geräusch eigentlich ist: „Eine Art Musik? Eine Art Sprache?" (NMG 01:00:16), die Antwort lautet:

> Weder noch. Geräusche sind etwas Drittes, das getrennt von uns existiert. Wir können die Geräusche hören, manchmal erzeugen wir sie. Aber meistens sind sie unter sich, sie leben ihr eigenes Leben. Warum sie gerade so und nicht anders klingen. Was sie bedeuten. Und was sie uns sagen wollen. Das bestimmen die Geräusche selber. (NMG 01:00:27)

Geräusche befinden sich in der „*Eigenwelt* konkreter Schallvorgänge" (Knilli 1961, 110; Herv. i. O.), was ihre semantische bzw. narratologische Einordnung erschwert. Aber genau hierin liegt das Potenzial von Geräuschen, da eine Auseinandersetzung mit ihnen zum bewussten Hören führt, womit „nicht einfach hinhören, sondern zuhören" (GH 14:15) gemeint ist, wie es Liermann und Rink im *Geräuschhörspiel* formulieren. Die autonome Eigenwelt der Geräusche weckt Assoziationen und Erinnerungen, bringt wie im Nachkriegshörspiel Erlebtes und Verdrängtes zurück an die Oberfläche und lädt wie im Neuen Hörspiel dazu ein, über Gehörtes und nicht zuletzt auch über das Hörspiel selbst zu reflektieren. Christoph Buggert kommentiert:

> Für mich sind diejenigen Autorinnen und Autoren, Regisseurinnen und Regisseure die interessantesten, die das Gemurmel im Kopf kritisch hinterfragen. Christoph Schlingensief, Andreas Ammer, Paul Plamper – das sind Hörspielmacher, die in dieser Hinsicht als Vorreiter zu nennen wären. Das Nachstellen von Leben bei der Studioaufnahme, das Basteln von Handlungszusammenhängen verfehlt allzu oft, wozu das Hörspiel – und wahrscheinlich *nur* das Hörspiel – fähig ist. (Buggert 2019; Herv. i. O.)

Literatur & Medien

Das Geräusch. Hörspiel von Ludwig Harig. Regie: Oskar Nitschke. SDR 1963.
Ein Nachmittag im Museum der unvergessenen Geräusche. Hörspiel von Christoph Buggert. Regie: Liquid Penguin Ensemble. SR/MDR 2018 (zitiert wird auch aus dem unveröffentlichten Hörspielskript).
Geräuschhörspiel. Hörspiel von Peter Liermann und Holger Rink. Regie: Peter Liermann und Holger Rink. hr 1979.
Träume. Hörspiel von Günter Eich. Regie: Fritz Schröder-Jahn. NWDR 1951/1955.

***

Braese, Stephan: „… as some of us have experienced it". Wolfgang Hildesheimers *The End of Fiction*. In: Deutsche Nachkriegsliteratur und der Holocaust. Hg. v. Stephan Braese, Holger Gehle, Doron Kiesel und Hanno Loewy. Frankfurt a. M./New York 1998, S. 331–350.
Brinkmann, Rolf Dieter: Silverscreen. Neue amerikanische Lyrik. Köln 1969.
Buggert, Christoph: Das Gemurmel im Kopf. Ein Zwischenruf zur Entwicklung und zum Stand des Hörspiels. In: Medienkorrespondenz (06.06.2019). URL: https://www.medienkorrespondenz.de/leitartikel/artikel/das-gemurmel-im-kopf.html (15.07.2021).
Döhl, Reinhard: Das Neue Hörspiel. Darmstadt 1992.

Eich, Günter: Träume. Vier Spiele. Frankfurt a. M. 1953.

Eich, Günter: Ich lebe mehr vom Ohr als vom Auge her. Interview von Gerd Krogmann und Klaus Schöning. In: ders.: Gesammelte Werke in vier Bänden. Bd. 4: Vermischte Schriften. Hg. v. Axel Vieregg. Frankfurt a. M. 1993, S. 493–501.

Friedmann, Régine Mihal: Juden-Ratten. Von der rassistischen Metonymie zur tierischen Metapher in Fritz Hipplers Film *Der ewige Jude*. In: Frauen und Film 1989, 47, S. 24–35.

Fuhrmann, Gregor: Das tastende Ohr. Musikalische Intelligenz und Mündiges Üben. Hildesheim et al. 2014.

Greif, Stefan/Lehnert, Nils: Pop + Hörspiel = Pophörspiel? Zur Einleitung. In: Pophörspiele: Interdisziplinäre Einzelanalysen. Hg. v. Stefan Greif und Nils Lehnert. München 2020, S. 26–46.

Halbwachs, Maurice: Das kollektive Gedächtnis bei den Musikern. In: Nachkriegsliteratur als öffentliche Erinnerung. Deutsche Vergangenheit im europäischen Kontext. Hg. v. Helmut Peitsch, Konstantin Baehrens, Ira Diedrich, Christian Ernst, Christoph Kapp, Jacob Panzner et al. Berlin/Boston 2019, S. 36–64.

Huwiler, Elke: Erzählströme im Hörspiel. Zur Narratologie der elektroakustischen Kunst. Paderborn 2005.

Klippert, Werner: Elemente des Hörspiels. Stuttgart 1977.

Knilli, Friedrich: Das Hörspiel. Mittel und Möglichkeiten eines totalen Schallspiels. Stuttgart 1961.

Koch, Manfred: Angstgeräusche. Die deutsche Seele im Hörspiel der Nachkriegszeit. SWR2-Essay 2020. URL: https://www.swr.de/swr2/doku-und-feature/angstgeraeusche-swr2-essay-2020-10-12-100.html (04.02.2022).

Maercker, Andreas (Hg.): Therapie der posttraumatischen Belastungsstörungen. Berlin/Heidelberg 1997.

Maurach, Martin: Pop und Neues Hörspiel. Überlegungen zum Höreindruck einiger exemplarischer Stücke. In: Pop-Literatur. Hg. v. Heinz Ludwig Arnold und Jörgen Schäfer. München 2003, S. 104–115.

Meier, Hanna/Meier-Dallach, Hans-Peter: Die Stadt als Tonlandschaft. In: Welt auf tönernen Füßen: Die Töne und das Hören. Hg. v. d. Kunst- und Ausstellungshalle der Bundesrepublik Deutschland. Göttingen 1994, S. 112–124.

Mohn, Matthias: Die Inszenierung von Furcht und Schrecken im Hörspiel. Eine interdisziplinäre Untersuchung der Grundlagen, Mittel und Techniken der Angsterregung in der elektroakustischen Manipulation. Münster/New York 2019.

Neuhaus, Stefan: Grundriss der Literaturwissenschaft. Stuttgart 2009.

Pressetext. Die Pressetexte zu den einzelnen Hörspielen werden zitiert nach den Angaben in der ARD-Hörspieldatenbank. URL: https://hoerspiele.dra.de/index.php (29.07.2021).

Rinke, Günter: Das Pophörspiel. Definition – Funktion – Typologie. Bielefeld 2018.

Rinke, Günter: „gehen Sie denn nie ins Kino haben Sie kein Fernsehen". Trivialmythen der Gewalt in Rolf Dieter Brinkmanns Hörspiel *Auf der Schwelle* (1971). In: Pophörspiele: Interdisziplinäre Einzelanalysen. Hg. v. Stefan Greif und Nils Lehnert. München 2020, S. 59–70.

Schmedes, Götz: Medientext Hörspiel. Ansätze einer Hörspielsemiotik am Beispiel der Radioarbeiten von Alfred Behrens. Münster et al. 2002.

Schöning, Klaus: Der Konsument als Produzent. In: Neues Hörspiel O-Ton. Der Konsument als Produzent. Versuche. Arbeitsberichte. Hg. v. Klaus Schöning. Frankfurt a. M. 1974, S. 7–39.

Schwitzke, Heinz: Bericht über eine junge Kunstform. In: Sprich, damit ich dich sehe. Sechs Hörspiele und ein Bericht über eine junge Kunstform. Hg. v. Heinz Schwitzke. München 1961, S. 9–29.

Sinning, Jan: Science-Fiction in Kunstkopfstereofonie. *Centropolis* von Walter Adler (1975) zwischen ,innerer Bühne' und ,totalem Schallspiel'. In: Pophörspiele: Interdisziplinäre Einzelanalysen. Hg. v. Stefan Greif und Nils Lehnert. München 2020, S. 71–83.

Stockhausen, Karlheinz: Vier Kriterien der Elektronischen Musik. Tonbandtranskription eines ohne schriftliches Konzept frei gehaltenen Vortrages am 14. September 1972 im Folkwang-Museum in Essen. URL: http://www.elektropolis.de/ssb_story_stockhausen. htm (15.07.2021).

Voigt, Frank: Bilder, Sprache – Töne, Notenschrift. Maurice Halbwachs' Aufsatz „Das kollektive Gedächtnis bei den Musikern" im Kontext seines Werks. In: Nachkriegsliteratur als öffentliche Erinnerung. Deutsche Vergangenheit im europäischen Kontext. Hg. v. Helmut Peitsch, Konstantin Baehrens, Ira Diedrich, Christian Ernst, Christoph Kapp, Jacob Panzner et al. Berlin/Boston 2019, S. 17–35.

Würffel, Stefan Bodo: Hörspiel. In: Reallexikon der deutschen Literaturwissenschaft. Bd. 2. Hg. v. Harald Fricke. Berlin/New York 2000, S. 77–81.

Karla Müller

Musik im Hörtext

Das kalte Herz im Vergleich verschiedener Fassungen

Wilhelm Hauffs Kunstmärchen *Das kalte Herz* erschien 1827 im letzten der drei *Märchenalmanache*[1] des Autors als zweiteilige Binnenerzählung innerhalb der Rahmenerzählung *Das Wirtshaus im Spessart*. Der junge, arme Kohlenbrenner Peter Munk lässt sich in seiner Gier nach Reichtum und Ansehen mit zwei magischen Gestalten des Schwarzwalds ein. Ein kleines Glasmännlein, Vertreter der guten Werte, gewährt ihm zunächst freie Wünsche, die Peter aber nicht zu nutzen versteht, weil er sich zwar u. a. Reichtum wünscht, aber vergisst, sich auch mit „Einsicht" (Hauff 1967, 313) und „Klugheit" (Hauff 1967, 316) ausstatten zu lassen, sodass er bald allen Wohlstand wieder verliert. Entrüstet wendet er sich nun dem riesigen Holländer-Michel zu, einem magischen Vertreter des Bösen, der ihn mit Geld überhäuft, dafür aber Peters warmes, lebendiges Herz verlangt und den jungen Mann stattdessen mit einem Herzen aus Stein versieht. Als Spekulant und Ausbeuter, als mitleidloser und jähzorniger Sohn und Ehemann schuldig geworden, muss er erst reuevoll umkehren, damit es zum Happy End kommen kann.

Im Vergleich mit den anderen Kunstmärchen Wilhelm Hauffs hat dieses bis heute besonders zahlreiche Bearbeitungen nach sich gezogen.[2] Auch der Hörfunk hat schon früh die Attraktivität des Stoffes entdeckt und bis in die Gegenwart wählen Kunstschaffende *Das kalte Herz* als inhaltliche Vorlage für unterschiedliche Versionen, die aus auditiven Zeichensystemen wie Stimme, Musik und Geräusch[3] eine eigene akustische Welt erschaffen. Am Beispiel von vier Fassungen – zwei neueren und zwei älteren – soll gezeigt werden, welche verschiedenartigen Funktionen die Musik in diesen Hörtexten hat, um daraus eine – im Vergleich zur bisherigen Forschung erweiterte – Systematik abzuleiten.

---

1 Ich danke Hellmut Oelert herzlich für die Überlassung der schönen Ausgabe mit Alfred Kubins eindrucksvollen Illustrationen.

2 Frühere Verfilmungen werden immer wieder im Fernsehen gesendet und 2016 kam eine neue Filmversion unter der Regie von Johannes Naber mit prominenter Besetzung heraus.

3 Es gibt natürlich weitere wie Stille, Originalton und audiophone Zeichensysteme, doch kommt es hier nicht auf Vollständigkeit an.

Stand der Forschung und Auswahl der Untersuchungsgegenstände

Während sich eine neuere Untersuchung mit der Musik im Hörspiel aus historisch-chronologischer Perspektive befasst (vgl. Krug 2019), reicht der Versuch der Klassifikation nach Funktionen schon länger zurück. Bereits 1991 klärte Hobl-Friedrich in ihrer Dissertation zur *Dramaturgischen Funktion der Musik im Hörspiel* wesentliche Grundlagen: Sie differenzierte zwischen Musik *im* Hörspiel, Hörspielmusik und Musik *als* Hörspiel (vgl. Hobl-Friedrich 1991, 33) und nahm – seither oft zitiert – detailliert den funktionalen Einsatz von Musik unter die Lupe, wobei sie noch eher aufzählend vorging (vgl. Hobl-Friedrich 1991, 75–81). Schmedes begreift – von der Semiotik herkommend – Musik explizit als Zeichensystem (vgl. Schmedes 2002, 79) und trennt schärfer die semantische (Bedeutung transportierende) und die strukturelle bzw. syntaktische (die interne Organisation der Zeichen betreffende) Funktion (vgl. Schmedes 2002, 92–103). Huwiler schließlich bestimmt mit ihrem ebenfalls semiotischen Ansatz die Beiträge der Zeichensysteme des Hörspiels zur Narratologie elektroakustischer Kunst, so auch den der Musik. Im Anschluss an Hobl-Friedrich klassifiziert sie innerhalb der semantischen Bedeutungsfunktionen die „begleitenden", bei denen die Musik in erster Linie als Illustration auftritt, und die „erweiternden" (Huwiler 2005, 61), bei denen die Musik das Wort nicht gleichsam verdoppelt, sondern ihm eine zusätzliche Bedeutung verleiht, z. B. Kommentar, Ironisierung, Kontrast usw. (vgl. Huwiler 2005, 61). Die Selbstbeschränkung all dieser Untersuchungen auf Hör*spiele* ermöglichte zwar eine sehr große Detailgenauigkeit innerhalb des gewählten Genres, jedoch kann erst die Ausweitung des Blicks auf Hör*texte*, also vielfältigere Wort-Musik-Kombinationen, darunter auch Lesungen mit Musik, zu jener Erweiterung der Systematik führen, um die es im Folgenden geht. Huwiler versteht freilich die Lesung als „nur eine Variante – in einem anderen Medium – des gedruckten Textes innerhalb der Kunstform Literatur" (Huwiler 2005, 53) und sieht diese nicht der Kunstform Hörspiel zugehörig. Demgegenüber steht die hier vertretene Auffassung, dass auch Lesungen, nicht nur aufgrund von Eingriffen in den Text, sondern auch in der Wechselwirkung mit Musik, zu eigenständigen Hörtexten werden können, deren Erzählweise von der der gedruckten Literatur zu unterscheiden ist. Die Kombination der beiden Zeichensysteme soll also von einer höheren Abstraktionsebene aus betrachtet werden, als dies der Fall wäre, wenn man sich nur in der Subgattung Hör*spiel* aufhielte.

Generell ausschlaggebend bei der Auswahl der untersuchten Fassungen von *Das kalte Herz* war ein besonders markanter und möglichst reflektierter Ansatz bei der Verwendung von Musik. In der Gegenwart stechen zwei Produktionen aufgrund ihrer besonderen Machart und Qualität hervor und stehen hier im Mittelpunkt. Die jüngere ist ein Orchesterhörspiel von 2016, bei dem Henrik Albrecht für Textbearbeitung und Musik verantwortlich zeichnet. Es handelt sich um ein Melodram, also „ein Musikstück für Sprecher und Instrumente", bei dem die „Sprecher [...] allerdings sehr genau auf die Musik reagieren" müssen. „Durch diese enge Verzahnung von Text und Musik entsteht eine neue Kunstform" (Wicke 2016), so Albrecht in einem Interview. Der gesprochene Text wird einerseits von einer Erzählerin vorgetragen, andererseits gibt es monologische und dialogische Passagen, in denen wichtige Figuren[4] des Märchens zu Wort kommen. In der Produktion der Edition See-Igel (Text- und musikalische Bearbeitung: Ute Kleeberg) aus dem Jahr 2008 dagegen wechseln sich der gesprochene Text eines einzigen Erzählers und Musik eines Kammermusikensembles ab, sie überlagern sich selten. Während es sich also bei Albrecht (KH-A) um ein Hörspiel mit Orchesteruntermalung handelt, liegt bei Kleeberg (KH-K) eine Lesung im Wechselspiel mit Musik vor. Beide sind Hörtext-Fassungen, bei denen Sprache und Musik[5] gemeinsam Bedeutung erzeugen. Das macht sie vergleichbar.

Bei der dritten Produktion, die zum Vergleich herangezogen wird, handelt es sich um ein historisches Werk, eine sogenannte ‚Funkoper' von Günter Eich und Mark Lothar aus dem Jahr 1935 mit viel Musik und Gesang. Die vierte Version von Walter Benjamin und Ernst Schön aus dem Jahr 1932 zeichnet sich wiederum durch eine weitestgehende Marginalisierung der Musik aus und wird hier nur als Kontrastfolie genutzt, um zu zeigen, in welchen Bedeutungszusammenhängen die Musik offenbar nahezu verzichtbar erscheint.

Die Fassung von Albrecht (2014)

Um eine 55-minütige Produktion zu erhalten, musste Albrecht eine stark gekürzte Textfassung erstellen. Seine „Bearbeitung reduziert die Vorlage auf wenige, leicht verständliche Bilder" (Wicke 2016), sagt er selbst. Beispielsweise fällt die Person der alten Mutter fort, denn Peters Wandlung zum hartherzigen Menschen wird auch ohne sie deutlich genug. Im Sinne der intendierten ‚Verständlichkeit' ist, dass Albrecht das Verhalten der Figuren stärker als Hauff psychologisierend

---

4 Es gibt allerdings nur zwei Sprecher, welche die Figuren Peter (dargeboten von Jean Paul Baeck) und Glasmann/Ezechiel/Vater/Holländer-Michel (dargeboten von Henning Nöhren) stimmlich repräsentieren.
5 Wie in Fußnote 3 erwähnt, werden die anderen auditiven Zeichensysteme hier im Sinne der Forschungsfrage vernachlässigt, lediglich auf Geräusche ist von Fall zu Fall einzugehen.

motiviert und dabei auf Erklärungsmuster zurückgreift, die heutigen Kindern vertraut sind. Bereits in Track 1 ertönt die Stimme des Glasmännleins mit der Mahnung: „Wenn du im Herzen nicht reif bist für das *Glück*, wird es dir nichts nützen" (KH-A I/03:18; Herv. K. M). Der Glücks-Diskurs ist bei Hauff eher nachgeordnet. Ferner tritt bei Albrecht die spätere Ehefrau der Hauptfigur, Lisbeth, schon in Track 2 auf, indem Peter sie auf dem Tanzboden wahrnimmt, wo sie aber sogleich von einem anderen Mann, einem versierten Tänzer, aufgefordert wird. Es deutet sich also eine Liebeshandlung als motivierender Impuls für Peters Wünsche an, was typisch für mehrere Adaptionen ist.[6] Hier wird auf ein gängiges psychologisierendes Element zurückgegriffen, das leichter zu verstehen ist als Geltungssucht und das Peter in seinem Streben nach Geld sympathischer erscheinen lässt. Bei Hauff dagegen wird Lisbeth erst in die Handlung eingeführt, als Peter schon reich ist und sich lediglich eine schöne Ehepartnerin wünscht (vgl. Hauff 1967, 418 f.).[7] Lisbeth selbst heiratet bei Hauff aus Folgsamkeit gegenüber ihrem Vater, was heute kaum noch verständlich ist, sodass bei Albrecht in Bezug auf Peter bemerkt wird: „[Sie] wusste, dass er im Grunde seines Herzens ein guter Mensch war" (KH-A XIV/01:37).

Der Verständlichkeit der Figuren und ihrer handlungstreibenden Motive dient bei Albrecht erklärtermaßen auch die Musik, die er für Sinfonieorchester komponiert hat. Er bedient sich dabei virtuos aller „Parameter der Musik" (Albrecht 2004, 268), um eine passende Antwort auf die Fragen zu finden: „Wie kann man mit diesen Mitteln den Zuhörer emotional steuern? Wie ist es möglich, die menschliche Wahrnehmung an ganz bestimmten Punkten zu beeinflussen?" (Albrecht 2004, 270). Die Emotionen der Figuren werden vermittelt, indem möglichst ähnliche Emotionen durch die Musik metaphorisch angelegt werden. So wird Peters innerer Jubel durch eine mitreißende Fanfare gekennzeichnet (KH-A V), Wutausbrüche (KH-A IX; XV) werden ebenso klanglich realisiert wie Angst und Zittern (KH-A X). Auch die „Darstellung von Bewegung mit Hilfe von Musik" (Albrecht 2004, 280) ist beispielsweise in Track IV erkennbar, wenn Peter beschwingt und wohlgemut den Tannenbühl betritt. Seine wechselnden Stimmungen spiegeln sich wiederum hörbar in seinen Bewegungen. Kunstvoll und überlegt arbeitet Albrecht mit musikalischen Themen zur Figurencharakterisierung und mit Leitmotiven (vgl. Albrecht 2004, 289). Im Booklet zur CD wendet er sich an die zuhörenden Kinder und erklärt das Herzschlagmotiv ausführlich:

---

6 Vgl. die Ausführungen zur Funkoper; so auch die Verfilmung von 2016.

7 Bei Albrecht ‚vergisst' Peter freilich mit steinernem Herzen die früheren Gefühle, die er bei Lisbeths Anblick hatte, seine Heirat wird zweckrational als geschäftsförderlich erklärt (KH-A XIII; XIV).

In diesem Orchesterhörspiel ist das Herz natürlich besonders wichtig und ich habe versucht, das Pochen des Herzens durch meine Musik darzustellen. Je nachdem, wie dieses Herz schlägt, wird der Herzschlag immer von anderen Instrumenten gespielt. Wenn es hart schlägt und sich von keinen Gefühlen erweichen lässt, wird es meistens von einer Pauke gespielt. [...] Einen „gläsernen" Herzschlag könnt ihr hören, wenn Peter in Stück 11 die Herzen sieht, die in den Gläsern schweben. Hier wird das Pochen von der Celesta gespielt. [...] Natürlich hört ihr auch schon in den ersten Sekunden dieses Orchesterhörspiels den Herzschlag. Das macht jeder gute Komponist, dass er zu Anfang des Werkes – in der Ouvertüre – die wichtigsten Motive der Musik vorstellt. [...] An manchen Stellen pocht Peters Herz unregelmäßig. So kann ich – neben den verwendeten Instrumenten – auch über den Rhythmus Peters Erregung mit Musik beschreiben. Zum Beispiel in Stück 04, wenn Peter über den Graben springt, oder ganz am Ende, in Stück 18, wenn Peters Herz vor Freude tanzt. (Albrecht 2014)

Albrechts Hörspielkompositionen sind kunstvoll und keinesfalls konventionell (vgl. Wicke 2021), gleichwohl ist ihnen gemeinsam: „Sie sind auf einen dramaturgischen Zweck hin konzipiert und gehören zur Sparte der ‚funktionalen' Musik" (Albrecht 2004, 267). Der Komponist will, dass seine „Musik unmissverständlich ist" (Albrecht 2004, 270). In der Art, wie er in seinen Orchesterhörspielen Wort und Musik kombiniert, folgt die Musik der Intention, die Bedeutung eindeutiger zu machen, so wie auch inhaltlich die Handlung klar und verständlich sein will. Im diametralen Gegensatz zu dieser ‚Vereindeutigung' sind die Wort-Musik-Kombinationen in Kleebergs Version zu verstehen.

Die Fassung von Kleeberg (2008)

Die Länge der Produktion (2 CDs zu 65 bzw. 68 Minuten) scheint bereits anzuzeigen, dass Ute Kleeberg die textliche Vorlage weniger stark kürzt. Jedoch ist zu bedenken, dass sich bei Albrecht Wort und Musik oft überlappen, während bei Kleeberg beide Zeichensysteme in der Regel klar geschieden sind, also meist reine Musik- oder reine Wortpassagen ertönen. Es gibt einen Erzähler, gesprochen von Christian Brückner, aber keine szenischen Elemente, sodass der Eindruck entsteht, eine Person lese den Text Hauffs vor. Etliche altertümliche Ausdrücke bleiben erhalten, ansonsten werden Wortschatz und Syntax behutsam vereinfacht, sodass die Eingriffe nicht sofort bemerkbar sind. Erst beim Vergleich von Original und Adaption erkennt man sprachliche Aktualisierungen und inhaltliche Anpassungen an die säkularisierte Vorstellungswelt der Gegenwart, etwa wenn statt von einem „Sünder" (Hauff 1967, 429) von einem „schlechten Mensch[en]" (KH-K 2/XXX) die Rede ist oder wenn Peter das Glaskreuz des Männleins zwar nutzt, um den Holländer-Michel zu bannen, aber nicht dabei betet. Insgesamt wird der Text jedoch – trotz Kürzung – weitgehend in seiner historisch bedingten Fremdheit und ursprünglichen Deutungsoffenheit belassen. Zwar ist die generelle moralische Botschaft des Märchens eindeutig, was allerdings nicht ausschließt, dass Handlungsmotive und Emotionen der Figuren, Kausalitäten und Korrelationen in den einzelnen Situationen der Handlung unterschiedlich interpretiert werden können.

Anders als bei Albrecht spielt kein Sinfonieorchester, sondern ein Holzbläser-Trio, bestehend aus zwei Klarinetten und einem Fagott, außerdem ertönen eine Glasharfe und Schlagwerk. Die Instrumentation, insbesondere die Klangfarben, sollten zum Märchen, das im Schwarzwald spielt, passen. Erst als diese feststand, so die Regisseurin (vgl. Kleeberg 2021), wurden Musikstücke gesucht, die für diese Instrumente irgendwann einmal geschrieben wurden. In diesem Fall sind es u. a. die *Divertimenti Nr. 4* und *5* von Mozart, eine *Romanze* von Ignaz Pleyel (1757–1831) und mehrere Werke von Charles Koechlin (1867–1950). Keineswegs wurden diese Werke also für Hauffs *Kaltes Herz* komponiert, weshalb sie in den Wort-Musik-Kombinationen auch in einem eher assoziativen Zusammenhang stehen und den Zuhörenden große individuelle Imaginationsspielräume lassen. Kleeberg hat die Musikstücke bestimmten Textstellen zugeordnet, wobei der letzte Satz des Textes meist für das wahrgenommene „gestische Muster" (Gräf et al. 2011, 251)[8] der folgenden Musik ausschlaggebend ist. So endet Track 21 auf CD 1 mit den neiderfüllten Worten des jungen Köhlers Peter: „Die anderen sind angesehener". Darauf folgt das *Menuetto* aus Mozarts *Divertimento Nr. 5* und dieser höfische Gesellschaftstanz lässt Assoziationen zu, welche Bilder sich Peter ausmalen könnte, ohne sie direkt vorzugeben, da den Kindern dieser Tanz nicht bekannt sein dürfte. Die Polyvalenz von Musik wird z. B. deutlich, wenn Peter nach dem Gewaltexzess gegenüber seiner Frau Gewissensbisse bekommt (KH-K 2/XX). Es folgt eine *Idylle* von Charles Koechlin, die im gegebenen Kontext sicher nicht als Ausdruck ‚idyllischen', also verklärten, einfachen ländlichen Lebens wahrgenommen wird. Hier handelt es sich mithin nicht um ‚funktionale', sondern um ‚autonome' Musik, die zwar in bestimmte sprachliche Kontexte ‚passt', aber auf eine sehr deutungsoffene Weise. Auch die Zuordnung der Glasharfe zum Glasmännlein ist nur scheinbar ‚zwingend'. Die Stücke harmonieren zwar klanglich sehr gut mit der Vorstellung von dieser Märchenfigur, jedoch sind die Kompositionen von Johann Gottlieb Naumann (1741–1801) und von Karl Leopold Röllig (1745–1804) keineswegs für das Märchen geschrieben worden.

---

8 Hier wird aufgrund bestimmter Analogien auf eine Untersuchung zur Filmsemiotik zurückgegriffen, ohne eine generelle Vergleichbarkeit zu behaupten.

Von diesem Prinzip der Wort-Musik-Kombination, das Kleebergs Produktionen (unter dem Label Edition See-Igel) durchgängig kennzeichnet,[9] scheint *Das Kalte Herz* insofern abzuweichen, als auch neue, im Hinblick auf diesen Text geschaffene Musikstücke aufgenommen wurden, nämlich Schlagwerkminiaturen des Perkussionisten Matthias Kaul (1949–2020). Hier kann noch am ehesten von einer fast ‚ikonischen' Funktion von Musik und Klängen gesprochen werden, etwa wenn an entsprechender Stelle die Illusion von Wind und Blitzen, von klirrenden Geldmünzen, knackenden Ästen und aneinanderschlagenden, schwimmenden Holzstämmen evoziert wird. Jedoch entstanden diese (teils mit dem Donnerblech oder mit Kalebassen erzeugten) Klänge und Mini-Kompositionen – laut Auskunft der Regisseurin – nicht gezielt zu einzelnen Textstellen (vgl. Kleeberg 2021). Vielmehr sind sie Ergebnis einer langen, freien Experimentierphase, an der Komponist, Regisseurin und ein Tontechniker beteiligt waren. Zu diesen Miniaturen existieren daher auch keine Partituren. Diese spielerisch entstandenen Stücke wurden nachträglich dort eingebaut, wo sie eine bestimmte Atmosphäre evozieren, nicht um reale Vorgänge ‚abzubilden' (vgl. Kleeberg 2021).

Kleeberg möchte also bewusst nicht ‚emotional steuern' oder die Wahrnehmung festlegen. Sie möchte „Türen öffnen und Freiräume für eigene Fantasie und Intuition bieten. Musik soll Raum für eigene Gefühle und eigene Bilder lassen, Raum geben zum Verweilen" (Kleeberg 2021), anders als bei der Tendenz zur ‚Vereindeutigung' bei Albrecht.

Die Fassung von Eich/Lothar unter der Regie von Hostnig (1935/1973)

Im März 1935 wurde *Das kalte Herz* als Funkoper, eine radiophone Sonderform der Oper, vom Berliner Deutschlandsender urgesendet. Günter Eich war der Verfasser des Textes, er legte jedoch ein sehr konventionelles Manuskript vor, sodass von dem späteren Erneuerer des Hörspiels hier noch nichts zu bemerken ist.[10] Die Musik komponierte Mark Lothar, der, von tiefbrauner politischer Gesinnung und dementsprechend zur NS-Zeit sehr erfolgreich, heute weitgehend vergessen ist.

---

9 Zur ‚Philosophie' des Verlags vgl. Müller 2007.
10 Gleichwohl hat es diese Funkoper zu einiger Bekanntheit gebracht und wird in der Literatur immer wieder genannt: Hobl-Friedrich 1991, 60; Krug 2019, 75; 85.

1973 wurde die Funkoper unter der Regie von Heinz Hostnig erneut aufgenommen. Diese 69 Minuten lange, als Archivmaterial zugängliche Produktion wurde – neben dem ursprünglichen Hörspielskript – für die folgenden Überlegungen herangezogen. Es spielt das Münchener Rundfunkorchester unter Leitung von Jan Koetsier, die Rollen sind mit teils namhaften Sängerinnen und Sängern besetzt.

Bei Eich dient im Unterschied zu Hauff eine explizite Liebesgeschichte als Motivation für Peters Verhalten. Er ist von Anfang an mit Lisbeth zusammen, darf sie aber erst heiraten, wenn er reich ist. Das raubt der Erzählung den ursprünglich vorhandenen politischen, sozial- und ökonomiekritischen Impetus, zieht die Handlung ins Triviale und bietet Aufhänger für sentimentale Liebesduette. Dominant ist in dieser Fassung die breite romantische Darstellung von Naturphänomenen. So sind ‚Wolke', ‚Bach', ‚Vogel', ‚Baum' und ‚Wind' als eigene Stimmen repräsentiert, die jedoch keine handlungsrelevante Funktion übernehmen, sondern teils die Gefühle und Stimmungen der Figuren spiegeln, teils als poetische Einschübe in dieser Nummernoper vermutlich den Zeitgeschmack bedienten. Peters Kaltherzigkeit wird anders als bei Hauff weniger an seinem unsozialen Verhalten anderen Menschen gegenüber erkennbar als an der Unfähigkeit, Natur zu empfinden. In einer lyrischen Tenorarie bekennt er:

Nachts am Himmel fährt der große Wagen wunderbar in seinem goldnen Licht. Sieh ihn an! Fühlst du dein Herz nicht schlagen? Ich fühl es nicht. In das Fenster will der Morgen dämmern, singt die Amsel, duftet süß der Wald. – Fühlst du in der Brust das Herz nicht hämmern? Das Herz ist kalt. Hoch am Himmel schöne Wolken stehen. Wolken, weiß und wunderbar. Spürst du nicht dein Herze lauter gehen, wie es früher war? Alle Stunden gleich verfliegen, tränenlos und ohne Lust. Ach, ich fühl dich immer schwerer wiegen, Stein in meiner Brust. (Eich 1935, 31)

Nicht nur die inhaltliche Akzentverlagerung nähert das Stück der gängigen Operettenkultur an, auch die musikalische Realisierung entspricht dieser Tendenz. Neben Sprechpassagen und Parlando gibt es Sologesang und mehrstimmigen Gesang sowie reine Instrumentalstücke. Letztere dienen vor allem der Kennzeichnung von Schauplätzen, Stimmungen und dramatischen Zuspitzungen. Wenn mehrstimmig gesungen wird, bleibt der Text unverständlich, was eigentlich problematisch ist, weil ja die Rezeption des Stücks allein über das Hören erfolgt und kein Bühnengeschehen das Verständnis erleichtert. Da jedoch die naturromantischen Szenen so dominant sind und die Feinheiten der Handlung bei Hauff völlig verschwinden, bedarf es auch nicht des Mitdenkens, sondern die Zuhörenden können in schönen Stimmen schwelgen und sich dabei an berühmte Musikvorbilder erinnern, z. B. wenn der Koloratursopran des ‚Vogels' unverkennbar Wagners ‚Waldvögelein' im *Siegfried* zum Vorbild hat. Die Musik überlagert in diesem Werk streckenweise ohne Schaden das Wort, weil eher diffuse Stimmungen als Gedanken vermitteln werden sollen.

Die Fassung von Benjamin/Schön unter der Regie von Naber/Zwetkoff (1932/1979)

Für das Hörspiel von 1932 verfasste Walter Benjamin den Text, Ernst Schön steuerte die Musik bei. 1979 wurde unter der Regie von Hermann Naber eine neue Fassung – diesmal mit der Musik von Peter Zwetkoff – aufgenommen.[11] Diese 82 Minuten lange Produktion ist als Archivmaterial zugänglich und liegt neben dem ursprünglichen Hörspielskript den folgenden Überlegungen zugrunde. Es mag verwundern, dass Benjamin Hörspiele für Kinder schrieb, aber tatsächlich verfasste er 1932 nicht nur *Das kalte Herz*, sondern auch *Radau um Kasperl*. Hintergrund ist, dass sein Jugendfreund Ernst Schön dem mit seiner Habilitation gescheiterten Kulturphilosophen durch Auftragsarbeiten beim Rundfunk half, das Überleben zu sichern. Was im Falle der Hauff-Adaption herauskam, ist eigentlich ein Kuriosum. Das Hörspiel beginnt damit, dass ein „Sprecher" das Wort ergreift, ein fiktiver Funk-Redakteur, der eine „Jugendstunde" (Benjamin 1979, 3) gestalten will, dazu nach einem Märchentext sucht und diesen in *Das kalte Herz* findet. Statt das Märchen vorzulesen, treten im Verlauf die Figuren aus Hauffs Text auf und unterhalten sich mit ihm. Heraus kommt ein hochkomplexer medienreflexiver Text über Hörmedien mit fortwährendem totalen Illusionsbruch. Nicht ohne Grund wurden die ersten Seiten des Hörspielskripts in Benjamins *Medienästhetische Schriften* aufgenommen (vgl. Benjamin 2002, 390–395). Die Hauff-Adaption ist ein intellektuelles Kopf-Ereignis, vereitelt fortwährend die subjektive Involviertheit in die Handlung und verzichtet auf die Weckung von Emotionen. Man muss vielmehr scharf aufpassen, wer gerade auf welcher Fiktionalitätsebene spricht und wie die Diegese zu verstehen ist.

Was die musikalische Seite betrifft, so kann hier nicht die Vertonung von Schön, sondern nur die von Zwetkoff kommentiert werden. Da jedoch das Hörspielmanuskript detaillierte Angaben zu Geräuschen und Musik enthält, kann zumindest davon ausgegangen werden, dass die Fassung von 1979 den Intentionen der Urheber weitgehend entspricht. Insgesamt fällt auf, dass die Musik eine nachgeordnete, ja kaum wahrnehmbare Rolle spielt. Gemäß der Devise im frühen Hörspiel – „‚Musiken' für ‚Stimmung' und ‚Geräusche' für ‚Realität'" (Krug 2019, 67) – werden viele Geräusche eingesetzt, um Schauplätze und Figurenbewegungen zu markieren. Musik wird sehr dezent einigen Figuren zur Charakterisierung unterlegt, beispielsweise ein Glockenspiel dem Glasmännlein. An keiner Stelle, das ist der ausschlaggebende Punkt, beeinträchtigt die Musik

---

[11] Schon damals war Christian Brückner, der bei Kleeberg den Text spricht, als Sprecher tätig, nämlich in der Rolle des Peter.

die Verständlichkeit der Sprache, was bei diesem komplizierten Text unerlässlich ist. Weil auf Emotionserregung und – in geradezu Brecht'schem Maße – auf Evozierung von Illusion verzichtet wird, würde eine Musik stören, die mit ihren besonderen Mitteln und Wirkungen gerade dies erreichen könnte.

Systematisierung

Zusammenfassend kann festgehalten werden, dass die Funktionen der Musik in Musik-Text-Kombinationen zunächst durchaus erkenntnisfördernd mit der bisherigen Klassifikation beschrieben werden können: strukturell/syntaktisch vs. semantisch. Innerhalb der semantischen Funktion hat sich die Unterscheidung in ‚begleitend‘ oder ‚erweiternd‘ bewährt. Bei den Beispielen, die in der bisherigen Literatur untersucht werden, erfüllt die Musik dabei überwiegend die Aufgabe, die Aussagen des Textes eindeutiger zu machen. Dies ist auch bei Albrecht der Fall. Musik kann aber im Gegensatz dazu auch die Funktion erfüllen, die Mehrdeutigkeit einer Aussage zu erhalten oder zu eröffnen, so bei der Produktion von Kleeberg. Diese Aufgabe der Musik wurde in der bisherigen Forschung kaum wahrgenommen. Sie wird lediglich am Rande und zur Erklärung eines Beispiels von Mohn (2019, 228 f.) angeführt, aber nicht als systematisch zu sehende, eigene Funktion begriffen. Die Kategorien ‚Eindeutigkeit‘ und ‚Mehrdeutigkeit‘ benutzt meines Wissens bisher lediglich Schmedes (2002, 101), jedoch keineswegs prominent, sondern nur, um die Modellierung von realistischen oder irrealen Räumen durch Musik zu kennzeichnen. Der Blick für diese Funktion wurde möglicherweise dadurch verstellt, dass man sich auf Hörspiele beschränkte, statt auch Lesungen in ihrer Kombination mit Musik einzubeziehen. Weiterhin kann festgehalten werden, dass es sich ebenfalls lohnt, danach zu fragen, welches Zeichensystem das andere dominiert und warum dies so ist. Beim Vergleich der beiden älteren Fassungen wurde klar, welche unterschiedliche Relevanz die Verständlichkeit des Wortes hat: Wenn Gefühle und Naturromantik vorherrschen, wie bei Eich/Lothar, darf die Musik laut ‚sprechen‘ und das Wort so übertönen, dass es nicht mehr nachvollziehbar wird. Wird aus dem Märchen ein intellektueller, medienreflexiver Text, wie bei Benjamin/Schön, darf die Deutlichkeit des Wortes an keiner Stelle beeinträchtigt werden und die Musik muss praktisch schweigen. All die aufgezeigten Funktionen und Wirkungen der Musik sind rezeptionsästhetisch bedeutsam. Im didaktischen Kontext sind sie besonders interessant, weil in jedem Fall unterschiedliche Intentionen zugrunde liegen, was Literaturvermittlung will und soll – derer sich die Lehrkraft bewusst sein sollte (vgl. Müller 2012).

Literatur & Medien

Benjamin, Walter: Das kalte Herz. Hörspiel nach Wilhelm Hauff. Dramaturgie: Hermann Naber.
  1979 [Typoskript des Sendemanuskripts, aus dem Archiv und mit freundlicher
  Genehmigung des SWR].
Das kalte Herz. Ein Märchen von Wilhelm Hauff. Klassische Musik und Sprache erzählen.
  Regie: Ute Kleeberg. SWR 2008 (Edition See-Igel 2008).
Das kalte Herz. Funkoper nach Wilhelm Hauff von Mark Lothar. Text nach dem Märchen von
  Günther Eich (1935). Regie: Heinz Hostnig. BR/RB/SR/SFB/WDR 1973 (BR Historisches
  Archiv DE-1965:87290).
Das kalte Herz. Hörspiel nach Wilhelm Hauff von Walter Benjamin und Ernst Schön (1932).
  Regie: Hermann Naber und Peter Zwetkoff. SWR 1979 (SWR Historisches Archiv W
  0189777).
Das kalte Herz. Orchesterhörspiel nach Wilhelm Hauff mit Musik von Henrik Albrecht. Regie:
  Henrik Albrecht. NDRinfo 2014 (headroom Verlag 2014).
Eich, Günter: Das kalte Herz. Märchenoper für den Rundfunk. 1935 [Typoskript des
  Sendemanuskripts, aus dem Archiv und mit freundlicher Genehmigung des BR].
Hauff, Wilhelm: Märchen. Mit den Zeichnungen von Alfred Kubin. München 1967.

***

Albrecht, Henrik: Musik & Emotionen. Ein Blick in die Werkstatt eines Komponisten. In:
  Moralität, Rationalität und die Emotionen. Hg. v. Achim Stephan und Henrik Walter. Ulm
  2004, S. 268–293.
Albrecht, Henrik: Booklet zu: Das kalte Herz. Orchesterhörspiel mit Musik. Köln 2014.
Benjamin, Walter: Medienästhetische Schriften. Mit e. Nachw. v. Detlev Schöttker. Frankfurt
  a. M. 2002.
Gräf, Dennis/Großmann, Stephanie/Klimczak, Peter/Krah, Hans/Wagner, Marietheres:
  Filmsemiotik. Eine Einführung in die Analyse audiovisueller Formate. Marburg 2011.
Hobl-Friedrich, Mechtild: Die dramaturgische Funktion der Musik im Hörspiel. Grundlagen.
  Analysen. Erlangen/Nürnberg 1991.
Huwiler, Elke: Erzähl-Ströme im Hörspiel. Zur Narratologie der elektroakustischen Kunst.
  Paderborn 2005.
Kleeberg, Ute: Interview von Karla Müller mit Ute Kleeberg am 17.05.2021. Unveröffentlichte
  autorisierte Mitschrift.
Krug, Hans-Jürgen: Musik im Hörspiel. In: Handbuch Musik und Medien. Interdisziplinärer
  Überblick über die Mediengeschichte der Musik. Hg. v. Holger Schramm. Wiesbaden
  2019, S. 65–93.
Mohn, Matthias: Die Inszenierung von Furcht und Schrecken im Hörspiel. Eine
  interdisziplinäre Untersuchung der Grundlagen, Mittel und Techniken der Angsterregung
  in der elektroakustischen Kunst. Münster/New York 2019.
Müller, Karla: Edition See-Igel (Iznang am Bodensee). In: Kinder- und Jugendliteratur. Ein
  Lexikon. Hg. v. Kurt Franz, Günter Lange und Franz-Josef Payrhuber. Meitingen
  1995–2007, 29. Ergänzungslieferung Februar 2007, Teil 3, S. 1–6.
Müller, Karla: Hörtexte im Deutschunterricht. Poetische Texte hören und sprechen. Seelze
  2012.

Schmedes, Götz: Medientext Hörspiel. Ansätze einer Hörspielsemiotik am Beispiel der Radioarbeiten von Alfred Behrens. Münster et al. 2002.

Wicke, Andreas: Interview mit Henrik Albrecht. In: kinderundjugendmedien.de 2016. URL: http://www.kinderundjugendmedien.de/index.php/interviews/1682-interview-albrecht (13.05.2021).

Wicke, Andreas: Hörspielmusik. Henrik Albrechts Orchestererzählung *Das Gespenst von Canterville* (2006). In: Klangwelten für Kinder und Jugendliche. Hörmedien in ästhetischer, didaktischer und historischer Perspektive (= kjl&m 21.extra). Hg. v. Petra Josting und Matthias Preis. München 2021, S. 153–164.

Ina Schenker

Voicing

Vom Stimmen und den Stimmungen einer performativen Zeichensetzung

Nicht erst, seit Derrida die menschliche Stimme zum Mythos erhoben hat, haftet ihr ein Diskurs um das Ursprüngliche und Authentische an (vgl. Krämer 2006, 270). Die natürliche Stimme galt lange und gilt Vielen auch heute noch als Ausdruck von Identität und Persönlichkeit. So entspringt schon der Begriff ‚Person' dem Griechischen ‚per sona', was ‚durch den Klang' – gemeint ist der Stimmklang – bedeutet (vgl. Sendlmaier 2012, 99), und die Stimme erscheint als „mit das Interessanteste, da Persönlichste, was wir von einem anderen Menschen wahrnehmen können" (Bung 2017, 146). Sie gilt als ambivalentes Faszinosum. Sie ist

> präsymbolisch, vermag dennoch zu verweisen, ist Bewegung und Botschaft und beansprucht so, Energie und Information zu sein und vermutlich einen hörbaren Austausch bewusster und unbewusster Wesensanteile zu präsentieren. In ihr verbinden sich aktive und passive Elemente, Gestaltungswille und Aufnahme, Wollen und Lassen, letztlich auch Tun und Sein. (Hofrichter 2016, 93)

Dieser Komplexität wird in den noch jungen und konsequent transdisziplinären *Voice Studies* Rechnung getragen. Seit den 2010er Jahren rückt die Stimme aus vielseitigen Perspektiven ins Zentrum zahlreicher Forschungsansätze. Ihnen ist der Grundsatz gemein, dass „voice and its surrounding values represent no stable category, rather one that is negotiated with each utterance and each listening" (Eidsheim und Meizel 2019, 2). Die hier eingenommene Perspektive entspringt einer kulturwissenschaftlich ausgerichteten Erzählforschung. So wird der Fokus auf die narrativen sowie ethisierten und politisierten Wirkungspotenziale von Hörspielstimmen im Kontext von Machtgefällen gelegt. Nicht gleichzusetzen mit der Kategorie Stimme in der Narratologie wird Stimme hier als auditiv performatives Zeichensystem erfasst, das mehrere narratologische Kategorien ausgestalten kann. Dafür sind zwei Prämissen grundlegend, die die Ambivalenzen zwischen intentionalem und nicht-intentionalem Stimmeinsatz aufgreifen.

Zum einen erscheinen Stimmen im Hörspiel immer in einem technisch realisierten Kontext und sind damit künstlich und im besten Falle kunstvoll in Szene gesetzt. Damit orientieren sich die Forschungsfragen in Richtung einer Sprechkunst, die „das bewusst gestaltete, gesprochene künstlerische Wort untersucht, das in unterschiedlichen Kommunikationssituationen für ein Publikum (bzw. für einen oder mehrere Hörer) ‚live', d. h. direkt im Sinne einer auditiven

Kommunikation oder medienvermittelt, d. h. indirekt" (Haase 2013, 177) übertragen wird. Zum anderen betont schon Barthes, dass die Stimme niemals als rein gestaltbares Neutrum erzählen kann, sondern bereits implizit auf eine Körperlichkeit verweist, die Antipathie oder Sympathie erzeugt. Jede Stimme ist einmalig. Zwar lässt sie sich elektroakustisch manipulieren oder verstellen, aber nicht überlisten (vgl. Barthes 2005). Die Tatsache, dass die Stimme im Hörspiel beides erzählt – sowohl intentional inszenierte Erzählstrategien transportieren kann als auch nicht-intentional mitschwingende Bedeutungsnuancen aufweist –, fordert einen eigenen analytischen Zugang heraus. Stimmen in Hörspielen sind Doppelphänomene, sie werden dementsprechend verstanden

> als stimm-körperliche Spuren und zeigen sich somit im Spannungsfeld zwischen Körperlichem und Zeichenhaftem, zwischen Materialität, Präsenz und Flüchtigkeit im Ort bzw. Nicht-Ort der Verlautbarung. Sie schweben gleichsam als fluider Subtext mit jeder Artikulation durch den akustisch erfahrbaren Raum; sie generieren neue, eigene Bedeutungen und weisen infolgedessen über eine reine Übermittlungsfunktion von Text und somit von sprachlicher Bedeutung hinaus. (Pinto 2012, 12)

Folgt man Pintos These: „*Ohne Stimmen, kein (narratives) Hörspiel*" (Pinto 2012, 146; Herv. i. O.), rückt als zentraler Aspekt die Schaffung von Figuren und Erzählinstanzen über die Stimme in den Fokus der Analysen. In der Sprechwissenschaft wurden zur Beschreibung des „stimmlich-artikulatorischen Ausdrucks" (Bose 2010, 29) Analyseparameter entwickelt, die es ermöglichen, die „Sprechtonhöhe, Lautheit, Stimmklang, Sprechgeschwindigkeit, Artikulation und weitere Sprechausdrucksmerkmale als Komplexwahrnehmung" (Merrill 2019, 16) zu erfassen. Diese zunächst deskriptiv ausgerichteten Merkmalskataloge können gerade in Verbindung mit kulturwissenschaftlich und narratologisch aufgeladenen Fragestellungen einen spezifischen Analyseansatz der Bedeutungskonstruktion durch das performative Stimmen und Schaffen von Stimmungen durch die menschliche Stimme ermöglichen.

Vier Erzählverfahren bzw. Erzählphänomene im Modus des Auditiven werden in diesem Kontext exemplarisch anhand der Aufnahme des Live-Hörspiels *Master of Chess*[1] (MoC) aus der Serie *Die drei ???* kategorisiert und konzeptualisiert: *Racevoicing*, *Voicing the Narrator*, *Voicing the Child* und

---

[1] Dieses Hörspiel ist als exemplarischer Gegenstand gewählt, da es als Mitschnitt einer Live-Performance und Teil einer bekannten seriellen Erzählung besonders anschaulich Phänomene des Voicings vorführt. So werden die Sprecher der drei Fragezeichen nur von einem Erzähler, einem Schauspieler und einer Schauspielerin unterstützt. Letztere beiden übernehmen jeweils drei Nebenrollen, die durch gezieltes Voice Acting voneinander unterschieden werden. Darüber hinaus sind die Reaktionen des Publikums zur Live-Performance aufgenommen und veranschaulichen spezifische Wirkungen des Voicings. Der Serienkomplex verdeutlicht außerdem

Voice Aging. ‚*Voicing*' – inspiriert von der Idee des „Voice Acting" (Rauscher 2012, 213) – steht als international nutzbarer Begriff dafür, über die Stimme Ausdruck zu verleihen, im weitesten Sinne also für das signifikativ performative Stimmen und die Stimmung verschiedener erzähltechnisch relevanter Aspekte.

Racevoicing

Über zwei Jahre wurde im Feuilleton, in der Filmindustrie und den sozialen Netzwerken über Hank Azarias Interpretation des indischen Ladenbesitzers Apu Nahasapeemapetilon aus der TV-Serie *Die Simpsons* debattiert. Stein des Anstoßes war der markante Akzent des *weißen* Schauspielers. Es wurde deutlich, dass „a voice that is understood as racialized – say, ‚Asian-sounding' – is made to evidence the racial essence of that person. In this way, meaning is carried on the back of the voice" (Eidsheim und Meizel 2019, 17). Diese Erzählstrategie – Strategie, da es sich um einen intentionalen und gezielten Stimmeinsatz handelt –, die im Folgenden als *Racevoicing* bezeichnet werden soll (vgl. Schenker 2016), ist bei Weitem kein alleiniges Phänomen der Film- und Fernsehindustrie, sondern greift vor allem auch in auditiven Erzählformen. *Racevoicing* soll als anknüpfender Begriff zur theatralen, filmischen und populärkulturellen Praxis des im deutschsprachigen Raum als *Blackfacing* bezeichneten Darstellungsaktes eingeführt werden.

Dass sich überhaupt eine Standardaussprache entwickelte, von der Abweichungen konstatiert werden können, wird dabei „in erster Linie dem Einfluss der Medien, also Rundfunk, Fernsehen und Kino, zugeschrieben" (Pachale 2018, 256). In der professionellen Sprechstimmbildung fehlt selten der Hinweis, dass die Standardaussprache denjenigen, die sie beherrschen, bessere Berufsaussichten eröffnet (vgl. Pachale 2018, 252). Grundsätzlich wird in der Sprechstimmbildung von einer Modifizierbarkeit der Stimme ausgegangen, die, wenn sie als professionell und künstlerisch wahrgenommen werden will, das Vermögen vorweisen muss, „auf hohem Niveau Fähigkeiten und Fertigkeiten (Kompetenzen) anzuwenden" (Haase 2013, 180). Diese Fertigkeiten sind in Funktionszusammenhänge eingebunden und werden den spezifischen Bedürfnissen der jeweiligen Kunstform entsprechend genutzt.

über den Vergleich zu früheren und späteren Folgen Alterungsprozesse der Stimme, deren Signifikanz ebenfalls untersucht wird.

Im Kinder- und Jugendhörspiel steht vor allem das Bedürfnis nach einer ausgeprägten Unterscheidbarkeit der Figuren im Vordergrund. Dies bedingt, dass „jeder Sprecher [...] in seiner Stimme einen charakteristischen Grundklang haben" (Rogge und Rogge 2004, 69) muss. Dem kommt die Wandelbarkeit von Stimmen entgegen. Wie Chion betont, ist die Stimme, anders als das Gesicht, wesentlich vielgestaltiger. Für Kinder ist eine erwachsene Person, die plötzlich deutlich höher, tiefer oder mit Akzent spricht, ein anderer Mensch (vgl. Chion 1985, 170). Ein Dialekt verweist zudem häufig auf die soziale oder geografische Herkunft einer Figur (vgl. auch Hänselmann in diesem Band). Die Kompetenzen und Fertigkeiten der Stimmmodulation tragen in diesem Kontext jedoch zugleich zu einer Typisierung bei, sie „meißeln Stimmwesen, Kategorien von verbindlichen Identifikationsmustern" (Hofrichter 2016, 95). Denn aufgrund der oben aufgezeigten Richtlinien für Berufsstandards sind so gut wie nie tatsächlich authentische Akzente zu hören, sondern „stereotype Stimmklang-Muster werden aufgerufen und kulturell geprägte Zuschreibungsprozesse aktiviert" (Rost 2017, 109), um Menschen unterschiedlicher Herkunft darzustellen. Die übergeordnete Analysefrage lautet also: Wer bekommt warum welche Rolle und wie wird diese ausgestaltet?

Racevoicing, das in der Serie *Die drei ???* vorkommt, bezieht sich zumeist auf die Darstellung mexikanischer Grenzgängerinnen und Grenzgänger in den USA. Dies ist fast schon als Tradition zu bezeichnen und setzt mit der ersten Folge ein, in der der mexikanische Junge Carlos von Stefan Brönneke gesprochen und akzentuiert wird (vgl. Arthur 1979). Die Live-Folge *Master of Chess* nutzt diese Praxis aber noch einmal in einem besonderen Ausmaß, da über stimmlich charakterisierte Figuren vor allem Lachreaktionen beim Publikum ausgelöst werden sollen. Die spezifische Überzeichnung in dieser Folge kommt ebenfalls daher, dass eine Katze und alle weiblichen Rollen von der deutsch-niederländischen Schauspielerin Frauke Poolmann gesprochen werden: Gräfin Gallagher, Virginia Burnett und das mexikanische Hausmädchen Ana. Neben einem artikulatorischen Grundansatz, der die Betonung auf langgezogene Vokale legt, erfolgen eine Erhöhung der Sprachmelodie und das Einfließen spanischer Vokabeln sowie ein betont gerolltes ‚r' und eine nicht genormte Aussprache des Englischen für die Figur des Hausmädchens: „Sí Señor, das ist Fluch von Schloss Blackstone. Schloss Blackstone ist über 300 Jahre alt" (MoC XXIV/00:55), erläutert sie beispielsweise mit einer übertriebenen Betonung des ‚e' am Ende von ‚Blackstone'. Auf die Frage nach einem Telefon folgt: „Ohh, das morge erst möglich sein wird. Strom ist ausgefalle und auch Telefónica. Unwetter hat Strommaste gekappt. Aber Mo kümmert sich darum" (MoC XXX/00:00). Auch hier wird beispielsweise ein ‚e' an ‚Strommast' angefügt und das ‚n' bei ‚ausgefallen' und ‚morgen' weggelassen. Nur Ana wird im Hörspiel stimmlich als Fremde markiert und befindet sich darüber hinaus in einer sozial niedrigeren Position als das restliche Figurenpersonal. Auf Bobs Frage, warum sie ausgerechnet in diesem Schloss tätig ist, lautet ihre Antwort: „Ahhhh, Arbeite für Mexikane nicht leichte zu finde. Seit halbes Jahr bin ich hier. Am liebsten ich würde gehen wieder weg" (MoC XXXIV/01:04).

Mithin ist nicht jedes Verfremden von Stimme als rassifizierend zu bezeichnen, sondern birgt in seiner Praxis vor allem rassistisches Potenzial. Das Annehmen eines Akzentes einer nicht diskriminierten Bevölkerungsgruppe muss in einem anderen Kontext der stereotypen Verfremdung betrachtet werden. Die kritischen Ansätze aus den postkolonial-kulturwissenschaftlich orientierten Studien bringen hier gemeinsam mit den breiten Diskussionen auf Social Media neben der Frage der Kunstfertigkeit durch stimmliches Modulationsvermögen einen ethischen Anspruch ein. Sie machen darauf aufmerksam, dass Stimmen immer in ein Machtfeld eingebunden sind und auf „eine lange Geschichte als Element nicht nur in der Wissens- und Wahrheitsgeschichte, sondern auch in der politischen und gesellschaftlichen Vertretung" (Bergermann 2016, 208) zurückblicken. Zum Schluss sei betont, dass *Racevoicing* nur ein Beispiel in intersektionaler Ausrichtung sein kann. Ebenso rückt beispielsweise Gender in den Fokus der *Voice Studies* und eröffnet weitere Analyseansätze:

> For example, voice is depended upon to signal a category such as gender. While listening communities have cultivated gendered vocal and sonorous clues and the voice functions in this service, voice's technical dexterity and the vocalizer's awareness of and adaptation to such cultural clues or explicit rules are hugely underestimated.
>
> (Eidsheim und Meizel 2019, 16)

Voicing the Narrator

Geschlecht als kulturell codierte Hörgewohnheit spielt vornehmlich in Bezug auf die personifizierten Erzählinstanzen in Hörspielen eine markante und machtvoll signifikative Rolle. Wie Andreas Wicke konstatiert, handelt es sich bei den Erzählinstanzen im

> traditionellen [Kinder-]Hörspiel, vor allem auch im Märchenhörspiel, [...] häufig [um] eine Männerstimme, die als heterodiegetischer und nullfokalisierter Erzähler vermittelt. Der Prototyp des Märchenerzählers im deutschsprachigen Raum dürfte Hans Paetsch sein, der seit den 1960er Jahren an Hörspielproduktionen beteiligt war. (Wicke 2016)

Ordnung, Vermittlung, Überblick und Wissen verknüpfen sich so mit Geschlechterrollen. Die erzählende oder narrative Instanz ist jedoch zunächst einmal eine geschlechtslose Funktion, die die Elemente der Handlung und der Darstellung aneinanderreiht und somit die Erzählung strukturiert (vgl. Huwiler 2005, 95). Auf der äußersten Ebene handelt es sich in der elektroakustischen Erzählkunst um eine nicht-personifizierte Instanz, das Mikrofon. Analog zu einem *ideal observer* – der Kamera im Film – kann dieses als *ideal hearer* betrachtet werden (vgl. Bordwell 1985, 10). Diese unsichtbaren oder imaginären Zeugen der Erzählung befinden sich immer eine Erzählebene höher als das diegetische Geschehen, schaffen also extradiegetische Rahmen und können einer personifizierten Erzählinstanz das Wort geben. Hörspielspezifisch ist das Potenzial der Auflösung einer einheitlichen personifizierten Erzählinstanz durch mehrere Sprechende gegeben. Während epische Texte oft nichts Persönliches über ihre heterodiegetischen Erzählinstanzen preisgeben, sind sie im Hörspiel – von intentionalen Manipulationen abgesehen – über ihre Stimme nahbar. Eine Besonderheit für die Erzählinstanz stellt damit die konnotative Figürlichkeit dar. So ist jede noch so abstrakt gehaltene Erzählstimme über die körperlichen Stimm-Spuren von bestimmten Bedeutungszuschreibungen begleitet:

> Im Hörspiel wird der Erzähler unvermeidbar als männlich oder weiblich identifiziert. Die akustische Realisation enthält darüber hinaus Informationen über das ungefähre Alter des Erzählers und die Klangeigenschaften seiner Stimme. Intonation und Rhythmus seiner Rede gestalten den Erzählinhalt mit, setzen Bedeutungsakzente, unterstützen den Spannungsaufbau und ermöglichen ironische Distanz zu dem Gesprochenen.
>
> (Mahne 2007, 105)

Figürlichkeit durch Körperlichkeit lässt sich also nicht verhindern und wird so zugleich als Erzählstrategie einsetzbar. Eine narratologische Besonderheit in diesem Kontext formt sich in der Metalepse, also im Überschreiten von erzähllogisch getrennten Ebenen. So beispielsweise, wenn der Erzähler in *Master of Chess* beschreibend einleitet: „In einen zerschlissenen Morgenmantel gehüllt stand der Graf vor dem Schachtisch und raufte sich die Haare. ... [Pause, Anm. I. S.] ... ähm, und raufte sich die Haare" (MoC XXI/00:45). Erst eine Entschuldigung des Grafen weist darauf hin, dass er dieser Deskription nicht ausreichend performativ nachkam, was freilich akustisch in dieser Form nicht wahrnehmbar ist. Des Weiteren kommentiert der Erzähler eher lakonisch, dass das Einstürzen eines unterirdischen Ganges auch schon überzeugender klang (MoC LV/00:47), und besitzt sogar die Macht, eine komplette Szene wiederholen zu lassen, wenn diese ein zu undeutliches Klanggemenge ergab (MoC LII/00:45). Dieses spezifische Verhältnis des Erzählers zur erzählten Welt, des gleichzeitigen figuralen Involviertseins und Außenvorstehens, ist hier vor allem durch die Live-Aufnahme als unterhaltsames Spiel zwischen den Erzählebenen inszeniert. Gleichzeitig handelt es sich um eine Erzählstrategie, die beispielsweise in den *Bibi Blocksberg*- und *Benjamin Blümchen*-Hörspielen grundsätzlich gilt. ‚Erwin Erzähler' ist Erzählinstanz und Figur. Anders als klassische Ich-Erzähler beispiels-

weise wechselt er jedoch nahtlos zwischen heterodiegetischer Haltung und homo-
diegetischem Verhalten (vgl. van Dülmen 2015). Er gilt wohl als Paradebeispiel
dafür, dass die Figürlichkeit der Erzählinstanz über die körperlichen Spuren der
Stimme immer mitschwingt und so auch dazu einlädt, diese Tatsache erzählstrate-
gisch zu inszenieren.

Und wer erzählt? Auch Erwin Erzähler reiht sich als ordnende und überbli-
ckende Instanz in die klassische Tradition der männlichen Erzähler ein, ebenso
die Erzähler der *Drei ???* mit Peter Pasetti (Folge 1–64), Matthias Fuchs (Folge
65–103), Thomas Fritsch (Folge 104–186) und Axel Milberg (seit Folge 187). Bis
Folge 46 war die Erzählerrolle sogar noch eng verschmolzen mit der Mentoren-
rolle, die der fiktive Alfred Hitchcock für die jungen Detektive spielte. Die
Frage, inwiefern diese Gendercodierungen möglicherweise mit erlernten Hör-
fächern – z. B. auch aus der klassischen Oper –zusammenhängen, verdient
noch weitere Aufmerksamkeit in der Rezeptions- und Wirksamkeitsforschung.
Der Erzähler in *Master of Chess* wird von Oliver Rohrbeck jedenfalls in den wo-
genden Applaus mit dem Hinweis entlassen, dass, wenn es „aus der Ecke basst
und brummt", es sich nur um „Mr. Voice of Marlon Brando himself, Mr. Helmut
Kraus" (MoC LXIV/01:30) handeln kann, und verknüpft damit einmal mehr ordnende, machtvolle Erzählinstanz und figurale Männlichkeit.

Voicing the Child

Wenn Stimmen dergleichen Informationen und Codierungen über die Körperlichkeit transportieren, stellt sich im Kontext von Kinder- und Jugendhörspielserien
wie *Die drei ???* die besondere Frage nach der Repräsentation von Kinderstimmen. Das Untersuchungsinteresse speist sich hier aus der vom konkreten Gegenstand abstrahierbaren Frage, wer eigentlich die Deutungshoheit über Stimmen
innehat. Erzählungen von und für Kinder sind oder sollten eigentlich „Ausdruck
von Kinderkultur und kindlicher Lebenswelt" (Kohl und Ritter 2011, 11) sein.
Doch gehäuft zeigen sich vor allem „Einblicke in die Auseinandersetzung von Erwachsenen" (Kohl und Ritter 2011, 12) mit diesen Narrativen. Zwar reagiert „das
stärker literarästhetisch orientierte Kinderhörspiel auf narrative Entwicklungen,
die sich auch in der neueren Kinder- und Jugendliteratur finden" (Wicke 2019,
102), und experimentiert auch mit kindlichen Erzählerinnen und Erzählern sowie
Charakteren. Gerade in den populären Serien sind allerdings die heutigen Sprecherinnen und Sprecher durch die Bank erwachsen – wenn auch teilweise mitge-
wachsen. So sprechen Oliver Rohrbeck, Jens Wawrczeck und Andreas Fröhlich
die drei Fragezeichen, seit sie 14 und 16 Jahre alt sind. Trotzdem kann in diesem

Kontext mitnichten von einer „Selbst- und Weltdeutung" (Kohl und Ritter 2011, 10) von Kindern gesprochen werden, weshalb ein kurzer Seitenblick in das Genre des dokumentarischen Kinderhörspiels geworfen und die Frage gestellt werden soll, ob sich hier womöglich authentische Identifikationsstimmen finden lassen.

Disclaimer: eher nicht. Häufig werden Originalton-Stimmen von Kindern ihrer *Agency* oft schon im Vorspann entledigt und dienen vor allem als Spuren, auf deren Basis Erwachsene eine Geschichte erzählen. *Kinder auf der Flucht, damals und heute* beispielsweise ist ein dokumentarisches Kinderhörspiel aus dem Jahr 2015 und beginnt damit, dass eine Sprecherinnenstimme den Titel vorträgt mit dem Zusatz „eine Radiogeschichte von Christina Pannhausen" (KF 00:10). Die Originalton-Stimmen werden also bereits auf dieser übergeordneten Ebene in die Geschichte von Pannhausen überführt. Damit wird jede getroffene Aussage bereits durch den Filter der erzählenden Instanz positioniert und kann schon allein aus dieser Perspektive nicht mehr für sich sprechen.

Wenn es so ist, dass bereits über den Sprechpart der extradiegetischen Erzählinstanz ein tatsächliches Selbstsprechen der Originalton-Stimmen der Kinder relativiert wird, stellt sich die Frage nach den Stimmen innerhalb dieses Rahmens. Zwei Binnenerzählungen stehen im Zentrum: Zum einen erzählen Mari und Wilfried, die 81 und 77 Jahre alt sind, als erwachsene Menschen rückblickend von ihrer Flucht. Zum anderen kommen im zweiten Erzählstrang neben den Stimmen von Warren, Akram und Avchin, die als Kinder aus Syrien flüchten, auch ein Übersetzer, ein Kunsttherapeut, eine Heimleiterin und verschiedene Klassenkameradinnen und -kameraden zu Wort. Grundsätzlich werden beide Erzählstränge abwechselnd über die extradiegetische Erzählinstanz aufgerufen. Beide Binnenerzählungen sind aber in hohem Maße unterschiedlich gestaltet. Von 48 Minuten Gesamthörspiel entfallen rund 28 Minuten auf die Geschichte von Mari und Wilfried und 14 Minuten auf die Erzählung um Familie Mohammad. 6 Minuten Erzählzeit sind einem beide Erzählungen verbindenden Abschnitt zum Thema Kriegstrauma gewidmet. Dieses Ungleichgewicht führt zu einem Spannungsverhältnis, das sich auch in einem Gefälle von Erwachsenen- gegenüber Kinderstimmen niederschlägt. Mari und Wilfried erzählen zwar Kindheitserinnerungen, aber als Erwachsene und damit als Personen, die gesellschaftliche Diskurse formen. Tatsächlich kommen Kinderstimmen nur in der Binnenerzählung von Familie Mohammad zu Wort. Es zeigt sich, dass Kinderstimmen vor allem als Material dienen, über das Erwachsene ihre Interpretationen legen. Obwohl der Charakter des Dokumentarischen mit einem anderen Echtheitsversprechen spielt, entsteht ein Machtgefälle im Identifikationspotenzial (vgl. Schenker 2017, 140 f.). Mit Blick auf *Die drei ???* lässt sich anschließend konstatieren, dass kaum noch Kinder und Jugendliche das Publikum bilden, sondern Erwachsene, die sich weitaus eher mit den heutigen Sprechern identifizieren als mit möglichen kindlichen Neubesetzungen.

Voice Aging

Den Aspekt aufgreifend, dass die fiktiven jugendlichen drei Fragezeichen heute von erwachsenen Sprechern gesprochen werden, soll übergeleitet werden zum Phänomen des *Voice Agings*. Während es sich beim *Racevoicing*, *Voicing the Narrator* und *Voicing the Child* um intentional eingesetzte oder einsetzbare Erzählstrategien im Kontext eines Machtgefälles handelt, stellt *Voice Aging* eher ein Erzählphänomen dar, das nicht-intentionale Stimmspuren mit ihren semantischen Potenzialen hinterlassen.

Die Wirkweise des *Voice Agings* zeigt sich vor allem in Episodenserien. Es entstehen Erzählungen mit abgeschlossenen und im Extremfall austauschbaren Folgen. Auf der Ebene der *histoire* bedeutet dies, dass Zeit in der repräsentierten Welt entweder gar nicht oder wie in Zeitlupe vergeht. Dazu gehört beispielsweise das nur sehr langsame Altern der Hauptfiguren. So sind die drei Fragezeichen zunächst 13 Jahre alt, ab Folge 46 bis heute ca. 16 bis 17 Jahre. Das serielle Gedächtnis wirkt in Form eines paradoxen, zirkulär-parallelisierenden Zeitverständnisses, da Fälle Jahre zurückliegen können, sich aber im Alter der Protagonisten zeitgleich überlappen. Dies machen kleinere Veränderungen in der personellen Besetzung von Institutionen deutlich. Beispielsweise wird Hauptkommissar Samuel Reynolds pensioniert und in der Zusammenarbeit durch Inspektor Cotta ersetzt. Auf Ebene der einzelnen Geschichten liegen viele Jahre dazwischen und zugleich ist keine Zeit vergangen. In dieses Paradox der zirkulären Parallelität schiebt sich nun über das Phänomen des *Voice Agings* eine nicht zu überlistende Veränderung ein. Stimmen altern und damit auch die Ausdrucksweisen der gesprochenen Figuren. Laut Regisseurin Heikedine Körting kamen die drei Sprecher und vor allem Jens Wawrczeck „glatt durch den Stimmbruch" (Bock 2019) und hören sich noch heute wie junge Männer an. Allerdings muss EUROPA gezielt Sprecher finden, die nicht jünger klingen als sie. Die Herausforderung stellen Zusammentreffen zwischen den Junior-Detektiven und neuen Erwachsenen dar. „Die muss ich mit mindestens einem Abstand von 20 Jahren besetzen", kommentiert Körting. „Dann sind Stimmen zwischen Mitte 70 und 80 gefragt und die sterben mir doch alle weg" (Bock 2019).

Über das *Voice Aging* auf der *discours*-Ebene schreibt sich ein Wirklichkeitseffekt in die Fiktion und in die Figurengestaltung ein, der aufgrund der Körperlichkeit von Stimmen unvermeidbar ist. Figurale Kontinuität ergibt sich nur, wenn die Episodenserien in chronologischer Reihung als Fortsetzungsserien gehört werden. Hört man Folge 1 nach Folge 200, entsteht ein Bruch in der Figurenwahrnehmung und wirft die übergeordnete Leitfrage auf: Was ist Identität? Auch wenn es im Falle von *Die drei ???* eher eine Lücke als ein Krater ist, lässt sich dieses Phänomen durchaus als grundsätzliche Differenzerfahrung auffassen, wie Richard Klein in Bezug auf Bob Dylans Stimme analysiert:

> Der Unterschied zwischen Dylans junger und alter Stimme ist im ersten Moment schockierend, weil sich in ihm kein identisches Ich, kein durch die Zeiten hindurch sich erhaltender expressiver Kern wahrnehmen lässt. Man weiß, dass er es ist, aber man hört nicht, was man weiß. (Klein 2019, 71)

Die Bedeutungspotenziale, die sich hier eröffnen, veranlassen auch, Zeitlichkeit von Episodenserien im Verhältnis zu Fortsetzungsserien systematisch neu zu ordnen. So soll hier vorgeschlagen werden, dass in der zeitlichen Dimension Fortsetzungsserien auf einer syntagmatischen Achse angeordnet werden können und Episodenserien auf einer paradigmatischen Achse operieren. Dass sich jedoch gleichzeitig und unabdingbar syntagmatische Wirklichkeitseffekte in die paradigmatische Ebene einschreiben. Denn es zeigt sich, dass die zeitlichen Wirklichkeitseffekte der paradigmatischen Achse einer Naturalisierung über das *Voice Aging* auf syntagmatischer Ebene unterliegen und auch Episodenserien altern bzw. – neutraler formuliert – zeitliches Vergehen in sie eingeschrieben ist. Die erzählte Welt kann nicht stillstehen und Identität nicht festgehalten werden.

Fazit

Konkrete Untersuchungen und metaphorisierende Ansätze zur Stimme sind *en vogue*. Die Forschung bewegt sich dabei zwischen akustischem Phänomen und philosophischem Potenzial. Der Stimme ist in diesem Sinne eine Spannung zwischen Immanenz und Transzendenz inhärent, die sie zu einer eigenen „Denkfigur" (Till 2013) auf verschiedenen Analyseebenen werden lässt. Die vorgestellten Erzählstrategien *Racevoicing*, *Voicing the Narrator* und *Voicing the Child* zeigen aus einer kulturwissenschaftlichen Perspektive, welche machtvollen Bedeutungen die reale Körperlichkeit der Stimme erzeugen und transportieren kann. Das Analyseinteresse bezieht sich in diesem Zusammenhang auf Fragen der Identitätskonstruktionen und Identifikationspotenziale, die in einen ethisierten und politisierten Kontext von Repräsentationsmodi und -macht gestellt werden. Wer bekommt welche Rolle? Wer erzählt (nicht)? Wer hat die Deutungshoheit und wer nicht? Um die Ambivalenz der Stimme im Spannungsfeld von intentional vs.

nicht-intentional zu verdeutlichen und zu zeigen, dass trotz aller Strategien ein großer Anteil an Deutungshoheit bei ihr selbst verweilt, wurde zudem das Phänomen des *Voice Agings* vorgestellt. Hier überschreitet die Analyse das konkrete Textmaterial und begibt sich in einen transzendental verweisenden Raum. Das Altern der Stimme ist zwar ebenso ein konkretes körperliches Phänomen, doch eines, das sich der bewussten Modulation und Vorhersagbarkeit entzieht. So lässt sich hier eher die Frage nach den Brüchen und Lücken von Identitäten und der Konstruktion von Zeit als Kontinuum aufwerfen. Was ist Identität? Und die Systematik wird auf ihre eigene Nicht-Systematisierbarkeit aufmerksam gemacht.

Literatur & Medien

Die drei ??? und der Super-Papagei. Folge 1. Hörspiel nach dem Roman von Robert Arthur.
    Regie: Heikedine Körting. EUROPA 1979.
Die drei ???. Master of Chess. Live & Unplugged. Jubiläumsfolge. Skript: Stefanie Burkart.
    Regie: Heikedine Körting. EUROPA 2002 (Spotify 2021).
Kinder auf der Flucht, damals und heute. Regie: Christina Pannhausen. WDR 2015.

***

Barthes, Roland: Das Neutrum. Hg. v. Eric Marty. Übers. v. Horst Brühmann. Frankfurt a. M. 2005.
Bergermann, Ulrike: So-und. Zur Stimme im Human Microphone. In: senseAbility. Mediale Praktiken
    des Sehens und Hörens. Hg. v. Beate Ochsner und Robert Stock. Bielefeld 2016, S. 207–232.
Bock, Christof: Die drei ??? und das Geheimnis des Erfolgs. In: fr.de (04.01.2019). URL: https://www.
    fr.de/ratgeber/medien/drei-und-geheimnis-erfolgs-zr-10970662.html (13.04.2021).
Bordwell, David: Narration in the Fiction Film. Madison 1985.
Bose, Ines: Stimmlich-artikulatorischer Ausdruck und Sprache. In: Sprache intermedial.
    Stimme und Schrift, Bild und Ton. Hg. v. Arnulf Deppermann und Angelika Linke. Berlin/
    New York 2010, S. 29–68.
Bung, Stephanie: Stimme und Erinnerung. *Je me souviens* von Georges Perec als Hörbuch. In:
    Phänomen Hörbuch. Interdisziplinäre Perspektiven und medialer Wandel. Hg.
    v. Stephanie Bung und Jenny Schrödl. Bielefeld 2017, S. 135–150.
Chion, Michel: Le son au cinéma. Paris 1985.
Dülmen, Katharina van: Wer bist du, Erwin Erzähler? In: –postmondän. digitales magazin 2015.
    URL: https://postmondaen.net/2015/10/11/wer-bist-du-erwin-erzaehler/ (23.06.2021).
Eidsheim, Nina Sun/Meizel, Katherine: Introduction: Voice Studies Now. In: The Oxford Handbook
    of Voice Studies. Hg. v. Nina Sun Eidsheim und Katherine Meizel. New York 2019, S. 1–29.
Haase, Martina: Definition und Gegenstand der Sprechkunst. In: Einführung in die
    Sprechwissenschaft. Phonetik, Rhetorik, Sprechkunst. Hg. v. Ines Bose, Ursula
    Hirschfeld, Baldur Neuber und Eberhard Stock. Tübingen 2013, S. 177–181.
Hofrichter, Ursula: Stimme und Begehren. In: Körper/Denken. Wissen und Geschlecht in
    Musik, Theater, Film. Hg. v. Andrea Ellmeier, Doris Ingrisch und Claudia Walkensteiner-
    Preschl. Köln 2016, S. 89–106.

Huwiler, Elke: Erzähl-Ströme im Hörspiel. Zur Narratologie der elektroakustischen Kunst. Paderborn 2005.

Klein, Richard: Ausdruck einer Stimme. Wie Bob Dylan singt. In: Musik & Ästhetik 2019, 23.1, S. 60–78.

Krämer, Sybille: Die ‚Rehabilitierung' der Stimme. Über die Oralität hinaus. In: Stimme. Annäherung an ein Phänomen. Hg. v. Sybille Krämer und Doris Kolesch. Frankfurt a. M. 2006, S. 269–295.

Mahne, Nicole: Transmediale Erzähltheorie: Eine Einführung. Göttingen 2007.

Merrill, Julia: Stimmen – schön schrecklich oder schrecklich schön? Beschreibung, Bewertung und Wirkung des vokalen Ausdrucks in der Musik. Kassel 2019.

Pachale, Dorothea: Stimme und Sprechen am Theater formen. Diskurse und Praktiken einer Sprechstimmbildung ‚für alle' vom ausgehenden 19. Jahrhundert bis zur Gegenwart. Bielefeld 2018.

Pinto, Vito: Stimmen auf der Spur: Zur technischen Realisierung der Stimme in Theater, Hörspiel und Film. Bielefeld 2012.

Rauscher, Andreas: Voice Acting in virtuellen Welten. Stimmeinsatz in Videospielen. In: Resonanz-Räume. Die Stimme und die Medien. Hg. v. Oksana Bulgakowa. Berlin 2012, S. 213–225.

Rogge, Jan-Uwe/Rogge, Regine: Hörklassiker für Kinder. In: Der Deutschunterricht 2004, 4, S. 64–78.

Rost, Katharina: Charaktere hören – zur Theatralität der Stimme(n) im Hörbuch. In: Stimme – Medien – Sprechkunst. Hg. v. Kati Hannken-Illjes, Katja Franz, Eva-Maria Gauß, Friederike Könitz und Silke Marx. Baltmannsweiler 2017, S. 98–111.

Schenker, Ina: Racevoicing. In: kinderundjugendmedien.de 2016. URL: http://www.kinderund jugendmedien.de/index.php/begriffe-und-termini/1850-racevoicing (13.04.2021).

Schenker, Ina: Vom Sprechen und Gehörtwerden: Postkoloniale Perspektiven auf Flucht-Erzählungen im dokumentarischen Kinderhörspiel. In: Jahrbuch der deutschen Gesellschaft für Kinder- und Jugendliteraturforschung 2017. Migration und Flucht. Hg. v. Ute Dettmar, Gabriele von Glasenapp, Emer O'Sullivan, Caroline Roeder und Ingrid Tomkowiak. URL: http://www.gkjf.de/publikationen/jahrbuch-2017-open-access/ (08.10.2021), S. 140–151.

Sendlmeier, Walter: Die psychologische Wirkung von Stimme und Sprechweise. Geschlecht, Alter, Persönlichkeit, Emotion und audiovisuelle Interaktion. In: Resonanz-Räume. Die Stimme und die Medien. Hg. v. Oksana Bulgakowa. Berlin 2012, S. 99–116.

Till, Sabine: Die Stimme zwischen Immanenz und Transzendenz. Zu einer Denkfigur bei Emmanuel Lévinas, Jacques Lacan, Jacques Derrida und Gilles Deleuze. Bielefeld 2013.

Wicke, Andreas: Kinderhörspiel. In: kinderundjugendmedien.de 2016. URL: https://kinderundjugendmedien.de/index.php/begriffe-und-termini/1491-kinderhoerspiel (13.04.2021).

Wicke, Andreas: „Erzählinstanz ja, Erzähler ungern". Narratologische Experimente in den Kinderhörspielen Thilo Refferts. In: libri liberorum. Fachzeitschrift für Kinder- und Jugendliteraturforschung 2019, 52–53, S. 95–104.

Philipp Hegel
Die Komposition der Stimmen und die Stimmen des Komponisten
Zur Figurenkonstellation in Rühms *Hugo Wolf und drei Grazien, letzter Akt*

Dem Andenken meines Vaters

Stimme und Figur

Für gewöhnlich stellt die Stimme im Hörspiel zwischen der Sprecherin oder dem Sprecher einerseits und der Figur andererseits eine Verbindung her (vgl. Schwitzke 1963, 201; Fischer 1964, 204). Sie ist eine lautliche Gegebenheit mit Merkmalen, die sich in gewissen Grenzen phänomenal unterscheiden lassen (vgl. Pinto 2012, 168 f.). Die Imagination ergänzt das Hörbare und verflicht im Hörspiel Stimme, Figur und Sprechende (vgl. Quintilianus 1988, 632; Barthes 1994, 1441; Meyer-Kalkus 2001, 11; 53; 58; Lobsien 2012, 48 f.; Kanzog 2013, 218). Die Stimme verweist auf den gesellschaftlichen und kulturellen Stand der Figur, ihren Habitus, ihre Bemühungen um Distinktion und Akkomodation, ihre psychischen Zustände und ihren Körper (vgl. Klippert 1977, 98; Pinto 2012, 153 f.). In musikalischer Notation, gedrucktem Text und akustischer Realisierung ist sie unterschiedlich gegeben, ihre medialen Erscheinungsweisen bleiben jedoch aufeinander beziehbar (vgl. Meyer-Kalkus 2001, 464; Kanzog 1991, 82).[1]

Gerhard Rühms „radiophones Redeoratorium" (Rühm 2016, 443; H 00:04)[2] *Hugo Wolf und drei Grazien, letzter Akt* (H) löst den Verbund von Stimme, Sprechenden und Figuren auf, hebt ihn zugleich aber dadurch hervor. In diesem Hörspiel genügt die individuelle lautliche Gegebenheit für die Differenzierung der Figuren nicht, weil es sich auf eine Sprecherin und einen Sprecher beschränkt

---

1 Im Folgenden wird jeweils die Stelle in der gedruckten Partitur und der Zeitpunkt im Hörspiel angegeben, an dem ein Text oder Geräusch einsetzt. Auf eine Zählung der Takte wurde verzichtet.

2 Rühm bezieht die Bezeichnung auf Johann Klaj (vgl. Rühm 2016, 446; H 02:42). Zur Gattung vgl. Paul 2002, 236; Rohmer 2020, 559 und Scheitler 2020, 660. Zum Verhältnis von Musik und Wort in Klaijs Werken vgl. Cysarz 1936, 76; Wiedemann 1966, 172; Rohmer 2004, 153 und Scheitler 2020, 660. Auch ein Vergleich mit den ‚Funkoratorien' früherer Zeiten könnte ertragreich sein.

und die Stimmen in musikalischer Weise handhabt. Die Hörgewohnheit wird somit irritiert (vgl. Maurach 1995, 16). Das Oratorium erscheint als eine Konstellation orientierender Impulse, die Bedeutungen der Worte und den Sinn der Rede herzustellen (vgl. Weinrich 1976, 11). Es bedarf der Kontextualisierung, wenn die Relation zwischen dem Sprecher oder der Sprecherin, der Figur und der Stimme nachvollzogen werden soll. Rühm ist zugleich ein Autor, der betont, dass ‚Handlung' nicht sein erstes ästhetisches Anliegen sei (vgl. Rühm 2008, 90; Drews 1983, 149). Es lässt sich daher fragen, inwieweit Paratexte, die *dispositio* oder jene „sprechweisen, die [...] den bedeutungsinhalt der worte vermitteln wollen" und die Rühm als „lautgesten" und „physiognomie des sprechens" (Rühm 2008, 81)[3] bezeichnet, zur Kontextualisierung genutzt werden.

Drei Grazien

Der Titel verweist zum einen auf Hugo Wolf als historische Person, zum anderen auf die Grazien als mythologische Referenz und kann anregen, die Biographie Wolfs und die Kenntnisse über die Göttinnen der Anmut in Verbindung zu setzen. Rühm beginnt sein Hörspiel zudem mit einem Proömium, in dem er sein technisches und künstlerisches Vorgehen erläutert und auch auf Wolf und die drei Frauen zu sprechen kommt. Das Vorgehen und die Figuren sind miteinander verknüpft. Es handele sich um „ein sprechstück für fünf personen [...], von denen jede ausschliesslich wörter auf einen der vokale U, O, A, E, I spricht, die sich allmählich zu fünfstimmigen vokalklängen überlagern" (Rühm 2016, 445; H 00:30).

Die Bezeichnung „grazien" liest Rühm als „a, i, e!" (Rühm 2016, 445; H 01:45). In seiner Einführung löst er die Figurengruppe sogleich in verschiedene Richtungen auf. Der mythische Kontext ist ihm „hintergrund" einer „im lockeren sprachgebrauch leicht ironisch gemeinten bezeichnung" (Rühm 2016, 446; H 03:34). Aus Johann Joachim Winckelmanns *Von der Grazie in Werken der Kunst* übernimmt er die „erotische aura" (Rühm 2016, 446; H 03:49) der Göttinnen. Auf diesem Wege gelangt er zu den „drei intensive[n] liebesbeziehungen" Hugo Wolfs „mit vally franck, mit melanie köchert-lang und [...] mit der sängerin frieda zerny" (Rühm 2016, 445; H 01:18). Als „merkwürdiges zusammentreffen" sieht er, „dass die ersten silben der drei vornamen die vokale A, E, I enthalten" (Rühm 2016, 445; H 01:30). Auf der Ebene der Laute treffen zwei Deutungshorizonte aufeinander, die potenzielle interpretative Rahmen füreinander bilden.

---

3 Ähnlich in Rühm 1989. Fisch weist darauf hin, dass diese „Textfassung [...] nicht autorisiert" (Fisch 2010, 396) sei. Vgl. ferner Schuh 1997, 21; Rühm 2008, 38.

Der Bezug auf die Göttinnen könnte eine unverbindliche Benennung der historischen Personen sein, aber die Figuren auch von diesen entfernen. Diese zweite Deutung legt Rühm selbst nahe: Die Grazien seien „retrospektive projektionen, als wunschvorstellungen wolfs aufzufassen" (Rühm 2016, 446; H 04:24). Dieses Verständnis verlagert das Gewicht auf den Komponisten. In ihrer „bloss memorierten präsenz" seien die Grazien „ein teil seiner selbst" (Rühm 2016, 446; H 04:32).

Als eine weitere Deutung der Grazien schwenkt Rühm zu den Parzen, die auch die „fünf selbstlaute des ersten alphabets" (Rühm 2016, 446; H 05:03) geschaffen hätten. Diese Deutung kann auf den Titel weisen. In einer theatralischen Begrifflichkeit spricht Rühm vom „letzten Akt". Rühm greift dies auf, wenn er die „letzte lebensphase" Wolfs anspricht, „die einerseits von wahnvorstellungen, andererseits von zunehmender körperlich-geistiger erstarrung bestimmt" (Rühm 2016, 446; H 02:51) gewesen sei.

Rühm zieht schließlich eine Parallele zu den Nornen, die „das vergangene, das gegenwärtige und das zukünftige" (Rühm 2016, 446; H 04:52) darstellten. Ihre Verbindung zum Lebensfaden der Parzen mag nahe liegen, Rühm entfaltet den Bezug zum Hörspiel aber nicht. Es „liessen sich [da] beziehungen zum sprechtext herstellen" (Rühm 2016, 446; H 04:56).

Er evoziert verschiedene Horizonte und vermeidet dadurch eine vollkommen eindeutige Zuordnung. Obwohl in der Partitur die Namen von Vally, Melanie und Frieda verwendet werden, so sind diese Figuren in der Einführung bereits in einer *enumeratio* als komplexe Gebilde angelegt, die nur bedingt mit historischen Personen identifiziert werden können.

Hugo Wolf

Die Deutungen der drei Grazien verweisen teilweise auf Hugo Wolf, dessen Name den beiden übrigen Vokalen zugeordnet wird. Rühm hält die „doppelrolle" für passend „im hinblick auf seine [Wolfs, Anm. P. H.] bewusstseinsspaltende erkankung" (Rühm 2016, 445; H: 01:38). Er spannt Deutungsrahmen auf, die sich einerseits auf mit Geräuschen, Worten oder Musik verbundene Anekdoten beziehen, andererseits auf Wolfs Sprechen und damit auf Rühms Kompositionstechnik.

Zu den biographischen Referenzen, die Rühm erläutert, gehört die Hyperakusis Wolfs (vgl. Rühm 2016, 447; H 05:39). Sie wird in drei Schüssen zum Ausdruck gebracht, die Wolf auf Vögel feuert, deren Gesang ihn stört (Rühm 2016, 452; 458; 469; H 15:21; 18:51; 23:13). Mit dem Zwitschern ist ein Bezug zur Musik angedeutet. Wolfs Empfindlichkeit bezieht sich auch auf Geräusche, die unmittelbar mit dem eigenen Musikschaffen sowie dem Musikbetrieb zusammenhängen.

Da ist der Applaus, auf den Wolf „nicht weniger ungehalten reagierte" (Rühm 2016, 447; H 06:35). Da sind das Klavier und das Notenblatt, das raschelt und tanzend zu Boden fällt (Rühm 2016, 454; H 16:52). Markant positioniert ist das Pendel (Rühm 2016, 447; H 05:44; vgl. Herrmann 2021, 85). Komposition und Spiel stellen sich als Vorgänge dar, in denen Zeitgefühl, Auge, Ohr und Hand, Körper, Wahrnehmung und Umwelt miteinander verbunden werden sollen. Das fallende Blatt und das stockende Klavierspiel weisen auf das Scheitern dieses Ansinnens. Die Schwierigkeit artikuliert sich zuvor in der Diskrepanz zwischen dem festen Metrum des Pendels und dem Rhythmus des Sprechens. Die Konjunktion „und", die 22-mal wiederholt wird, verknüpft nichts.[4] An die Stelle einer erzählten Handlungsfolge tritt der Vollzug des Sprechens.

Auch als Vally im „Walzertempo" vom „tanzenden Blatt" (Rühm 2016, 454; H 16:57) berichtet, wird das Bindewort aufgegriffen. Dem Tanzrhythmus wird das anfängliche Zögern und Drängen untergeschoben (Rühm 2016, 455 f.; H 17:11). Zugleich wird die Bewegung des Blattes mit Wolfs Tanzen in der Heilanstalt verbunden (Rühm 2016, 448; H 08:47) und Rühm skizziert derart verschiedene Verständnishorizonte dieses Motivs.

Das Klavierspiel wird ebenfalls in verschiedenen Weisen eingesetzt (vgl. Rühm 2016, 447 f.; H 07:16). Es diene zunächst für „unsichere versuche, [...] die ersten vier takte der ouvertüre von hugo wolfs oper ‚der corregidor' zu spielen" (Rühm 2016, 453; H 15:58; 16:24).[5] Später wird die Ouvertüre in den verminderten Septakkord einer Fuge Anton Reichas „melodisch überführt" (Rühm 2016, 471; H 24:27). Ein angenommenes „Parallelverhältnis" wird so musikalisch umgesetzt (Rühm 2016, 448; H 07:48). Schließlich setzt „die vierstimmige rejcha-fuge" ein und wird mit drei bearbeiteten Briefen kombiniert, die „kanonförmig so übereinander kopiert" werden, „dass sie gemeinsam mit dem schlussakkord der fuge enden" (Rühm 2016, 486; H 30:43).

Das Scheitern wird auch als ein Moment der Selbstentfremdung hörbar. Während die Komposition Entwurf in einem Raum von Möglichkeiten ist, ist das Spiel die Wiederholung selektierter Möglichkeiten. Im Scheitern des Spiels wird somit ein kompositorischer Freiraum unbeabsichtigt hörbar. Indem die eigene Komposition in das Werk eines anderen überführt wird, dominiert das Gedächtnis den kreativen Prozess.

---

4 Vgl. Forster 1974, 60. Vgl. auch das Wechselspiel von Horchen und Suchen in Rühm 2016, 451 f.; H 14:11; 14:28; 14:58.
5 Die Ausführungen von Spitzer zeigen, dass die von Rühm angeführten Kontexte in der musikhistorischen Forschung unterschiedlich gewichtet werden (vgl. Spitzer 2003, 169 f.).

wir. leer. war. morsch. stumm

Die Geräusche und Worte mit ihren biographischen Bedeutungen sind im folgenden Teil in eine Komposition von Stimmen eingebettet. Diese berührt sich mit der Ebene der Figuren, da diese über Vokale, Stimmorgane und Tonspuren unterschieden werden (vgl. allgemein Rühm 2008, 90). In Rühms Begrifflichkeit kann man von „auditiver Poesie" sprechen, insofern hier „sprachklang und artikulation bewusst mitkomponiert wurden, konstituierende bestandteile des textes sind" (Rühm 1988, 7), und spezifischer von deren „synthetische[r]" (Rühm und Block 2015, 63) Form. Die Korrelation von Vokalen und Figuren setzt die technischen Bedingungen des Tonstudios voraus und es handelt sich deshalb nach Rühms Sprachgebrauch um einen „radiophonen" Text (vgl. Rühm 2008, 97; Rühm 2001, 275).

Rühm beschreibt die von ihm angewandten Manipulationen vorab. Die Transponierungen vergrößern die Unterschiede zwischen den einzelnen Texthöhen, die entsprechend die Differenz der Vokale unterstützen (Rühm 2016, 449f.; H 12:38). Zugleich gibt er die Anweisung, den Eindruck zu vermeiden, es handele sich „um ein realistisch-psychologisierendes hörspiel" (Rühm 2016, 449; H 11:04). Worte wie „tränen" und „wut" sollen „emotionsneutral, doch weder trocken noch mechanisch, wiedergegeben" werden; „rezitation statt deklamation" (Rühm 2016, 449; H 11:09) fordert er. Diese Anweisung kann bestimmte Konnotationen des Klangs, bestimmte „lautgesten" unterdrücken und die Worte und Laute deutlicher der Aufmerksamkeit empfehlen.

Die „radikale reduktion des sprachmaterials" und die „aufhebung der hierarchie des syntaktischen regelsystems zugunsten der freien verfügbarkeit des einzelwortes (oder -lautes)" erinnere, so der Autor, an die „spracheigentümlichkeiten schizophrener" und sei deshalb in diesem Fall „thematisch motiviert und durchaus begründet" (Rühm 2016, 449; H 11:24). Das Verfahren Rühms wird so als Imitation des Sprechens und Denkens von Hugo Wolf eingeführt. Es ist dabei plausibel, dass die Verbigeration und die Agglutination auch die Grazien befallen, wenn diese „als halluzinative projektion" (Rühm 2016, 446; H 03:03) Wolfs angesehen werden. Ihre Rede entspricht dann seiner Wahrnehmung. Unterstützt wird diese Ansicht durch die Beobachtung, dass Rühm einzelne Worte Wolfs ausdrücklich in die Münder der Grazien legt. So soll das „es regne!" (Rühm 2016, 466; H 22:01), von Melanie gesprochen, Wolfs „allmachtsphantasie" (Rühm 2016, 448; H 09:02) ausdrücken. Auf diese Weise kommt es zugleich zur Trennung der Figuren und zu ihrer Identifikation.

Ferner werden zeitliche Abläufe übersprungen (vgl. beispielsweise Rühm 2016, 448; 464; 477; H 09:23; 21:23; 26:04). Die Trennung von Figuren mit ihren

Stimmen und von Ereignissen in ihrer Abfolge wird partiell aufgehoben. In der Einleitung wird die Aufhebung angekündigt, aber in dem folgenden Abschnitt bleiben die Figuren nach Tonhöhe und Vokalen zugleich getrennt und es bildet sich eine zeitliche Abfolge heraus, die biographische Ereignisse aufgreift, indem Worte verwendet werden, die mit ihnen verbunden sind.

Dieses Vorgehen lenkt die Aufmerksamkeit auf einzelne Worte mit ihrem Klang und ihrer Bedeutung. Es mischt sich dabei ein Moment der Reduktion mit einem Moment der Rekonstruktion, das Rühm als „freie verfügbarkeit des einzelwortes" anspricht. Es bilden sich gerade in dem inszenierten Aufeinandertreffen von Wolf und den drei Grazien sowie in der Rede der einzelnen Stimme nicht nur klangliche, sondern auch inhaltliche Komplexe heraus.

Die Komposition der Stimmen bildet keinen Dialog im engeren Sinn. Die *dramatis personae* werden nach und nach in die Szene eingeführt. Wer zu wem spricht und ob die Figuren überhaupt zueinander sprechen, bleibt an vielen Stellen offen. Die Worte werden gewissermaßen zu eigenen Akteuren und dienen nur eingeschränkt als Medium der Verständigung (vgl. Klippert 1977, 81). Die Eigenständigkeit der Worte, ihre partielle Isolierung und Verfremdung, ihre Intensivierung, Konzentration und die Aktivierung potenzieller Bedeutungen wird durch die vielfachen Wiederholungen und ihr akzentuiertes Erklingen erreicht.

Das Arrangement von Opposition und Mehrdeutigkeit, von Übereinstimmung und Wiederholung zwischen den Stimmen und innerhalb der Äußerung einer einzelnen Stimme kann vielleicht an der letzten gesprochenen Silbe vor dem Beginn der Fuge erläutert werden. An dieser Stelle sprechen alle fünf Stimmen gleichzeitig: „wir. leer. war. morsch. stumm" (Rühm 2016, 486; H 30:34). Sie werden fünfmal gleichzeitig eingespielt und dabei tritt in der genannten Reihenfolge je ein Wort durch die Lautstärke hervor.

Diese Worte lassen sich unterschiedlich miteinander verbinden. In dieser Reihenfolge ergeben sich drei mögliche elliptische Sätze, die man hören könnte: „Wir leer. War morsch. Stumm." Diese Reihenfolge ergibt sich aus der Partitur und Tonstärke. Im simultanen Klang könnte man auch „morsch" und „stumm" aufeinander beziehen. Unmittelbar gehen den fünf Wiederholungen ein „ich bin" und ein leises „ach" voraus (Rühm 2016, 486; H 30:33), sodass sich alle Zuschreibungen letztlich auch auf Wolf beziehen können.

In der *dispositio* des Hörspiels stehen die Worte nicht für sich. Sie greifen nicht nur auf die Erinnerungen und das Verständnis der Hörenden zurück, sondern entwickeln innerhalb des Hörspiels eigene Komplexe. Das „wir" etwa, das Frieda spricht, erscheint nicht zum ersten Mal. So heißt es kurz nach ihrem Eintreten: „ich bin nicht wie sie. bin die, die singt. bin brief, bin trieb. bin die mit dir wir ist" (Rühm 2016, 470; H 23:44). Bezieht man dieses „wir" nun in dieser letzten Silbe auf „leer", „morsch" oder „stumm", scheint dies diesem Anspruch Friedas entgegenzustehen.

Eine Fuge und drei Briefe

Wenn die Stimmen, wie es eine von ihnen ankündigt (vgl. Rühm 2016, 486; H 30:40), anschließend verstummen und die vierstimmige Fuge *Andante un poco allegretto* Reichas erklingt, dann könnte dies als Umsetzung einer poetologischen Aussage Rühms gelesen werden. Er hatte nämlich geschrieben: „so gerate ich von der sprache zur musik, wenn mir das wort für das, was ich zum ausdruck bringen möchte, zu eng, zu begrenzt erscheint" (Rühm 2008, 80). Das Musikstück, auf das nicht detailliert eingegangen werden kann, stellt sich zunächst als Antwort auf Wolfs kompositorisches Bemühen dar. Trotz des angenommenen „Parallelverhältnisses" unterstreicht die Wahl des Stückes, dass Wolf in diesem Musikstück nicht bei sich selbst anlangt.

Rühm hat eine Sphäre beschrieben, die er als „metasprachliches" und „metamusikalisches" bezeichnet (Rühm 2008, 82). Sie entstehe „bei der verschmelzung von sprache und musik" und sei etwas, „was weder sprache noch musik für sich alleine zu leisten vermögen" (Rühm 2008, 82). Im Hörspiel wird diese Sphäre zunehmend hörbar, wenn die Fuge mit drei Briefen kombiniert wird, aus denen Silben isoliert werden, und mit einem Schlussakkord endigt, in dem die Laute für sich stehen.[6]

Die künstliche Reduktion der Briefe erlaubt gewisse thematische Konzentrationen, die jeweils für die Briefe charakteristisch scheinen. Anders als in dem Text vor der Fuge ist nicht die freie Kombination von monovokalen Worten das Prinzip der Komposition (vgl. Rühm 2016, 445; H 00:45), sondern die Bearbeitung dokumentarischer Quellen (vgl. auch Rühm und Block 2015, 68).

Diese lassen sich identifizieren. Rühm ordnet sie in umgekehrter Reihenfolge zum Auftritt der Frauen. War im vorangegangenen Abschnitt die Chronologie der Ereignisse zum Teil aufgehoben, so folgt die Reihenfolge der Briefe der Datierung.[7] Da die Briefe aber übereinandergelegt werden, ist die zeitliche Abfolge der Briefe und der Biographie im Hörspiel nicht durchgängig wahrnehmbar.

---

6 Ein solches Verfahren erinnert Rühm an die Pegnitzschäfer (vgl. Rühm 1992, 95). Ein Beispiel ist Harsdörffer et al. 1964, 40.

7 Sie sind auch dem Umfang der bearbeiteten Briefe nach geordnet. Das ist für den zeitlich verschobenen Einsatz der Briefe im Hörspiel bedeutsam.

Es werden nur die Silben gesprochen, die den jeweiligen Vokal der Figur enthalten. Damit bleibt zum einen dort, wo die Stimmen und Laute zu unterscheiden sind, die Zuordnung zu den Figuren gewährleistet. Die Hörerfahrung kann zum anderen als eine Imitation der Hyperästhesie Wolfs die Aufmerksamkeit auf bestimmte Phänomene lenken.

Komplexere Worte wie „regenwetter" und vertraute wie „ich" stechen vielleicht hervor. Die Reduktion auf Silben erschwert jedoch das Verständnis. Auch bilden sich durch die Überlagerung der Briefe Überblendungen der Sinnhorizonte. „ich" kann die sprechende Grazie oder Wolf als Verfasser des Briefes meinen. „regenwetter" kann mit Blick auf die Vorlage als Hindernis verstanden werden. Der Ausdruck verweist zudem auf das „es regne!" und auf die „allmachtsphantasie" Wolfs. Übermut und Scheitern sind also simultan angesprochen.

Obwohl Rühm von „friedas brief", „melanies brief" und „vallys brief" (Rühm 2016, 492 f.) spricht und die Zuordnung über die Vokale erhalten bleibt, dienen Briefe Wolfs als Vorlage. Diese Verfremdung kann, wenn man sie wahrnimmt, als Ausdruck jenes Zustands verstanden werden, in dem die Frauen als „halluzinative projektion" Wolfs gehört werden.

Der Brief an Frieda Zerny stammt vom 1. März 1894. Wolf reagierte mit ihm auf ein Telegramm, das ihn erreichte, als er Tagebuch schrieb, und, wie er Frieda mitteilt, ihr sein „ganzes Sinnen u. Gedenken zugewendet war" (Wolf 2010a, 319). In seiner Antwort behandelt er zunächst einige Bilder Friedas, eine „Malice" an der Oper und einen möglichen „Raubzug" (Wolf 2010a, 320 f.) in Amerika. Erst am Ende schreibt er von seiner „jüngste[n] Schaudergeschichte" (Wolf 2010a, 321) und während einer Unterbrechung muss er Melanie von seiner Liebe zu Frieda berichten: „Ich erzählte ihr nun Alles" (Wolf 2010a, 322). Diesen Inhalten entsprechend dominieren in der bearbeiteten Fassung des Briefes Worte wie „ich" und „mir", „mit" und „nicht", „sie" und „ihr", „dir" und „dich", aber auch „liebst" und „brief" (Rühm 2016, 492; H 31:31).[8] Die Inhalte sind daraus nicht präzise zu rekonstruieren. Es ist jedoch deutlich, dass persönliche Beziehungen und vor allem der Kontakt zur Empfängerin im Zentrum des Briefes stehen.

Den zweiten Brief richtete Wolf am 3. August 1895 an Melanie Köchert. Er berichtet von einer Bergwanderung, die er mit Karl Mayreder unternommen hat und die bei Regen und Nebel kurz vor dem Ziel abgebrochen werden musste (vgl. Wolf 2010a, 691 f.). Trotz der widrigen Umstände habe er Blumen gepflückt (vgl. Wolf 2010a, 692). Von dieser Wanderung bleiben als ganze Ausdrücke

---

8 An dieser Stelle und bei den übrigen Briefen ist, soweit nicht einzelne Stellen besprochen werden, lediglich der Einsatz des jeweiligen Briefes im Hörspiel vermerkt.

unter anderem „berg", „fels" „regen", „nebel" und der „getretene weg" (Rühm 2016, 492 f.; H 31:52) hörbar. Da seine Gäste ihre Abreise angekündigt hätten, freue er sich nun schon wieder seines „Alleinseins" (Wolf 2010a, 692). Auch seine Katzen hätten ihn verlassen: „Katzennatur! – Sie schmeicheln u. thun lieb u. schön – aber sie sind nicht treu" (Wolf 2010a, 692). Dies kann als Aussage über Wolfs Beziehungen gelesen werden. Unterstrichen wird dies durch das Wort und den elliptischen Satz „leer" (Wolf 2010a, 962; Rühm 2016, 493; H 36:16). Wolf beschreibt damit die Stätte der Katzen. Es ist zugleich das Wort Melanies, mit dem der Abschnitt vor der Fuge endete.

Die Vorlage des dritten Briefes ist an die Librettistin von *Der Corregidor* adressiert, Rosa Mayreder, die Gattin Karls. Nach der Einlieferung in die Heilanstalt sieht Wolf in Mayreders seine letzten Vertrauten (vgl. Wolf 2010b, 504). Dieser Zusammenhang bleibt in den Worten „anstalt" und „narr" (Rühm 2016, 493; H 35:40) erhalten. Wolf relativiert seinen Zustand mit dem Verweis auf sein Dichtertum. Er sieht sich als „Poet" und sei noch so „vernünftig" (Wolf 2010b, 505), die „Narren [...] zum Narren" (Goethe 2006, 9) zu haben. Von den Substantiven bleibt der „Narr", nicht der „Poet". Mit dem „Akt" wird allerdings auf die Oper verwiesen. Die Einheit seiner Person, die Wolf behauptet – „der geblieben der ich war" (Wolf 2010b, 505) –, wird in Rühms Hörspiel in ein komplexeres Bild überführt (vgl. auch Rühm 2005, 589). Das Motto signalisierte dies: „Ja, wenn ich der Hugo Wolf wäre, das wäre gut. (hugo wolf zu einem wärter der irrenanstalt)" (Rühm 2016, 445; H 00:16).

Schlussakkord

Die Charakterisierung der Figuren und ihrer Konstellation steht in den verschiedenen Abschnitten in einem engen Verhältnis zu den medialen Formen und Kompositionsprinzipien. Die ästhetischen Verfahren reichen von der erläuternden Prosa über eine musikalische Handhabung von Stimmen und Worten und die Reduktion historischer Dokumente auf Silben bis zu einem Akkord von Selbstlauten. Durch diese Verfahren sind die Charakteristik und die Konstellation von Figuren weniger an Vorstellungen gebunden, wie sie Handlungen und Dialoge begleiten, denn Deutungsmöglichkeiten von „Hörsensationen" (Schöning 1982, 290).

1. Die Einleitung rahmt die Imagination der Figuren und die Deutung der folgenden Abschnitte.[9] Diese Erläuterungen sind ein Teil der Komposition,

---

9 Vgl. zur Erklärungsbedürftigkeit seiner Werke Rühm und Block 2015, 66.

der sich schwerlich ignorieren lässt. Sie sind weniger Reduktionen der Bedeutung als Initiierungen und Orientierungen von Deutungen. Es zeigte sich, dass Rühm mehrere, oft miteinander verbundene Sinnhorizonte anspricht, um die Klangereignisse und -arrangements auf Figuren und ihre Handlungen zu beziehen. Eine dieser interpretativen Optionen ist, alle Stimmen als Stimmen des Komponisten zu verstehen.

2. Es folgt die nach formalen Prinzipien reduzierte Rede der Figuren. In dieser Komposition der Stimmen treten das Material und der Akt der Äußerung hervor. Wie beim musikalischen Komponieren werden in ihrer Deutung der Fortgang und Zusammenhang gesucht und andere Möglichkeiten denkbar. Die Deutung dieser Aufteilungen und zeitlichen Arrangements ist durch die Kenntnis des Verfahrens für den konkreten Fall nicht festgelegt.

3. Im dritten Abschnitt, in dem Instrumentalmusik und Briefe verbunden werden, ist die Musik im Unterschied zum vorangegangenen Teil kontinuierlich. Die Identifikation von Figuren über Laute wird als ästhetisches Verfahren fortgesetzt und Silben werden aus historischen Dokumenten entnommen. Damit werden die Klänge offener in ihrer Bedeutung und verschiedene Zusammenhänge denkbar. Die verständlichen Teile können auch der Konzentration komplexer Bedeutungen in einem einzelnen Wort dienen.

4. Im Schlussakkord, der mit einer Pause auf die Fuge folgt, erklingen in der Reihenfolge der Briefe die Laute „i", „e" und „a" und werden schließlich von „o" und „u" ergänzt. Diese Dekomposition der Sprache löscht die Erinnerung an das Gehörte nicht aus. In dem „metasprachlichen", „metamusikalischen" Klang konzentrieren sich uneindeutig und widersprüchlich die Stimmen, Figuren und Ereignisse. Die Sätze, Worte, Silben und Laute bilden füreinander Kontexte, die bis zum Schlussakkord als potenzielle Bedeutungen der einzelnen Klänge konstituiert wurden.

Literatur & Medien

Hugo Wolf und drei Grazien, letzter Akt. Hörspiel von Gerhard Rühm. Regie: Gerhard Rühm. WDR/hr 2015.

***

Barthes, Roland: Œuvres complètes. Bd. 2: 1966–1973. Hg. v. Éric Marty. Paris 1994.
Cysarz, Herbert: Deutsches Barock in der Lyrik. Leipzig 1936.
Drews, Jörg: Abhandlung über das Lautall. Hörspielmacher Gerhard Rühm. In: Hörspielmacher. Autorenporträts und Essays. Hg. v. Klaus Schöning. Königstein 1983, S. 144–162.

Fisch, Michael: „Ich" und „Jetzt". Theoretische Grundlagen zum Verständnis des Werkes von Gerhard Rühm und praktische Bedingungen zur Ausgabe seiner „Gesammelten Werke". Bielefeld 2010.

Fischer, Eugen Kurt: Das Hörspiel. Form und Funktion. Stuttgart 1964.

Forster, E. M.: Aspects of the Novel and Related Writings. Hg. v. Oliver Stallybrass. London 1974.

Goethe, Johann Wolfgang: Sämtliche Werke nach Epochen seines Schaffens. Bd. 3.2: Italien und Weimar. 1786–1790. Hg. v. Hans J. Becker et al. München 2006.

Harsdörffer, Georg Philipp/Klaj, Johann/Birken, Sigmund von: Gedichte. Hg. v. Gerhard Rühm. Berlin 1964.

Herrmann, Britta: „Nur der Rhythmus interessiert". Überlegungen zum Neuen Hörspiel. In: Monatshefte für deutschsprachige Literatur und Kultur 2021, 113.1, S. 71–98.

Kanzog, Klaus: Sprechakt und Zeichensetzung. Zur Transkription des gesprochenen Worts in audio-visuellen Medien. In: Editio 1991, 5, S. 82–95.

Kanzog, Klaus: Mit Auge und Ohr. Studien zur komplementären Wahrnehmung. Nordhausen 2013.

Klippert, Werner: Elemente des Hörspiels. Stuttgart 1977.

Lobsien, Eckhard: Schematisierte Ansichten. Literaturtheorie mit Husserl, Ingarden, Blumenberg. München 2012.

Maurach, Martin: Das experimentelle Hörspiel. Eine gestalttheoretische Analyse. Wiesbaden 1995.

Meyer-Kalkus, Reinhart: Stimme und Sprechkünste im 20. Jahrhundert. Berlin 2001.

Paul, Markus: Reichsstadt und Schauspiel. Theatrale Kunst im Nürnberg des 17. Jahrhunderts. Tübingen 2002.

Pinto, Vito: Stimmen auf der Spur. Zur technischen Realisierung der Stimme in Theater, Hörspiel und Film. Bielefeld 2012.

Quintilianus, Marcus Fabius: Institutionis oratoriae. Bd. 2: Buch VII–XII. Hg. v. Helmut Rahn. 2. Aufl. Darmstadt 1988.

Rohmer, Ernst: Geistliche Lieder bei Klaj. In: Morgen-Glantz 2004, 14, S. 139–157.

Rohmer, Ernst: Klajs geistliche Lieder. In: Johann Klaj (um 1616–1656). Akteur – Werk – Umfeld. Hg. v. Dirk Niefanger und Werner Wilhelm Schnabel. Berlin/Boston 2020, S. 559–583.

Rühm, Gerhard: Botschaft an die Zukunft. Gesammelte Sprechtexte. Reinbek 1988.

Rühm, Gerhard: Musiksprache – Bildmusik. Intermediale Aspekte meiner Arbeit. In: Wespennest 1989, 74, S. 129–134.

Rühm, Gerhard: Persönliches zur deutschen Barockdichtung. In: Literaturmagazin 1992, 29, S. 92–99.

Rühm, Gerhard: Resonanzen. Es geht weiter – wenn … In: Hörwelten. 50 Jahre Hörspielpreis der Kriegsblinden. 1952–2001. Hg. v. Bund der Kriegsblinden Deutschlands und der Filmstiftung Nordrhein-Westfalen. Berlin 2001, S. 274–276.

Rühm, Gerhard: Gesammelte Werke. Bd. 1.1: Gedichte. Hg. v. Michael Fisch. Berlin 2005.

Rühm, Gerhard: Aspekte einer erweiterten Poetik. Vorlesungen und Aufsätze. Berlin 2008.

Rühm, Gerhard: Gesammelte Werke. Bd. 3.2: Radiophone Poesie. Hg. v. Paul Pechmann. Berlin 2016.

Rühm, Gerhard/Block, Friedrich W.: Gerhard Rühm zur „Konkreten Poesie". Antworten auf Fragen von Friedrich W. Block. In: Österreichische Gegenwartsliteratur. Hg. v. Hermann Korte. München 2015, S. 60–70.

Scheitler, Irmgard: Johann Klaj und die Musik. In: Johann Klaj (1616–1656). Akteur – Werk –
    Umfeld. Hg. v. Dirk Niefanger und Werner Wilhelm Schnabel. Berlin/Boston 2020,
    S. 659–688.
Schöning, Klaus: Hörspiel hören. Akustische Literatur: Gegenstand der Literaturwissenschaft?
    In: Spuren des Neuen Hörspiels. Hg. v. Klaus Schöning. Frankfurt a. M. 1982, S. 287–305.
Schuh, Franz: Das Material der Sprache. In: Falter (14.03.1997), S. 20–21.
Schwitzke, Heinz: Das Hörspiel. Dramaturgie und Geschichte. Köln/Berlin 1963.
Spitzer, Leopold: Hugo Wolf. Sein Werk – Sein Leben. Wien 2003.
Weinrich, Harald: Sprache in Texten. Stuttgart 1976.
Wiedemann, Conrad: Johann Klaj und seine Redeoratorien. Untersuchungen zur Dichtung
    eines deutschen Barockmanieristen. Nürnberg 1966.
Wolf, Hugo: Briefe 1873–1901. Bd. 2: Briefe 1892–1895. Hg. v. Leopold Spitzer. Wien 2010a.
Wolf, Hugo: Briefe 1873–1901. Bd. 3: Briefe 1896–1901. Hg. v. Leopold Spitzer. Wien 2010b.

Andreas Wicke

Erzählinstanzen

Narrative Vielfalt im Hörspiel der 1950er Jahre

„Eines der epischen Elemente im Hörspiel stellt der ERZÄHLER dar" (Kühner 1954, 220), schreibt Otto Heinrich Kühner und benennt damit einen Aspekt, der in der Forschung über das elektroakustische Genre kontinuierlich, allerdings eher beiläufig behandelt wird. Seit den Anfängen wird disputiert, ob das Hörspiel überhaupt eine Erzählinstanz braucht und welche Funktion sie haben kann. Bereits auf der Kasseler Tagung *Dichtung und Rundfunk* 1929 berichtet der Regisseur Alfred Braun von

> einem Hörspielversuch [mit] eine[m] Ausfrager und eine[m] Ansager, die das Stück einleiten, einleitend gleich die Exposition geben, dann von Bild zu Bild überleiten, auch manchmal in ihrem Dialog die Handlung weiterführen, immer bis zu dem Doppelpunkt, auf den dann [...] die nächste Hörszene folgt.   (Dichtung und Rundfunk 1929, 97)

Einerseits sieht man, wie tastend und suchend in dieser frühen Phase über das neue und nach allen Seiten offene Genre gesprochen wird, andererseits wird schon hier über eine hörspielspezifische Form nachgedacht, in der man epische mit dramatischen Teilen verbinden kann.

Heinz Schwitzke sieht in seiner Studie *Das Hörspiel. Dramaturgie und Geschichte* aus dem Jahr 1963 den Einsatz einer Erzählinstanz nüchtern: Es sei in „der Hörspielentwicklung aus dem anonymen Erzähler, selbst wenn er (wie noch oft) als Autor firmiert, nie ein gescheites Stilmittel geworden" (Schwitzke 1963, 147). Der Erzähler wird als notwendiges Übel gesehen, der zwar eine pragmatische Funktion hat, von dem aber keine künstlerische Inspiration für radiophone Experimente auszugehen scheint. Schwitzke konzediert allerdings, dass er die „episch-dialogische Mischform" nur dann „als bequem, halbgar und chimärisch empfinde, wenn nicht wenigstens auch der Erzähler für den Hörer selbst Figur und Schicksal wird" (Schwitzke 1963, 348). Diese Unterscheidung wird an anderer Stelle präzisiert: „Erzählt eine anonyme Stimme, so fehlt die Motivation, die Anschauung und darum das Vertrauen. Der Erzähler als handelnde Person aber bedeutet Vergegenwärtigung" (Schwitzke 1963, 251). Es kommt also zu keiner kategorischen Absage, sondern zu einer Pointierung, die sich – in der Terminologie Gérard Genettes – gegen eine heterodiegetisch-nullfokalisierte Erzählinstanz richtet, während homodiegetisches, intern fokalisiertes Erzählen im Hörspiel akzeptiert wird.

In der Forschung wurden Erzählinstanzen im Hörspiel nur vereinzelt in den Blick genommen. Neben den Ansätzen von Reinhard Döhl, der Anfang der 1970er Jahre noch sehr mit der gattungstypologischen Unterscheidung zwischen Hörspiel und Funkerzählung befasst ist, und Rainer Hannes, dessen 1990 erschienener Dissertation *Erzähler und Erzählen im Hörspiel* ein linguistischer Beschreibungsansatz zugrunde liegt, ist vor allem die Arbeit Elke Huwilers zu nennen, die 2005 als Erste versucht, Aspekte einer modernen Narratologie ins Hörspiel zu übertragen. Dabei betont sie, dass es unterschiedliche narrative Instanzen gibt, die „rein funktional bleiben oder aber zusätzlich auch personifiziert auftreten" können. „Personifiziert ist die Erzählfunktion dann, wenn sie sich durch irgendeine Angabe auf sich selber bezieht und eine personell definierte Figur oder eine andersartig anthropomorphisierte Gestalt darstellt" (Huwiler 2005, 98 f.). Im Folgenden sollen zunächst exemplarische Produktionen der 1950er Jahre hinsichtlich der Erzählinstanz untersucht und daraus abschließend Aspekte einer Analyseheuristik abgeleitet werden.

Otto Heinrich Kühner: Die Übungspatrone (SDR 1950)

Otto Heinrich Kühners eingangs zitierte Abhandlung *Eine Dramaturgie des Hörspiels, der Funkerzählung und des Features* geht auch auf die Funktion des Erzählers ein:

> *Als Berichter einer Handlung hat er eine dramaturgische Funktion innerhalb des Hörspiels zu erfüllen.* Er kann zwischen Handlung und Hörer vermitteln oder als überpersönliche Stimme des Geschehens wirken; er erweitert das Spannungsfeld zwischen Handlung und Hörer um eine dritte ‚Instanz'. Er schafft Zwischenräume. Er kann auch zunächst handelnde Person sein und aus dem Geschehen heraustreten oder umgekehrt in das Kleid eines der Handelnden schlüpfen[.] (Kühner 1954, 220)

Als Beispiel für die zuletzt genannte Option – eine Erzählinstanz wird zur handelnden Figur – führt er sein eigenes Hörspiel *Die Übungspatrone* (ÜP) an, in dem junge Soldaten auf dem Weg zu einer Exekution über Schuld und Verantwortung nachdenken. Eines der Gewehre ist mit einer Platzpatrone geladen – einer schießt also nicht scharf – und am Schluss darf sich, so die fragwürdige Moral, jeder einreden, dass diese Übungspatrone in seinem Gewehr steckte und er somit keine Schuld am Tod des Kameraden trägt. Der Erzähler ist einer der Soldaten, die gezwungen werden, einen sogenannten fahnenflüchtigen Kameraden zu erschießen. Diesen namenlosen Sprecher erlebt man erst als Erzählinstanz, dann als Figur, wobei die erzählenden Anteile und die inneren Monologe zum Teil unlösbar miteinander verwoben sind.

Zunächst wird der Einstieg über eine Erinnerung gewählt: „Ja, ich weiß noch genau, wie das war, ich weiß noch genau, was ich dachte" (ÜP 01:16), sagt der Erzähler. Dann erhält man während des gesamten Marschs zum Exekutionsplatz Einblicke in die Gedanken und Gewissensnöte der jungen Soldaten. Sie sprechen nicht miteinander, stattdessen hat jeder einen kurzen Gedankenmonolog. Der Erzähler selbst kündigt diese stummen Monologe an, gibt allerdings auch zu, dass er seine Kameraden gar nicht kennt:

> Erzähler: Ich weiß nicht, wo er herstammt, ich weiß überhaupt nichts ...
>
> *(Marschiergeräusche werden lauter)*
>
> 1. Stimme: Exekutionskommando, Exekutionskommando, Exekutionskommando! Das, das greift dir an den Hals. Das kommt einem hoch. Da wehrt sich alles gegen.   (ÜP 07:19)

Zu Recht weist Hannes auf „narrative Widersprüche" (Hannes 1990, 138 f.) hin, denn ein homodiegetischer und intern fokalisierter Erzähler kann die Gedanken seiner Kameraden nicht kennen, weswegen Döhl deutliche „Spuren des allwissenden Erzählers" (Döhl 1971, 406) wahrnimmt.

Im letzten Teil gesteht einer der Kameraden, nicht abgedrückt zu haben. Da trotzdem neun Schüsse gezählt wurden, ist klar, dass die Übungspatrone in seinem Gewehr steckte. In der Folge scheint es zu einer Verdopplung der Stimme des Erzählers zu kommen: Innerhalb der Diegese hört man ihn als Figur höhnisch lachen, während er gleichzeitig auf der extradiegetischen Ebene den Vorgang kommentiert: „Ich lache auf innerlich. [...] Es ist zum Totlachen" (ÜP 38:18). Später heißt es an den Kameraden gerichtet: „Du hast uns unsere Unwissenheit genommen. [...] Die Unwissenheit ist doch solch ein Glück, ein Segen sogar" (ÜP 43:22).

Die radikale Subjektivierung und die existenziellen Fragen werden hier über die narrative Konstruktion gesteigert. Der auditiv vermittelte Blick ins Innere des Erzählers, aber auch der anderen Figuren zeigt die verzweifelt kreisenden Gedanken der jungen Männer. Mit den Mitteln des Hörspiels wird ein Gewissenskonflikt entfaltet, der für die Literatur nach 1945 typisch ist und zeigt, wie stark die „Last der Vergangenheit" (Arnold 1995, 9) weiterwirkt. „Bist du ein Mörder?" (ÜP 06:14), lautet dementsprechend die unauflösbare Frage in Kühners *Die Übungspatrone*.

Günter Eich: Der Tiger Jussuf (NWDR 1952)

„Mit welchen funkischen Mitteln arbeitet Eich seine Hörspiele aus?", fragt der Schriftstellerkollege Heinz Piontek 1955 und gibt folgende Antwort:

> Am auffälligsten ist wohl seine Vorliebe für den Erzähler, also einen Sprecher, der die Geschehnisse des Stückes, soweit sie nicht szenisch ausgebildet sind, in epischen Passagen zusammenfaßt und diese mit den Spielszenen verknüpft. Doch niemals ist der Chronist bei Eich nur unbeteiligter Berichterstatter, er hat vielmehr immer eine legitime Rolle inne und wirkt als konstruktiver Faktor, ja, als Zentralfigur mit. (Piontek 1970, 112 f.)

In *Der Tiger Jussuf* (TJ) geht es um die Frage nach der Identität, die der Tiger permanent wechselt. Die daraus resultierende Unsicherheit spiegelt sich auch in der Erzählstruktur des Hörspiels. Dort tritt der Tiger selbst als nicht-menschliche Erzählinstanz auf:

> Ich möchte mich vorstellen, Hörer, aber wer bin ich? Ich könnte nicht einmal sagen, dass die Stimme, die Du vernimmst, mit Sicherheit die meine sei. Einiges spricht dafür, dass ich ein Tiger bin, genauer gesagt, der Zirkustiger Jussuf. Aber nicht nur dir, auch mir kommt es merkwürdig vor, dass ein Tiger in menschlicher Sprache soll reden können. Nein, es ist ohne Zweifel so, dass auch viele andere Stimmen, die du hören wirst, die meinen sind. Und daraus schließe ich, dass es nicht mit Sicherheit feststeht, wer ich bin.
> (TJ 00:00:50)

Nach einigen Beispielszenen heißt es dann explizit:

> Nimm das alles nicht zu ernst und denke nicht zu viel darüber nach. Vermute nichts anderes als ein Spiel und belass es dabei. Denke daran, dass es mir Freude macht, dich zu verwirren, zu nasführen und zu belügen. Ja, am besten fährst du, wenn du hinter allem vermutest, es sei gelogen.
> (TJ 00:07:20)

Die Signale für unzuverlässiges Erzählen (vgl. Nünning 2013, 27 f.) sind markant gesetzt; neben der Tatsache, dass hier ein Tier erzählt, weist die Erzählinstanz selbst ausdrücklich darauf hin, dass ihr nicht zu trauen sei. Den wenigen Forschungsskizzen zu diesem Hörspiel merkt man die Ratlosigkeit der Exegeten an: Fischer spricht von einer „sinnverwirrende[n] Verknäuelung" (Fischer 1964, 171) der verschiedenen Wirklichkeitsebenen, während Hannes' Beschreibungsansatz die einzelnen diegetischen Ebenen trennt und die Erzählstruktur über das Bild eines Möbiusschen Bandes oder der Seltsamen Schleife zu erklären versucht (vgl. Hannes 1990, 150 f.). Auch er resümiert, dass das „Thema des Stücks, [die] Verschränkung von Identitäten" (Hannes 1990, 171), und die narrative Struktur eng zusammenhängen. Letztlich treibt Eich hier ein Prinzip auf die Spitze, das auch in anderen seiner Hörspiele – etwa in *Die Andere und ich* (NWDR 1952), *Fis mit Obertönen* (SDR 1951) und überdeutlich in *Träume* (NWDR 1951) – von Bedeutung ist. Es geht um das Motiv der Verunsicherung, das insgesamt ein Wesensmerkmal in der Kultur der Nachkriegszeit ist. Stefan Bodo Würffel bezeichnet die „Tendenz, den Hörer in seinen Haltungen zu verunsichern", als „Leitmotiv der Hörspiele Eichs" (Würffel 1978, 89).

Was zunächst auf einer inhaltlichen Ebene gemeint ist, lässt sich auch über die narratologische Analyse belegen. Das Vexierspiel betrifft dabei nicht nur die Figuren innerhalb des Hörspiels, das unzuverlässige Erzählen lässt auch die Hörerinnen und Hörer verunsichert und verwirrt zurück. „Verwirrung! Sie ist notwendig", schreibt Piontek über Eichs Hörspiel, „sie soll diejenigen treffen, deren Denken sich eingleisig bewegt, deren Rechnungen immer glatt aufgehen und für die das Leben ‚keine Geheimnisse' hat. *Jussuf* führt uns das Rätselhafte der Existenz wieder vor Augen, die Fragwürdigkeit der Identität" (Piontek 1970, 116).

Max Frisch: Herr Biedermann und die Brandstifter (BR 1953)

In Max Frischs Hörspiel *Herr Biedermann und die Brandstifter* (BB), das fünf Jahre vor dem beinahe gleichnamigen Theaterstück entstanden ist, leitet der Erzähler mit folgenden Worten ein:

> Liebe Hörer! Herr Biedermann, der Held unserer unwahrscheinlichen Geschichte, wartet bereits im Nebenraum, ich sehe ihn hier durch die große Scheibe, aber er kann mich nicht hören ...
> (BB 00:00:00)

Was zunächst wie eine reale Studiosituation wirkt, in der ein Moderator einen Gast ankündigt, wird bald zu einem raffinierten Spiel, in dem die hier zusätzlich durch die Scheibe getrennten Erzählebenen verschwimmen:

> Verfasser: Ich habe die Ehre, Herr Biedermann, mich Ihnen vorzustellen: Ich bin Ihr Verfasser.
>
> Biedermann: Guten Abend.
>
> Verfasser: Vorderhand wissen unsere Hörer nur, dass es sich um den Brand von Seldwyla handelt, noch habe ich nicht gesagt, dass Sie, Gottlieb Biedermann, die Persönlichkeit sind, die unsere Katastrophe ermöglicht hat.
> (BB 00:02:05)

Innerhalb der scheinbaren Interviewsituation wird die erzähllogische Barriere zwischen den diegetischen Ebenen überschritten, denn fiktive Figuren kennen ihren Verfasser nicht. Das Durchbrechen der „heilige[n] Grenze zwischen zwei Welten: zwischen der, in der man erzählt, und der, von der erzählt wird", hat Genette als „narrative Metalepse" (Genette 1998, 168 f.) bezeichnet. Und dieses Spiel mit der

Fiktionalität, das bei Frisch die groteske Wirkung verstärkt, wird durch den intertextuellen Verweis auf das fiktive Seldwyla aus Gottfried Kellers Novellensammlung unterstützt. Bemerkenswert ist, dass Frisch sich die Möglichkeiten des Rundfunks medienspezifisch zunutze macht, denn in der späteren Theateradaption fällt das Spiel um den Verfasser und seine Figur weg, stattdessen greift Frisch auf eine Tradition des antiken Theaters zurück und lässt einen Chor auftreten.

Die Rolle des vordergründig allwissenden Erzählers, der „kommentiert und ironisiert" (Hannes 1990, 103), wird im Laufe des Hörspiels geschwächt und dekonstruiert. Dies wird deutlich, wenn die Figur sich hilfesuchend an ihren Verfasser wendet:

> Biedermann: Wären Sie an meiner Stelle gewesen, Herrgott im Himmel, was hätten Sie denn getan?

> Verfasser: Sie haben vollkommen recht, Herr Biedermann: das ist die Frage, die mich beschäftigt.

> Biedermann: Sie sind der Verfasser – Kunststück! Wenn man das Ende voraus weiß ...

> Verfasser: Sie finden mich überheblich? (BB 00:32:44)

Hier wird die Erzählsituation explizit zum Thema gemacht und diskutiert. Nur ein nullfokalisierter Erzähler kann das Ende vorauswissen, wodurch ihm eine olympische Position insinuiert wird. Einem solchen gottgleichen Erzähler, wie ihn etwa Gottfried Keller in seinen *Seldwyla*-Erzählungen einsetzt, hält Herr Biedermann seine Situation der Hilflosigkeit entgegen. Er muss handeln, ohne die aus den Fugen geratene Welt zu verstehen bzw. das Ende zu kennen.

Das Konzept des allwissenden Erzählers wird hier nicht nur ironisiert, sondern im Folgenden auch subtil unterlaufen. Als Herr Biedermann pfeifend im Wohnzimmer steht, kommentiert der Verfasser: „aus dem *Rosenkavalier*, wenn ich nicht irre?" (BB 00:38:34). Er ist also selbst unsicher, was die Figur, die er erschaffen hat, tut respektive pfeift. Am Ende wächst dem Verfasser die Geschichte endgültig über den Kopf; er ist wieder in seiner Moderatoren-Rolle, doch nun übertönt die Diegese die extradiegetische Erzählinstanz. Während er im Abspann die Namen der realen Sprecherinnen und Sprecher nennt, hört man Detonationsgeräusche und der Erzähler kommentiert: „Das war der Gasometer" (BB 01:09:00). Hat der Erzähler zunächst die Grenze zu seinen Figuren durchbrochen, kommt es hier zu einer weiteren Überschreitung in die Gegenrichtung, sodass insgesamt der Untertitel *Eine unwahrscheinliche Geschichte* noch einmal betont wird. „Das Verwirrendste an der Metalepse liegt sicherlich in dieser inakzeptablen und doch so schwer abweisbaren Hypothese", kommentiert Genette, „wonach das Extradiegetische vielleicht immer schon diegetisch ist und der Erzähler und seine narrativen Adressaten, d. h. Sie und ich, vielleicht auch noch zu irgendeiner Erzählung gehören" (Genette 1998, 169).

Arthur Schnitzler/Max Ophüls: Berta Garlan (SWF 1956)

In Arthur Schnitzlers Erzählung *Frau Berta Garlan* (1901) erzählt eine hetero-diegetische Instanz, die intern auf die Titelfigur fokalisiert ist. Die Hörspiel-adaption unter dem Titel *Berta Garlan* (BG) stammt von Max Ophüls, der bereits 1932 Schnitzlers *Liebelei* und 1950 dessen *Reigen* filmisch adaptiert hat. In seiner Bearbeitung kommt dem Erzähler eine zentrale Position zu, Ophüls macht ihn „zum allgegenwärtigen Partner der Personen" (Naber 1993, 26). Barbara Beßlich kommentiert: „Auf virtuose Weise arrangiert das Hörspiel das Ineinanderfließen von Personen- und Erzähltext [...], indem es Textpassagen auf zwei Sprecher, einen männlichen Erzähler, gesprochen von Gert Westphal, und die weibliche Figur, gesprochen von Käthe Gold, verteilt" (Beßlich 2010, 332). Das narrative Prinzip des Hörspiels bezeichnet sie als „Vervielfältigung der Erzählinstanzen" und belegt dieses Muster, das sie der „Monoperspektive" (Beßlich 2010, 331) in Schnitzlers Erzählung ent-gegenstellt, an folgendem Beispiel:

Berta: *(nachdenklich und suchend)* Erwin Lindbach.

Sprecher: *(ineinander)* Es kostet ihr eine gewisse Mühe, sich vorzustellen, dass es der-selbe war, den sie geliebt hatte.

Berta: *(ineinander)* Wann? Vor 12 Jahren.

Sprecher: Vor 12 Jahren.

Berta: 12 ...

Sprecher: Sie fühlte, wie es ihr heiß in die Stirn stieg.

Berta: 12 ...

Sprecher: Es war ihr, als müsste sie sich ihres allmählichen Älterwerdens schämen.

Berta: 12 Jahre ... Erwin Lindbach ...
    (BG 1/IV/01:28, die Regieanweisungen sind ergänzt nach Beßlich [2010, 333], der das Rundfunkskript aus dem Archiv des SWR vorliegt.)

In der Tat sind die beiden Partien Bertas und des Erzählers hier kunstvoll vervielfältigt, allerdings ist diese Wirkung in Schnitzlers Erzählung bereits angelegt. Heterodiegetisches Erzählen mit interner Fokalisierung lebt schließlich von der Doppelstimmigkeit, die in der erlebten Rede besonders deutlich wird. Insofern wird das Oszillieren zwischen Erzähler und Figur, das gleichzeitig Nähe und Distanz vermittelt, in Ophüls' Hörspiel durch zwei reale Stimmen verschiedenen Geschlechts eher verstärkt. Ein derart umfangreicher Einsatz einer Erzählinstanz mag ungewöhnlich für das Hörspiel sein, erzielt hier jedoch eine faszinierende Wirkung, wenn die Aufgewühltheit Bertas mit den Mitteln des Mediums potenziert wird und sie dadurch besonders getrieben, aber auch feinnervig, reizbar und ruhelos erscheint.

Alfred Andersch: Fahrerflucht (SWF/Radio Bremen 1957)

Ein Manager überfährt mit dem Auto eine junge Fahrradfahrerin, woraufhin diese stirbt; der Mann begeht Fahrerflucht und besticht den Tankwart als potenziellen Zeugen. „Drei Leute haben mit der Sache zu tun", so leitet ein Ansager in Alfred Anderschs Hörspiel *Fahrerflucht* (FF) ein, dieser Satz wird vor jeder Szene wiederholt und jeweils durch die konkrete Figur ergänzt: „Nummer eins: Der Tankwart" (FF II/00:00), „Nummer zwei: Der Manager" (FF V/00:00), „Nummer drei: Das Mädchen" (FF IX/00:00). In den daran anschließenden Szenen kommen die genannten Figuren zu Wort. „Ich hatte mich unter die Tür gestellt, ihre Sirene war ja schon von weitem zu hören" (FF II/00:50), so beginnt der Tankwart seine Erzählung. Auch die anderen Beteiligten berichten jeweils aus ihrer Perspektive. Dabei mischen sich eher berichtende Passagen – „Ich war nach Arbeitsschluss in der Rotebühlstraße, auf der Nummernkartei, und ich weiß jetzt, wem der Wagen SU 866 gehört" (FF XII/00:13) – mit Formen des inneren Monologs: „Wenn ich nur wüsste, was ich tun soll! Soll ich anrufen? Soll ich schweigen?" (FF XII/02:06). Otto Bantel weist in seiner Deutung des Hörspiels auf die weitgehend epische Anlage hin, in der Dialoge lediglich die Berichte illustrieren. „Der Dialog spielt [...] eine untergeordnete Rolle. Was wichtig ist, steht im Monolog" (Bantel 1973, 20).

Während der Ansager auf der extradiegetischen Ebene anzusiedeln ist, sind ihm der Tankwart, der Manager und das Mädchen als intradiegetische Erzählinstanzen untergeordnet. Handelt es sich bei dem Ansager um einen heterodiegetischen und nullfokalisierten Erzähler, der die knappen rahmenden Informationen zu Beginn der jeweiligen Szene liefert, so sind die drei genannten Figuren homodiegetische Erzählinstanzen mit interner Fokalisierung. Entscheidend jedoch ist, dass es sich hier um eine Form multiperspektivischen Erzählens handelt. Von den Varianten, die Nünning und Nünning unterscheiden, liegt hier eine Erzählung vor, in der *„es zwei oder mehrere Erzählinstanzen auf der extradiegetischen und/oder der intradiegetischen Erzählebene gibt, die dasselbe Geschehen jeweils von ihrem Standpunkt aus in unterschiedlicher Weise schildern"* (Nünning und Nünning 2000, 18; Herv. i. O.). Für *Fahrerflucht* trifft darüber hinaus zu, dass die „multiperspektivische Auffächerung der fiktiven Welt [...] die Aufmerksamkeit des Rezipienten von der Ebene des Geschehens auf die Subjektivität der Perspektiventräger" (Nünning und Nünning 2000, 20) verlagert. Der Tankwart erinnert sich an eine Kriegssituation, in der er ebenfalls gegen seinen Willen Gehorsam geleistet hat; der Manager, so erfährt man, ist krank, hat nur noch kurze Zeit zu leben und wollte aus seinem beruflichen und familiären Kontext fliehen, als es zu dem Unfall kam.

Fragt man nach der Wirkung der multiperspektivischen Konstruktion, dann ergibt sich auch hier, ähnlich wie im Fall des unzuverlässigen Erzählens, das Aumüller (2021) in Anderschs Roman *Efraim* analysiert, eine Verunsicherung oder Irritation der Rezipierenden, von denen hier – ganz im Sinne des Brecht'schen Theaters – eine Entscheidung gefordert wird. Letztlich gleicht die Perspektivenstruktur in *Fahrerflucht* der einer Gerichtsverhandlung, in der die verschiedenen Beteiligten befragt werden, bevor das Gericht zu einem Urteil kommt. Es stimmt jedoch auch, was Schwitzke bereits 1963 kritisiert: „Zwei der Stimmen dieses Triosatzes überzeugen, die dritte hat nur noch Symmetriegründe für sich, bringt keinen neuen Klang" (Schwitzke 1963, 374).

Versuch einer Systematisierung

Schaut man auf die narrativ sehr unterschiedlich konstruierten Hörspiele der 1950er, so lässt sich kein vorherrschender Typus des Erzählens ausmachen. Auch die grundsätzliche Frage, ob das Hörspiel als gehörte Geschichte einer Erzählinstanz bedarf, muss für die Produktionen der Nachkriegszeit keineswegs bejaht werden. Gerade Bearbeitungen epischer Texte, etwa die Fontane-Adaptionen *Effi Briest* von Gerda Corbett (BR 1949) oder *Unterm Birnbaum* von Günter Eich (hr 1951), kommen im Gegensatz zu den literarischen Prätexten gänzlich ohne personifizierte Erzählinstanz aus. Hier übernehmen neben den Dialogen vor allem Musik, Geräusch und Blende eine ausgeprägte narrative Funktion (vgl. Wicke 2019; 2022). Entscheidend ist also nicht die Frage, ob es eine Erzählinstanz im Hörspiel gibt, vielmehr geht es um eine individuell dem jeweiligen Hörspiel angepasste ästhetisch originelle und medienspezifisch konsequente Umsetzung, die nicht nur die Qualität einer Produktion bestimmen kann, sondern eine Analyse aus hörspielnarratologischer Perspektive sinnvoll erscheinen lässt. Soll die explizite personifizierte Erzählinstanz ins Zentrum einer Analyse gerückt werden, können folgende Punkte berücksichtigt werden, die weitgehend auf der Systematik und Terminologie Gérard Genettes (1998) basieren:

1. *Homo- oder heterodiegetischer Erzähler:* Der Erzähler im Hörspiel kann Teil der erzählten Welt sein, aber auch außerhalb der Diegese stehen. Obwohl Schwitzke sich für den Erzähler als Teil der erzählten Welt ausspricht, finden sich in den hier untersuchten Produktionen neben solchen homodiegetischen – in *Die Übungspatrone* und *Der Tiger Jussuf* – auch heterodiegetische Erzähler – in *Herr Biedermann und die Brandstifter* und *Berta Garlan*. Somit lässt sich noch einmal unterstreichen, dass nicht die grundsätzliche Faktur, sondern die individuelle Ausgestaltung entscheidend ist.

2. *Fokalisierung:* Zur Klärung der Frage, ob die Erzählinstanz mehr als die Figuren, genauso viel wie eine Figur oder sogar weniger als alle Figuren weiß, hat Genette den Begriff der Fokalisierung geprägt. Typisches Beispiel für eine Nullfokalisierung ist der Erzähler in *Herr Biedermann und die Brandstifter*. Exemplarisch für eine interne Fokalisierung sind die homodiegetischen Erzähler und die Erzählerin in *Fahrerflucht*, aber auch der heterodiegetische Erzähler in *Berta Garlan* ist an die Wahrnehmung der Fokalisierungsinstanz gebunden. Allerdings kann mit den Grenzen der Fokalisierung auch gespielt werden, denn die Allwissenheit, die dem eigentlich intern fokalisierten Erzähler in *Die Übungspatrone* punktuell nachgewiesen werden kann, scheint der Figur des Verfassers in *Herr Biedermann und die Brandstifter* mehr und mehr abhanden zu kommen.

3. *Spiel mit diegetischen Ebenen:* Erzählinstanzen können auf unterschiedlichen diegetischen Ebenen angesiedelt sein. So lässt sich der Ansager in *Fahrerflucht* auf der extradiegetischen Ebene verorten, die erzählenden Figuren dagegen befinden sich auf der intradiegetischen Ebene. Die Grenzen zwischen diesen erzähllogischen Ebenen, die bei Andersch klar getrennt sind, können jedoch spielerisch überschritten werden. Genette attestiert der Metalepse eine „bizarre Wirkung, die mal komisch" – beispielsweise in den Unterhaltungen zwischen dem Verfasser und seiner Figur in *Herr Biedermann und die Brandstifter* – und „mal phantastisch" (Genette 1998, 168) ist. Eine solche phantastische Wirkung entfaltet die Metalepse etwa in Kurt Kusenbergs Adaption von Lewis Carrolls *Alice im Wunderland* (SWF/BR 1958) unter der Regie von Marcel Wall-Ophüls. Hier wird die Aufhebung logischer Gesetze im Wunderland auch erzähltheoretisch gespiegelt und verstärkt damit den „Illusionsbruch" (vgl. Klimek 2010, 24).

4. *Zuverlässiges oder unzuverlässiges Erzählen:* Das Vertrauen in Erzähler ist in der Regel selbst dann gegeben, wenn sie von märchenhaften Welten berichten. Dennoch gibt es textuelle Signale für unglaubwürdiges oder unzuverlässiges Erzählen (vgl. Nünning 2013). Im Falle des erzählenden Tigers in *Der Tiger Jussuf* deutet nicht nur die nicht-menschliche Erzählinstanz, die gleichwohl in menschlicher Sprache redet, darauf hin, die Unzuverlässigkeit wird außerdem von Jussuf selbst eingestanden.

5. *Mono- oder multiperspektivisches Erzählen:* Zwar gibt es in den meisten Hörspielen eine dominante Erzählinstanz, in seltenen Fällen wird ein Ereignis jedoch auch multiperspektivisch vermittelt, wie es in Anderschs *Fahrerflucht* der Fall ist. Insbesondere wenn die unterschiedlichen Sichtweisen auf das Geschehen widersprüchlich sind, kommt es zu Dissonanzen in der Wahrnehmung, sodass die Hörerinnen und Hörer eine eigene Bewertung der unterschiedlichen Perspektiven vornehmen müssen.

6. *Vergleich mit dem Prätext:* Handelt es sich um Bearbeitungen literarischer Texte, kann der Einsatz von Erzählinstanzen in Prätext und Hörspieladaption verglichen werden. Wenn Ophüls in *Berta Garlan* den intern fokalisierten Erzähler für seine Adaption beibehält, gelingt es ihm dennoch, die Wirkung – etwa der Passagen in erlebter Rede – zu steigern, weil hier zwei Stimmen klanglich respektive körperlich gleichermaßen präsent sind. Interessant wird der Vergleich insbesondere dort, wo die Erzählsituation des Prätextes nicht übernommen wird, sondern eine eigenständige, hörspielspezifische Narration geschaffen wird, die die Wirkung der Geschichte verändert.

7. *Wirkung:* Entscheidend bei der Untersuchung der narrativen Konstruktion ist die ästhetische Wirkung. Durch sie lässt sich klären, ob eine Erzählinstanz als funktionale Notlösung eingesetzt wird, die lediglich in die Handlung einführt, die Figuren vorstellt sowie Ortswechsel und Zeitsprünge ansagt, oder ob mit den jeweiligen narrativen Mustern und Modellen gespielt und experimentiert wird. Dabei geht die Analyse in interpretatorische Bereiche über, weil auch gedeutet werden kann, inwiefern das erzähltheoretische Modell mit dem Inhalt und der Handlung korrespondiert, ob also, wie das in der Betrachtung der einzelnen Produktionen knapp zu zeigen versucht wurde, eine originelle und konsequente Passung zwischen *histoire* und *discours* besteht.

Allerdings soll die Analyse der Erzählinstanzen im Hörspiel nicht isoliert erfolgen. Während viele der hier referierten Untersuchungsaspekte auf Erzähltexte und Hörspiele gleichermaßen angewandt werden können, wird spätestens mit dem letzten Punkt klar, dass die Wirkung zu einem erheblichen Teil von der Stimme abhängt.

Eine Erzählinstanz ist im Hörspiel niemals neutral, sondern wird – von entsprechenden Verfremdungen abgesehen – immer über Geschlecht, Alter etc. informieren. Aber auch Glaubwürdigkeit und Sympathie werden unter Umständen über die konkrete Erzählstimme im auditiven Text stärker transportiert als über eine Erzählinstanz im Bereich der Epik. Huwiler hat wiederholt auf die Besonderheiten des Erzählens im elektroakustischen Medium hingewiesen: „Storytelling by sound is no longer based on the spoken word, imitating literature in an oral manner, but it integrates all aural and technical features that the medium affords" (Huwiler 2016, 100). Einerseits muss die in diesem Beitrag mit den traditionellen Werkzeugen der Erzähltheorie begonnene Analyse in einem nächsten Schritt um Fragen nach weiteren narrativen Ebenen sowie nach der akustischen und technischen Realisierung ausgedehnt werden, andererseits gewährt auch der traditionell narratologische Zugriff Aufschluss über einen zentralen Aspekt des Hörspiels.

Die skizzierten Beispiele zeigen eben keine lästigen Notbehelfe, vielmehr demonstrieren sie, dass Erzählinstanzen ein innovatives Potenzial besitzen, das im Hörspiel der 1950er Jahre vielfältig genutzt wird. Gerade in einer Zeit, in der Bruno Hillebrand „das akute Krisenbewußtsein des Erzählers" (Hillebrand 1993, 374) für den Roman diagnostiziert, wird im Hörspiel mit Erzählinstanzen mannigfaltig experimentiert. Werner Klose weist bereits in den 1970er Jahren darauf hin, dass sich in „der Funktion des Erzählers [...] der formale Reichtum des Hörspiels" (Klose 1977, 154) offenbare, und Günter Eich bekennt 1953 in seiner Dankesrede anlässlich der Verleihung des Hörspielpreises der Kriegsblinden: „Ich bin froh, daß es für das Hörspiel noch keine Hamburgische Dramaturgie gibt, und ich fühle mich in diesem anarchischen Zustand, der Experimente weder fordert noch verbietet, recht wohl" (Eich 1970, 23). Die hier gezeigten Modellierungen – und die Liste ließe sich erweitern – belegen, dass der Slogan „Keine Experimente!", mit dem Konrad Adenauer die Bundestagswahl 1957 mit absoluter Mehrheit gewinnt, für die damals immer noch neue elektroakustische Kunst keineswegs zutrifft.

Literatur & Medien

Berta Garlan. Hörspiel nach der Erzählung von Arthur Schnitzler. Regie: Max Ophüls. SWF 1956 (der Hörverlag 2015).

Der Tiger Jussuf. Hörspiel von Günter Eich. Regie: Kurt Reiss. NWDR 1953.

Die Übungspatrone. Hörspiel von Otto-Heinrich Kühner. Regie: Helmut Jedele. SDR 1950.

Fahrerflucht. Hörspiel von Alfred Andersch. Regie: Marcel Wall-Ophüls. SWF/RB 1957 (der Hörverlag 2003).

Herr Biedermann und die Brandstifter. Hörspiel von Max Frisch. Regie: Friedrich Sauer. BR 1953.

***

Arnold, Heinz Ludwig: Die westdeutsche Literatur 1945 bis 1990. Ein kritischer
　　Überblick. München 1995.
Aumüller, Matthias: Gegen den Zufall anschreiben. Zu Tradition und Funktion des
　　unzuverlässigen Erzählens in Alfred Anderschs *Efraim* (1967). In: Der deutschsprachige
　　Nachkriegsroman und die Tradition des unzuverlässigen Erzählens. Hg. v. Matthias
　　Aumüller und Tom Kindt. Stuttgart 2021, S. 169–186.
Bantel, Otto: Alfred Andersch, Leopold Ahlsen. Zwei Hörspiele. Interpretation. München 1973.
Beßlich, Barbara: Lebenslügen der *Frau Berta Garlan* im Medienwechsel. Arthur Schnitzlers
　　Novelle, Max Ophüls' Hörspiel und Peter Patzaks Film. In: Arthur Schnitzler und der Film.
　　Hg. v. Achim Aurnhammer, Barbara Beßlich und Rudolf Denk. Würzburg 2010,
　　S. 329–339.
Dichtung und Rundfunk – 1929. Ein Dokument der Stiftung Archiv der Akademie der Künste.
　　Berlin 2000.
Döhl, Reinhard: Vorläufiger Bericht über Erzähler und Erzählen im Hörspiel. In: Probleme des
　　Erzählens in der Weltliteratur. Hg. v. Fritz Martini. Stuttgart 1971, S. 367–408.
Eich, Günter: Rede vor den Kriegsblinden. In: Über Günter Eich. Hg. v. Susanne Müller-Hanpft.
　　Frankfurt a. M. 1970, S. 21–24.
Fischer, Eugen Kurt: Das Hörspiel. Form und Funktion. Stuttgart 1964.
Genette, Gérard: Die Erzählung. Übers. v. Andreas Knop. Mit e. Nachw. v. Jochen Vogt.
　　2. Aufl. München 1998.
Hannes, Rainer: Erzählen und Erzähler im Hörspiel. Ein linguistischer Beschreibungsansatz.
　　Marburg 1990.
Hillebrand, Bruno: Theorie des Romans. Erzählstrategien der Neuzeit. 3. Aufl. Stuttgart/
　　Weimar 1993.
Huwiler, Elke: Erzähl-Ströme im Hörspiel. Zur Narratologie der elektroakustischen Kunst.
　　Paderborn 2005.
Huwiler, Elke: A Narratology of Audio Art: Telling Stories by Sound. In: Audionarratology.
　　Interfaces of Sound and Narrative. Hg. v. Jarmila Mildorf und Till Kinzel. Berlin/Boston
　　2016, S. 99–115.
Klimek, Sonja: Paradoxes Erzählen. Die Metalepse in der phantastischen Literatur. Paderborn
　　2010.
Klose, Werner: Didaktik des Hörspiels. 2. Aufl. Stuttgart 1977.
Kühner, Otto Heinrich: Eine Dramaturgie des Hörspiels, der Funkerzählung und des Features.
　　In: ders.: Mein Zimmer grenzt an Babylon. Hörspiel. Funkerzählung. Feature. München
　　1954, S. 201–245.
Naber, Hermann: Die geheimen Neigungen des Max Ophüls. Der Filmregisseur als
　　Hörspielmacher. In: Max Ophüls: Theater, Hörspiele, Filme. Hg. v. Helmut G. Asper. St.
　　Ingbert 1993, S. 13–33.
Nünning, Ansgar: *Unreliable Narration* zur Einführung: Grundzüge einer kognitiv-
　　narratologischen Theorie und Analyse unglaubwürdigen Erzählens. In: Unreliable
　　Narration. Studien zur Theorie und Praxis unglaubwürdigen Erzählens in der
　　englischsprachigen Erzählliteratur. Hg. v. Ansgar Nünning. 2. Aufl. Trier 2013, S. 3–39.
Nünning, Vera/Nünning, Ansgar: Von ‚der' Erzählperspektive zur Perspektivenstruktur
　　narrativer Texte: Überlegungen zur Definition, Konzeptualisierung und Untersuchbarkeit
　　von Multiperspektivität. In: Multiperspektivisches Erzählen. Zur Theorie und Geschichte

der Perspektivenstruktur im englischen Roman des 18. bis 20. Jahrhunderts. Hg. v. Vera Nünning und Ansgar Nünning. Trier 2000, S. 3–38.

Piontek, Heinz: Anruf und Verzauberung. In: Über Günter Eich. Hg. v. Susanne Müller-Hanpft. Frankfurt a. M. 1970, S. 112–122.

Schwitzke, Heinz: Das Hörspiel. Dramaturgie und Geschichte. Köln/Berlin 1963.

Wicke, Andreas: „ ... man hörte nur noch ihr leises Kichern und Lachen". Theodor Fontanes *Effi Briest* als Hörspiel. In: Praxis Deutsch 2019, 277, S. 46–52.

Wicke, Andreas: „ ... durch vermehrte Spannung ersetzt ... ". *Unterm Birnbaum* und die Fontane-Rezeption im (Kriminal-)Hörspiel der fünfziger Jahre. In: treibhaus. Jahrbuch für die Literatur der fünfziger Jahre 2022 [in Vorb.].

Würffel, Stefan Bodo: Das deutsche Hörspiel. Stuttgart 1978.

III Analyseverfahren gehörter Geschichten

Heinz Hiebler

Medienorientierte Literaturinterpretation

Peter Rothins Hörspiel *Solaris* nach dem Roman
von Stanisław Lem

Ein Buch ist ein Spiegel, wenn ein Affe hineinguckt,
so kann freilich kein Apostel heraus sehen.
Wir haben keine Worte mit dem Dummen von Weisheit zu sprechen.
Der ist schon weise der den Weisen versteht.

(Lichtenberg 1998, 394)

Zur Einleitung: Theorie und Praxis

In seinem 1961 erschienenen Science-Fiction-Klassiker *Solaris* entwirft Stanisław
Lem die Vision eines außerirdischen Anderen, das sich jeglicher Wahrnehmung
entzieht. Das bemerkenswerte Fremde des Planeten Solaris, mit dem die Experten der Solaristik konfrontiert werden, ist grundsätzlich rätselhaft. Ob die merkwürdigen Oberflächenveränderungen des Planeten mit seinem Ozean und seinen
Wolkengebilden tatsächlich nonverbale Ausdrucksformen einer außerirdischen
Intelligenz sind, bleibt genauso ungeklärt wie die unheimliche und geheimnisvolle Herkunft jener humanoiden Materialisationen, durch die die Mitarbeiter der
Solaris-Station mit Geschöpfen aus ihrer verdrängten Vergangenheit konfrontiert
werden. Klar ist nur eines, nämlich dass Solaris einen immensen Einfluss auf all
jene ausübt, die sich in seinem Orbit befinden.

Die Parallelen zu einer Medienwissenschaft, die mit der grundsätzlichen Unsichtbarkeit und Unhörbarkeit von Medien zu kämpfen hat, die bestenfalls als
medienästhetische Oberflächenphänomene beschreibbar sind, aber sonst ein
rätselhaftes Unbewusstes oder ein determinierendes Anderes der menschlichen
Kultur darstellen, sind evident. Wo mit Marshall McLuhan „Medien [...] die Botschaft" (McLuhan 1992, 17) sind oder mit Friedrich A. Kittler „Medien unsere
Lage bestimmen" (Kittler 1989, 3), stehen die herkömmlichen Analysepraktiken
eines aufmerksamen Beobachtens und Zuhörens ebenso wie die damit einherge-
henden Systematiken der Beschreibung und Interpretation vor einer ähnlich
übermenschlichen Herausforderung wie die Solaristen in Lems Roman. Neben
der grundsätzlichen Problematik der Beobachtung und Beschreibung des Anderen steht hier wie dort die Frage nach dem *Apriori* in der Dialektik von Materie
und Geist im Raum: Beherrscht der Geist die Materie wie in der idealistischen

Philosophie Georg Wilhelm Friedrich Hegels oder bildet nicht doch die Materie die unumgängliche Grundlage für den Geist wie im materialistischen Denken von Karl Marx? Diese Fragestellung ruft in Lems Roman neben einer philosophischen auch eine zeitpolitische Dimension auf[1] und findet in der unlösbaren Henne-Ei-Problematik des *Apriori* von Kultur(anthropologie) oder Medien(technik) ihre medienwissenschaftliche Fortsetzung (vgl. Winkler 2000).

Die Praxis des Analysierens und Interpretierens kann bei derart unlösbaren epistemologischen Problemen nicht stehen bleiben, sondern muss bei der Auseinandersetzung mit konkreten Analysegegenständen einen gangbaren Kompromiss in Hinblick auf bestehende Dilemmata der Beobachtung und Beschreibung finden. Traditionelle semiotische Verfahren des Analysierens und Interpretierens von Medientexten stehen in der aufgeklärten Tradition von Immanuel Kants transzendentaler Logik, bei der es Anschauung und Begriff bzw. die Vermögen von Sinnlichkeit und Verstand miteinander zu verknüpfen gilt: „Der Verstand vermag nichts anzuschauen, und die Sinne nichts zu denken. Nur daraus, daß sie sich vereinigen, kann Erkenntnis entspringen" (Kant 1990, 98). Dieses erkenntnistheoretische Grundproblem der Verheiratung an sich unübersetzbarer Vermögen, das in Lems *Solaris* (1961) ebenso zu finden ist wie wenige Jahre später in Michel Foucaults *Les mots et les choses* (1966), bildet die prekäre Ausgangslage für jede natur-, kultur- oder medienwissenschaftliche Auseinandersetzung, bei der aisthetische Phänomene mit den Praktiken einer diskursiven begrifflichen Systematik zu verknüpfen sind.

Medien werden vor diesem praktischen Hintergrund einer notwendigen intersubjektiven Verständigung über einen realen Gegenstand zwar als widerständig, nicht aber generell als unsichtbar aufgefasst (vgl. Hiebler 2018, 444–446). Die diskursiven Praktiken des Analysierens und Beschreibens von visuellen und auditiven Phänomenen sind zwar nicht in der Lage, das Gesehene oder Gehörte mit sprachlichen Mitteln einzuholen oder gar zu ersetzen, sie ermöglichen es uns jedoch, auf bestimmte Aspekte des Sichtbaren und Hörbaren zu zeigen und diese für die Rezipientinnen und Rezipienten verständlicher bzw. überhaupt erst wahrnehmbar zu machen. Durch die unablässige Bemühung, sinnliche Phänomene mit Begriffen zu umwerben und dadurch unseren Wahrnehmungshorizont zu erweitern, werden nonverbale medienästhetische Gestaltungsaspekte benennbar und erkennbar, die aus medienwissenschaftlicher Sicht für das Verständnis von

---

1 Michael Rosenhahn veranschaulicht diese paradoxe Grundproblematik am Beispiel eines Moebiusbandes in der Dokumentation *Solaris als Grundfrage der Philosophie*, die auf der 1999 erschienenen DVD-Ausgabe der DEFA-Fassung von Andrej Tarkowskijs *Solaris* (UdSSR 1972) enthalten ist.

Hörspielen oder Filmen mindestens ebenso wichtig sind wie die darin verhandelten verbalen Inhalte.

Die im Folgenden vorgestellte Methode der medienorientierten Literaturinterpretation beschäftigt sich mit den medienspezifischen Besonderheiten von literarischen Texten in den unterschiedlichsten medialen Erscheinungsformen. Grundlage dafür ist ein weiter Literaturbegriff, der für alle historischen, gegenwärtigen und zukünftigen Spielarten von Literatur offen ist und neben sprachlichen, schriftlichen und gedruckten Texten explizit auch mediale Realisierungen wie Hörspiele, Filme oder multimodale, interaktive Textformen einer digitalen Literatur (vgl. Simanowski 2002) erfasst. Dem Ansatz der medienorientierten Literaturwissenschaft zufolge besitzt jeder literarische Text eine spezifische mediale Erscheinungsform, deren medienästhetische Botschaft es bei der Interpretation ebenso zu berücksichtigen gilt wie Inhalt oder Form (vgl. Hiebler 2011). Am Beispiel von Peter Rothins Hörspielfassung von Lems *Solaris* werden einige Eigenheiten des auditiven Erzählens in zeitgenössischen Stereo-Hörspielen aufgezeigt. In der textnahen Auseinandersetzung mit den Mikro- und Makrostrukturen des Hörspiels werden modellhaft stereophone Gestaltungsaspekte des Auditiven (Sprache, Stimme, Musik, Geräusche, Stille) im Raum und deren Zusammenspiel (Mischung und Blende) in einem narrativen Kontext analysiert. Mit Blick auf den Roman von Lem und die filmische Realisierung der Geschichte durch Andrej Tarkowskij werden zuvor die medienhistorischen Vorläufer der Hörspielfassung vorgestellt. Allen Umsetzungen ist gemein, dass sie sich auf jeweils medienspezifische Weise mit grundlegenden Problematiken und Paradoxien der Beobachtung und Beschreibung von Medien wie Unsichtbarkeit, Unmittelbarkeit, Unübersetzbarkeit oder Selbstreferenz auseinandersetzen, die Lem selbst in seinem Modell von Solaris als einer vollkommen unzugänglichen außerirdischen Alterität angelegt hat.

Medienspezifische Erzählweisen: *Solaris* in Buch und Film

Da es aus der Perspektive der medienorientierten Literaturinterpretation keine Erzählung gibt, die nicht durch ein Medium transportiert und gleichzeitig geprägt wird, wird auf das interpretatorische Konstrukt eines Basisnarrativs als kleinstem gemeinsamen Nenner aller unterschiedlichen *Solaris*-Fassungen verzichtet. Stattdessen wird auf die medienspezifischen Erzählweisen der Geschichte in Buch, Film und Hörspiel Bezug genommen, wobei nicht nur die medienästhetischen Aspekte des Erzählens mit Schriften, Bildern oder Tönen, sondern auch die unterschiedlichen dramaturgischen und inhaltlichen Besonderheiten der jeweiligen

Fassung berücksichtigt werden, um die Eigenheiten der Hörspielfassung deutlicher in den Blick zu bekommen.

Stanisław Lem profiliert die Geschichte aus der Ich-Perspektive des Protagonisten, des Psychologen Kris Kelvin, der gleich zu Beginn des Romans von seiner Reise auf die extraterrestrische Station Solaris berichtet. In 14 unterschiedlich langen Kapiteln erinnert er seine Erlebnisse und Gespräche auf der Station. Zusammenfassungen seiner umfassenden Lektüren über Solaris, ausführliche Beschreibungen seiner eigenen Beobachtungen und grundsätzliche Selbstreflexionen über die beschränkten Möglichkeiten menschlicher Erkenntnis sind zentrale Themen des Romans (vgl. Rzeszotnik 2010). Zu Beginn trifft Kelvin auf Snaut, einen verwirrten und abweisenden Kybernetiker. Er verschafft sich einen historisch-kritischen Überblick über die Forschungsliteratur zu Solaris, begegnet einer „ungeheure[n] Negerin"[2] (Lem 2009, 42) und erfährt von Snaut, dass sein Vorgesetzter Gibarian kurz zuvor Selbstmord begangen hat. In einem Brief Gibarians an Kelvin findet letzterer nur zwei Literaturangaben. Eine Schnitzeljagd beginnt. Bevor er Sartorius, das zweite Mitglied der Solaris-Station, kennenlernt, besucht er die Bibliothek und entdeckt in Gibarians Raum zunächst nur den Annex zum solaristischen Jahrbuch, in dem er erstmals auf den Namen André Berton stößt. Die Geschichte des Rettungsfliegers Berton, der nach dem vergeblichen Hilfeversuch für die Forscher Carucci und Fechner, die ersten beiden Opfer des Ozeans, einen merkwürdigen Augenzeugenbericht ablieferte, spielt eine Schlüsselrolle für das Verständnis des Verhältnisses zwischen Solaris und seinen menschlichen Erkundern. Als Kelvin im Kühlraum der Station den toten Gibarian und die trotz einer Temperatur von minus 20 Grad immer noch lebendige „Negerin" (Lem 2009, 63) findet, glaubt er zu halluzinieren. Zum Beweis, dass die Station real existiert, unternimmt er mit Hilfe des Großcomputers ein aufwändiges Vermessungsexperiment und schläft ein.

Als er aufwacht, trifft Kelvin auf Harey, seine vor zehn Jahren verstorbene Frau. Im Wissen, dass es sich nicht um seine wirkliche Frau handeln kann, verfrachtet er sie in einer Rakete in die Umlaufbahn von Solaris. Snaut prophezeit ihm, dass sein Gast wiederkehren werde, und übergibt ihm Gibarians zweiten Literaturtipp mit Protokollen der Erfahrungsberichte von Berton. Schlüsselerlebnis Bertons ist die Begegnung mit einem vier Meter großen unbekannten Kind, das – wie sich später herausstellen sollte – die monströse Spiegelung des Kindes von

---

2 Diese problematische Bezeichnung, die in der nach wie vor aktuellen deutschsprachigen Übersetzung aus dem Jahr 1981 zum Einsatz kommt, wird in der Hörspielfassung durch „Afrikanerin" ersetzt.

Fechner gewesen sein soll. Gleich im Anschluss trifft Kelvin auf die zweite Harey und verliebt sich in sie, obwohl er im Rahmen von Blutuntersuchungen zum Ergebnis kommt, dass auch diese Harey aufgrund ihrer grundlegenden Substanzlosigkeit keine menschliche Herkunft aufweist. Sartorius, der von einem kleinen Kind heimgesucht wird, entwickelt einen Plan, die Gäste bzw. F-Gebilde (F für Fantasie) endgültig loszuwerden. Harey, die allmählich selbst bemerkt, dass sie nicht die Echte ist, will sich das Leben nehmen und schluckt flüssigen Sauerstoff. Aufgrund ihrer immateriellen Mikrostruktur regeneriert sie sich jedoch wieder. Kelvin willigt auf Drängen von Sartorius ein, ein EEG seiner Gedanken im Wachzustand aufzeichnen zu lassen und dieses dem Planeten Solaris zu übermitteln. Obwohl Sartorius ihn bittet, an keine persönlichen Angelegenheiten oder Menschen, sondern nur an die Solaris-Mission zu denken, fürchtet Kelvin dabei vor allem, seine Gedanken nicht kontrollieren zu können und Harey unbewusst abzulehnen. Unterdessen planen Kelvin und Harey sogar ein gemeinsames Leben auf der Erde. Es ist jedoch ungewiss, ob Harey auch außerhalb des Orbits von Solaris lebensfähig ist. Außerdem hat sie keine Papiere, die sie auf der Erde aber braucht. Letzten Endes entfremden sich die beiden und Harey beschließt in Absprache mit Snaut, sich von Sartorius annihilieren zu lassen. Kelvin, der das verhindern möchte, wird von Harey mit einem Schlafmittel betäubt. Als er erwacht, sind Harey und alle anderen F-Gebilde verschwunden. Nach dem Beschuss des Ozeans mit Kelvins EEG tauchen auch keine weiteren Gäste mehr auf. Kelvin, der die Hoffnung auf Hareys Rückkehr nicht ganz aufgegeben hat, begibt sich erstmals auf den Planeten Solaris. Er fliegt über den Ozean, landet an einer Küste, streckt einer Welle des Ozeans die Hand entgegen und verspürt eine „riesenhafte Anwesenheit", die in der wortlosen Vereinigung mit dem „flüssigen, blinden Koloss" (Lem 2009, 262 f.) gipfelt.

Ein zentrales Thema des Romans ist die intensive Auseinandersetzung mit den Grenzen der menschlichen Erkenntnisfähigkeit, vor allem in jenen Bereichen, wo es um Erfahrungen des Anderen und des Fremden geht. Snaut zufolge brauchen wir „keine anderen Welten", wir brauchen „Spiegel" (Lem 2009, 95). Der Kontakt mit einer anderen Zivilisation zeige nur „unsere eigene monströse Hässlichkeit, unsere Albernheit und Schande" (Lem 2009, 96). Der Planet Solaris, der zwischen zwei Sonnen (einer roten und einer blauen) nur zu bestehen vermag, weil sein mutmaßlich intelligenter Ozean ständig seine Form verändert und anpasst, scheint mit zwei ganz unterschiedlichen Strategien auf diese menschliche Beschränktheit zu reagieren: Zum einen hält er mit seinen Mimoiden und F-Gebilden den Menschen einen Spiegel vor, er ahmt Artefakte und Geschöpfe nach, die der Mensch erkennen kann, und operiert so mit Konzepten der Ähnlichkeit und Wiederholung. Andererseits entzieht er sich mit seinen Symmetriaden und Asymmetriaden, die sich niemals wiederholen und denen nichts Menschliches ähnlich ist, jeglicher menschlichen Wahrnehmbarkeit. Die Menschen werden aus diesem Blickwinkel betrachtet zu leicht beeinflussbaren und berechenbaren Wesen, in denen Solaris wie in einem Buch zu lesen vermag (vgl. Lem 2009, 249). Die zentralen Bezugsmedien des Romans sind Bücher und Bibliotheken, zu denen der Protagonist unablässig Zuflucht sucht. Die unauflösbare Dialektik von Beobachtung und Beschreibung, deren prinzipielle Unaussprechlichkeit Lem ebenso wortreich wie virtuos umschreibt, dient als zentrale mediale Metapher für das grundsätzliche Befremden in Hinblick auf die existenziellen sinnlichen Erfahrungen mit einem vollkommen unverständlichen Anderen, dessen Wolken und Ozeane mehr an Wetterphänomene als an humanoide Außerirdische erinnern. Die im Roman verhandelten wissenschaftlichen Positionen zu Solaris pendeln zwischen den Einschätzungen als Hirngespinst oder Ersatzreligion. In der konkreten Geschichte des Erzählers Kris Kelvin gipfeln sie nach einer denkwürdigen Diskussion mit Snaut über einen „gebrechenbehafteten Gott" (Lem 2009, 253) schließlich in einer mysteriösen Einheitserfahrung zwischen dem irdischen Individuum und dem extraterrestrischen Ozean. Wie das tatsächliche Verhältnis zwischen dem „flüssigen Koloss", der ihn „wie einen Staubsplitter unwissentlich mit sich forttrug", und dem unwissenden Kelvin, der immerhin zuletzt noch „im unerschütterlichen Glauben" verharrte, „die Zeit der grausamen Wunder sei noch nicht um" (Lem 2009, 263f.), wirklich aussieht, bleibt der Einschätzung der Leserinnen und Leser überlassen. Diese selbstreferenziellen Aspekte des Romans werden in der Covergestaltung moderner Taschenbuchausgaben im Suhrkamp Verlag dadurch aufgegriffen, dass man sich in den silbrigen Partien des Umschlags spiegelt und dadurch selbst erkennen kann.

Anders als in Steven Soderberghs Hollywood-Fassung aus dem Jahr 2003, in der die Geschichte den Anforderungen des Blockbuster-Kinos gemäß auf die Liebesgeschichte zwischen Kelvin und seiner verstorbenen Frau reduziert wird, ist der ambitionierten Filmfassung von Andrej Tarkowskij von Anfang an anzusehen, dass hier der Versuch unternommen wird, die reflektierten und philosophischen Gedankengänge des Buchs in die audio-visuelle Sprache des Films zu übersetzen. Besonders an Tarkowskijs 167 Minuten langem Film ist die neue Dramaturgie. Bevor Kris Kelvins Abenteuer auf der Raumstation Solaris beginnt, wird in einer über 40 Minuten langen, sparsam mit Musik und Geräuschen unterlegten Vorgeschichte der letzte Tag des Protagonisten auf der Erde vor Augen geführt. Nachdem wir mit Kelvin einen Streifzug durch die idyllische Landschaft vor seinem an einem See gelegenen Elternhaus gemacht haben, lernen wir seinen Vater und seine Tante kennen. Ein Pferd und umhertollende Kinder beleben das Szenario ebenso wie ein Besuch André Bertons, der als alter Freund des Vaters persönlich vorbeischaut, um dem jungen Kelvin kurz vor seinem Aufbruch zur Solaris-Station ein Video zu präsentieren, in dem eine Kommission Berton als jungen Mann zu seinen Erlebnissen auf Solaris befragt hatte. Grundlegende Theorien und Problematiken der Solaris-Forschung werden so durch die Videoaufzeichnung als Gespräch unter Experten eingeführt. Ausufernde Passagen zur Beschreibung des Ozeans und seiner oft widersprüchlichen Erscheinungsformen, wie sie Lems Roman über weite Strecken prägen, werden in Tarkowskijs Film in lange audio-visuelle Einstellungen übersetzt. Die Bilder des Planeten Solaris werden durch opulente Natureinstellungen rund um Kelvins Vaterhaus vorbereitet, wobei bei der Gegenüberstellung von irdischer Natur und solaristischem Kosmos den unterschiedlichen Musiken von Johann Sebastian Bach und Eduard Artemjew eine zentrale Bedeutung eingeräumt wird. Der grundsätzlichen Verunsicherung des Protagonisten (sowie der Rezipientinnen und Rezipienten) trägt Tarkowskij dadurch Rechnung, dass Kris Kelvin am Ende zwar zum Haus seines Vaters zurückkehrt, er begegnet dort aber einer verkehrten Welt, in der es nicht draußen, sondern drinnen regnet, bevor er vor dem aus der Haustür tretenden, abwesend wirkenden Vater niederkniet und ihn umarmt. Die abschließende Kamerafahrt, bei der sich die Kamera in die Lüfte erhebt, macht deutlich, dass sich dieses Zuhause auf Solaris befindet und mithin nur eine weitere Widerspiegelung des Ozeans ist.

Solaris als gehörte Geschichte

Peter Rothins Hörspielversion aus dem Jahr 2006 liegt die deutschsprachige Übersetzung des Romans von Irmtraud Zimmermann-Göllheim zugrunde, Wortlaut und Verlauf der Geschichte orientieren sich an der literarischen Vorlage. Die Gliederung des Hörspiels in zwei Teile von jeweils mehr als 60 Minuten Laufzeit richtet sich nicht mehr am traditionellen Zeitfenster von Hörspielen im Radio, sondern an der Speicherkapazität auf CD aus. Der erste Teil mit dem Titel *Der Planet* ist in zehn unterschiedlich lange, nach Figuren benannte Kapitel unterteilt: *01 Kelvin, 02 Snaut, 03 Gibarian, 04 Sartorius, 05 Harey, 06 Rückblende, 07 Berton, 08 Kelvin II, 09 Harey II, 10 Sartorius II*. Der zweite Teil mit dem Titel *Der Ozean* besteht ebenfalls aus zehn unterschiedlich langen Kapiteln, die nach Räumen benannt sind: *01 Studio Erde, 02 Studio Erde II, 03 Zentralrechner, 04 Kabine Kelvin, 05 Kühlraum, 06 Laboratorium, 07 Korridor, 08 Kabine Kelvin II, 09 Funkstation, 10 Solaris Ufer*. Wie der Roman von Lem beginnt auch das Hörspiel mit Kelvins Aufbruch zur Solaris-Station. Damit die Geschichte als auditive Erzählung des Protagonisten an Authentizität gewinnt, verpackt Rothin das erzählte Geschehen aber – nach dem Vorbild der Videosequenz von Berton in Tarkowskijs Film – in ein Interview, das den narrativen Rahmen des Berichteten bildet. Die neue Erzählebene eines wissenschaftlichen Rats, der Kelvin in einer

Videotelefonkonferenz zu seinem Aufenthalt auf Solaris befragt, gibt in der Tradition des bürgerlichen Realismus eines Theodor Storm der tendenziell märchenhaften und unwahrscheinlichen Geschichte einen naturwissenschaftlichen und beglaubigenden Rahmen. Durch den raschen und zum Teil recht kleinteiligen Wechsel zwischen diegetischen Interviewpassagen und mimetischen Rückblenden, in denen das Geschehen mit Hilfe einer detailreichen Soundgestaltung in Szene gesetzt wird, können alle Register der Hörspielkunst gezogen werden. Manches, was zuerst erzählt wird, wird in Ansätzen noch einmal szenisch zu Gehör gebracht. Manches, was bereits zu Gehör gebracht wurde, wird in der Interviewszene oder auch als illustrierendes Geräusch noch einmal adressiert. Bei einer Gesamtlänge von 125 Minuten wird auf diese Weise zunächst einmal Vertrauen in das Setting und seinen Protagonisten aufgebaut, und es wird Orientierung gegeben, auch wenn sich diese Form der Orientierung – wie es für die avancierten Formen unzuverlässigen Erzählens mittlerweile üblich ist – gegen Ende des Hörspiels als trügerisch erweist. Gleichzeitig wird durch die Form des Interviews per Telefon eine medientechnische und medienästhetische Rechtfertigung für die Umsetzung als Hörspiel geschaffen. Die an sich diegetischen Teile des Hörspiels mit den Erzählungen und Kommentaren des Protagonisten erhalten als Sprechakte in einem Interview einen mimetischen Anstrich, wodurch auch den nacherzählten und kommentierenden Passagen zusätzlich Lebendigkeit verliehen wird.

Ein ebenso charakteristisches wie unumgängliches Gestaltungselement für die konkrete Umsetzung derart vielschichtiger Formen des auditiven Erzählens ist die Blende, die in Peter Rothins *Solaris* angesichts der Mehrdeutigkeit der berichteten Ereignisse ein breites Repertoire an Bedeutungen entfaltet. Besonders deutlich wird dies in der Eingangsszene bei der Überleitung von Kelvins erinnertem Voice-Over-Bericht in der Interviewsituation zum erlebten Geschehen auf der Raumstation Solaris. Nachdem sich in einer kurzen Introsequenz alle Beteiligten an der von Frau Dr. Gearth geleiteten Videokonferenz mit dem von Solaris zurückgekehrten Kris Kelvin vorgestellt und begrüßt haben, leitet eine sanfte Oboenmelodie mit der beruhigenden Voice-Over-Stimme des Erzählers über zur eigentlichen Handlungsebene des Hörspiels auf Solaris. Mit einem lauten klirrenden Knall (S 1/I/02:05) landen die Hörerinnen und Hörer gemeinsam mit Kris Kelvin mitten im Geschehen. Der Knall erfüllt akustisch als überleitendes Gestaltungselement zur eigentlichen Kernerzählung der Ereignisse auf Solaris alle drei Funktionen, die eine Blende im traditionellen literarischen Hörspiel aufweisen kann (vgl. Schmedes 2002, 88): Als *Raumblende* verdeutlicht das Geräusch, dass Kelvin auf Solaris gelandet ist. Das Geschehen verlagert sich also von der Erde nach Solaris. Als *Zeitblende* verdeutlicht das Geräusch, dass Kelvin sich an das erinnert, was er auf Solaris erlebt hat. Das Geschehen verlagert sich in die Vergangenheit. Als *Dimensionsblende* wird signalisiert, dass sich die Geschichte von innen (der Erinnerung

Kelvins) nach außen (zu den vergangenen Erlebnissen Kelvins) verlagert, von denen überdies gemutmaßt werden könnte, dass sie der Erzähler unter Umständen gar nicht erlebt, sondern nur geträumt oder halluziniert hat. Narratologisch betrachtet leitet die Szene vom Interview mit dem Erzähler zur erzählten und als Hörspiel in Szene gesetzten Geschichte über. Die Erzählweise mutiert damit vom Sagen (*telling*) zum Zeigen (*showing*) bzw. von der Diegese zur Mimesis (vgl. Huwiler 2005, 73).

Damit Rezipierende sich – in Anbetracht dieser komplexen Erzählkonstellation – auf den verschiedenen zeitlichen und räumlichen Ebenen, die im Hörspiel in der Folge aufgerufen werden, orientieren können, spielt der Einsatz des Stereosounds eine zentrale Rolle. Orientierung wird vor allem mit der Positionierung der Stimmen im Raum gegeben. Die Stimme des Protagonisten und Erzählers Kris Kelvin erscheint je nach Kontext in unterschiedlichen Positionen des Hörraums. In der rahmenden Interviewsituation ist Kelvin immer links zu hören, Frau Dr. Gearth als Leiterin des Interviews und die beiden anderen beteiligten Experten erklingen rechts oder Mitte rechts. Als Erzähler, der während des Interviews zu den mimetischen Szenen auf Solaris überleitet oder diese kommentiert, ist Kelvin immer mittig positioniert. Seine Stimme wird dabei zwar nicht konsequent unräumlich – ohne Atmosphäre, Geräusche oder Musik – in Szene gesetzt, als neutral über die jeweils konkrete Szene gelegte Voice-Over-Stimme nähert sich die Sprechweise Kelvins hier aber am ehesten dem Sicherheitston eines Nachrichtensprechers bzw. einer auktorialen Erzählfigur. In Szenen auf Solaris ist Kelvin meistens auf der rechten Seite positioniert, kann vereinzelt aber auch links zu hören sein. Hareys labiler Zustand wird in einer kurzen Rückblende durch eine rasche Abfolge unterschiedlicher Positionierungen im Raum verdeutlicht, wodurch die Dissoziation der Persönlichkeit mit der Dislozierung ihrer Stimme im Raum verknüpft wird (S 1/VI/01:10–01:15). In einer Szene, in der Kelvin sich Notizen zu verschiedenen Gedanken seiner Kollegen auf der Station macht, sind zum kratzenden Geräusch des verwendeten Schreibgeräts nicht nur die aufgeschriebenen Gedankengänge, sondern auch die Stimmen ihrer jeweiligen Urheber zu hören (S 2/II/04:25–05:23).

Auf den unterschiedlichen Erzählebenen kommen Schlüsselgeräusche zum Einsatz, mit denen Handlungsort und Erzählebene charakterisiert werden. Die Interviewebene wird häufig mit einem Moment der Stille eingeleitet, sie enthält keine Musik und wird maximal von Geräuschen des Einschenkens aus einer Thermoskanne begleitet. Auf Solaris sind häufig Geräusche von freiliegenden elektrischen Leitungen und das kontinuierliche Rauschen oder Brummen von Lüftungsanlagen und Geräten zu hören. Besonders sorgfältig wurden die Rückblende zu Bertons Flug über Solaris und sein daran anschließendes Interview in einer irdischen Spezialklinik mit Atmo und Geräuschen untermalt (S 1/VII/

01:04–03:16; 03:23–07:43). Das Hörspiel folgt dabei den Richtlinien des Sound-designs beim Tonfilm, wonach nie mehr als zwei oder drei Orientierungs-geräusche zum Einsatz kommen müssen und nach der Strategie des *Priming* orientierende Geräusche vor allem am Beginn der Szene platziert werden (vgl. Flückiger 2010, 433). Unterstützt wird die atmosphärische und räumliche Orientierung durch den sparsamen leitmotivischen Einsatz unterschiedlicher Musikstile. Charakteristisch für die musikalische Inszenierung der Solaris-Station sind Tonfolgen aus einzelnen ganzen Tönen, die zwischen links und rechts springen. Als Klangerzeuger kommen vor allem Schlaginstrumente wie Xylophon, Glockenspiel, Vibraphon oder Pauken, Becken, Triangeln, aber auch diverse Blasinstrumente zum Einsatz. Nach den Angaben des Komponisten Mario Schneider wurde die „Instrumentierung [...] so gewählt, dass sie dem Thema entspricht. Die Instrumente sind größtenteils akustisch, allerdings wurden sie gesampelt, also kommen wiederum künstlich vom Computer, sind daher weniger lebendig" (Schneider 2021). Um die „Reibung" zwischen der künstlichen At-mosphäre von Solaris und seinen Geschöpfen auf der einen und den natürlichen Ge-fühlen der Menschen auf der anderen Seite zu unterstreichen, setzt Schneider an vielen Stellen nicht nur auf „Polyrhythmik", sondern auch auf die gleichzeitige „Ver-wendung von Dur und Moll" (Schneider 2021). Während bei den Musikstücken der Szenen auf Solaris ein staccatoartiger Stil dominiert (S 1/II/00:48), wird die persön-liche Erinnerung Kris Kelvins an den Selbstmord seiner Frau Harey mit einem senti-mentalen Legatomotiv mit Vogelgezwitscher untermalt (S 1/I/00:35).

Wie viele aktuelle Hörspiele, die sich die Vielfalt akustischer Möglichkeiten digitaler Klanggestaltung zunutze machen, erweist sich das Hörspiel von Peter Rothin als Synthese aus Worthörspiel und Klangkunstwerk. Die hörspielgeschicht-liche Unterscheidung zwischen dem traditionellen literarischen Hörspiel mit sei-ner Dominanz des Wortes und dem experimentellen Neuen Hörspiel, das die Bedeutungsebenen der auditiven Erscheinungsformen von Stimme, Musik und Geräuschen priorisiert (vgl. Pinto 2012, 164–177), wird durch die kreative Verknüp-fung der Semantiken von sprachlichem Inhalt und medienästhetischer Inszenie-rung überwunden (vgl. Hiebler 2018, 174 f.). Damit derart komplexe Klanggebilde mit ihren mehrdeutigen, oft unzuverlässigen Erzählweisen, die einen hohen An-teil an Innerlichkeit und Selbstreferenz aufweisen und permanent mit dem Chan-gieren zwischen Fakt und Fiktion spielen, überhaupt verstanden werden können, bedarf es aufmerksamer und geschulter Zuhörerinnen und Zuhörer. Diese sind vor allem am Ende des Hörspiels gefordert, wenn die Geschichte zur Interviewsi-tuation des Anfangs zurückkehrt und damit dem narrativen Konzept der Rahmen-erzählung konsequent treu zu bleiben scheint. Das Hörspiel gewinnt an Klarheit, verliert aber auf den ersten Blick die attraktive Mehrdeutigkeit und Offenheit, die Lems Roman und Tarkowskijs Film so ambivalent machen. Es endet zwar ebenfalls mit Kelvins Glaubensbekundung an die Zeit der grausamen Wunder, der Ort, an dem sich diese Wunder ereignen könnten, ist aber in weite Ferne gerückt, weil Kelvin dieser Hoffnung offenbar erst nach seiner Rückkehr auf die Erde Ausdruck verleiht. Irritierend an dieser letzten Interviewpassage ist jedoch, dass sie die einzige im ganzen Hörspiel ist, die von Anfang an mit einem musikalischen Solaris-Motiv unterlegt ist, das der nüchternen Atmosphäre des irdischen Expertengesprächs widerspricht. Den Schlusssätzen Kelvins wird damit der Stellenwert eines inneren Monologs verliehen, der alles zuvor Erzählte und Verhandelte doch noch in Frage stellt und – wenn auch nur auf der subtilen nonverbalen Ebene der auditiven Gestaltung – ein Moment der Verunsicherung inszeniert.

In Momenten wie diesen entfaltet die medienorientierte Literaturinterpretation ihre eigentliche Stärke. Durch aufmerksame, oftmalige Rezeption und medienadäquates Erfassen möglichst aller, vor allem auch der nonverbalen Gestaltungselemente zielt die Methode auf das Aufspüren von subtilen Botschaften in Schriften, Bildern und Tönen. Die medienorientierte Literaturinterpretation ermöglicht dadurch ein differenzierendes Verständnis von literarischen Texten in unterschiedlichen medialen Erscheinungsformen und verhilft auch gehörten Geschichten wie Peter Rothins *Solaris* zum Erkennen ihrer unter der Oberfläche versteckten Komplexität.

Literatur & Medien

Lem, Stanisław: Solaris. Roman. Übers. v. Irmtraud Zimmermann-Göllheim. Frankfurt a. M. 2009.
Solaris. Ein Film von Andrej Tarkowskij. UdSSR 1972 (DVD der DEFA-Stiftung 1999).
Solaris. Hörspiel nach dem Roman von Stanisław Lem. Regie: Peter Rothin. MDR 2006 (Der Audio Verlag 2007).

***

Flückiger, Barbara: Sound Design. Die virtuelle Klangwelt des Films. 4. Aufl. Marburg 2010.
Hiebler, Heinz: Medienorientierte Literaturinterpretation: Zur Literaturgeschichte als Medienkulturgeschichte und zur Medialisierung des Erzählens. In: Medialisierung des Erzählens im englischsprachigen Roman der Gegenwart: Theoretischer Bezugsrahmen, Genres und Modellinterpretationen. Hg. v. Ansgar Nünning und Jan Rupp. Trier 2011, S. 45–84.
Hiebler, Heinz: Die Widerständigkeit des Medialen. Grenzgänge zwischen Aisthetischem und Diskursivem, Analogem und Digitalem. Hamburg 2018.
Huwiler, Elke: Erzähl-Ströme im Hörspiel. Zur Narratologie der elektroakustischen Kunst. Paderborn 2005.
Kant, Immanuel: Kritik der reinen Vernunft. Bd. 1. Hg. v. Wilhelm Weischedel. Frankfurt a. M. 1990.

Kittler, Friedrich: Grammophon, Film, Typewriter. Berlin 1986.
Lichtenberg, Georg Christoph: Schriften und Briefe. Bd. 1: Sudelbücher I. 6. Aufl. Frankfurt a. M. 1998.
McLuhan, Marshall: Die magischen Kanäle. Understanding Media. Düsseldorf et al. 1992.
Mersch, Dieter: Posthermeneutik. Berlin 2010.
Pinto, Vito: Stimmen auf der Spur. Zur technischen Realisierung der Stimme in Theater, Hörspiel und Film. Bielefeld 2012.
Rzeszotnik, Jacek: Nicht sehen, nicht hören, nicht sprechen – Nicht verstehen. Die epistemologische Impotenz des Menschen nach Stanisław Lem. In: Bluescreen. Visionen, Träume, Albträume und Reflexionen des Phantastischen und Utopischen. Hg. v. Walter Delabar und Frauke Schlieckau. Bielefeld 2010, S. 145–168.
Schmedes, Götz: Medientext Hörspiel. Ansätze einer Hörspielsemiotik am Beispiel der Radioarbeiten von Alfred Behrens. Münster et al. 2002.
Schneider, Mario: E-Mails an Heinz Hiebler vom 23.04.2021.
Simanowski, Roberto (Hg.): Literatur.digital. Formen und Wege einer neuen Literatur. München 2002.
Winkler, Hartmut: Die prekäre Rolle der Technik. Technikzentrierte versus ‚anthropologische‘ Mediengeschichtsschreibung. In: Über Bilder sprechen. Positionen und Perspektiven der Medienwissenschaft. Hg. v. Heinz-B. Heller, Matthias Kraus, Thomas Meder, Karl Prümm und Hartmut Winkler. Marburg 2000, S. 9–22.

Matthias Mohn

Emotionsanalyse in der elektroakustischen Kunst

Techniken der Angsterregung am Beispiel der Hörspielserie
Die drei ???

„*Die drei ???* waren ganz anders als alles, was wir vorher kannten" (Bastian 2003, 71), formuliert Annette Bastian in *Das Erbe der Kassettenkinder*. Bereits das Layout der seit 1979 produzierten Hörspielserie, damals noch mit dem Scherenschnitt des ‚Master of Suspense‘ Alfred Hitchcock auf dem Cover, erweckt Interesse an der akustischen Inszenierung und schürt Vorgefühle auf eine angst- bzw. spannungserregende Rezeption. Stellvertretend für zahlreiche Zuhörerinnen und Zuhörer berichtet Bastian, dass die Geschichten um die drei Junior-Detektive Justus Jonas, Peter Shaw und Bob Andrews ihr dann tatsächlich regelmäßig eine „Gänsehaut [...] über den Rücken jagten" (Bastian 2003, 71). Trotz partiell intensiv empfundener Angst während des Zuhörens sind es in der Gesamtbetrachtung Freude und Faszination, die mit der Bewertung des Gehörten und dem daraus entstandenen Gefühlszustand erkennbar einhergehen:

> Abendliches Kassettenhören im Dunkeln entwickelte sich zur Mutprobe. An Tagen, an denen man sich besonders mutig fühlte, wählte man vielleicht *Die drei ??? und der Phantomsee* oder *Die drei ??? und das Gespensterschloss*. Wenn Java-Jim plötzlich wieder aus dem Nichts erschien oder im Gespensterschloss der Nebel aufstieg, galt es, spontane Schreie zu unterdrücken. [...] Aber wir wollten es ja nicht anders. Wir wollten uns gruseln.
>
> (Bastian 2003, 71)

Emotionsforschung – ein kurzer Überblick

Dass künstlerisch gestaltete Narrationen auf unterschiedlichen Vermittlungswegen Rezipierende zu affizieren vermögen, u. a. (kathartisch) Furcht bzw. Angst[1]

---

1 „[engl. *anxiety*; althd. *angust*, verwandt mit lat. *angustus* eng], [EM, PER], emot. Zustand (state), gekennzeichnet durch Anspannung, Besorgtheit, Nervosität, innere Unruhe und Furcht vor zukünftigen Ereignissen" (Asendorpf und Caspar 2021; Herv. i. O.). Eine terminologische Trennung zwischen Angst und Furcht wird in den hier gegebenen Zusammenhängen als nicht sinnvoll erachtet, da die teils vorgenommene Grenzziehung in der Forschung keinesfalls konsensfähig und daher eine sichere Verwendung der Begriffe nicht zu gewährleisten ist. Eine Differenzierung zwischen Motiv/Objekt und Zustand erscheint dagegen wesentlich zweckgerichteter (vgl. Mohn 2019, 20–22).

und Schrecken evozieren, findet erkenntnistheoretisch bereits in der Antike Aufmerksamkeit. Im Zeitalter eines täglich mehrstündigen Konsums nahezu ubiquitär verfügbarer Medieninhalte sind die dadurch vermittelten Geschichten und ihre Wirkung präsenter denn je (vgl. Breithaupt 2019, 15). Sei es mittels geschriebener oder vorgetragener Texte, durch die Wirkung von Bildern – etwa in Form von Comics, cineastischen Erzeugnissen, Werbespots, Computerspielanimationen etc. – oder durch Inszenierungen klassischer gestaltender Künste, stets bilden Prozesse der emotionalen Involvierung einen wesentlichen Teil des Rezeptionserlebnisses. In dem Bestreben, differenziert deren funktionale Grundlagen bzw. Mechanismen zu erfassen, stellen Theorien und Modelle in folgenden Bereichen relevante Zugänge bereit: Zu kognitiven sowie emotionalen Wahrnehmungsmodalitäten, zu Fiktionsemotionen (emotionale Reaktionen der Rezipierenden auf Sachverhalte in der fiktiven Welt), Meta-Emotionen (wie z. B. Scham für die eigene während der Rezeption empfundene Angst; vielleicht auch Wut über das dargestellte ängstliche Verhalten einer Figur) oder Artefakt-Emotionen (z. B. Freude oder Ärger über die Gestaltungsform), zum Phänomen des *paradox of fiction*, zur *theory of mind* oder Empathie und deren „dunklen Seiten" (Breithaupt 2019, 15) sowie zu vermittlungs- bzw. rezeptionsästhetischen Effekten von Atmosphären, Stimmungen und Räumen.

Nachdem die Philosophie gewissermaßen den Startpunkt für diese Forschungsrichtung geliefert hat, widmen sich mittlerweile nicht nur die empirische Psychologie und Soziologie, sondern seit ca. zwei Jahrzehnten außerdem viele Fachrichtungen der Kultur- bzw. Geisteswissenschaften innerhalb des sogenannten *emotional turn* (vgl. Anz 2007) jenen Phänomenen (vgl. etwa Bartsch et al. 2007; Koppenfels und Zumbusch 2016). Dieser Umstand ermöglicht die Übertragung zahlreicher Theorien, Methoden und Problemstellungen literatur-, theater- und filmwissenschaftlicher Emotionsforschung auch auf die bislang deutlich unterrepräsentierten Untersuchungen zur „Emotionsvermittlung" und „Emotionalisierung" (Poppe 2012, 10) durch die elektroakustische Kunstform (vgl. Huwiler 2005, 25). Sie gilt es einerseits stärker innerhalb der Emotionsforschung zu vergegenwärtigen und andererseits der Hörspielforschung die Potenziale einer emotionsorientierten Perspektive näher zu bringen.

Phänomenologische Aspekte der Angst, Vermittlungs- und Emotionalisierungsstrategien – eine Annäherung

Im Folgenden sollen deshalb einige mit der Emotion ‚Angst' in Verbindung stehende Evokationsmechanismen – sowohl auf stofflicher (endogener) Ebene als auch auf Basis akustisch direkt vermittelbarer (exogener) Reizkonstellationen (vgl. Mohn 2019, 59) – skizziert werden, die im Kontext exemplarisch ausgewählter Sequenzen der Hörspielserie *Die drei ???* auszumachen sind.[2] Thematisch besonders geeignet erscheint hierfür neben der ersten Folge *... und der Super-Papagei* (udSP) vor allem *... und das Gespensterschloß* (udG). Denn neben den fiktiven Darstellungen – zugegeben relativ klischeehafter, aber trotzdem – wirksamer Angstobjekte werden darüber hinaus handlungsinhärent Erklärungsansätze präsentiert, die die prozessuale Wirkungsweise von Angst durch die von den Figuren selbst vorgetragenen Reflexionen ihrer simulierten Gefühlsbewegung beschreiben. So stellt in der letztgenannten Folge der erste Detektiv Justus Jonas seinen Kollegen, sich selbst und indirekt auch dem lauschenden Publikum die Frage, die im ursprünglichen Sinn zwar auf die fiktiven Geschehnisse und Eindrücke gemünzt ist, welche während eines Besuchs des Spukschlosses ‚erlebt' wurden, jedoch in der Sache auch die vorliegenden Überlegungen grundieren: Dass man nämlich – in freilich unterschiedlicher Ausprägung[3] – Angst während der Rezeption eines Hörspiels empfindet und sich den eigenen durch gehörte Geschichten induzierten Illusionen hingibt, trotz der Gewissheit um die faktische Ungefährlichkeit der an die Ohren dringenden Schallwellen. Justus Jonas formuliert:

> ▶ Wahrscheinlich nur Einbildung! Im Grunde haben wir nichts gesehen oder gehört, das uns geängstigt haben könnte, aber Angst hatten wir. Die Frage ist also: warum?!
> (Tr. 1, udG, A/09:56 © SONY MUSIC Entertainment Germany GmbH)

Durch die Zusammenführung der äußerst beliebten Hörspielserie mit einem Teilgebiet des genannten populären Wissenschaftszweigs treten gleich zwei

---

2 Mit freundlicher Genehmigung der SONY MUSIC Entertainment Germany GmbH („*Die drei ???*" ist *eine Marke der Franckh-Kosmos Verlags GmbH & Co.KG*) sind die mit dem Play-Symbol ▶ gekennzeichneten Audiofiles (verlinkt über https://www.degruyter.com/document/isbn/9783110741773/html) abrufbar. Die Hörspiele in diesem Aufsatz werden nach den Kassetten zitiert, es werden also A- bzw. B-Seite und Timecode angegeben. Um einen besseren Eindruck des Kontextes zu geben und u. U. das Angstmotiv zu klären, sind viele der Snippets länger als die transkribierten Passagen.
3 Zur „individuelle[n] Prägung der Angst", die das Rezeptionsempfinden beeinflusst, vgl. Mohn 2019, 78.

Phänomene des Auditiven an die Oberfläche, denen sich im Folgenden genähert werden soll. In der Betrachtung einzelner produzentenseitig zur Anwendung kommender Transfertechniken ist zu klären, wie genau in den klanglich inszenierten fiktionalen Darstellungen Angst bei den Zuhörerinnen und Zuhörern evoziert wird, welche durch die Phantasie beeinflussten Codierungs- und Decodierungsmuster dabei relevant sind und inwieweit das akustische Spiel mit der Angst und der Erfolg der Serie zusammenhängen.

Bei vielen Folgen deuten bereits die Titel explizit auf die potenziell Angst erregenden Inhalte hin: *Nacht in Angst, Die Höhle des Grauens, Grusel auf Campbell Castle, Der gefiederte Schrecken* u. v. a. Diese übernehmen damit, in Form einer i. d. R. ersten Kontaktherstellung zwischen den Rezipierenden und den Stoffen, die kommunikationsfunktionale Aufgabe, Neugier – die Explorationsneigung „als ein genuiner Antagonist der Furcht" (Eibl 2013, 138) – bzw. entsprechende Erwartungen bei der Zuhörerschaft zu wecken und diese affektiv einzustimmen. Sowohl den Schöpfern der Titel bzw. den Autorinnen und Autoren der Hörspielmanuskripte – diese sind Adaptionen der Romanvorlagen – als auch innerhalb der Regiearbeit, des Sounddesigns sowie während des Entstehungsprozesses der Hörspielmusik und der elektroakustischen Sprachaufnahmen eröffnet die narrative Darstellung bzw. Erzeugung von Angst in rein textuellen (endogenen) und akustischen (exogenen) Interaktionsverläufen mit den Zuhörenden ein breites Spektrum dramaturgischer Möglichkeiten. So ist Angst etwa steuerungsstrategisch, Sympathie lenkend oder Leerstellen bildend und – die Werbewirksamkeit betreffend bzw. kaufmotivierend wirkend – als Quelle potenzieller Spannungsempfindung einzusetzen.

Dabei ist Angst in ihrer vielschichtigen, aber zugleich diffusen Gestalt „völlig un- oder unterbestimmt". Denn nach Ansicht Maren Lickhardts „weist [sie] als abstrakter Begriff wie Liebe, Glück, Wut und vermutlich alle Emotionen keine unmittelbar fassbare Referenz auf, hat also keinen konkreten Gegenstand als Entsprechung" (Lickhardt 2013, 189). Und dennoch zeugt ihre „oftmals reduzierte, unterkomplexe, vage-schematische literarische Konstruktion [...] von der zielsicheren und leichten Evozierbarkeit des Phänomens [...], also dessen imaginärer Bestimmbarkeit", da die Rezipierenden „Angst offenbar schon allzu gut kenn[en]." Lickhardt vermutet, „dass es sich [entweder] um eine intersubjektiv verbindliche anthropologische Größe handelt oder dass eine eingehende historisch und kulturell gebundene Vorcodierung und Popularisierung stattgefunden hat" (Lickhardt 2013, 192) – beides scheint zutreffend. Verbunden mit Aspekten empathiebasierter Verstehensprozesse inszenierter Emotionen, Codierungs- und Decodierungsprinzipien hinsichtlich einer „gemeinsamen menschlichen Erlebens-Grundlage" (Winko 2003, 10) sowie den evolutionären Gegebenheiten realitätsbasierter menschlicher (Angst-)Wahrnehmungsstrukturen, nebst den darin ablaufenden basalen Reiz-Reaktionsprozessen, lassen sich einige Bedingungen ableiten, die für die Erfassung einer fiktiven Umwelt und deren Emotionalisierungs-

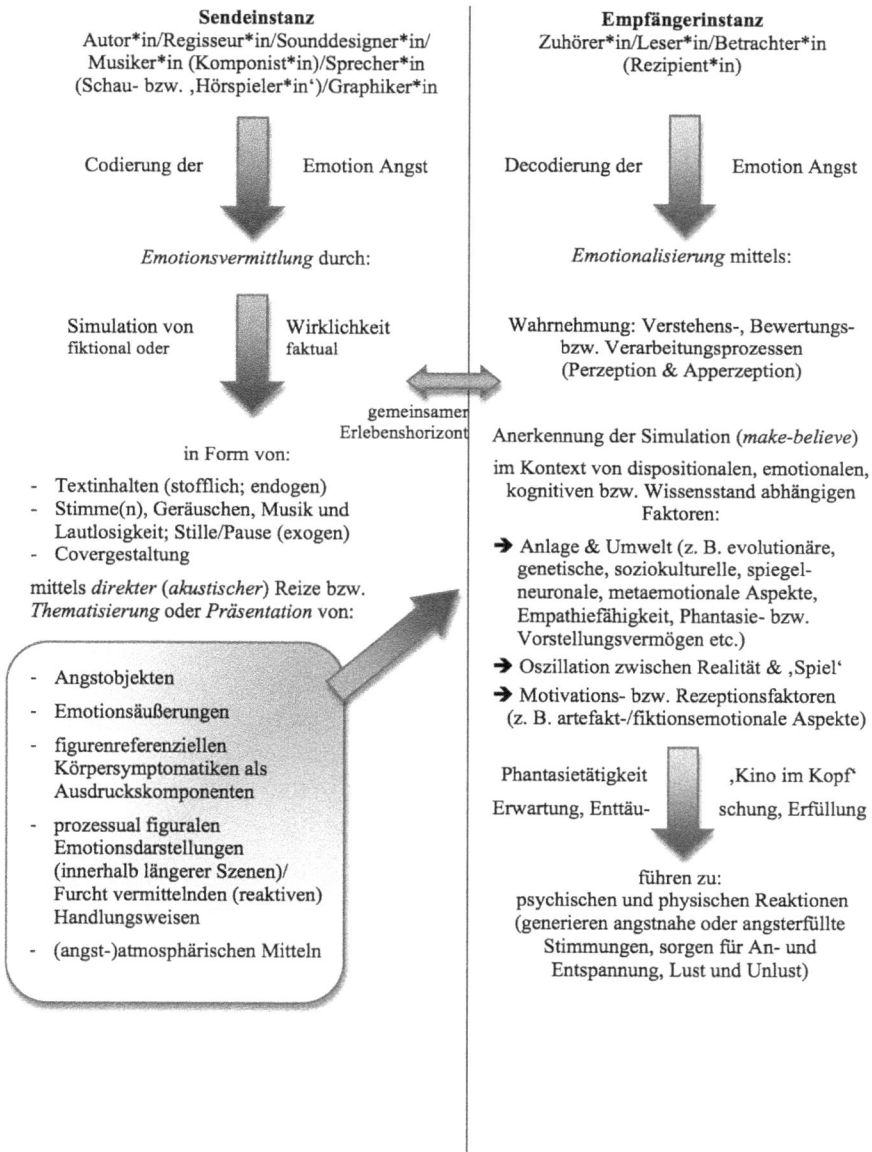

Sendeinstanz
Autor*in/Regisseur*in/Sounddesigner*in/
Musiker*in (Komponist*in)/Sprecher*in
(Schau- bzw. ‚Hörspieler*in')/Graphiker*in

Empfängerinstanz
Zuhörer*in/Leser*in/Betrachter*in
(Rezipient*in)

Codierung der   Emotion Angst   Decodierung der   Emotion Angst

Emotionsvermittlung durch: *Emotionalisierung* mittels:

Simulation von   Wirklichkeit   Wahrnehmung: Verstehens-, Bewertungs-
fiktional oder   faktual   bzw. Verarbeitungsprozessen
(Perzeption & Apperzeption)

gemeinsamer
Erlebenshorizont   Anerkennung der Simulation (*make-believe*)

in Form von: im Kontext von dispositionalen, emotionalen,
kognitiven bzw. Wissensstand abhängigen
- Textinhalten (stofflich; endogen)   Faktoren:
- Stimme(n), Geräuschen, Musik und
Lautlosigkeit; Stille/Pause (exogen)   ➔ Anlage & Umwelt (z. B. evolutionäre,
- Covergestaltung   genetische, soziokulturelle, spiegel-
neuronale, metaemotionale Aspekte,
mittels *direkter* (*akustischer*) Reize bzw.   Empathiefähigkeit, Phantasie- bzw.
Thematisierung oder *Präsentation* von: Vorstellungsvermögen etc.)

➔ Oszillation zwischen Realität & ‚Spiel'
- Angstobjekten
- Emotionsäußerungen   ➔ Motivations- bzw. Rezeptionsfaktoren
- figurenreferenziellen   (z. B. artefakt-/fiktionsemotionale Aspekte)
  Körpersymptomatiken als
  Ausdruckskomponenten   Phantasietätigkeit   ‚Kino im Kopf'
- prozessual figuralen
  Emotionsdarstellungen   Erwartung, Enttäu-   schung, Erfüllung
  (innerhalb längerer Szenen)/
  Furcht vermittelnden (reaktiven)
  Handlungsweisen   führen zu:
- (angst-)atmosphärischen Mitteln   psychischen und physischen Reaktionen
(generieren angstnahe oder angsterfüllte
Stimmungen, sorgen für An- und
Entspannung, Lust und Unlust)

Abb. 1: Schaubild zum Codieren und Decodieren der Emotion Angst.

potenzialen innerhalb einer rezeptionsästhetischen Wahrnehmung simulierter
Wirklichkeit von Bedeutung sind (vgl. Abb. 1).

Inszenierte Angst(reize) und deren potenzielle Wirkung

Um in jener auditiv arrangierten Wirklichkeit ein beklemmendes, schrecken-,
angst- oder gar panikbehaftetes Szenario zu kreieren, bedarf es der narrativen
Platzierung mindestens eines „Angstobjekte[s]" (Dehne 2017, 37). Dessen semantische Konsistenz lässt sich in vielerlei Varianten aufladen und zu Gehör
bringen. Sie manifestiert sich in Situations- oder Ereignisdarstellungen ebenso
wie in intrafiktionalen Gegenständen oder Individuen. Die darin angelegten –
performativ auch mittels Geräuschen und musikalisch arrangierten – Bedrohungspotenziale können übergeordnet in drei Formen wirksam werden:
- Erstens entwickeln die Zuhörenden – hauptsächlich durch Vermittlungs-
komponenten der endogenen Ebene – figurenreferenziell Sorge oder Angst
um das fiktive Wohlergehen der Sympathieträger.
- Zweitens kann sich *vor* einem oder mehreren Angstobjekten rezeptions-
inhärent Furcht einstellen – meist ohne inhaltlich komplexe Umwege
aktualisiert sie sich vor allen Dingen durch die Wirkungseffekte der unterschiedlichen exogenen Elemente wie Stimme, Geräusch und Musik.
- Und drittens – auf ähnlichen Mechanismen beruhend – lässt sich das Hörer-
lebnis durch angstatmosphärische Stimuli gestalten, die sich latent in der
(Grund-)Stimmung des Auditoriums niederschlagen und damit wiederum Einfluss auf die Wirkung der beiden vorgenannten Parameter nehmen können.

Bangen *um* eine oder mehrere Figuren

Abhängig von Wissensstand, Verstehens-, Empathie- und Phantasieprozessen
bangen die Rezipierenden um eine Figur, ein „Identifikationsobjekt" (Dehne
2017, 37). Dieses kennzeichnet „nicht die Bedrohung selbst [...], sondern das,
worauf sie sich bezieht" (Dehne 2017, 201). Mit dem Erfassen dieser Bezüge,
dem Anerkennen der fiktiven Gefahrenlage (der Bedrohung), dem (Wieder-)Er-
kennen direkter oder indirekter Emotionsäußerungen bzw. emotionsbasierter
Verhaltensweisen kann es unter Einbezug eigener Erfahrungswerte sowie realer
oder der Fiktion entspringender Werte- und Normensysteme zu perspektivier-

ten Einschätzungen bzw. Bewertungen, zum kognitiven Prozess der Perspektivübernahme kommen, ehe ein affektives Nacherleben initiiert wird, das die Imagination (angst-)emotionaler Zustände ermöglicht (vgl. Derntl 2012, 84; Mohn 2019, 86–92). Das Auditorium erlebt also nicht in identischer Weise die dargestellten Figurenemotionen, es teilt sie auch nicht nur. Aus einer Beobachterposition erlebt es vielmehr die auditiv inszenierten Angstmotive mit. Auf diese Nuance weist Fritz Breithaupt hin:

> Mit-Erleben beinhaltet [...] deutlicher als das Teilen von Gefühlen und Affekten auch Aktionen und vor allem auch zahlreiche kognitive Prozesse wie das Vorausschauen, das Erwägen der Umstände und das Mitüberlegen, was zu tun ist. Miterleben im Allgemeinen heißt, imaginär den Standpunkt eines anderen einzunehmen und seine oder ihre Reaktion auf die Situation zu teilen. (Breithaupt 2019, 16)

Es darf figurenbezogenen mitgerätselt, mitgefiebert, sich innerhalb der mental modellierten Welt um die Unversehrtheit der Identifikationsobjekte gesorgt werden, wenn die drei Detektive mit den unterschiedlichen mysteriösen Antipoden in Konfrontation treten, welche oftmals schon die Cover zieren: *Die drei ??? und der unheimliche Drache, ... und der tanzende Teufel* (udtT), *... und die flüsternde Mumie, ... und der höllische Werwolf* (udhW), *... und der grüne Geist* (udgG), *... und das Gespensterschloß, ... und der Fluch des Rubins.*

Nicht selten verbergen sich hinter den jeweiligen Angstobjekten, die zu Beginn einer Episode als übernatürliches, unerklärliches Phänomen präsentiert, gleichwohl im Verlauf des Geschehens sukzessive konkretisiert werden, logisch erklärbare, gesetzwidrige Machenschaften. Ein dem Schauerroman entwachsenes strategisches Muster, das in zahlreichen Fällen der *Drei ???* als „Doppelmotiv von Geheimnis und Detektion" (Eibl 2012, 175) die Erzeugung von Spannung bei den Zuhörenden verspricht. Indem erst das Unerklärliche, Geheimnisvolle, Unheimliche entschleiert und später der Urheber dingfest gemacht wird, können sie getrost sein, „daß der Verbrecher überführt wird und der Detektiv [...] alle Gefahren übersteht" (Anz 1998, 158).

Die Narrativierung dieser konstruierten Gefahren bzw. Angstobjekte vollzieht sich im Zusammenspiel mit den figuralen Identifikationsobjekten in der „Verkettung oder Verknüpfung [mindestens] zweier Geschehnisse". Soll intendiert Angst „zum Ausdruck und zur Vorstellung gebracht und letztlich auch direkt evoziert werden", ist dies in Form von „Ereignisketten, Handlungsabfolgen und Erzählsequenzen" (Lickhardt 2013, 190) zu realisieren. Innerhalb derer kann Angst mittels der Projektionsfläche ‚Figur' explizit „thematisiert" werden, indem „Figuren oder die Erzählinstanz [...] über Emotionen [sprechen], seien es ihre eigenen oder die anderer Figuren" (Winko 2003, 47). Oder die „Präsentation" erfolgt implizit: „über die Handlung des Textes, das Verhalten der Figuren, über Situationen, in denen

Figuren agieren bzw. die sie hervorrufen, und über Objekte, mit denen umgegangen wird oder die beschrieben werden" (Winko 2003, 47). In die verschiedenen Strukturen eingebettet, können die phänotypischen Merkmale der Angst sowohl als direkte körperliche Reaktionen (hinsichtlich eines Angstobjekts) beschrieben bzw. dargestellt oder von den Figuren selbst geäußert werden als auch das simulierte Handeln kennzeichnen und darüber entsprechende Handlungsräume besetzten. Letztgenannter Zusammenhang kann auch phobische Reaktionen beinhalten, anhand derer eine Aufwertung gegenüber den Figuren erfolgt.

In den meisten Fällen der *Drei ???* wird figurenreferenziell der zweite Detektiv benutzt, um Furcht direkt zu vermitteln. Dies kann kraft des Erzähltextes geschehen (▶ „panische Angst kam in ihm auf", Tr. 2, udG B/11:02. © SONY MUSIC Entertainment Germany GmbH) oder vom Charakter selbst geäußert werden (▶ „Ich krieg eine Gänsehaut. Just, ich hab Angst", Tr. 3, udG, A/07.55. © SONY MUSIC Entertainment Germany GmbH). Ebenso kommt oft die indirekte Form in Gestalt kontextuell leicht verständlicher simulierter reaktiver Handlungsweisen zur Anwendung:

- Flucht – z. B. dargestellt durch geräuschlautlich vernehmbare schnelle Schritte auf wechselndem Untergrund (Tr. 3)
- Verstecken – ▶ „Justus! Mr Sears kommt! Versteck Dich!" *(Warnend angstvoll vorgetragen, dann flüsternd)* „Kopf runter, Bob! Hoffentlich geht das gut?!" (Tr. 4, udhW B/14:01. © SONY MUSIC Entertainment Germany GmbH)
- Blockadereaktionen – ▶ „Ich könnte gar nicht rennen. Mir zittern die Knie, als ob ich eben erst laufen gelernt hätte." (Tr. 5, udSP A/01:14. © SONY MUSIC Entertainment Germany GmbH)

Da „[d]ie Vokabel ‚Angst' und eine bestimmte Körpersemantik [...] topologisch geradezu fest verbunden" (Lickhardt 2013, 191) sind, zeigt der zweite Satz des vorausgehenden Snippets auch diese situativen Erkennungszeichen, um Emotionalisierungstendenzen zu erzielen. „Während [also] Körpersymptome Angst indizieren und es durchaus weiterer Mittel bedarf, um eine Identifikation mit der angstbesetzten [...] Figur herzustellen, löst der entsprechende Gegenstand vielleicht direkter Ängste aus" (Lickhardt 2013, 195).

Furcht *vor* einem oder mehreren Angstobjekten

Eine narrativ weniger komplexe Spielart affiziert die Zuhörerschaft auf unmittelbarem Weg, indem für eine kurze Zeitspanne Furcht vor an und für sich ungefährlichen fiktiven Angstobjekten evoziert wird. Speziell die über den Gehörsinn wahrnehmbaren direkten akustischen Reize (vgl. Mohn 2019, 138) stellen in ihrer genuin vermittelbaren, nämlich an Schallwellen gebundenen Form als Steigerung zu den ausschließlich via eingesprochenem Text zu transportierenden direkten ‚(Attrappen-)Reiz(objekt)en' (vgl. Mellmann 2007, 250) eine für das Medium Hörspiel sehr effiziente Einsatzvariante dar, weil sie sich unmittelbar rezeptiv auswirken.

Dafür verantwortlich ist das weitgehend unverändert gebliebene, auf archaische Angstobjekte ansprechende biomechanische Reizverarbeitungssystem des Menschen, einschließlich seiner Dispositionen bzw. Prädispositionen; z. B. gegenüber den Angstobjekten Dunkelheit, Höhe, Lärm, Schlangen oder größeren Raubtieren (vgl. Vaas 2000). In der akustischen Fiktion enthaltene Auslösemechanismen – etwa ein erhöhter Lautstärkepegel oder mögliche Feindanwesenheit (z. B. durch die geräuschlautliche Verwendung des Spannens eines Revolverhahns, eines leisen Raschelns, Knackens oder durch Raubtiergebrüll) – führen zu Resonanzen, die charakteristisch für eine Schreckreaktion sind. Zunächst – kognitiv nicht beeinflussbar – beschleunigt sich u. a. der Herzschlag, es kommt zur Anspannung der Muskeln, einer höheren Atemfrequenz und gesteigerter Aufmerksamkeit, um auf eine sehr schnell umsetzbare motorische Handlung (Flucht, Verstecken oder Angriff) vorzubereiten. Dass diese unterbleibt, ist einer zweiten Bewertung geschuldet, die für die Einbeziehung weiterer situativer Wahrnehmungsmodalitäten (Sinneseindrücke, den Rückgriff auf Erfahrungswerte und das Herstellen von Analogien) eine längere Verarbeitungszeit benötigt als eine standardisierte. Mit der Apperzeption, also dem Gewahrwerden, dass die Klänge künstlerischen, künstlichen Ursprungs sind, somit einer als ungefährlich einzustufenden Quelle entstammen und auch die räumliche Umgebung, in der die Rezeption des Hörspiels erfolgt, keinerlei erkennbare Bedrohungspotenziale darstellt, wird die Durchführung der motorischen Handlung gehemmt. Die initiierten Angstsymptomatiken der ersten Phase dauern jedoch noch über einen gewissen Zeitraum an, sind durch neuerliche Stimuli weiter aufrechtzuerhalten und werden erst in diesen Momenten realisiert, ehe sich die psychophysischen Prozesse wieder normalisieren (vgl. Mellmann 2006, 161 f.).

In aller Regel – wenigstens beim erstmaligen Hören – sollten sich die beschriebenen Reaktionen bei der Rezeption nachstehender Szene ergeben. Während eines ersten Besuchs des Gespensterschlosses sieht das Hörspielmanuskript für Bob als Reaktion zwei Aufschreie vor, da er sich irrtümlicherweise, wie der spätere Dialog zwischen ihm und Peter offenlegt, im doppelten Wortsinn ‚ergriffen' fühlt. Nahezu parallel erschrickt mutmaßlich gleichfalls das lauschende Publikum, nachdem es mit dem Auslöseimpuls eines akustisch klar identifizierbaren, lauten, metallisch scheppernden Geräuschs konfrontiert wird. Die lauten Schreie, die das erste Furchtobjekt Lärm nochmals übertönen, dürften das Angstempfinden kurzzeitig weiter steigern, bevor es sich – ähnlich dem figural simulierten – durch fiktionsintern gegebene Erklärungen der Sachlage wieder abschwächt.

> *Lautes Poltern, Bob schreit auf.*

Peter: Bob, was hast du?

Bob: Jemand hält mich fest... ich... ah!

Peter: Der Ritter hinter dir, er ist umgefallen!

Bob: Der Riemen meiner Kamera hat sich drin verhakt. *(Erleichtert)* Mann, hab ich einen Schreck gekriegt.   (Tr. 6, udG B/03:22. © SONY MUSIC Entertainment Germany GmbH)

Bobs Aufschreie vermitteln den Zuhörerinnen und Zuhörern sowie dem zweiten Detektiv Peter, dass die Figur – wie von ihr selbst in der Reflexion des Geschehens am Ende der Szene thematisiert – einer Schrecksituation ausgesetzt ist, die durch den Moment der plötzlichen Lageänderung (akustische/taktile Attrappenreize) von anscheinend erheblichen Bedrohungspotenzialen ausgelöst wird.[4]

Evolutionär hat diese Bedrängnis bedeutende phonisch-dynamische Mitteilungsvariante den Zweck, anderen Individuen einer Gruppe Gefahr zu signalisieren, sie in Alarmstimmung zu versetzen und die eigene Notsituation direkt zukommunizieren. Szenisch flankiert wird die präsentierte Stimulikonstellation durch den Angst und Anspannung simulierenden Gebrauch der Stimme mit erheblicher Energie im Hochfrequenzbereich (vgl. Sendlmeier 2016, 240). Des Weiteren grundsätzlich funktional beachtenswert ist die Gestaltung der parasprachlichen Mittel Intonation, Artikulation, Melodie, Tempo, Dynamik, Rhythmus, Lautlosigkeit/Pause oder eine nachgeahmte Brüchigkeit in der Stimme sowie ihr Umkippen. Hierüber, wie auch mit den nonverbalen Elementen Flüstern, Weinen oder Stottern, können Bangnis, Panik und Schrecken bedeutet werden (> Tr. 7, udgG A/01:00. © SONY MUSIC Entertainment Germany GmbH). Mit der Nutzung dieser phonatorischen Vehikel ist es möglich, emotionale Informationsgehalte impulsiv und geradewegs in den Vordergrund zu rücken oder aber sie unterschwellig zu präsentieren und damit die Szenerie nuanciert zu schattieren.

Ein mit dem Trägerelement Musik szenisch verbundener, diesmal über das Angstobjekt selbst transportierter intensiver (Angriffs-)Schrei ist in der Folge *Die drei ??? und der tanzende Teufel* mehrfach zu hören. Der Bewegung simulierende, aggressive Schlagzeugrhythmus, der hier eingesetzt wird, ist Soundmotiv der Titelfigur und Mittel der Angsterregung in einem (> Tr. 8, udtT A/09:00. © SONY MUSIC Entertainment Germany GmbH).

In einem austarierten Mischungsverhältnis kommen also neben den Textinhalten gleichermaßen deren Präsentationsformen sowie partiell darin überge-

---

4 Zur narrativen Nutzung und Angstevokation durch ‚Plötzlichkeit‘ vgl. Mohn 2019, 130 f.

hend Geräusche und musikalische Klänge für den Angsttransport in Frage, indem sie entweder selbst als Angstobjekt fungieren oder über die kognitiv bzw. empathisch hergestellten Bezüge zu ihm wirksam werden.

Angstatmosphärische Reize

Diese Funktionsweise besitzt ferner Relevanz für die Evozierung angstnaher oder angsterfüllter Stimmungen, die durch (räumlich) angstatmosphärische Impulse eines oder mehrerer Objekte das Rezeptionserlebnis emotional grundieren. Während diese Reize mithin der Vermittlungsebene zuzuordnen sind, bildet das gestimmte Auditorium das Äquivalent zum emotionalisierten. Ähnlich dem Phänomen, dass Angst Angst generiert, sich über Rückbezüge verselbständigt und u. U. potenziert (vgl. Görling 2013, 180 f.), verhält es sich mit atmosphärisch gerichteten Gefühlen. Resultiert aus ihnen eine entsprechende Stimmung, sind nicht mehr zwingend direkte oder indirekte Impulse der ursprünglichen atmosphärischen Angstmotive nötig, um eine längerfristige – bisweilen über die Rezeption hinausgehende – Affizierung zu erzielen. Ist dies der Fall, bereitet eine sinister getönte Gestimmtheit den Boden für Furchtreizkonstellationen der beiden vorgenannten Kategorien (vgl. Mohn 2019, 111–115). Produzentenseitig werden die drei Detektive Justus, Peter und Bob in nahezu jeder Folge – in einem wenigstens zum Teil dramaturgisch belangreichen Zeitraum – in angstatmosphärisch wirkenden Settings platziert. Naturräumliche Umgebungen, wie etwa der finstere, akustisch gedämpfte, nächtliche Wald (*... und das Hexen-Handy*), eine Echo produzierende dunkle Höhle (*... und das Volk der Winde*) oder eine neblig dumpfe Landschaft (*... und der Nebelberg*) dienen ebenso als schauerliche Handlungsorte wie baulich gestaltete Kulturräume, beispielsweise in Form einer alten Villa mit knarrenden Dielen und einer schlagenden Standuhr (*... und der weinende Sarg*) oder des einsam gelegenen, düsteren Spukschlosses mit zugigen, engen, beklemmenden Gängen sowie hohen, Ehrfurcht und Widerhall erzeugenden Sälen nebst Bassklänge produzierender Orgelkulisse (▶ Tr. 9, udG B/11:02. © SONY MUSIC Entertainment Germany GmbH).[5]

Mittels sphärisch- bzw. dramatisch-musikalischer Untermalung, kurzer Textbeschreibungen oder/und der aufgezählten akustischen Formen direkt wirksamer, in der Zuschreibung eindeutiger Geräusche oder Raumnachhall-Effekte *(ambience)* sind atmosphärische Stimuli relativ einfach umsetzbar. So auch in der Folge *Die*

---

5 Am Ende der Folge *... und das Gespensterschloß* werden einige „Tricks, die mit der modernen Technik" einen wirksamen Spuk ermöglichen, verraten (▶ Tr. 10, udG B/20:50. © SONY MUSIC Entertainment Germany GmbH).

drei ???? und der Super-Papagei, als die drei Detektive nachts auf einem Friedhof ein gestohlenes Gemälde sicherstellen wollen und ihr Chauffeur Morton seine Besorgnis ausdrückt: ▶ „Verirren Sie sich nicht, es ist nicht nur dunkel, es wird nebelig" (Tr. 11, udSP B/18:40. © SONY MUSIC Entertainment Germany GmbH). Die verknüpften atmosphärischen Elemente – Andreas Wicke nennt es nicht ganz zu Unrecht „ein geradezu stereotypes [...] Setting" (Wicke 2020, 216)[6] – Dunkelheit, Nebel und eine unheimliche Örtlichkeit vermögen die Szenerie ebenso wie der leise heulende Wind und der Nacht anzeigende Ruf einer Eule in ein schauerliches Ambiente zu tauchen. Das Knarren bzw. Quietschen der Pforte *(handlungssimulierend)*, durch die die Figuren kurz vor dem dramaturgischen Höhepunkt der Geschichte das Gräberfeld betreten, beeinflusst zusätzlich angstindizierend die Gemüts- oder Stimmungslage der Zuhörenden (▶ Tr. 12, udSP B/18:45. © SONY MUSIC Entertainment Germany GmbH). Über alle drei, häufig in Mischform auftretenden, Gefahr vermittelnden Stimulikonstellationen ist im Hörspiel Angst in unterschiedlicher Qualität bei den Rezipierenden zu evozieren.

‚Happy End'

„Genossen wird diese Angst, weil sie sich als höchst kreativ entpuppt. Der Umstand, dass unbestimmt ist, wie die Gefahr sich äußern wird, eröffnet einen Spielraum an Handlungsmöglichkeiten" (Bronfen 2013, 254). Indem die Zuhörenden diese für sich durchdeklinieren, hoffen und bangen, dass sich die Figuren beispielsweise nicht im Nebel verirren, dass dieser keine negativen Überraschungen (ver)birgt, die sich u. U. zusätzlich via direkter akustischer Reize darbieten, und dass der Kriminalfall letztlich gelöst wird, führt während des Rezeptionsprozesses, gekoppelt an die prognostischen Potenziale der Angst, zu erhöhter Aufmerksamkeit, angeregter Phantasietätigkeit und gesteigerter, sich aber auch wieder verflüchtigender Anspannung. Denn es darf „[f]ür die Angstentwicklung, der wir beiwohnen, [...] auch eine Auflösung erwarte[t]" (Bronfen 2013, 254) werden. Diese manifestiert sich als finaler Antagonist von Furcht und Schrecken im Happy End, welches in allen Episoden der *Drei ???* das lauschende Publikum erwartet. O-Ton Heikedine Körting:

---

6 Aus spannungsanalytischer Sicht hat sich Wicke 2020 genau mit dieser Szene beschäftigt, darüber hinaus bezieht er das sich anschließende Fluchtszenario mit ein, wie ebenfalls Überlegungen zu außerästhetischen Rezeptionsbedingungen. Insofern darf der Blick auf die angstatmosphärischen Vermittlungspotenziale als kleiner Zusatz verstanden werden und ist weiterer Beleg dafür, wie eng Spannung und Angst interagieren.

▶ Also ich würde immer versuchen, den Kindern auf keinen Fall eine gewisse bleibende Angst zu bringen, für mich muss das irgendwie wieder aufgelöst werden.

(Tr. 13, Interview mit Körting 2011)

Und so bestätigt sich das Credo der Regisseurin im ritualisierten Lachen am Schluss vieler Folgen als klares Indiz der Auflösung von Angst. Das durch sie hervorgerufene Lustempfinden, das aus der zuvor im Zuge rezeptionsimmanent erfolgreicher Emotionalisierungsprozesse generierten Angst resultiert (vgl. Anz 1998, 63) und u. a. aus dem (Mit-)Erleben und Bewältigen eigener Ängste entsteht, hinterlässt nach befriedigter Erwartungshaltung an das Hörspielerlebnis und einer insgesamt als gelungen bewerteten Inszenierung bei den Rezipierenden positive (Artefakt-)Emotionen.

Unterstellt man, basierend auf den seit mehr als vier Dekaden nahezu konstant hohen Absatzzahlen der Serie, dass dies in aller Regel zutreffend sein muss und der Transfer von Angst sowie die Emotionalisierung der Zuhörerinnen und Zuhörer immer wieder gelungen ist, darf konstatiert werden, dass der phänomenale Erfolg der *Drei ???* und das mit den verschiedenartigen Mitteln des Auditiven herbeizuführende Phänomen der Angst-Evokation als ein wesentlicher Bestandteil der Serie eine sehr enge Verbindung eingegangen sind.

Literatur & Medien

Die drei ??? und der Super-Papagei. Folge 1. Hörspiel nach dem Roman von Robert Arthur. Regie: Heikedine Körting. EUROPA 1979.
Die drei ??? und der grüne Geist. Folge 8. Hörspiel nach dem Roman von Robert Arthur. Regie: Heikedine Körting. EUROPA 1979.
Die drei ??? und das Gespensterschloß. Folge 11. Hörspiel nach dem Roman von Robert Arthur. Regie: Heikedine Körting. EUROPA 1980.
Die drei ??? und der tanzende Teufel. Folge 21. Hörspiel nach dem Roman von William Arden. Regie: Heikedine Körting. EUROPA 1980.
Die drei ??? und der höllische Werwolf. Folge 43. Hörspiel nach dem Roman von M. V. Carey. Regie: Heikedine Körting. EUROPA 1988.

***

Anz, Thomas: Literatur und Lust. Glück und Unglück beim Lesen. München 1998.
Anz, Thomas: Emotional Turn? Beobachtungen zur Gefühlsforschung. In: literaturkritik.de 2007. URL: https://literaturkritik.de/id/10267 (08.05.2021).
Asendorpf, Jens/Caspar, Franz: Angst. In: Dorsch – Lexikon der Psychologie. URL: https://dorsch.hogrefe.com/stichwort/angst (20.05.2021).
Bartsch, Anne/Eder, Jens/Fahlenbrach, Kathrin: Einleitung: Emotionsdarstellung und Emotionsvermittlung durch audiovisuelle Medien. In: Audiovisuelle Emotionen.

Emotionsdarstellung und Emotionsvermittlung durch audiovisuelle Medienangebote. Hg. v. Anne Bartsch, Jens Eder und Kathrin Fahlenbrach. Köln 2007, S. 8–38.

Bastian, Annette: Das Erbe der Kassettenkinder: … ein spezialgelagerter Sonderfall. Brühl 2003.

Breithaupt, Fritz: Die dunklen Seiten der Empathie. 4. Aufl. Berlin 2019.

Bronfen, Elisabeth: Angst im Film. In: Angst. Ein interdisziplinäres Handbuch. Hg. v. Lars Koch. Stuttgart/Weimar 2013, S. 251–264.

Dehne, Max: Soziologie der Angst. Konzeptuelle Grundlagen, soziale Bedingungen und empirische Forschung. Wiesbaden 2017.

Derntl, Birgit: Neuronale Korrelate. In: Positionen der Psychiatrie. Hg. v. Frank Schneider. Heidelberg 2012, S. 83–89.

Eibl, Karl: Von der biologischen Furcht zur literarischen Angst. Ein Vertikalschnitt. In: KulturPoetik 2012, 2, S. 155–186.

Eibl, Karl: Biologie der Angst. In: Angst. Ein interdisziplinäres Handbuch. Hg. v. Lars Koch. Stuttgart/Weimar 2013, S. 130–140.

Görling, Reinhold: Verkörperung. In: Angst. Ein interdisziplinäres Handbuch. Hg. v. Lars Koch. Stuttgart/Weimar 2013, S. 180–189.

Huwiler, Elke: Erzähl-Ströme im Hörspiel. Zur Narratologie der elektroakustischen Kunst. Paderborn 2005.

Koppenfels, Martin von/Zumbusch, Cornelia (Hg.): Handbuch Literatur & Emotion. Berlin/ Boston 2016.

Lickhardt, Maren: Narration. In: Angst. Ein interdisziplinäres Handbuch. Hg. v. Lars Koch. Stuttgart/Weimar 2013, S. 189–196.

Mellmann, Katja: Literatur als emotionale Attrappe. Eine evolutionspsychologische Lösung des „paradox of fiction". In: Heuristiken der Literaturwissenschaft. Disziplinexterne Perspektiven auf Literatur. Hg. v. Uta Klein, Katja Mellmann und Steffanie Metzger. Paderborn 2006, S. 145–166.

Mellmann, Katja: Vorschlag zu einer emotionspsychologischen Bestimmung von ‚Spannung'. In: Im Rücken der Kulturen. Hg. v. Karl Eibl, Katja Mellmann und Rüdiger Zymner. Paderborn 2007, S. 241–268.

Mohn, Matthias: Die Inszenierung von Furcht und Schrecken im Hörspiel. Eine interdisziplinäre Untersuchung der Grundlagen, Mittel und Techniken der Angsterregung in der elektroakustischen Kunst. Münster/New York 2019.

Poppe, Sandra: Emotionsvermittlung und Emotionalisierung in Literatur und Film – eine Einleitung. In: Emotionen in Literatur und Film. Hg. v. Sandra Poppe. Würzburg 2012, S. 9–31.

Sendlmeier, Walter F.: Sprechwirkungsforschung. Grundlagen und Anwendungen mündlicher Kommunikation. Berlin 2016.

Vaas, Rüdiger: Emotionen. Definitionen und Merkmale. In: Lexikon der Neurowissenschaft. Heidelberg 2000. URL: https://www.spektrum.de/lexikon/neurowissenschaft/emotionen/ 3405 (12.05.2021).

Wicke, Andreas: Spannung verstehen. *Die drei ???*-Hörspiele aus spannungsanalytischer und didaktischer Perspektive. In: Varianten der Populärkultur für Kinder und Jugendliche. Didaktische und ästhetische Perspektiven. Hg. v. Lea Grimm und Cornelia Rosebrock. Baltmannsweiler 2020, S. 211–228.

Winko, Simone: Kodierte Gefühle. Zu einer Poetik der Emotionen in lyrischen und poetologischen Texten um 1900. Berlin 2003.

Nils Lehnert

Genderdiskurse im Hörspiel

Figur und Geschlecht am Beispiel von Elfriede Jelineks *Für den Funk dramatisierte Ballade von drei wichtigen Männern sowie dem Personenkreis um sie herum*

Obwohl es wenige Analyseansätze in den Geistes-, Kultur- und Medienwissenschaften gibt, die den aktuellen Diskurs stärker dominieren als die *Gender Studies*, ist deren produktive Fruchtbarmachung für Hörmedien erstaunlich wenig elaboriert. So finden sich weder im *Handbuch Frauen- und Geschlechterforschung* (2010) noch im *Handbuch Interdisziplinäre Geschlechterforschung* (2019) Kapitel zu akustischen Formaten. Zwar warten beide mit Artikeln zur ‚Musik‘ bzw. zu den ‚Musikwissenschaften‘ auf, aber weder dort noch in den jeweiligen literaturwissenschaftlichen Segmenten erfahren gehörte Geschichten die ihnen zustehende Aufmerksamkeit, sodass der Übertrag aktueller Forschungsfelder (von hegemonialer Männlichkeit über Fokussetzungen auf das Zustandekommen binärer Stereotypien oder der Aufarbeitung von *Care*-Arbeit bis zur streitbaren Diskussion der ‚Schuld‘ von intersektional benachteiligten Frauen an ihrer eigenen Situation) auf auditive Phänomene weiterhin ‚händisch‘ zu bewerkstelligen ist.

Das ist insofern bedauernswert, als alles hörbar Erzählte die Komplexität der Parameter im Kontrast zur schriftlichen Darlegung veritabel steigert (vgl. Haidacher 2012, 66). Ist in literarischen Texten eine Figur in der Regel auf ein biologisches Geschlecht festgelegt (bspw. Tarzan) und verhält sich in Fragen des Sozialgeschlechtlichen etc. in einer interpretierbaren Art und Weise (Tarzan ist stark und hat recht), liegen mithin zwei Variablen vor, so potenzieren sich die Einflussgrößen im Akustischen: Neben die Festlegung der Figuren auf ein Geschlecht und die je eingenommene Diskursposition zu *Gender*-Belangen in Form der Figurenrede tritt die Stimme (vgl. dazu die Beiträge von Schenker und Hegel in diesem Band). Diese kann nun durch Intonation, Modulation, Prosodie etc. sowohl que(e)r zum biologischen Geschlecht als auch zur vertretenen Position stehen und dadurch die Matrix von *Gender*-Variablen auf vier steigern (vgl. Abb. 1).

Als Ausnahme von diesem Forschungsdesiderat muss insbesondere Anna Rutkas Monographie *Hegemonie – Binarität – Subversion. Geschlechter-Positionen im Hörspiel ausgewählter deutscher und deutschsprachiger Autorinnen nach 1968*

(2008) Erwähnung finden.[1] Rutka untersucht sowohl auf der hörspielästhetischen *discours*-Ebene als auch bezogen auf die *histoire* die auditive Konstruktion der Kategorie ‚Geschlecht' und unterscheidet hinsichtlich der Progressivität im Umgang damit drei Kategorien von Hörspielen.[2] Eine erste Klasse bilden jene, die feministisch-agitatorisch männliche Hegemonie durch weibliche ersetzen; eine zweite Klasse solche, „welche die Gefangenheit beider Geschlechter in diskursiv vorbestimmten Rollen und Mustern erschließen" (Rutka 2008, 127); und drittens Produktionen, die sich um eine Subversion von *Gender*-Dichotomie und binärem Denken generell bemühen.

Jelineks *Ballade* als Knotenpunkt im Netz von *Gender*-Diskursen

Elfriede Jelineks 1974 urgesendetes Hörspiel *Für den Funk dramatisierte Ballade von drei wichtigen Männern sowie dem Personenkreis um sie herum* (FdFdB)[3] ist hauptsächlich in der dritten Kategorie zu verorten. Bereits im Titel klingt an, dass es um *Gender*-Diskurse geht und die Männerfiguren – ein fiktionalisierter Charles Lindbergh, ein nicht mit Nachnamen versehener, dafür immer wieder mit den Attributen ‚groß' oder ‚berühmt' gelabelter Dirigent von Tschaikowskys *Schwanensee* und Tarzan – so zentral sind, dass die Peripherie unwichtig scheint. Und so wird dieser Personenkreis auch gar nicht erst durch hochwertige Attribute (‚wichtig') qualifiziert oder überhaupt quantifiziert, sondern von Jelinek selbst als „schmückende[s] Beiwerk" (Jelinek zit. nach Janke 2004, 141) klassifiziert bzw. deklassiert. Dadurch wird ein Topos aufgegriffen, demzufolge sich die ‚schwachen' Frauen, und um solche handelt es sich wenig überraschend bei den Ungenannten, geschmeidig und wendig um die ‚starken' Männer zu ranken hätten – wie, so heißt es in *Effi Briest*, Efeu um einen Stamm (vgl. Fontane 1997, 19).

---

1 Vgl. für den Forschungsstand zu *Gender* & Hörspiel/-medien Rutka 2008, 55–62; Hamp 2014, 43 f.
2 Dem Bandkonzept geschuldet konzentriert sich der Artikel auf die Untersuchung eines exemplarischen Hör(bei)spiels; Produktions- und Rezeptionsaspekte der Verkopplung von *Gender* und auditiven Phänomenen bleiben unberücksichtigt.
3 Für einen Überblick zu Jelineks Hörspielarbeiten vgl. Spiess 1993.

Tatsächlich werden diese traditionellen Geschlechterrollen aber nicht nur diskursiv im Hörspiel thematisiert[4] – etwa durch Einsprengsel aus aktuellen Schlagern der frühen 1970er Jahre sowie Werbespots oder Passagen aus Erstlesebüchern und Fibeln –, sondern durch den plakativen wie eindrucksvollen Stimmentausch von weiblichen Sprecherinnen und männlichen Sprechern, der sich in mehreren Schritten vollzieht, performativ qua *Doing Gender* in Szene gesetzt, in Frage gestellt und als Konstrukt markiert.

„Dass mit einem Mal Männer die Frauentexte sprechen und vice versa, jedoch ohne Veränderung des zugrunde liegenden Bewusstseins, sorgt für eine erste Irritation" (Haider-Pregler 2013, 210), hält Haider-Pregler treffend fest, aber mindestens aus heutiger Perspektive liefe ein solcher *Switch* Gefahr, als historische Stufe auf der Treppe von *Gender*-Parodien schlecht gealtert und morsch geworden zu sein. Was jedoch zunächst platt klingt, gibt sich bei näherem Lauschen als hochkomplexes Programm zu erkennen. Dieses geht weit über ‚Hosenrollen‘, also „akustische[] Cross-Dressing-Verfahren" (Haider-Pregler 2013, 210), sowie Rutkas erste und zweite Kategorie hinaus und stellt bereits 1974 luzide Kategorien von biologischem und sozialem Geschlecht dekuvrierend zur auditiven Disposition. Denn obwohl zum Ende hin alles wieder traditionell ‚richtig‘ besetzt ist, sind Veränderungen eingetreten: Die Figuren befragen sich (sowie der abschließende ‚Chor‘ die Rezipientinnen und Rezipienten) hinsichtlich der internalisierten *Gender*-Konstruktionen. Der Stimmentausch bringt insofern eine Rollenreflexion mit sich, als „die Frauen Vertrauen in ihre eigenen Fähigkeiten gewinnen, während die Männer ihre Überheblichkeit einbüßen" (Haider-Pregler 2013, 210). Dadurch „sabotiert Elfriede Jelinek die geschlechtsdichotomische Opposition" (Rutka 2008, 201), verhandelt selbstreflexiv „Mechanismen der Zuweisung der Geschlechterrollen" und experimentiert mit der „Geschlechtsverwirrung in hörspielerischen Maskeraden" (Rutka 2008, 200–212), wodurch die Zuordnung in Rutkas ambitionierteste *Gender*-Kategorie beglaubigt wird (vgl. Rutka 2008, 199–240).

Der Stimmentausch ist dabei kein spielerischer Selbstzweck, sondern löst die prototypischen Rollenbilder *peu à peu* auf. Zunächst wechseln allerdings nur die Stimmsignaturen, wohingegen Sprachduktus/Prosodie/Modulation (hart vs. weich; sicher vs. gebrochen; laut vs. leise etc.; an einigen Stellen versieht Jelinek das Skript mit Regieanweisungen; vgl. Haidacher 2012, 69) sowie die Haltung in *Gender*-Fragen und Gleichberechtigung (gehorchen vs. gebieten; unterordnen vs. fordern etc.) der Geschlechtsidentität der jeweiligen Rollenfigur

---

4 Typische Ausdrucksweisen auf der *Was*-Ebene sind, wie letztlich in anderen Medien auch, beispielsweise „Ansturm gegen die Grenzen der bürgerlichen Familie" oder „[b]erufliche Ausstiege und soziale Abstiege der Frauen" (Rutka 2008, 85–94; 95–110).

gemäß vorerst gleichbleiben. So wird nach einem ersten großen Cut in der *Ballade* (FdFdB 16:12) Anna Lindbergh von einem Mann gesprochen, aber die von der Rollenfigur getroffene Aussage „Charles, du machst zu wenig aus dir!" (FdFdB 24:23) verdeutlicht, dass sich noch keine „Veränderung des zugrunde liegenden Bewusstseins" (Haider-Pregler 2013, 210) eingestellt hat. Allerdings begnügt sich die *Ballade* nicht damit, sondern sie fügt alsbald eine zweite Ebene hinzu: „Frauenstimmen artikulieren überlegen männliches Gebaren, Männerstimmen Unsicherheit und Unterwürfigkeit" (Pressetext). Nimmt man hinzu, dass sich jede der sprechenden Personen – ungeachtet ihres (sozialen/biologischen) Geschlechts und der Art und Weise, wie sie spricht – männlich-hegemonial vs. weiblich-hegemonial zu Rollenbildern verhalten kann, sind alle drei Kategorien, in die Geschlechterpositionen binär im hörbaren Raum zerfallen können, benannt, die auch das Analyseraster für die kommenden Ausführungen bilden: das biologische Geschlecht der Sprecherin bzw. des Sprechers, eine prototypische weibliche bzw. männliche Modulation/Prosodie (mit Schenker 2022, 203 f. lässt sich hier von *Gendervoicing* sprechen) und eine geschlechtsstereotyp weibliche oder männliche Haltung zu *Gender*-Fragen.

> Das Männliche und das Weibliche konstituieren sich im Hörspiel als „Sprachmasken" im doppelten Sinne. Feminine und maskuline Muster fungieren auf der Ebene des sprachlichen Ausdrucks als hörbare Signale, die Geschlechtsspezifisches transportieren und vermitteln, z. B. kommunikative Gesten, Intonation, Stilistik, Stimmton und Stimmfarbe, und auf der Ebene der Semantik, auf der die für jedes Geschlecht diskursiv vorbestimmten, separaten Inhalte, Interessen, Wahrheiten, Erkenntnis- und Wahrnehmungsbereiche fixiert und zum Ausdruck gebracht werden. (Rutka 2008, 201)

Im Verlauf des Hörspiels lässt sich der Zerfall auch dieser Kategorien erhören, sodass männliche und weibliche Stimme, Tonfall, Textinhalt und die entsprechenden Rollenmuster und -erwartungen sowie Geschlechtsidentitäten ineinander stürzen, die *Ballade* also eine „Desavouierung von Mechanismen der Geschlechter-Zuweisung" (Rutka 2008, 199) verfolgt. So kommt es etwa zu komplexen Verschachtelungen, wenn die männlich angelegte Rollenfigur Tarzan in biologisch weiblicher Stimme, aber in ‚männlicher Tonlage', also prosodisch männlich konnotiert samt rollendem ‚r' aus weiblichem Stereotypiefundus schöpfend spricht (= Tarzan^{wmw}; s. u.).

Damit ist auch eine zweite Kategorie mit aufs Tapet gebracht: die der Figur. Man neigt dazu, eine biologisch zuordenbare Stimme einer Rollenfigur gleichen

Geschlechts zuzuweisen.[5] Es handelt sich gewissermaßen um den automatischen Versuch, die gehörten Worte „einer selbstverständlich dahinter vorgestellten sprechenden Figur" (Keckeis zit. nach Rutka 2008, 15) zuzuordnen und unmittelbar mit einer Figurenzeichnung in Zusammenhang zu bringen; der Stimme gewissermaßen Rollenidentität zuzuschreiben, was hier aber unterlaufen wird und damit ein intermedial Jelinek-charakteristisches Merkmal verdeutlicht: das der brüchigen Identität(en) (vgl. Helwig 1994).

Zum Gegenstand: Auditive Struktur, Figurenensemble und Themenkreise

Die Figuren sind nämlich – ungeachtet der referenzierten Stimmen, die sie je konstituieren und konstruieren – hauptsächlich nicht individuell angelegt, sondern werden qua Namen (Männerstimme 1 und 2, Tarzan und Jane etc.) oder Funktionszuweisungen (Dirigent etc.) zu Prototypen gestempelt. Diese „bedienen sich der entindividualisierten Rede, dreschen geschlechtsspezifische Phrasen", wodurch „diese Spaltung des Sprechers und des Gesprochenen" die Konsequenz zeitigt, dass sie als ‚entfigurierte Stimmen' (vgl. Geißner 1970, 102) „in keinen richtigen Bühnendialog miteinander" treten, sondern ‚nur' den Verhandlungssaal von *Gender*-Kontroversen bereiten (Rutka 2008, 58 f.). Diese Verfremdungseffekte kennt man aus Jelineks Theaterarbeiten (vgl. Haidacher 2012, 46); wie dort wird auch im hier zu analysierenden Hörspiel das Individuelle nur als Vehikel genutzt, um gegen das große Ganze – etwa hegemoniale Männlichkeit und sich im Binären vollziehendes Denken – anzukämpfen.[6] Um diese eindeutig geschlechtspolitische Agenda indessen nicht zur Plakativität verkommen zu lassen, verzichtet das Hörspiel auf eine Erzählinstanz, übergibt vielmehr Anteile von deren Aufgaben an die Figuren (vgl. Haidacher 2012, 32), was sich beispielsweise in metaleptischen, zukunftsgewissen Vorausdeutungen manifestiert („Gegen Ende dieses Hörspiels", FdFdB 01:14).

Neben dem hervorstechendsten Merkmal des Stimmentauschs (vgl. Haidacher 2012, 58–67) ist insbesondere die O-Ton-artige (vgl. Haidacher 2012, 31) Verwen-

---

5 Dabei wirkt der gleiche Mechanismus, der Menschen dazu veranlasst, ein nicht explizit gegendertes ‚Ich' in geschriebenen Texten durch Hinzuziehen des Geschlechts der Autorin bzw. des Autors vereindeutigend zu ergänzen.
6 Dabei verwehrt sich Jelinek jedoch einer klaren politischen Agenda Brecht'scher *Couleur*, obwohl sie mittels direkter und indirekter Bezugnahmen auf seine *Lindbergh*-Bearbeitung anspielt (vgl. Haidacher 2012, 24 f.).

dung von Zitaten aus Schlagern, Schulbuchpassagen und Werbespots (vgl. Haider-Pregler 2013, 210) zu nennen. Diese tragen insofern zur *„Performanz der Geschlechter in Konversationsakten* zwischen Frauen und Männern" bei, als sie qua „Vervielfältigung des sprachlichen Materials, Wiederholung der immergleichen Phrasen, Aneinanderreihung abgenutzter Floskeln" dazu dienen, „der Tradierung von sprachlichen Gender-Positionen" nur vordergründig Vorschub zu leisten, sie vielmehr nachhaltig durch die Offenlegung zu erschüttern suchen (Rutka 2008, 57; Herv. i. O.). In immer wiederkehrenden Einschüben, die mit „Auf dem Bauernhofe" beginnen, werden sorgfältig die Geschlechteroppositionen vorvergangener Jahrhunderte aufgewärmt: Die ‚gute Mutter' arbeitet nie für sich selbst, sondern nur für andere, schüttelt gütig den Kopf, wenn die wilden Jungs wieder einmal die Puppe der kleinen Monika zerstören, sich schmutzig machen oder raufen; der Vater fährt mit dem Knecht in die Stadt, ist umtriebig und *per definitionem* immer auf Achse. Dass der Vorleser ein Kind ist, das (gespielt) Mühe hat, die angestaubten Texte zu artikulieren, lässt sich dabei als Seitenhieb auf deren Unsäglichkeit werten. Die über das gesamte Hörspiel verstreuten, immer wieder von unterschiedlichen Figuren je nach Situation und Rollenbild variierend verbalisierten Auszüge aus Schlagern wirken ebenso dekontextualisiert wie deplatziert aus der Zeit gefallen, wenn von ‚süßen Klingelfeen', ‚lieben kleinen Schaffnerinnen', zu küssenden ‚Madamenhänden', ‚den Beinen von Dolores' oder ‚Bel Amis Glück bei den Frauen' zu hören ist.

Das 45 Minuten und fünf Sekunden lange Hörspiel, das unter der Regie von Heinz Hostnig am 27. März 1974 im NDR erstgesendet wurde, verzichtet demgegenüber auf alles, was auf der Klaviatur elektroakustischer Manipulation bzw. generell der kreativen Verwendung semiotischer Bausteine, Blende, Schnitt und Modi von Raum-Zeit denkbar wäre, wohingegen andere Hörspiele im Vergleichszeitraum, die *Gender* verhandeln, diesbezüglich experimentierfreudiger gewesen sind (vgl. Rutka 2008, 242). So tauchen mit Ausnahme einer Stelle weder Überblendungen noch Pausen als auditive Stolpersteine auf (nur vor dem in mehrerlei Hinsicht analysierenswürdigen Schluss gibt es eine Pause; dort wird auch das einzige Synchronsprechen eingesetzt; vgl. Haidacher 2012, 54 f.). Und auch Hall, Anachronie, Vor-/Rückblenden, assoziative Sprachverwendung, Montage, Jelinek-typisches Voice-Over o. ä. (vgl. Haider-Pregler 2013, 209) kommen überhaupt nicht vor, was die Vermutung zulässt, dass nicht vom Wesentlichen abgelenkt werden soll. Die Szenen, die sich unregelmäßig abwechselnd entlang von Dialogen der drei wichtigen Männer und (deren) Frauen entspinnen, werden meist direkt aneinandergeschnitten; die einzelnen Szenen beziehen sich auch häufig direkt aufeinander (Lindbergh II schließt nach anderen Szenen dann wieder an Lindbergh I an etc.).

Insgesamt lassen sich 41 Szenen unterscheiden, von denen neun auf Tarzan und Jane entfallen, acht auf die Lindberghs und sieben auf den (großen) Dirigenten und die (kleine) Tänzerin. Ebenfalls sieben Mal treffen zwei Männerstimmen aufeinander, die sich um die befürchtete Blässe eines qua *Gendervoicing* subtil homosexuell konnotierten Mannes und eines Verkäufers von Accessoires (Lippenstift etc.) drehen, sieben Mal liest besagter Junge nach der wiederkehrenden Formel „Auf dem Bauernhofe" geschlechtsstereotyp eingefasste Passagen vor. Die Differenz aus 38 und 41 rührt daher, dass sich drei Szenen feingliedriger unterteilen lassen, da sie durch die strukturierenden großen Cuts zweigeteilt werden: So treffen Dirigent und Tänzerin aufeinander, bis eine erste große Zäsur (FdFdB 16:12) die Umkehr der Geschlechter bei zunächst gleichbleibender Attitüde und klischiertem Rollenbild einläutet. Auch die Lindberghs (FdFdB 23:27) und Tarzan & Jane (FdFdB 21:22) durchlaufen je diesen ersten Wechsel, bevor nach einer zweiten großen Zäsur (FdFdB 39:31) Frauenfiguren wieder durch Frauenstimmen realisiert werden, Männerfiguren durch Männerstimmen, ohne separate *Switches* in den jeweiligen abschließenden Szenen der heteronormativen und heterosexuellen Beziehungen. Kurze *Sound*-Signaturen kennzeichnen die Szenenwechsel (Motorengeräusche, *Schwanensee*-Musik, Urwaldgeräusche) und situieren die Sprechenden mit einem Augenzwinkern (Tarzan und/oder Jane spülen im Urwald), wobei die Geräuschverwendung weitgehend auf Untermalung reduziert wird, sodass parodistische Effekte entstehen, die mitunter auch als Ausweis gegenseitiger Entfremdung wirksam werden (vgl. Rutka 2008, 246). Ein Strukturmerkmal, das für die Rollenbilder und -wechsel von höchster Wichtigkeit ist, ist die Stereophonie: Neben links und rechts zur Orientierungsstiftung (zumeist genutzt, um die Permanenz des Geschlechts der Rollenfigur zu verorten) gibt es noch die sparsam eingesetzte Zentrale sowie die halblinke bzw. halbrechte Position.

Thematisch wird im Alltäglichen das *Big Picture* des Kriegs der Geschlechter diskutiert (vgl. Koller 2007). So geht es zwar oberflächlich im Hause der Lindberghs darum, ob Charles als großer Mann im Flieger zu Weltruhm aufsteigen soll oder lieber in Anbetracht der Gefährlichkeit eines solchen Vorhabens auf dem Boden und bei seiner Familie bleiben möge. Auf einer Metaebene wird aber die Frage umkreist, welche vermeintlich typischen Geschlechtsattribute den Rollenfiguren gut zu Gesicht stehen, oder salopp: wie Frauen und Männer (zunächst aus maskuliner Deutungshoheit) ‚richtig' zu sein haben. Den Ausgangspunkt stellen die binären Rollenklischees dar: Charles ist ein Mann, er *mansplained* dementsprechend, seinem natürlichen Drang folgend, sich heroisch zu beweisen: „Verstehst du das nicht?! Wenn ein Mann sagt: ‚Ich muss', dann muss er!" (FdFdB 14:20). Die dadurch entmündigte Anna nennt er gedehnt artikulierend und bemüht nachsichtig „liebe kleine Frau" (FdFdB 08:20) oder barsch abkanzelnd „Kind" (FdFdB 01:14) – der gemeinsame Sohn ist nicht in der Lage, *gender-*

sensible Rollenanteile zu überdenken, übernimmt nach auditiv mittigem anfänglichen Flehen die maskuline Diktion, wechselt auf die männliche Audiospur und fügt sich gerne in die vom Vater angedachte Rolle: „Ich bin jetzt ein Mann, Mutter! Hab keine Angst, ich beschütze dich" (FdFdB 25:45). Im feindlichen Leben will Herr L. sich bewähren, mit schweren Maschinen hantieren und den Ruhm als großer Entdecker einheimsen, wohingegen ihn seine Frau anfleht, bei ihr und dem gemeinsamen Kind zu bleiben. Nach dem ersten großen Cut ist es dann aber Charles^{wmw}, der das „Glück der Welt doch in einem harmonischen Familienleben" (FdFdB 24:07) sieht und bei seinen Liebsten bleiben möchte. Anna^{mwm} hat indessen die Stereotype übernommen und wirft Charles vor, dass dieser nicht strebsam genug sei (FdFdB 24:23) und ein „Mann [...] unmöglich in seiner Familie daheim sein ganzes Glück suchen und finden" (FdFdB 24:36) könne. Charles verliert sukzessive seine männliche Stimme, dann seinen männlichen Sprachhabitus (er wird zögerlich, furchtsam, schluchzt, weint), schließlich seine männliche Diskursposition, wenn er bittet und fleht und über sich in der dritten Person wie über ein Kind spricht („Bitte nicht böse werden mit Charles; ich habs ja nicht so gemeint"; FdFdB 42:55). Und zwar geschieht dies im gleichen Umfang, wie Anna neben dem männlichen Sprecher auch Härte und schließlich typisch männliches Gebaren äußert, indem sie Charles – bedrohlich in die zentrale Sprecherposition changierend – auffordert, sich zu schämen (FdFdB 39:10), da sich herausstellt, dass er selbst eine Schraube aus dem Flugzeug entfernt hatte, um nicht ‚aufsteigen' zu müssen: „Wirst du das sofort wieder dahin schrauben, wo du es hergeschraubt hast, Charles?" – [Charles^{mww} stotternd, ängstlich, mit brechender Stimme:] „Bitte? B-bitte nicht ... " – „Willst du, dass ich böse werde, Charles?" (FdFdB 42:45). Nach dem zweiten großen Cut (FdFdB 39:31) hatte Charles zwar seine männliche Stimme bereits wiedererlangt, aber seine doppelt codierte toxische Männlichkeit (Stimmfarbe und Diskursposition) ist partiell abhandengekommen.

Die sozialgeschlechtliche Verhandlungsmasse, die beim großen Dirigenten und der kleinen Tänzerin im Vordergrund steht, ist ähnlich situiert, wird aber leicht variiert, indem der an Entbehrungen reiche Schmerzensmann (ist allein, schaut in die Ferne, stilisiert das Dirigentenpult zum einsamsten Ort der Welt; FdFdB 12:00) sich erbarmt, die ‚unwürdige' Tänzerin in seinem aus den USA nach Europa überführten Sportwagen zu einem Date mitzunehmen (Ironie off). Seine Überheblichkeit, Selbstverliebtheit und Bewährungssucht wird durch die Unterwürfigkeit, das Flehen und Sicherheitsstreben auf weiblicher Seite kontrastiert, aber auch perfide beglaubigt (FdFdB 03:30). Natascha, die Balletttänzerin, die ob ihres russischen Akzents zudem qua *Racevoicing* als vulnerabel charakterisiert wird (vgl. dazu die Beiträge von Hänselmann und Schenker in diesem Band), himmelt den Dirigenten an, verniedlicht sich selbst und fühlt sich unbedeutend und winzig. Besonders pointiert metaphorisiert sich dieses Missverhältnis in einer Szene, in der der große Dirigent und die kleine Tänzerin sich in der Mitte des Kunstkopfes treffen, er sie großspurig mit der Floskel „süße Klingelfee" (FdFdB 12:51) anspricht und sie – laut eigener Wahrnehmung – behutsam aufhebt, „damit die Schuhchen nicht nasswerden", auf Händen trägt und vor der Unbill des Lebens zu beschützen glaubt (FdFdB 13:00). Bezeichnenderweise trennen sich die beiden Audiospuren dann wieder in ihre fein säuberlich bipolaren Bereiche und es ereignet sich eine multiperspektivische Evaluation des ersten Dates, das aus beiden Perspektiven gleich ausfällt. Vor dem ersten großen Cut gipfeln *Mansplaining* und ostentative Definitionsmacht des Mannes in Titulierungen wie „Du biegsame Weide" (FdFdB 15:24) oder der Vorschrift, wie Frau-Sein ungeachtet ihrer eigenen Wünsche und Bedürfnisse richtig geht: „Wenn die Tänzerin in dir die Oberhand behielte, wärst du keine richtige Frau mehr" (FdFdB 16:00). Dass Natascha per Metakommentar entmündigt echot, „keine Frau mehr; keine richtige echte" (FdFdB 16:08) zu sein, bevor die Stimmen tauschen, spricht *Gender*-Bände. Wie bei den Lindberghs übernimmt die Sprecherin maskuline Prosodie wie stereotyp männliche Diskurspositionen: „Du *bist* schön und menschlich wertvoll, *doch* ... " (FdFdB 16:14; Herv. N.L.); wohingegen die männlich gesprochene Tänzerin zunächst ihre Unterwürfigkeit beibehält, bis sie aufbegehrt und etwa konstatiert, dass der Titel ‚Schwanensee' „zu billig" (FdFdB 17:49) sei oder sie auf ihren „zahlreichen Tourneen schon wesentlich Schöneres erlebt [habe] als diese Nacht" (FdFdB 27:01). Die Stimmen haben auf die Typenattribute abgefärbt, sowohl prosodisch als auch diskursiv. So sagt die Tänzerin zum Dirigenten, dass „Verzicht" gut sei „für deine künstlerische Reife" (FdFdB 28:00) und findet auch zu neuem Selbstbewusstsein bezüglich ihrer künstlerischen Ausdrucksfähigkeit. Diese Attitüde wächst sich bis hin zum ostentativen *Silencing* der Figur des Mannes aus, die floskelhaft sagt: „Ich werde vor die fliehen wie ein Reh vor dem Jäger" (FdFdB 33:33) und devot fragt, ob er „noch ein bisschen still hier sitzen" dürfe, woraufhin die mmm-Position der Tänzerin harsch erwidert: „Ja, aber ganz still" – bitte ohne zu summen oder zu pfeifen (FdFdB 34:15). Auch nach dem zweiten großen Cut behält die stimmlich wieder weiblich besetzte Frauenfigur Natascha ihr Anspruchsdenken.

Exemplarische Analyse: Performative Erzeugung und diskursive Verhandlung von *Gender* anhand des Figurenpaares Tarzan und Jane

Tarzan und Jane als dritte vollwertige Dyade im *Gender*-Bunde diskutieren anhand von Spül- und Waschmittelzusätzen private sexuelle Enttäuschungen und Begehrlichkeiten, stehen damit aber ebenso wie die anderen dysfunktionalen Paare für gesellschaftliche Diskurse und agieren als Stellvertreterfiguren. Tarzan spricht, so ist man es seit dem ikonisch gewordenen „Ich Tarzan, du Jane" gewöhnt, von sich selbst im Brustton der Überzeugung (und zunächst fast mittig) als „dem athletisch gebauten Mann" (FdFdB 05:05) und gibt Jane, die „nicht nur eine gute Hausfrau und Mutter" sein will, sondern auch „eine gute Gattin" (FdFdB 05:18), überhebliche Anweisungen und Ratschläge. Dass sie, so kristallisiert sich die Subebene über die Szenen hinweg heraus, ‚körperliche Bedürfnisse hat', sublimiert sie vorerst – aufgrund der Deutungshoheit Tarzans – ins Hauswirtschaftliche. Genauer gesagt projiziert sie ihre ‚Laszivität' zunächst auf ein neues Zitronenspülmittel, das dem Werbeslogan zufolge unglaublich reinwasche, was man ihr stereotyp sowohl als Materialismus zur Last legt als auch als Fixierung auf häusliche Pflichten hoch anrechnet.

Tarzan, der künftig die linke Position innehat, und Jane, die rechts situiert ist, haben seit einiger Zeit sexuelle Schwierigkeiten. Sie begegnen sich zwar beide kurzzeitig in der Mitte, aber schon wenige Sekunden später wird klar, dass irgendetwas schief zur ausgestellten *Gender*-Typik liegt: Tarzan will ‚es' nicht, er verkennt und leugnet die weibliche Sexualität bzw. stutzt diese zurecht, indem er festlegend verbalisiert: „Du bist eine Frau, du solltest nur geben, nicht nehmen wollen" und drohend fortfährt: „Oder willst du mir, dem athletisch gebauten Mann, nicht mehr gefallen; deine Weiblichkeit verlieren?" (FdFdB 21:10). Bezeichnenderweise folgt die Dramaturgie mit einem lauten Trompeten aus dem Urwald diesem angekündigten Schrecken und lässt Jane männlich besetzt von rechts sagen: „Tarzan, ich glaube, soeben ging meine Weiblichkeit verloren" (FdFdB 21:25). Das heißt zu diesem Zeitpunkt jedoch noch nicht, dass der Sprecher die betont samtene Stimmlage aufgäbe; auch die Rollenmuster sind links-rechts, also rollenfigurenbezogen, gleichgeblieben, vielleicht sogar härter und vorwurfsvoller geworden. Das hält aber nicht lange vor; die erste *Gender*-Kategorie gehörter Geschichten (Stimme m/w) beeinflusst die zweite (Prosodie etc.), die wiederum die dritte (rollenstereotype Diskursposition) tangiert: Die Rollenfigur ‚Tarzan', die weiblich gesprochen wird (w), beginnt flehend, hoch und gepresst zu sprechen (w) – und zwar den Text: „Jetzt hast du mich bestimmt wieder lieb, Jane, weil ich so sauber gewaschen habe" (w) (FdFdB 31:10). Jane[mmm] reagiert schroff und hart, verspottet Tarzan und kontert eine versuchsweise Kritik.

Die ambitioniertesten Momente weist das gesamte Hörspiel dann auf, wenn es Mischformen der bipolaren Merkmale gibt. Jane spricht mit männlicher Stimme in proto-weiblichem Duktus (*Gendervoicing*) männlich bestimmt und selbstbewusst die Worte: „Ich hab dich gar nicht mehr lieb!" (FdFdB 35:59). Tarzan hingegen, nun wieder männlich besetzt, spricht maskulin-prosodisch mit tief gerolltem ‚r‘, aber *in puncto* Wortwahl und Diskursposition fraglos unterwürfig (also mmw): „Du hast mir diese schöne Heimwerkerausrüstung doch selbst geschenkt, damit ich viele schöne hübsche Dinge basteln kann!" (FdFdB 40:01). Das ist eine gleich mehrfach *gender*-kunstvoll gebrochene Entschuldigung, um nicht mit Jane schlafen zu müssen, was der herkulisch gebaute Mann, erst- und einzigmalig ins Stottern verfallend, mit der Aussage bekräftigt, er habe Kopfschmerzen und wolle doch noch mit dem – unschwer phallisch besetzten und in Heimwerkermilieus Männlichkeit symbolisierenden – Schlagbohrer arbeiten (FdFdB 40:19). Jane, ebenfalls wieder weiblich gesprochen, bleibt im wmm, indem sie hart und bestimmt ihre sexuellen Wünsche und Bedürfnisse einfordert: „Doch, Tarzan, ich habe einen großen unerfüllten Wunsch, komm mit!" Und noch drastischer in Tonlage und Aussage: „Du erfüllst mir augenblicklich meine sexuellen Forderungen!" (FdFdB 40:05).[7]

Hier wird beispielhaft deutlich, dass die Kombinationsvielfalt weit über die angesprochenen *Cross-Dressing*-Verfahren hinausreicht und dadurch *Gender*-Binaritäten subvertierende Potenziale zeitigt: Auf einer ersten Ebene werden die Sexismen dekuvriert, auf einer zweiten Ebene werden die stereotypen Erwartungen daran, *wie* eine Frau bzw. ein Mann zu sprechen hat, kritisch offengelegt (in der mwx- und wmx-Variante). Auf einer dritten Ebene thematisiert das Hörspiel, *was* beide Geschlechter vermeintlich zu sagen haben. Die *Ballade* bleibt allerdings insofern merkmalsemantisch unterkomplex hinter ihren Möglichkeiten zurück, als das Dreier- zu einem Vierersystem (schon in der Rollenfigur angelegte Brechungen) hätte ausgebaut werden können, oder insofern, als selten eine Mittellage erprobt wird (neutrales anstelle von betont weiblichem oder betont männlichem Sprechen). Außerdem ist das Hörspiel, wie eigentlich alle *Gender*-Hörspiele aus dem Bezugszeitraum, „einer heterosexuellen Matrix verhaftet" (Hamp 2014, 89), wenn man von den Zwei-Männer-Szenen mit der unterschwelligen Homoerotik absieht, denen man ihrerseits den Vorwurf machen kann, affektiert ‚schwules Sprechen' zu inszenieren (vgl. Schenker 2022, 203 f.). Dieser

---

7 Zu Sexualität, Pornographie und weiblichem Begehren bei Jelinek vgl. Gürtler und Mertens 2013, 274.

Befund lässt sich dadurch erweitern, dass zwar, wie Rutka in der dritten Kategorie ausführt, die Mechanismen der Zuschreibung problematisiert werden, aber alle Skalen klar bipolar bleiben (vgl. Hamp 2014, 90) und zudem an heteronormativen Mustern festgehalten wird (vgl. Schenker 2022, 206). Nichtsdestoweniger lässt sich konstatieren, „dass die tradierten Zeichen und Muster auf den beiden sprachlichen Ebenen destabilisiert und umcodiert werden, wodurch sie neue Sichtweisen auf das Geschlecht als Phänomen der sprachlichen Wahrnehmung und Repräsentation eröffnen" (Rutka 2008, 201).

Und obwohl sich Jelineks *Ballade* durchaus in eine Tradition mit Hörspielen stellen lässt, die sich in den 1970er und 1980er Jahren „mit der Frauenproblematik unter dem Gesichtspunkt der Befreiung aus ehelich-familiären gender-Positionen und aus der unterprivilegierten öffentlichen Stellung auseinandersetzen", ist sie im Kontrast zu vielen anderen zeitgenössischen Produktionen nicht als „Sprachrohr feministischer Umbrüche" zu werten (Rutka 2008, 83). Denn Jelinek dreht nicht nur die Stereotype auf links: Ihre gehörten Geschichten suchen vielmehr in den stereophonen Graubereichen und den wmw/mwm/mmw/mww/wmm/wwm-Varianten nach Vermittlungsmöglichkeiten zwischen weiblicher und männlicher Perspektive. Sie opponiert mit dem Hörspiel gegen „die Ungerechtigkeit der Reduzierung der Frau auf das Biologische" (Svandrlik 2013, 267) ebenso, wie sie im Gegensatz „zu den feministischen Debatten der 1970er und 1980er Jahre im deutschsprachigen Raum" neben der Diskriminierung der Frau auch deren „passive Unterstützung bestehender Machtverhältnisse durch Frauen" anprangert (Gürtler und Mertens 2013, 272) und demgemäß multiperspektivisch Kritik äußert.

Übertragbarkeit des Analyserasters und der Ergebnisse auf andere Hörspiele

Möchte man den hier gewiesenen Analyseweg für andere Hörmedien fruchtbar machen, ist es zunächst hilfreich, sich die Frage zu stellen, in welche Facetten *Gender* im Auditiven zerfallen kann. Diese sind:

- das biologische Geschlecht der Rollenfigur (Herr vs. Frau Lindbergh/Tarzan vs. Jane; in der *Ballade* transportiert über linken und rechten Kanal);
- eine hauptsächlich biologisch dominierte Stimmlage/-farbe (Spricht ein Mann? Spricht eine Frau?);
- der Sprachduktus, die Modulation, die Prosodie, das *Gendervoicing*, also hart und gepresst oder melodiös etc.;

- die Diskursposition, die entscheidet, ob das, was gesagt wird, eher auf männlicher Codierungsebene (Befehle, *Mansplaining* etc.) oder weiblicher (bitten und flehen, beschützt werden wollen) zu verorten ist.

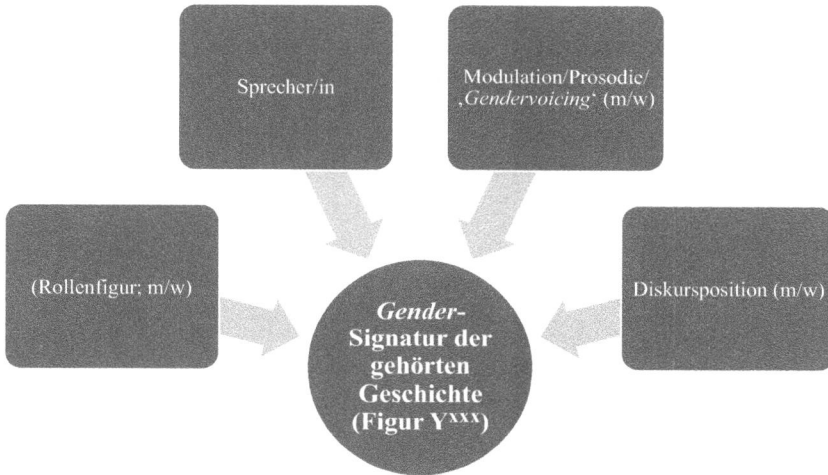

Abb. 1: Auditive *Gender*-Signatur(en).

Auch wenn es in der geistes-, kultur- und medienwissenschaftlichen Forschung nicht mehr *en vogue* sein mag, strukturalistische Raster anzulegen und die *Gender Studies* längst die Binarität *ad acta* gelegt haben, so hilft dieses Gerüst doch dabei, per Codierungsliste bestimmte *Gender*-Signaturen abzuleiten. Wie komplex sich die dabei wirksamen Facetten ausnehmen, wird deutlich, wenn man bedenkt, dass letztlich jede handelnde Figur eines Hörspiels (in der Grafik ‚Y') über die Festlegung des biologischen Geschlechts hinaus (mindestens) drei Teilsignaturen mit sich herumträgt: Y kann männlich gesprochen sein, allerdings in einem weiblichen Duktus und demgegenüber aus einer männlichen Diskursposition – und das sind nur die binären Füllwerte, denkbar sind freilich viele Graustufen. Zur Annotation vorgeschlagen wurde hier ein System, das auf drei hochgestellten Merkmalen fußt. Y^{mwm} wäre also die Angabe für den gerade geschilderten Fall. Anhand dieser Notation, die bestmöglich tabellarisch für alle Figuren eines Hörmediums erstellt wird, kann man erste Indizien dafür ablesen, ob eher konventionelle Stereotype reproduziert (mmm vs. www), Brechungen auf der *Was*-Ebene transportiert (mmw/wwm) oder Rollenzuschreibungen von *Gender* und Stimme fundamental hinterfragt (mwx/wmx) werden. Insbesondere dann, wenn sich Szenen nicht mehr restlos merkmalsemantisch beschreiben lassen, wie hier exemplarisch in der Bohrhammer-Passage beleuchtet, liegen neuralgische Punkte in Form von elaborierten Brechungen vor.

Wie für das hier analysierte Hörspiel gezeigt, gilt, dass Geschlecht nicht nur darüber im Hörspiel verhandelt wird, ob ein Mann oder eine Frau spricht bzw. was die Figuren sagen, sondern dass auch weitere Ebenen in die Analyse miteinzubeziehen sind, wenn man der im Vergleich zu geschriebenen und zu lesenden Geschichten deutlich komplexeren *Gender*-Gestaltung gerecht werden möchte.

Literatur & Medien

Für den Funk dramatisierte Ballade von drei wichtigen Männern sowie dem Personenkreis um sie herum. Hörspiel von Elfriede Jelinek. Regie: Heinz Hostnig. NDR 1974.

***

Fontane, Theodor: Effi Briest. Roman. 3. Aufl. München 1997.
Gürtler, Christa/Mertens, Moira: Frauenbilder. In: Jelinek Handbuch. Hg. v. Pia Janke. Stuttgart/Weimar 2013, S. 272–276.
Haidacher, Ulrike: „Wer nicht sehen kann, muss hören". Das frühe Hörspielschaffen Elfriede Jelineks im Kontext des Neuen Hörspiels. Wien 2012.
Haider-Pregler, Hilde: Die Hörspiele der 1970er Jahre. In: Jelinek Handbuch. Hg. v. Pia Janke. Stuttgart/Weimar 2013, S. 208–213.
Hamp, Barbara: Geschlecht gehört gehört?! Zur Repräsentation und Verhandlung von Geschlecht in den Hörspielen der Preisträgerinnen des Hörspielpreises der Kriegsblinden von 1952 bis 2012. Wien 2014.
Handbuch Frauen- und Geschlechterforschung. Hg. v. Ruth Becker und Beate Kortendiek. 3. Aufl. Wiesbaden 2010.
Handbuch Interdisziplinäre Geschlechterforschung. Hg. v. Beate Kortendiek, Birgit Riegraf und Katja Sabisch. Wiesbaden 2019.
Helwig, Heide M.: Mitteilungen von Untoten. Selbstreferenz der Figuren und demontierte Identität in Hörspielen und Theaterstücken Elfriede Jelineks. In: Sprachkunst 1994, 2, S. 389–402.
Janke, Pia (Hg.): Werkverzeichnis Elfriede Jelinek. Wien 2004.
Keckeis, Hermann: Das deutsche Hörspiel 1923–1973. Frankfurt a. M. 1973.
Koller, Doris: Entmythisierung des Alltags. Das Hörspielwerk Elfriede Jelineks 1972–1992. Regensburg 2007.
Pressetext zu: Für den Funk dramatisierte Ballade von drei wichtigen Männern sowie dem Personenkreis um sie herum. In: DILA-Portal – Detailanzeige Metadaten.
Rutka, Anna: Hegemonie – Bipolarität – Subversion. Geschlechter-Positionen im Hörspiel ausgewählter deutscher und deutschsprachiger Autorinnen nach 1968. Lublin 2008.

Schenker, Ina: Auditives Erzählen. Dem Leben lauschen: Hörspielserien aus transnationaler und transmedialer Perspektive. Bielefeld 2022.

Spiess, Christine: Eine Kunst, nur aus Sprache gemacht. Die Hörspiele der Elfriede Jelinek. In: Elfriede Jelinek (= text+kritik 117). Hg. v. Heinz Ludwig Arnold. Redaktion: Frauke Meyer-Gosau. München 1993, S. 68–77.

Svandrlik, Rita: Patriarchale Strukturen. In: Jelinek Handbuch. Hg. v. Pia Janke. Stuttgart/Weimar 2013, S. 267–271.

Stefan Greif

„Am liebsten höre ich Stille"

Rolf Dieter Brinkmanns *Wörter Sex Schnitt* und der Sound des Aufbegehrens

In der Hörspiel- und Rundfunkdebatte der späten 1960er Jahre entwickelt sich eine Soundästhetik, die Töne als kulturelle Objekte ausweist. Mit dieser Hinwendung zur materiellen „Klangumgebung" beanspruchen „flüchtige sensorische Ereignisse" wieder einen eigenen „epistemischen Wert" (Schulze 2020, 158 f.; 165). Selbst „Autofahrgeräusche" oder „Schritte" gewinnen jetzt in Radioproduktionen „eine ganz bestimmte Ausdrucksqualität" (Pörtner 1970, 60 f.). Über das Hören akustischen Wissens hinaus geht es im damaligen Hörspieldiskurs ferner um Schallereignisse, die als Lärm oder Störung empfunden werden. An dieser klang- und kulturanthropologischen Diskussion beteiligt sich Rolf Dieter Brinkmann mit 37 Tonbandcollagen, die er als „Appellation der Vokale, der Geräusche" (WSS pink VI/03:19)[1] konzipiert. So berichtet er in *Da geh ich also jetzt an alten Läden vorbei* (WSS gelb IV) von einem nächtlichen Spaziergang durch ein Kölner Stadtviertel. Nachdem er verschiedene Firmenschilder laut vorgelesen und sich über die Verkommenheit seiner Umgebung ereifert hat, heißt es schließlich: „Ich möchte in einer Welt leben, in der es diese Geräusche nicht gibt" (WSS gelb IV/03:56). Was darunter genauer zu verstehen ist, bleibt zunächst unklar, denn Brinkmann imaginiert wortreich den Traum von einer „ganz andere[n] Welt", in der es keine Neonreklamen oder keinen Plastikmüll mehr gibt, die aber auch befreit ist von diesem „verrotteten, alten, miesen, kleinen Dreckstück von altem Motorrad" (WSS gelb IV/03:33; 04:52). Als weitere vorbeifahrende Fahrzeuge zu hören sind, blockiert der Krach vollends seine sinnlichen Erfahrungen. Aber wie fügen sich heftiges Atmen oder lange Pausen, in denen Brinkmann nach passenden Formulierungen sucht, zur erhofften Stille? Bricht der Track *Da geh ich also jetzt an alten Läden vorbei* unvermittelt ab, um das Schweigen der Klänge zu illustrieren? Soundästhetische Antworten bieten die genannten Originaltonaufnahmen, die zwischen Oktober und Dezember 1973 entstehen. 2005 auszugsweise von Herbert Kapfer und Katarina Agathos unter dem Titel *Wörter Sex Schnitt* veröffentlicht, gehören die

---

1 Brinkmanns *Wörter Sex Schnitt* wird im Fließtext mit der Sigle WSS und der Angabe der jeweiligen Farbe – die fünf CDs sind nicht nummeriert – zitiert. Zur Klanganthropologie als wissenschaftliche Teildisziplin der *Sound Studies* vgl. Schulze 2020, 166.

fünf farbig gestalteten CDs zu Brinkmanns „Audio-Nachlass" (vgl. Kapfer und Agathos im CD-Booklet).

Da der Entstehungskontext und die Editionsprobleme dieser Publikation inzwischen ausführlich untersucht worden sind, mag an dieser Stelle der Hinweis genügen, dass Brinkmann seine Hörexperimente mit zwei Tonbandgeräten produzierte, die er sich vom WDR auslieh, um Audiomaterial für seinen am 26. Januar 1974 erstausgestrahlten Radiobeitrag *Die Wörter sind böse* zusammenzustellen (vgl. Wodianka 2018; Epping-Jäger 2020; Schumacher 2020).[2] Die folgenden Ausführungen beschränken sich indes auf die experimentellen und bisweilen technisch laienhaft anmutenden Rohfassungen für dieses erheblich gekürzte Autorenporträt. Poetologisch schließen sie sich an Brinkmanns sprachskeptisch begründeten Abschied von der Dichtung an, auf den mehrfach hingewiesen wird: „Ende 1969 habe ich aufgehört, mich mit Literatur zu beschäftigen und Bücher zu schreiben" (WSS pink VII/00:00). Inmitten einer sprachlich reglementierten Gegenwart dokumentieren die Audiotracks, wie Brinkmann in diesen auch hörbaren „Zwang" aus „lächerlichen Einzelheiten" akustisch einzugreifen versucht (WSS pink VII/08:15). Neben Entengeschnatter und Dialogen mit seiner Frau Maleen finden sich fingierte Telefonanrufe an ungenannte Personen, Lesungen spontan erfundener Postkartentexte, aber auch zahlreiche Hörangebote: „Und jetzt, liebe Hörerinnen und Hörer, mache ich Ihnen ein Mikrofongeräusch, indem ich mit dem Fingernagel über die gerasterte Fläche des Mikrofons fahre" (WSS pink VI/01:30).

Leiten lässt sich die Untersuchung von der These, dass Brinkmann in *Wörter Sex Schnitt* unter Geräuschen einerseits die Lautkulisse einer sich aufdrängenden Gegenwart versteht. Andererseits erzeugt er einen individuellen, charakteristisch wiederkehrenden Sound, der den Widerstand gegen sprachliche und mediale Kontrollinstrumente hörbar macht. Mit diesen teils unprofessionell, teils komplex inszenierten Hörangeboten grenzt sich Brinkmann von den euphorischen Erwartungen ab, die Rundfunkverantwortliche seinerzeit an O-Töne und das Neue Hörspiel herantragen. Gleichzeitig konterkarieren „unverbrauchte", bisweilen aber auch verstörende „Empfindungen" die vermeintlich authentische Geräuschkulisse eines zeitgenössischen Dichterlebens (WSS grün VII/12:09).

---

2 Inwieweit die Audioedition eine hochkulturelle „Bereinigung der Autorschaft" Brinkmanns forciert, indem der „kooperative[] Zusammenhang einer Sendeanstalt" ausgespart wird, erörtert umfassend Binczek 2012, 63.

Diese „modernen technischen Geräusche"

Mit Blick auf das vom WDR in Auftrag gegebene Radioporträt für die Sendereihe *Autorenalltag* wendet sich Brinkmann in seinen vorbereitenden Aufnahmen mehrfach konkret an das Auditorium und fragt in *Kuck mal da der Eisbaum* (WSS pink I) beispielsweise: „Sie wollen etwas über ein Dichterleben wissen? Ich soll Auskunft geben? Worüber denn? Was wollen Sie denn hören?" (WSS pink I/02:56). Gleich im Anschluss gibt Brinkmann lautstark zu verstehen, er würde am liebsten „mit der Brechstange überall reinschlagen", denn ihn umgebe nur noch „Zärtlichkeit, die Fratzen macht" (WSS pink I/03:19). Warum es für ihn keine künstlerisch inspirierenden Orte oder Begebenheiten mehr gibt, wird bereits einleitend angedeutet. Rumpelnd ist ein „dumpfer Güterzug" zu hören, der „langsam" über die „Eisenbahnbrücke an der Aachener Straße" fährt (WSS pink I/01:53), und als er die Position des Autors erreicht, vermag dieser nur noch gegen das „dunkle Rollen" anzubrüllen: „Das ist die Poesie eines Güterzuges" (WSS pink I/02:18). Wie Brinkmann später im Track *Schneematsch* (WSS pink V) ergänzt, ist es dieser Verkehrslärm, der ihn sowohl körperlich als auch geistig vereinnahmt: „Was für poetische Bilder sollen mir dabei einfallen?" (WSS pink V/03:00). Zumindest vorübergehend fühlten sich „Kopf" und „Körper" von allen „Seiten bedrängt durch diese modernen technischen Geräusche" (WSS pink V/03:11). Um diese akustische Vereinnahmung möglichst drastisch herauszuarbeiten, verzichtet Brinkmann auf die Steuerungstechnik seines portablen Tonbandgeräts und nimmt dabei in Kauf, dass der ratternde Zug seine Stimme phasenweise überlagert. Erst ein leise vernehmbares Abschalten des Mikrophons und eine längere Pause beenden die beklemmende O-Ton-Passage.

Wenn eine persönlich als kunstfeindlich wahrgenommene Umgebung „neue sinnliche Ausdrucksmuster" zu verhindern droht, dann stellt sich die Frage, ob auch der alltägliche Stadtlärm zu jenen „Reflexionsbarrieren" gehört, mit denen sich Brinkmann bereits in seinen poetologischen Essays beschäftigt hatte (Brinkmann 1982, 235; 225). Wenngleich es in ihnen nur am Rande um akustische Reizsignale geht, verweisen sie angelegentlich doch auf akustische Störgeräusche, welche „die einfachsten Wahrnehmungen taub" (Brinkmann 2005, 267) schlagen können. Obwohl sie als dauerhaft präsente Kulisse die „Wahrnehmung durch die Sinne" verstopfen, werden diese Lautimpressionen allerdings dem „Raum hinter den Wörtern" zugewiesen. Soundästhetisch unterscheiden sich „Klang" oder „Knall" folglich sowohl von den „in Sprache fixierten Sinnzusammenhänge[n]" als auch von der stimmlichen „Dressur auf Wörter" (Brinkmann 1982, 276–278; Herv. i. O.). Brinkmann begründet diese materiale Aufwertung des Sonischen mit der sinnlichen Disposition des menschlichen Körpers. Fortwährend werde die „unterhalb der Formulierungen liegende[] Bedeutung" der Alltagsgeräusche „auf einer nicht-verbalen Ebene [...] aufgenommen" (Brinkmann 1982, 277; Herv. i. O.). Über diese unbewussten Wahrnehmungen notiert Brinkmann im Weiteren:

> Der eigene Körper ist 24 Stunden am Tag vorhanden, agiert, ihm stößt etwas zu, er bewegt sich, er erfährt [...] eine Unzahl von Geräuschen, jetzt dreht sich der Ventilator, jetzt ist die stumpfe Vormittagshelligkeit von einem hohlen, saugenden Geräusch erfüllt, auf der Straße / direkt vor dem Haus / steht ein Wagen der städtischen Müllabfuhr, und jetzt ist es der Tonfall einer Stimme, jetzt kippt ein Stuhl um [...], hier geschieht der Klang der Schritte, mit dem jemand sich nähert oder entfernt, hier bewegt sich die Form einer Türklinke, einer Wagenkarosserie. (Brinkmann 1982, 277)

Wie uns diese akustische „Wirklichkeit" bei genauerem Hinhören vor einer „Unsignifikanz" des „Empfinden[s]" bewahren könnte, beschäftigt Brinkmann erst in den Erläuterungen zu seinen Hörspielproduktionen (Brinkmann 1982, 276 f.). Im gleichen Kontext begründet er jetzt auch, warum „Original-Töne" zu einer „Art spinaler Lähmung" führen (Brinkmann 1982, 33). Statt etwas Realität einzufangen, verhindern sie eine „Anarchie der Sinne", indem etwa eine „kreischende Original-Geräusch-Straße" in „einzelne Töne" zerlegt und anschließend dem dramaturgischen „Konzept[] von Ordnung und Unordnung" angepasst wird (Brinkmann 1982, 32; 35). O-Töne in Radioproduktionen sind für Brinkmann folglich Ergebnis einer medialen Zurichtung physischer Klänge und gehören deshalb zur Welt der „Wortintoxikationen" (Brinkmann 1982, 33).

Mit dieser These positioniert sich Brinkmann in der bereits angesprochenen Sounddebatte, die als „der eruptive Emanzipationsprozeß" (Schöning 1977, 248) des Neuen Hörspiels in die Radiogeschichte eingegangen ist. Im Zentrum dieser 1967 einsetzenden „Neuorientierung" steht die Forderung, das Hörspiel nicht länger als ausschließlich „literarische[] Gattung" wahrzunehmen (Ladiges 1970, 111; 108 f.). In Peter Michel Ladiges' Aufsatz *Neues Hörspiel und defizitäre Verwendung von Rundfunktechnik* (1970) heißt es diesbezüglich, „die literarische Relevanz eines Hörspieltextes" werde mit Blick auf die „künstlerische[] Relevanz einer Hörspielproduktion" maßlos überschätzt (Ladiges 1970, 109). Faktisch nämlich sei das Neue Hörspiel „ein Zusammentreffen von Impulsen [...], die von außen kommen (der Musik, der Literatur), mit dem vorgegebenen Material der Geschichte eines technischen Apparats" (Ladiges 1970, 111). Aus dieser Synthese entstehe ein „akustisches Environment", das „endlich das Materielle des akustischen Ereignisses in das Zentrum" stelle: „Der Stimme, dem Laut, dem Geräusch, allen Phänomenen des Akustischen werden damit ihre unmittelbare Materialität wiedergewonnen" (Ladiges 1970, 115; 110 f.). Mit dieser theoretischen Grundierung einer neuen O-Ton-Ästhetik verbindet sich unter Radioschaffenden seinerzeit die Hoffnung, aus Konsumentinnen und Konsumenten des Neuen Hörspiels aktive Co-Produzentinnen und -Produzenten zu machen (vgl. Rinke 2018, 26–33). Um literarisch tradierte Rezeptionsmuster und die Grenzen zwischen Fiktionalität und Faktualität zu durchbrechen, soll dafür „sprachliches und sonstiges akustisches Material" in „neuen, ungewohnten Kontexten" verwendet werden (Rinke 2018, 35).

An dieser Anspruchshaltung meldet Brinkmann schon deshalb Zweifel an, weil sich „alte starre Muster" des Sprechens und Schreibens auch allen neuen „literarischen Gattungen und Formen" aufprägen und insofern die ästhetische „Abrichtung" des Publikums auf die „schöne Illusion" forcieren (Brinkmann 1982, 229). Also weit davon entfernt, die akustische Wirklichkeit möglichst ‚realistisch' wiederzugeben, unterstehen O-Töne für Brinkmann auch dem öffentlichen Interesse an der Disziplinierung des einzelnen Subjekts. Für diese indoktrinäre „Bild-Wort-Geräusch-Mischung" greifen „Techniker" auf das „Hintergrundgeräusch" des Alltags zurück und montieren es in ihre „Imitation" des eigentlich regellosen Hörens:

> Sie kennen doch den Effekt, wie tiefe Kälte sich in Brennen verwandelt, und damit's keiner merkt, wird dieses O zu gewöhnlichem Tran verschnitten in einer Überdosis gleitender Töne, endlose Bandschleife Gestammel, Keuchen, Husten, ein Heftpflaster überm Rüssel, verwandelt sie alle einfach wieder zurück in Dreck! [...] Alles falsch. Falsche Farben. Falsche Türen. Falsche Postboten. Falsches Summen und Knistern.   (Brinkmann 1982, 32 f.)

An dieser Zusammenstellung künstlicher O-Töne fällt auf, dass Brinkmann viele von ihnen in *Wörter Sex Schnitt* verwendet, um jene „akademisierte Lebensweise" anzugreifen, der sich ein Autor in der „Angst-Szene *Kultur*" unterwerfen muss (Brinkmann 1982, 229; 247). Auch für die Tracks auf *Wörter Sex Schnitt* gilt insofern, dass sie als Originaltonaufnahmen nicht die „sinnlich-lebendige Vehemenz des Autors Brinkmann" (Schumacher 2020, 508) zum Klingen bringen, sondern die ‚Falschheit' technisch erzeugter Geräuschprodukte.[3] Mit guten Gründen hat Eckhard Schumacher daher angemerkt, die bisherige wissenschaftliche Beschäftigung mit dem Audionachlass sitze dem Missverständnis auf, Brinkmann habe mit seinen Tonbändern ein „Konzept von Authentizität" (Schumacher 2020, 508) realisieren wollen. Faktisch indes sei in den Originaltonaufnahmen nie wirklich eindeutig zu entscheiden, ob die zu hörenden O-Töne tatsächlich sein „notorische[s] Wüten gegen die Abstraktionen" (Schumacher 2020, 509) pointieren oder ob sie nicht Ergebnis einer nachträglichen Montage sind. Unter anderem werde das „Geräusch eines Güterzugs" auf *Kuck mal da der Eisbaum* erst „durch seinen Kommentar" als solches erkennbar. In der Folge erweise „sich der Eindruck des Authentischen [...] als Ergebnis einer Konstruktion" (Schumacher 2020, 510). Die-

---

3 Ein genrästhetisch oder semiotisch ausgearbeiteter O-Ton-Begriff liegt Brinkmanns Kritik nicht zugrunde, vielmehr opponiert er generalisierend gegen eine Neubewertung des zeitgenössischen Hörspiels, das seinen Ausführungen zufolge weiterhin Teil einer sprachlich disziplinierten Gesellschaft bleibt.

ser Einschätzung ist insofern zuzustimmen, als Brinkmann in *Wörter Sex Schnitt* die akustischen Aufzeichnungsgeräte keineswegs von der „Schriftsprache" befreien will (WSS pink III/01:20). Stattdessen nutzt er Verfremdungseffekte und Schnitttechniken, die gezielt das Bild des souveränen Dichters kompromittieren und ebenso zynisch dokumentieren, wie perfekt sich sprachinfiltrierte Medien für solch eine Demontage eignen. Im Track *Ein Misstrauen* (WSS pink III) geht es beispielsweise um die Beschäftigung mit Fritz Mauthner – mithin um jenen Philosophen, an dem sich Brinkmanns Sprachkritik maßgeblich orientiert (vgl. Greif 2005). Allerdings täuscht Brinkmann die poetologisch fokussierte Aufmerksamkeit des Publikums, indem er seine Aufzeichnungen schneller ablaufen lässt, also mit heller Micky Mouse-Stimme spricht und deshalb phasenweise kaum noch zu verstehen ist. Dafür sorgen auch Knackgeräusche, orientalische Musik aus einem Lokal und wiederum vorbeifahrende Autos. Ist Brinkmann dann freilich zu hören, wie er sich verärgert über zu laute ‚Straßengeräusche' beschwert (WSS pink III/ 03:00), klingt sein Zivilisationsgeschimpfe ‚auktorial', in jedem Fall aber spießig. Exzentrisch abgerundet wird diese Passage, wenn Brinkmann im Unklaren lässt, ob die Aussage, ihn irritiere der „Stress, sich produzieren zu müssen", seine Vorbehalte stilisierten Autoreninszenierungen gegenüber veranschaulichen soll oder die technischen Schwierigkeiten, die sich bei einem „Ticken in der Kehle" oder dem Vermeiden von „Atemgeräusche[n]" einstellen (WSS pink III/04:15; vgl. auch Wodianka 2018, 350). Als O-Töne weisen diese Soundcollagen den Dichter damit als inkompetente Instanz aus, die an ihrer akustischen Selbstinszenierung inmitten einer polyphonen Wirklichkeit scheitert. Inwieweit seine Wut auf Stadtgeräusche im Widerspruch steht zur Klage über die ‚Farblosigkeit' des durchwanderten Geschäftsviertels, dies zu entscheiden überlässt Brinkmann seinem Publikum.

Der Sound für die Massenmedien

Mehrfach widmet sich Brinkmann in *Wörter Sex Schnitt* den technischen Möglichkeiten massenmedialer „Kontrollmaschinen" und der „meist armselig ausgebildete[n] und phantasielose[n] Figur", die vor ihnen steht (WSS orange I/15:11). Auch in *Jetzt fällt draußen gleichmäßig* (WSS orange I) setzt sich Brinkmann mit diesen „Wächter[n]" auseinander, expliziert diesmal aber ausführlicher die Produktionsverhältnisse, denen sich Radioautoren ausgesetzt sehen (WSS orange I/15:21). Ausgangspunkt der Darlegungen ist ein nicht weiter spezifiziertes Sendeskript, das Brinkmann zufolge in fünf redaktionellen Schritten gesichtet wird: Der grundsätzlichen Annahme eines solchen Entwurfs schließe sich die stilistische „Korrektur" des „ausgearbeiteten Textes" an, danach werde dann über seine „Platzierung"

innerhalb des sendereigenen „Gesamtprogramms" entschieden (WSS orange I/
16:20). Für die vierte Kontrolle trage man „gepflegten, kulturellen und routi-
niert-höflichen [...] Sprecherstimmen" an, „jeden Text durch ihre Aussprache [zu] mildern" (WSS orange I/16:57). Eine „saubere, gefilterte, perfekte
Aufnahme" sorge dann fünftens für eine Sendung, in der „gar nicht mehr die Atmosphäre eines lebendigen Körpers vorhanden sein kann" (WSS orange I/17:24).

   Wörter Sex Schnitt bietet reichlich Hörmaterial, an dem sich nun zeigen
ließe, wie Brinkmann seinen Widerstand gegen alle fünf Kontrollinstanzen hörbar macht – angefangen bei Tonmaterial, das aus Sichtungsperspektive keinen
in sich abgeschlossenen Werkcharakter erkennen lässt, bis hin zu privaten Ge-
sprächs- und Partymitschnitten, gegen deren Veröffentlichung nach Auskunft
der Herausgeberin und des Herausgebers bis heute juristische Einwände sprechen (vgl. Kapfer und Agathos im CD-Booklet). Besonders nachdrücklich setzt
sich Brinkmann indes mit der vierten und fünften Kontrollinstanz auseinander,
die im Radioalltag eine klanglich und technisch störungsfreie Aufnahme sicherstellen. Um seine ‚Hörverweigerung' sowohl sonisch als auch subversionsästhe-
tisch diskutieren zu können, lohnt ein weiterer Exkurs zur Sound- und O-Ton-
Theorie um 1970.

   In seinem Beitrag *Schallspielstudien*, den er bereits 1968 auf der Internationalen Hörspieltagung in Frankfurt am Main vorgestellt hatte, widerlegt Paul
Pörtner die Annahme, „Geräuschaufnahmen" könnten möglichst „naturgetreu"
aufgenommen und wiedergegeben werden (Pörtner 1970, 60). Weder dienten
sie „der Umsetzung von Realitätserfahrungen" noch handle es sich um „Roh-
stoffe", auf die in unterschiedlichsten Sendeformaten oder Einzelproduktionen
zurückgegriffen werden könne. Soundästhetisch sind O-Töne nach Pörtner
nämlich keineswegs „neutral[]", sondern stets mediengeprägte Ausdrucksmittel eines sonalen Dispositivs (Pörtner 1970, 60):[4]

> mit einer noch so genauen Aufnahme von Geräuschen ohne Kontinuum und Kontext ist
> es nicht getan, das Material ist so unbestimmt, daß es erst durch die Auslese, die Auszüge
> bezeichnender Lautqualitäten als Geräusch erkannt, das heißt auf die Herkunft und den
> Ausdruck zurückgeführt werden kann. Erst im Zusammenhang mit den Hörspielkompo-
> nenten bekommt das Geräusch eine Bedeutung, die es an sich nicht hat. Das Signifikative
> des Geräuschs kann nur durch den Hersteller der Klangsynthese bestimmt werden [...].
> (Pörtner 1970, 60)

Aus diesen Überlegungen leitet Pörtner zwei Schlussfolgerungen ab, die für ihn als
Hörspielautor und für seinen Umgang mit Studiotechnikern wegweisend sind.

---

4 Zu kulturellen Wahrnehmungs- und Klangdispositiven vgl. Herrmann 2019, 15–17.

Zum einen vertauscht er „den Schreibtisch" mit dem „Sitz am Mischpult des Tonigenieurs", um möglichst autonom über die Gestaltung eines „Hör-Raumes" entscheiden zu können (Pörtner 1970, 62). Zum anderen erklärt Pörtner „alle Geräuscharchive der Rundfunkhäuser" schon deshalb „für unbrauchbar", weil sich semantisch unsignifizierte, bedeutungsfreie „Geräuschkonserven" nicht für die „Montage" eines akustischen „Spielwerk[s]" eignen (Pörtner 1970, 60; 62). Sie würden, wie es im Weiteren heißt, nicht „als Geräusch erkannt" (Pörtner 1970, 60).

Eine gesellschafts- und medienkritisch verwandte Hörästhetik liegt William S. Burroughs Essay *Die unsichtbare Generation* zugrunde, der 1969 in der von Brinkmann und Ralph Rainer Rygulla herausgegebenen Anthologie *ACID. Neue amerikanische Szene* erscheint. Burroughs allerdings rückt das apparative Herstellen deutungsoffener Sounds in den Mittelpunkt seiner Überlegungen. Um das akustisch Unbestimmte näher charakterisieren zu können, unterläuft der Beatnik die seit der Aufklärung geltende Priorisierung des Sehens mit dem Argument, nur unter dem Diktat eines visuell gestützten Denkens könne dem Hören eine „getrübte und erkenntnisverhindernde Subjektivität zugeschrieben" werden (Schulze 2020, 159). Tatsächlich aber ergreife das Ohr wie kein anderes Wahrnehmungsvermögen den ganzen Menschen: „was wir sehen wird weitgehend bestimmt durch das was wir hören" (Burroughs 1969, 166).[5] Folgerichtig seien „zwanghafte assoziationsabläufe" und von „wortprinzipien gesteuerte[] gedankenverbindungen" am nachdrücklichsten mit akustischen Experimenten außer Kraft zu setzen (Burroughs 1969, 169; 171). Auch eine alte „konservierte aufnahme", die „offiziellen stellen" zufolge für „vernünftige reaktionen" zu sorgen hat, sei daher mit einer „gegenaufnahme" in Frage zu stellen (Burroughs 1969, 172; 174): „gehen sie mit einem tonbandgerät umher und nehmen sie die häßlichsten und dümmsten dinge auf kombinieren sie ihre häßlichen bänder miteinander erhöhen sie die geschwindigkeit [...] stören sie das band" (Burroughs 1969, 174).

Diese und weitere Empfehlungen für „cut up[s]", „gespleißte[s]" Bandmaterial oder das „durcheinandermixen" von „geräuschfetzen" greift Brinkmann in *Wörter Sex Schnitt* auf, um soundästhetisch transparent zu machen, wie man

---

5 Dass die „hörende Rezeption" als „Bestandteil der Gefühlskultur" auf Johann Gottfried Herders anthropologische Bestimmung des ganzen Menschen zurückgeht, derzufolge das Ohr die „„eigentliche Tür zur Seele'" ist, wird in den *Sound Studies* mehrfach herausgearbeitet (vgl. Herrmann 2019, 14 f.; Binczek 2020, 3 f.).

sein „nervensystem" und seine „sinneseindrücke" akustisch befreien kann (Burroughs 1969, 167; 170–172).[6]

Im Unterschied zum Alltagslärm werden diese Schnitt- und Soundcollagen nicht der Umwelt entnommen, sondern künstlich erzeugt und auf einer eigenen Tonbandspur aufgenommen, sodass sie neben den Berichten, Kommentaren und Lesungen parallel als ‚Störgeräusche' mitlaufen. Unter anderem macht Brinkmann seinen Körper hörbar, der sich physisch den gesellschaftlichen Verhaltens- und Hörnormen widersetzt. Ferner spricht er in mehreren Tracks mehrfach das Wort ‚Schnitt', nutzt die Geräusche, die beim Verwenden des Tonbands entstehen, oder greift auf eigens erzeugte Sequenzschleifen (Musik, Motoren, Telefon) zurück, um ein sinnorientiertes, konzentriertes Lauschen zu vereiteln. Hierzu gehören auch der Einsatz von Schimpfworten oder häufige ‚Bäh, bäh, bäh'-Ausrufe, die professionelle Radiosprecher zwingen würden, das Audiomaterial performativ zu „verschandeln" (WSS orange I/17:04). Der ironische Effekt dieser Klangprovokationen resultiert aus der Tatsache, dass Brinkmann in seinen Tonaufnahmen inszeniert, was Rundfunkbedienstete zu technischen Höchstleistungen herausfordert: „Sie können die ungeheuerlichsten Dinge sagen, die ungeheuerlichsten Zusammenhänge, die schmierigsten Wörter sagen und die empfindungsreichsten Wörter sagen, und immer klingt es gleich" (WSS orange I/17:07). Dass Sprache dabei zum Objekt technischer Produktionsbedingungen wird, parodiert Brinkmann, indem er bisweilen auch missverständliche Sounds verwendet und somit metareflexiv auf die kulturaffirmative Hörerziehung ‚empfindungsloser' Audiobearbeitungen anspielt (vgl. auch Morgenroth 2009). Wie brachial sich diese vierte Stufe radiopraktischer Kontrolle gestalten könnte, veranschaulicht der Track *Kuck mal da der Eisbaum*. Auf den titelgebenden Ausruf seiner Frau Maleen antwortet Brinkmann mit einer Frage, die so schlecht ausgesteuert ist, dass sich ganze Satzteile im Schwanken zwischen unterschiedlichen Tonhöhen und Lautstärken verlieren. Nur mittels eigenmächtiger Materialeingriffe und Lautergänzungen ließe sich diese Passage radiokonform umsetzen.[7] Darüber hinaus müssten zwei unterschiedliche Hörräume entworfen werden, denn während Maleens „Kuck mal da der Eisbaum" draußen aufgenommen wurde, spielt die sich anschließende Sequenz in einem geschlossenen Raum (WSS pink I/00:00).

---

6 Zu Brinkmanns akustischen Schnitttechniken vgl. ausführlich Wodiankas Kapitel *Rolf Dieter Brinkmann oder „Die Wörter sind böse"* (Wodianka 2018, 293–372).

7 Inwieweit solche parodierten Eingriffe in Autorenrechte der Wiedereinsetzung der traditionellen Kulturinstanz ‚Dichter' dienen, bleibt insofern zu diskutieren, als Brinkmann ja den Kontrollverlust außerhalb der Produktionszwänge und das ästhetische Widerstandspotenzial solcher Freiräume auslotet (vgl. Binczek 2012, 68).

Wie sich technische Perfektion akustisch überfordern lässt, mögen zwei weitere Szenen dokumentieren. In *Abgeschlossen* (WSS blau III) ist gleich zu Beginn Geraschel zu hören, das sich nur mithilfe des Tracktitels als Schließgeräusch zu erkennen gibt. Fällt daraufhin das Wort „Kerze", so erinnern die nachfolgend zu hörenden Geräusche eher an das Knüllen einer Papiertüte als an das Anzünden etwa eines Streichholzes (WSS blau III/00:39). Weitere unbestimmte Geräusche „programmiert" (Burroughs 1969, 171) Brinkmann im gleichen Track am Beispiel eines laufenden Wasserhahns. Da kein Plätschern zu hören ist und Brinkmanns Ausführungen kaum zu verstehen sind, entsteht eine sonale Leerstelle, das heißt: die verhinderte „Aufnahme von Geräuschen" bestätigt die soundästhetische These: „Geräusche an sich gibt es nicht" (Pörtner 1970, 60). Als Teil eines O-Ton-Archivs betrachtet, bietet die in Rede stehende Episode demgemäß kein Ausgangsmaterial, das sich illusionssteigernd ausgestalten ließe. Vielmehr müsste zur szenischen ‚Verlebendigung' auf alternative Laute zurückgegriffen werden, die möglicherweise die von Brinkmann intendierte Leerstelle durch ein Tropfen oder Rauschen ersetzen. Mit diesem bloß „illustrativen Charakter" archivierter Tonkonserven hätte die vierte Kontrollinstanz der Radioproduktion nicht nur auf „die schlechteste Verwendung von Geräusch" zurückgegriffen, sondern ihr fast schon zwanghaftes Vertrauen in das technisch Machbare offenbart (Pörtner 1970, 61). Indem Brinkmann in *Abgeschlossen* (WSS blau III) auf diesen ignoranten Umgang mit dem Nichthörbaren anspielt, sichert er seinen Originaltonaufnahmen zugleich ihre soundästhetische Autonomie. In der klangpraktischen Gestaltung technischer Kontrollverluste sind sinnliche und semiotische Verweigerungen eben statthaft.

Dass Brinkmann verschiedene Schnitttechniken der Radioproduktion stellenweise so intensiv nutzt, dass inhaltlich zusammenhängende Redepassagen sinnentstellt werden, ist so charakteristisch für *Wörter Sex Schnitt* wie die Verwendung selbsterzeugter Loops und monotoner Wortwiederholungen. Da es ihm nicht um die Erzeugung eines Spannungsbogens geht, hatte Brinkmann solche „Vermischungen" in *Der Film in Worten* noch als Nutzung „der technischen Mittel je nach subjektiver Vorliebe" beschrieben, mit der sich „ein Stückchen befreite Realität" herstellen lasse (Brinkmann 1982, 228). Demgegenüber diskutiert er in den *Notizen* am Beispiel Frank O'Haras die Frage, wie sich „die Konvention *Literatur*" hintertreiben lässt, ohne in eine „haltlose Exotik des Alltags" abzugleiten (Brinkmann 1982, 215). Für die aurale Beschäftigung mit der fünften Kontrollinstanz des radiointernen Kontrollapparates spielt Brinkmann in *Wörter Sex Schnitt* später mit der Stimme „als Indikator für die Wahrhaftigkeit der Rede" (Epping-Jäger 2014, 82). Seit sie allerdings „gespeichert und reproduziert" werden kann, „erzwingt der mediale Apparat" entweder „spezifische Zurichtungen der Stimmen", etwa in Form von „Stimm-Inszenierungen" (Epping-Jäger 2014,

90–92), oder manipulative Medien wie das Tonband und die Stimme werden dem „wachsenden Appetit nach mehr konkretem Leben" ausgeliefert (Brinkmann 1982, 214).

Für die akustische Umsetzung solcher „Reizmuster" (Brinkmann 1982, 213)[8] ist zu berücksichtigen, dass die Stimme in abendländischer Tradition „doppelt charakterisiert" ist: „Als Schall ist sie unmittelbarer Ausdruck eines Inneren", denn in ihr zeigt sich „etwas, das sich den Intentionen ihres Sprechers entzieht" (Epping-Jäger 2014, 81). Als „unmittelbarer Ausdruck der Seele" ist Stimme also Ausdruck „bestimmter Seelenzustände" (Epping-Jäger 2014, 81). Seit der Aufklärung gilt sie aber auch als leibliches Mitteilungsmedium des Denkens: „Der Geist, der stimmlich erscheint, ist ein zugleich geselliges und individualisiertes ‚Ich'" (Epping-Jäger 2014, 88). Aus dem Hören einer Stimme werden insofern auch Rückschlüsse auf die intellektuelle Nachvollziehbarkeit gesprochener Botschaften gezogen. Erst diese beiden Informationen entscheiden aufseiten der Hörerinnen und Hörer über die Glaubwürdigkeit des Mitgeteilten.

Brinkmann zufolge geht diese komplexe Leib-Seele-Präsenz in einer technisch perfekten Radiosendung verloren, weil die Stimme im alltäglichen Gebrauch auch von „kleinen Rülpsern", „Verschnitzern" oder „falschen Betonung[en]" geprägt ist (WSS orange I/17:38). Im Track *Kotelett mit Nuss ist gut* (WSS orange III) ist Brinkmann daher zu hören, wie er sich kauend und schmatzend über westdeutsche Sonntagnachmittage oder eigene Versprecher amüsiert. Darüber hinaus ahmt er trällernd den Rhythmus und die Melodie eines gleichzeitig zu hörenden Jazzstücks nach, um dann plötzlich fluchend seine Wut auf „diese alten Muffdinge" herauszubrüllen (WSS orange III/02:32). Schon aufgrund solch abrupter Stimm- und Stimmungswechsel verliert der vokale Überzeugungsanspruch seine emotionale und geistige Glaubwürdigkeit. Da den Zuhörerinnen und Zuhörern zudem noch die Gründe für diese Schwankungen vorenthalten werden, machen sich Zweifel am Informationsgehalt hörbarer Dichtersprache breit. Brinkmann provoziert solche Vorbehalte, indem er in *Kotelett mit Nuss ist gut* auch mit unterschiedlich betonten Satzwiederholungen („In 'ner Stunde ist es dunkel", WSS orange III/03:02) arbeitet oder surreale Beobachtungen mit banalen Spruchweisheiten kommentiert (WSS orange III/03:19). Gemäß dieser widersprüchlichen und destruktiven Beschäftigung mit einem „gespenstische[n] Sonntag" gewinnen die mehrfach einge-

---

8 Das medienästhetische und popkulturelle Potenzial der zitierten Passage kann hier nur angedeutet werden: Unter Berufung auf die amerikanischen Beatniks führt Brinkmann aus, der „Widerstand" gegen „ein Elitedasein" setze auch ein „Sicheinlassen auf Leben, Umwelt, Dinge" voraus, darunter die Bereitschaft, „auf gegenwärtige Reizmuster zu reagieren" und beispielsweise „Teil des Verkehrslärms" zu werden. Solch eine mediale „Zersetzung" des Autoritären verhindere das Erstarren des Hörbaren zu einer „Kunstform" (Brinkmann 1982, 213 f.).

forderte „Stille" und die langen Hörpausen an ästhetischer Plausibilität (WSS orange III/00:59; 02:11). Denn als akustisch Unbestimmtes verifizieren beide, wie sich radiokonforme Überwachung medial vereiteln lässt. Endet *Kotelett mit Nuss ist gut* daher mit den monoton gesprochenen Worten: „Anschalten, ausschalten. Anschalten, ausschalten. Schnitte" (WSS orange III/04:32), so kommentiert Brinkmann rückblickend nochmals sein experimentelles Aufzeichnungsverfahren: Während seine Stimme und sein Denken ihren Anspruch auf soziale Valenz zu verspielen drohen, bemisst sich der akustische Widerstand seiner Tonbandaufnahme an der Beredtheit ihres Schweigens. Nicht Brinkmann als Sprecher, wohl aber der von ihm generierte Sound distanziert sich insofern unüberhörbar von der technischen Autorität. Zu dieser Befreiung fügt sich das in *Wörter Sex Schnitt* formulierte Bekenntnis: „Am liebsten höre ich Stille und in dieser Stille einzelne Geräusche" (WSS blau VI/14:02).

Literatur & Medien

Brinkmann, Rolf Dieter: Wörter Sex Schnitt. Originaltonaufnahmen 1973. Hg. v. Herbert Kapfer und Katarina Agathos unter Mitarbeit v. Maleen Brinkmann. 5 CDs. München 2005.

***

Binczek, Natalie: Das Material ordnen. Rolf Dieter Brinkmanns akustische Nachlassedition *Wörter Sex Schnitt*. In: ‚High' und ‚Low'. Zur Interferenz von Hoch- und Populärkultur in der Gegenwartsliteratur. Hg. v. Thomas Wegmann und Norbert Christian Wolf. Berlin 2012, S. 57–81.

Binczek, Natalie: Einleitung: Literatur und Audiokultur. In: Handbuch Literatur & Audiokultur. Hg. v. Natalie Binczek und Uwe Wirth. Berlin 2020, S. 1–23.

Brinkmann, Rolf Dieter: Der Film in Worten. Prosa, Erzählungen, Essays, Hörspiele, Fotos, Collagen 1965–1974. Reinbek 1982.

Brinkmann, Rolf Dieter: Ein unkontrolliertes Nachwort zu meinen Gedichten (1974/1975). In: ders.: Westwärts 1 & 2. Gedichte. Erw. Neuausg. Reinbek 2005, S. 256–330.

Burroughs, William S.: Die unsichtbare Generation. In: ACID. Neue amerikanische Szene. Hg. v. Rolf Dieter Brinkmann und Ralph Rainer Rygulla. Darmstadt 1969, S. 166–174.

Epping-Jäger, Cornelia: Stimmwerkzeuge. In: Handbuch Medien der Literatur. Hg. v. Natalie Binczek, Till Dembeck und Jörgen Schäfer. Berlin 2014, S. 79–98.

Epping-Jäger, Cornelia: Wörter, Sex, Schnitt. Brinkmanns Tonbandarbeiten. In: Brinkmann-Handbuch. Leben – Werk – Wirkung. Hg. v. Markus Fauser, Dirk Niefanger und Sibylle Schönborn. Stuttgart 2020, S. 330–335.

Greif, Stefan: „Schlagwörter sind Wörter zum Schlagen, hast du das begriffen?" Sprache und Gewalt bei Rolf Dieter Brinkmann. In: Gewalt und kulturelles Gedächtnis. Repräsentationsformen von Gewalt in Literatur und Film seit 1945. Hg. v. Robert Weninger. Tübingen 2005, S. 139–152.

Herrmann, Britta: Diskurse des Sonalen. In: Diskurse des Sonalen. Klang – Kunst – Kultur. Hg. v. Britta Herrmann und Lars Korten. Berlin 2019, S. 9–30.

Ladiges, Paul Michel: Neues Hörspiel und defizitäre Verwertung von Rundfunktechnik. In: Neues Hörspiel. Essays, Analysen, Gespräche. Hg. v. Klaus Schöning. Frankfurt a. M. 1970, S. 108–116.

Morgenroth, Claas: Sprechen ist Schreiben auf Band. Rolf Dieter Brinkmanns Tonbandaufnahmen. In: Portable Media. Schreibszenen in Bewegung zwischen Peripatetik und Mobiltelefon. Hg. v. Martin Stingelin und Matthias Thiele. München 2009, S. 123–147.

Pörtner, Paul: Schallspielstudien. In: Neues Hörspiel. Essays, Analysen, Gespräche. Hg. v. Klaus Schöning. Frankfurt a. M. 1970, S. 58–70.

Rinke, Günter: Das Pophörspiel. Definition – Funktion – Typologie. Bielefeld 2018.

Schöning, Klaus: Hörspiel als verwaltete Kunst. In: Neues Hörspiel. Essays, Analysen, Gespräche. Hg. v. Klaus Schöning. Frankfurt a. M. 1970, S. 248–266.

Schulze, Holger: Sound Studies. In: Handbuch Literatur & Audiokultur. Hg. v. Natalie Binczek und Uwe Wirth. Berlin 2020, S. 155–173.

Schumacher, Eckhard: Rolf Dieter Brinkmanns Arbeit mit Originaltonaufnahmen. In: Handbuch Literatur & Audiokultur. Hg. v. Natalie Binczek und Uwe Wirth. Berlin 2020, S. 503–516.

Wodianka, Bettina: Radio als Hör-Spiel-Raum. Medienreflexion – Störung – Künstlerische Intervention. Bielefeld 2018.

Martin Maurach

‚Menschenliebe' und andere ‚operative Vorgänge'

Eine gestalttheoretische Analyse zur Gattungsproblematik von Hörstücken am Beispiel von Michael Lentz' *Hotel zur Ewigen Lampe*

Die folgende Untersuchung beschäftigt sich am Beispiel der Komposition *Hotel zur Ewigen Lampe. Operative Vorgänge. Eine Sprechplastik* (HL) aus dem Jahr 2014 von Michael Lentz mit der Frage, welchen Beitrag eine auf gestalttheoretische Ansätze zurückgreifende Analyse für die Gattungsbestimmung dieser Arbeit leisten kann. Insbesondere geht es darum, inwieweit dieses Hörstück, das mehrere Originaltöne des früheren Ministers für Staatssicherheit der DDR, Erich Mielke, verarbeitet, als eine ‚gehörte Geschichte' oder ein zu Gehör gebrachter Ausschnitt aus der Geschichte aufgefasst werden kann. Unter diesen Originaltönen befindet sich auch die ebenso verquere wie berühmt gewordene ‚Liebeserklärung' des Ministers in seinen Ausführungen vor der Volkskammer in Berlin vom 13. November 1989.

Zunächst soll ein knapper Überblick über die erwähnten Mielke-Originaltöne gegeben werden sowie über eine gestalttheoretisch begründete Analysemöglichkeit der Stabilität von Höreindrücken, welche u. a. eine Unterscheidung zwischen eher narrativen und eher musikalischen Gattungen ermöglichen soll. Danach geht es um den ursprünglichen Kontext von Mielkes Ausspruch. Abschließend soll die Verarbeitung der verschiedenen Originaltöne in *Hotel zur Ewigen Lampe* genauer analysiert und zur erwähnten Gattungsfrage Stellung genommen werden.

Als ‚gehörte Geschichte' könnte man den Vorgang bezeichnen, wie unter dem Druck der Befragung durch Volkskammerabgeordnete eine noch in ihrer vermeintlichen Humanität menschenverachtende Jargon-Sprache zerfällt und in ihrem selbstwidersprüchlichen Charakter kenntlich wird. Dies wird aber in Michael Lentz' *Sprechplastik* nicht linear erzählt, sondern gleichsam in ein musikalisches Modell gekleidet.

Überblick über die Mielke-Originaltöne in Michael Lentz' *Hotel zur Ewigen Lampe*

Die angeblich sogar „in die Geschichtsbücher" (SWR2 Archivradio 00:41) eingegangene Passage mit der Liebeserklärung an „alle Menschen" (HL 25:47), welche Mielke vor der Volkskammer der DDR am 13. November 1989 vorbrachte, bildet in Lentz' *Sprechplastik* den Höhe- und Schlusspunkt von mehreren Sequenzen, die Originaltöne und Sprachmaterial Mielkes enthalten. Darin könnte man auch eine Gliederung des Werks in mehrere musikalische ‚Sätze' erblicken. Sie sollen nun knapp nach dem Höreindruck beschrieben werden.

Lentz' Stück wird ausgeführt durch einen Sprechchor und Einzelstimmen von Studierenden des Deutschen Literaturinstituts Leipzig, Live-Elektronik, Bassklarinette, Saxophon u. a. Art und Grad der Verarbeitung der einzelnen auf Mielke zurückführbaren Sprachmaterialien unterscheiden sich deutlich – und damit auch die Art und Weise, wie jeweils Geschichten zu Gehör gebracht werden.

Das Stück beginnt bereits mit einem Originalton von Erich Mielke: „Einige Hinweise zur Realisierung spezifischer Vorbeugungskomplexe" (HL 00:00). Hinzu tritt ziemlich leise eine perkussiv wirkende Live-Elektronik. Der O-Ton endet auf dem Wort „überall" (HL 02:37), das dann vom Sprechchor aufgenommen und weiterverarbeitet wird.

Die zweite wesentliche Mielke-Passage nimmt das „Horrido" (HL 06:52) des leidenschaftlichen Jägers auf und macht es zur Grundlage einer u. a. die Laute teilweise permutierenden, teilweise auch frei assoziierenden Verarbeitung. An dritter Stelle erscheint nach rund einem Drittel des Hörstücks ein Originalton Mielkes aus einer Ansprache vor Generälen, der mit den Worten „Hinrichten die Menschen, ohne Gesetze, ohne Gerichtsbarkeit und so weiter!" (HL 10:04; Walther 1995, 6) endet. Insbesondere das „und so weiter" wird vom Sprechchor im Tutti, aber auch geflüstert und auf viele weitere Arten oftmals wiederholt und variiert.

Später wird die Selbstkorrektur eines Versprechers „für die rationale – für die rationelle" (HL 15:19) aus der unmittelbar zu Beginn einsetzenden Rede Mielkes wiederaufgenommen. Zu hören ist zudem bereits ein Gelächter, das aber anscheinend keinem Originaltongelächter der damals in der Volkskammer versammelten Zuhörerschaft entspricht (HL 19:26). Dann scheint Mielke selbst „Prost, Prost, Prösterchen" (HL 23:52) zu singen; passend dazu findet sich schon früher ein Anklang an den Melodieanfang „Ein Prosit, ein Prosit der Gemütlichkeit" (HL 07:10). Darauf folgt als letzter der leicht identifizierbaren Originaltöne von Mielke die Passage „Ich liebe doch alle – alle Menschen" (HL 25:47), die den Schlussteil der knapp über halbstündigen Komposition von Lentz einleitet.

Experimentelle Hörstücke und ‚gehörte Geschichten': Ein gestalttheoretischer Ansatz

Das mit der zunehmenden Durchsetzung der Stereo-Rundfunktechnik auch in Deutschland sich verbreitende experimentelle Hörspiel der 1960er und 1970er Jahre postulierte die Gleichwertigkeit der Gestaltungsmittel Sprache, Musik und Geräusch. Darin ist wohl ein spätes Echo auf die befreiten Worte des Futurismus zu sehen; diese sollten sowohl aus der Syntax als auch aus der linearen typographischen Repräsentation sowie von der Last zu tragender Bedeutungen befreit werden (vgl. Demetz 1990). Geräusche und Musik, aber auch die klanglichen Eigengesetzlichkeiten der Stimme hatten nicht mehr dem Erzählen einer Geschichte zu dienen, auch nicht mehr der traditionellen Dramaturgie eines Theaters oder Kinos für die Ohren.

Sprach- und Geräuschcollagen wie auch lautpoetische Produktionen bedeuteten daher für die Hörerinnen und Hörer zunächst komplexe Wahrnehmungsangebote, vielschichtige Hörfelder ohne vorgegebene innere Hierarchien. Derartige Hörfelder mögen grundsätzlich der aus der Psychologie bekannten ‚Cocktailparty-Situation' vergleichbar sein, in welcher Hörende viele gleichzeitige Eindrücke ihren Quellen durch sogenannte „stream segregation" (Bregman 1990, 9 u. ö.) zuordnen müssen. Bregmans Studie greift von der Gestalttheorie inspirierte, eher qualitative Kriterien oder Anhaltspunkte dafür auf, wie Hörerinnen und Hörer komplexe Wahrnehmungsfelder aktiv gliedern: Nähe und Ähnlichkeit aufeinanderfolgender Hörereignisse erhöhen z. B. die Wahrscheinlichkeit, dass diese zum selben Stream, zur selben Schallquelle gehören usw. (vgl. Bregman 1990, 26 f.; 70). Für mich war das ein Ansatzpunkt, das Hören experimenteller Stücke mit Hilfe gestalttheoretischer Termini und Annahmen zu beschreiben (vgl. Maurach 1995).

Von ihren Ursprüngen her richtete sich die Gestalttheorie gegen die als ‚atomisierend' empfundenen Wahrnehmungslehren des 19. Jahrhunderts, die Wahrnehmungsquelle und Wahrnehmung als durch eine lineare Kausalrelation miteinander verbundene, isolierte Punkte modellierten: Eine Licht- oder Schallquelle entspräche demnach genau einem Eindruck auf der Netzhaut bzw. dem Trommelfell. Dagegen dachten die verschiedenen Richtungen der Gestalttheorie Wahrnehmungseindrücke als in einem komplexen Feld vom wahrnehmenden Subjekt mitkonstruiert, d. h. als kontextabhängig und auch nicht auf eineindeutige Kausalrelationen zurückführbar. Exemplarische Fragestellungen aus den Anfängen der Gestalttheorie gelten z. B. der Fähigkeit, ein Gesicht oder eine Melodie, eben komplexe, nicht aus einzelnen Punkten zusammensetzbare Gestalten, nach einmaligem Wahrnehmen wiederzuerkennen. Generell hat sich die Gestalttheorie in der Hauptsache mit visueller Wahrnehmung beschäftigt. Bregman (1990) überträgt einige ihrer Postulate auf die Analyse komplexer Hörsituationen.

Eine andere zentrale Fragestellung ist die nach der Ergänzung unvollständiger Wahrnehmungseindrücke im Feld. Um z. B. eine unvollständige, teilweise verdeckte Konturlinie, etwa einen im hohen Gras sitzenden Hasen, zur visuellen Gestalt dieses Tieres zu ergänzen, muss der Betrachter im Feld prominente von weniger prominenten Eindrücken unterscheiden, d. h. er muss Aufmerksamkeitshierarchien aufbauen, deren Extreme manchmal vereinfacht als Figur bzw. Grund bezeichnet werden. Letzteres sind jedoch immer relative Begriffe; es gibt nie nur eine Figur und einen (Hinter-)Grund; der Vergleich mit Gemälden führt hier in die Irre.

Will man beschreiben, wie Aufmerksamkeitshierarchien aufgebaut und Konturen zusammengefügt werden, wie also der Hase im Gras erkannt wird, dann kommen u. a. die Regeln der Nähe und der Ähnlichkeit ins Spiel: Nahe beieinanderliegende ebenso wie einander ähnliche Eindrücke werden derselben Quelle zugeschrieben. So werden Konturen gebildet, Gestalten geschlossen. Streams bei Bregman sind entsprechend zu schließende auditive Gestalten bzw. zu ergänzende auditive Konturen; der gerufene Name auf der Cocktailparty entspricht dem im hohen Gras halb verdeckten Hasen. Für die Bildung von Aufmerksamkeitshierarchien gibt es eine Reihe weiterer Kriterien, die ihrerseits kontextabhängig sind, aber eine Tendenz erkennen lassen, gemäß derer der – visuelle oder auch auditive – ‚Hase' relativ zum ‚Gras' zur Figur werden kann: Komplexere Eindrücke sind eher Figur als einfache, bewegte prominenter als ortsfeste, auch ganz schlicht helle oder laute prominenter als blasse, dunkle oder leise; Eindrücke, die sich schnell verändern, prominenter als unveränderliche usw. Das Ganze spielt sich ungefähr auf der vorbewussten Ebene ab, auf der es wichtig ist, einen ruhenden Stein von einer springenden Raubkatze zu unterscheiden, um nicht gefressen zu werden, d. h., die Bildung von Aufmerksamkeitshierarchien funktioniert normalerweise hoch automatisiert und ist nur schwer irritierbar.

In der Analyse geht es jedoch gerade um den Versuch, die Entstehung und Irritation von Aufmerksamkeitshierarchien oder eben, vereinfacht, Figur-Grund-Beziehungen zu rekonstruieren und die Stabilität der gebildeten Gestalten oder Einheiten auf verschiedenen Ebenen – vom Laut bis zum Text und zum Originalton – zu unterscheiden.

Das Verfahren ist aufgrund seiner Kontextbezogenheit letztlich ein hermeneutisches, es ist nicht operationalisierbar, sondern bewegt sich im Rahmen von Plausibilitätserwägungen. Im alltäglichen Leben kann man davon ausgehen, dass die Differenzierung von Figur und Grund immer schon stattgefunden hat – sonst würde man den Hasen im Gras eben nicht sehen. Kunst seit der klassischen Moderne – und hier könnte man auf den Futurismus und die Lautpoesie zurückverweisen – beschäftigt sich jedoch u. a. mit dem Aufbrechen und der Irritation tradierter Wahrnehmungsordnungen. Die Gestalttheorie, die um 1900 ja zur selben Zeit wie diese künstlerischen Richtungen entstand, kann aufgrund ihres – in jedem Sinne – analogen Ansatzes der Analyse von ästhetischen Arbeiten dienen, die sich in diese Tradition stellen.

Künstlerische Experimente erzeugen also oft instabile oder uneindeutige Beziehungen zwischen Hörereignissen, die als Figur, und solchen, die als Grund wahrgenommen werden. Dafür lassen sich auf den Ebenen unterschiedlicher Einheiten vom Einzellaut bis zu szenen- oder dialogähnlichen Elementen unterschiedliche Kriterien ermitteln. Hörerinnen und Hörer werden hier häufig mit unvollständigen, zu ergänzenden Gestalten konfrontiert. Gestaltergänzung funktioniert aber stets innerhalb eines Feldes, in Abhängigkeit von der Umgebung. Nach der Regel, dass nahe und ähnliche Eindrücke bevorzugt zusammengruppiert werden, kann eine Umgebung daher auch umgekehrt bestimmte Elemente aus einer Gestalt ,herausziehen' und so aus dem Hintergrund heranrücken oder tendenziell eher zur Figur vor diesem Hintergrund machen. Die zeitlich ausgedehnte Artikulation eines einzelnen Vokals zum Beispiel, konfrontiert mit einem Sprechtext, kann aus dessen Wörtern denselben Vokal gleichsam herausfiltern, ihn prominenter erscheinen lassen und so eine normalerweise untergeordnete Einheit zur Figur machen. Genau diese Gleichzeitigkeit komplexerer Vokalartikulationen und gesprochener Texte wird zum Beispiel mehrmals in Franz Mons klassischem experimentellem Hörspiel *das gras wies wächst* (SR/BR/WDR 1969) eingesetzt. In Ludwig Harigs Hörspiel *Starallüren* (SR/SDR 1966/1967) werden die Hörerinnen und Hörer mit Hilfe referenzieller Mehrdeutigkeiten und Wortwiederholungen jeweils für kurze Zeit über die Abgrenzung einer Szene zur nächsten im Unklaren gelassen (vgl. Maurach 1995, 110–112). Dramatische und narrative Zusammenhänge können also destabilisiert werden, wenn weniger bedeutungstragende Einheiten als Figur erscheinen und sich gewissermaßen aus dem repräsentativen Zeichenzusammenhang verselbständigen. Generell setzt die Herstellung dramaturgischer oder narrativer Zusammenhänge stabile Figur-Grund-Verhältnisse voraus. Ein *foregrounding* üblicherweise untergeordneter Höreindrücke kann derartige Beziehungen irritieren und eher musikalisch klassifizierbare Zusammenhänge stiften. Insofern hilft eine elementare gestalttheoretische Analyse auch bei der Frage, inwieweit gehörte oder besser hörbare Narrationen vorliegen.

Auch Lentz' *Sprechplastik* enthält überwiegend offenes Sprach- und Sprechmaterial, dessen Syntax oftmals komplex, fragmentarisch oder nicht vorhanden bzw. irrelevant ist. Fragmente können häufig zwar als solche erkannt werden; wenn ihre Umgebung (der Wahrnehmungshintergrund) aber aus weiteren Ausschnitten besteht, können sie nicht befriedigend zur Gestalt ergänzt werden (vgl. Maurach 1995, 30). Diese Situation kann entstehen, wenn zum Beispiel die oft mitten im Satz abbrechenden Äußerungen von Mielke ihrerseits mit Partien des Sprechchors oder einzelner Sprecher konfrontiert werden, die syntaktisch und/oder semantisch offen sind. In diesem Sinne sollen im Folgenden einzelne Verarbeitungen von Originaltönen Mielkes genauer analysiert werden.

Mielkes ‚Liebeserklärung' in ihrem ursprünglichen Kontext

Der Minister für die Staatssicherheit war in der Umbruchssituation unmittelbar nach der Öffnung der Berliner Mauer vor die Volkskammer zitiert worden; im Dezember 1989 wurde er von der Volkspolizei verhaftet. Die Sprechsituation trägt also bereits Züge einer erzwungenen Selbstrechtfertigung. Mielkes Liebeserklärung fällt auch stimmlich aus seiner Ansprache heraus. Sie war eine Reaktion auf eine Beschwerde über die von ihm beibehaltene Anrede „Genossen". Der von Beifall begleitete Zwischenruf lautete: „Zur Geschäftsordnung: Ich bitte doch endlich dafür zu sorgen. In dieser Kammer sitzen nicht nur Genossen" (Protokoll 1989). Darauf antwortete Mielke zunächst: „Verzeihung, das ist doch nun eine – das ist doch nur eine natürliche menschliche Sache" (SWR2 Archivradio 03:06), und auf sich erhebenden Widerspruch dann mit: „das ist doch eine formale Frage, ich liebe –". Die Unterbrechung erfolgt an dieser Stelle durch sich steigernden Protest. Mielkes Wiederaufnahme des Fadens führt dann zu der Sequenz: „ich liebe doch alle – alle Menschen – [aber] ich liebe doch – ich setze mich doch dafür ein" (SWR2 Archivradio 03:19). Das „aber" ist auf dem Tondokument mehr zu ahnen als zu hören; es klingt beinahe wie eine einzige Silbe. Die vom Protokoll verzeichneten „Mißfallensäußerungen" (Protokoll 1989) schlagen spätestens bei „alle – alle Menschen" in Gelächter um.

Das Wort „alle", das lauter als die benachbarten und mit einem schnelleren Anstieg der Tonhöhe gesprochen wird, zeigt mehr Emotionalität als der überwiegende Teil der Ansprache, welcher dem bürokratischen Jargon einer gerade zu Ende gehenden politischen Epoche verhaftet ist. Diese Ansprache klingt darum heute – und nach den Reaktionen der Zuhörerinnen und Zuhörer klang sie auch damals – an vielen Stellen komisch, unter anderem wegen einer gewissen sprachlichen Unbeholfenheit,[1] die damit zu tun haben mag, dass Mielke, wie er selbst betont, zumindest teilweise frei spricht bzw. spontan reagieren muss.

---

1 Vgl. z. B. „Und mehr möchte ich doch wohl dazu nicht sagen müssen" (Protokoll 1989).

Dennoch bekommt das Ensemble stimmlicher Merkmale, welches zur Sprechrolle ‚Funktionär' gehören mag, an der berühmt gewordenen Stelle den auffälligsten Riss. Semantisch-pragmatisch betrachtet, erscheint das Liebesbekenntnis heute als Reaktion auf die erwähnte Vorhaltung auf groteske Weise dysfunktional. Unausgesprochen ging es dem Zwischenrufer wohl darum, sich die pauschale Anrede „Genossen" zu verbitten. In Mielkes erstem Verteidigungsversuch, dem Hinweis auf die „natürliche menschliche Sache", versucht er zumindest vom Vokabular her eine Verschiebung vom politischen auf einen vermeintlich rein menschlichen Diskurs. Der Satz wird in den Beifall hineingesprochen, der auf den Zwischenruf folgt.

Danach versucht Mielke, die Angelegenheit zur formalen Frage zu bagatellisieren, wobei er aber bereits erstmals ansetzt mit „ich liebe –". Der versuchten Herabstufung der Anredefrage zur Formsache folgt also unmittelbar eine wiederum neue Verteidigungstaktik, die auf das moralisch-ethische Gebiet zurücklenkt. Der Mitschnitt lässt die jeweiligen zeitlichen Abstände zwischen den Äußerungen des Redners und den emotional-geräuschhaften Reaktionen seiner Zuhörerinnen und Zuhörer (Beifall für Dritte, Protest- und Zwischenrufe, Gelächter) erkennen. Denn Mielke wird nun zunächst vom Protest gegen seinen Bagatellisierungsversuch unterbrochen – und darauf bzw. in diesen dann in Gelächter umschlagenden Protest hinein folgt die ebenfalls von Unterbrechung, Neuansatz und Anakoluth gekennzeichnete Sequenz der sogenannten Liebeserklärung. Die Wiederholung und Fragmentarizität lassen sie, zunächst unabhängig von ihrer situativen Komik und Brisanz, als prädestiniert für eine Verarbeitung mit Hilfe kompositorischer Techniken erscheinen, aber auch für die Schaffung komplexer Hörfelder, welche eine stabile Gestaltergänzung erschweren.

Mielke lässt nun noch eine Bitte um „Verständnis" (Protokoll 1989) folgen sowie den Satz „Wenn ich das gemacht haben sollte, dann bitte ich um Verzeihung für diesen Fehler" (SWR2 Archivradio 03:27). Diese Äußerungen sind wohl auf den Vorwurf des undifferenzierten Gebrauchs der Anrede „Genossen" zu beziehen, obwohl ihre Verhältnismäßigkeit aus heutiger (westlicher) Sicht vielleicht nicht mehr ganz nachvollziehbar erscheint. Mit dem heute wiederum unfreiwillig komisch wirkenden Satz „Aber jetzt kommt noch eine andere Wahrheit neben diesen beiden" (Protokoll 1989) leitet Mielke dann einen Themenwechsel ein bzw. kehrt anscheinend zu seinem vorbereiteten Manuskript zurück. Das vorangegangene Liebesbekenntnis selbst erscheint in der konfliktbelasteten Redesituation semantisch wie pragmatisch überfrachtet bzw. schießt gleichsam weit über das Ziel hinaus.

Originaltöne von Erich Mielke in Michael Lentz: *Hotel zur Ewigen Lampe*

Zu fragen wäre nun, wie weit sich aus der Gesamtanlage von Lentz' Stück und der Verarbeitung der einzelnen Mielke-Originaltöne eine gehörte Geschichte ergibt – oder ob die Gattungsfrage für dieses Stück anders beantwortet werden sollte.

Die erste Äußerung Mielkes gleich zu Beginn des Stückes, „Einige Hinweise zur Realisierung spezifischer Vorbeugungskomplexe" (HL 00:00), steht zunächst allein wie eine Überschrift im Raum. Es kann hier nur darauf hingewiesen werden, dass damit offenbar eine Art von spätestens 1988 vorbereiteten Internierungslagern für politisch unerwünschte Personen gemeint war (vgl. Walther 1995, 21 f.). Es folgen weitere Sätze und Satzteile, zwischen denen zunächst nur sehr leise perkussive Elektronik erklingt. Figur und Grund sind hier stabil und eindeutig. Beim Wort „Vorbeugungsmaßnahmen" (HL 00:42) verspricht sich Mielke mehrmals; es tritt ein lauter und lebhafter werdender Klavierklang hinzu, der nun gleichzeitig Sprechrhythmus und -melodie der jeweiligen O-Ton-Passagen frei nachahmt. Hier ist die Wahrnehmungssituation schon komplexer, der Sprecher wird manchmal beinahe übertönt. Einen weiteren Versprecher gibt es bei der Selbstkorrektur „für die rationale – für die rationelle" (HL 01:38). Bereits auf „rationale" erklingt erstmals ein vielstimmiges, die Konturen einzelner Laute stark verwischendes Echo. Dieses schiebt sich in den Figur bleibenden Sprechtext hinein und erklingt zeitweise gleichzeitig als Verfremdungseffekt, lässt aber auch Pausen zu. Schließlich tritt auch der Klavierklang wieder hinzu. Wenn beide Bearbeitungsformen sich mit Mielkes Stimme überlagern, wird die Sprachverständlichkeit wiederum herabgesetzt. Mit der Passage „wir haben einen außerordentlich hohen Kontakt zu allen werktätigen Menschen" (HL 02:21) erklingt eine Phrase, die ganz ähnlich auch in der Ansprache vom 13. November 1989 vorkommt. Nun wird Mielke vom Sprechchor abgelöst, der das „im überall" (HL 02:37) aus seinem Text aufnimmt und weiterverarbeitet, zunächst in einem stark rhythmisch gesprochenen, leicht verhallten Crescendo. Es folgen Zerlegungen des Wortes ‚überall', die von Mitgliedern des Sprechchors scheinbar spontan durcheinandergesprochen werden. Später werden Textfragmente über den „Feind" (HL 03:53), die dem Inhalt nach auch von Mielke stammen könnten, von einem Ausführenden nachgesprochen.

Es folgen weitere solche Passagen mutmaßlichen Mielke-Wortlauts, die in kleinere Einheiten zerlegt und teils wiederholend, teils permutierend nachgesprochen werden. Dort sind die Bedeutungen einzelner Wörter, aber auch von Satzfragmenten und Sätzen verständlich, wenn auch natürlich nicht mehr auf ihren ursprünglichen pragmatischen Kontext beziehbar. Bis knapp vor der siebenten Minute wird das verwendete Sprachmaterial immer freier eingesetzt (HL 06:34), löst sich von Mielkes Äußerungen, und weiteres Vokabular wie „Dasein" und „Seiendes", was an Martin Heidegger erinnern mag, wird eingefügt.

Insgesamt erscheint zu Beginn des Stücks also der Originalton von Mielke als das Primäre, zu dem verschiedene andere Klangereignisse hinzutreten und das verfremdenden Operationen unterworfen wird. Bis die Originaltonpassagen auf „im überall" abgebrochen werden, haben sie wegen der Komplexität gesprochener Sprache und aufgrund des nicht abtrennbaren Raumklangs der ursprünglichen Aufnahme stets die Funktion der Figur im Hörfeld. Diese übernehmen dann Sprechchor und Einzelstimmen, die sich sprachlich allmählich vom Wortschatz Mielkes entfernen. Dabei stehen das Durchspielen und Permutieren seiner Worte eher selbständig neben dem O-Ton. Klavierklang und Echo, die die zusammenhängenden Mielke-Passagen des Eingangs begleiten und rhythmisch wie melodisch grob imitieren, also die Merkmale von Sprechrhythmus und -melodie aus ihnen herausziehen und verstärken, sind dagegen eine grundlegend andere Art der Verarbeitung, weil sie eben nicht verbalsemantische Einheiten bzw. Merkmale potenziell zur Figur werden lassen und dadurch den sprachlichen Bedeutungszusammenhang destabilisieren.

Dieser spielt beim nächsten erkennbaren Originalton von Mielke, „Horrido" (HL 06:52), von vornherein eine untergeordnete Rolle. Entsprechend unterscheidet sich auch die Art der Verarbeitung: starke elektroakustische Verfremdung, Überlagerung und Vervielfältigung; Verwandlung in eine Art Abzählvers durch den Sprechchor, Konfrontation mit einer kurzen Gesangspassage, die rhythmisch-melodisch zunächst an *Ein Prosit der Gemütlichkeit* erinnert (HL 07:10), aber von Anfang an durch Echo und eine Art *Shatter*-Effekt (englisch für „zerschmettern"; ein durch verfremdete Echos erzielter Höreindruck) unverständlich ist. Dieser Gesang wechselt später rasch zwischen den Positionen und wird mit anderen Klängen synthetisch verknüpft. Die Geräusche münden schließlich in eine Art Gewehrsalve aus Echos, worin man eine durchaus mimetische Anspielung auf den „deutschen Jäger" (Walther 1995) Mielke sehen kann. Schließlich wird „Horrido" noch von einer Einzelstimme lautlich zerlegt und permutiert („Diderot", „Horror"; HL 08:51; 09:10 u. ö.). Im Vergleich zur ersten Originaltonpassage erreicht hier die Destabilisierung Gestalten auf Wort- und Silbenebene.

Der nächste erkennbare O-Ton von Mielke wird wieder nur durch leise perkussive Elektronik begleitet (HL 10:04), er ist verbal und syntaktisch komplexer. Aus dem Feature von Joachim Walther lässt sich schließen, dass das Material aus einer Ansprache vor Generälen stammt. Der Höhepunkt, auf dem Mielkes Einlassung dann auch abbricht, „Hinrichten die Menschen ohne Gerichtsbarkeit und so weiter" (HL 10:26), wird vom Sprechchor einmal direkt aufgenommen und geht in ein kaum verständliches Stimmengewirr über, aus dem heraus dann vor allem das „und so weiter" dominiert, mit welchem Mielkes Äußerung abschloss. Unter anderem erscheint es als rhythmischer Sprechchor, zunächst allein, dann zusammen mit dem Saxophon und dem Klavierklang. Es kehrt im Folgenden wie ein Zwischenspiel mehrmals in unterschiedlicher Form wieder, in einer Art lyrischem Intermezzo einer Frauenstimme auch zerlegt in „und so weit er" (HL 12:29).

Etwa drei Minuten später (HL 15:19) wird Mielkes Selbstkorrektur „für die rationale – für die rationelle" vom Saxophon begleitet, das parallel zu ihr stufenweise ansteigt. Es werden also, ähnlich wie in den unmittelbar folgenden Passagen, melodische Einheiten jenseits der Wortebene unterstützt und aus dem Hintergrund geholt. Auch hier steht daneben aber die Variation von Wörtern, Satzbruchstücken und Sätzen durch mehrere Stimmen (HL 15:40), die von dem Mielke'schen Füllwort „Sache" ausgehen und zur an Heidegger erinnernden „Sorge" überleiten.

Wiederum nach ca. fünf Minuten beginnen dann Variationen über die Wortgruppe „Ja oder Nein" (HL 20:12), die der Sprechchor meist ebenso häufig und prominent vorträgt wie weiter oben das „und so weiter". Auch wenn das „Ja oder Nein" auf eine Verhörsituation anspielen mag, erscheint es bald semantisch leer. Auch dies deutet eher in Richtung einer Musikalisierung des sprachlichen Materials als einer neuartigen Narration.

Etwa drei Minuten später (HL 23:52) folgt auf ein von einer Frauenstimme ziemlich allein vorgetragenes langes Anagramm-Gedicht, in dem Elemente vorkommen wie „Radiere Genosse" oder „Rosinengreis ade", nunmehr Mielkes Gesang „Prost" usw. Er wird dann übernommen von einem anfangs durch Frauenstimmen dominierten Chor über einem elektronischen Melodieinstrument; hinein klingen noch wie Echos Fragmente des Originaltons. Diese im Vergleich fast harmlos wirkende Verarbeitung bricht dann ab, es wird vereinzelt „pst" gezischt, und ein stark verzerrtes, auch gedehntes „aber ich" mehrerer Sprecherstimmen (HL 25:47) leitet über zu der sofort anschließenden Liebeserklärungspassage.

Die fragmentarische Äußerung von Mielke wird zunächst vom Chor mehrmals wiederholt und auf Stimmengruppen aufgeteilt. Auf die Konstellation aus Männerstimme und Saxophon, deren Silbenrhythmus und Tonhöhen imitiert und fast übertönt werden, folgen noch mehrere Wiederholungen der Liebeserklärung im Originalton, auch mit dem Originalgelächter. Eine Passage mit vervielfältigten Stimmen geht dann allerdings auch in einen künstlichen Gelächter-Effekt über, dank der Wiederholung und echoartigen Vervielfältigung von Silben.

Mielkes „ich setze mich doch dafür ein" erscheint später noch mehrmals original, wird aber dazwischen wie in einer Wechselrede vom Chor variiert zu „er setzt sich doch dafür ein" (HL 26:51). Es sind auch noch einmal kurz die den Originalton nachsprechende Männerstimme und das Saxophon vorne links zu hören.

Zwischen weiteren Wiederholungen des Fragments „aber ich liebe doch" liegen Einwürfe einzelner Stimmen, auch Einzelworte auf unterschiedlichen Positionen. Es folgen eine auf den Saxophonphrasen aufbauende Passage der elektronischen Musik (HL 27:36), die einerseits in schrille sinustonartige, andererseits in stark geräuschhafte Klänge übergeht und damit abbricht, sowie unterschiedlich stark rhythmisierte Sprechchorpartien, teils mit verschiedenen Simultantexten.

Etwa zwei Minuten danach (HL 29:26) wird „aber ich liebe doch" nochmals in Abständen von den Frauenstimmen wiederholt, dazwischen folgen weniger verständliche, gemurmelte Variationen des Wortmaterials durch die Männerstimmen; dann wieder eine stärker rhythmisierte Passage, in der zumindest das „aber ich" eine Rolle spielt, ein sich steigernder Wettstreit zwischen Sätzen wie „ich liebe doch" und „ich lobe D(e)ich" (HL 29:48), der zum kaum durchhörbaren Stimmengewirr wird und schließlich abbricht. Es folgen vorwiegend noch einsilbige Wörter wie „ja", „wenn", „ein", „und", die erst vom Chor, schließlich von Einzelstimmen auf wechselnden Positionen ziemlich leise gesprochen werden. Damit endet das Stück.

„Aber ich liebe doch" wird als fragmentarischer Kernsatz der Liebeserklärung am längsten und wohl auch häufigsten zitiert und mit verschiedenen komplexen Hintergründen konfrontiert: Instrumentalpassagen, Chorpartien, häufig unterhalb der Ebene kompletter Sätze oder gar Texte. Dadurch erscheint die Abwesenheit eines direkten Objekts von ‚lieben' besonders ohrenfällig. Die Satzgestalt bleibt unergänzbar, unabgeschlossen. Lentz' Komposition bewahrt damit die zentrale semantisch-pragmatische Unzulänglichkeit und Widersprüchlichkeit der ursprünglichen Ansprache. Diese wäre verwischt worden, wenn etwa ‚alle Menschen' intensiver verarbeitet worden wäre.

Dieser fünfte Mielke-Originalton wird also ebenfalls mit unterschiedlichen verbalen und melodischen Einheiten konfrontiert. Die Auswahl des am meisten verarbeiteten Satzfragments spiegelt dessen pragmatische Unzulänglichkeit und Widersprüchlichkeit im ursprünglichen Kontext. Gegenüber den aus präverbalen Elementen wie „Horrido" bzw. Gesang bestehenden Originaltönen wird hier eine größere Vielfalt verschiedener Verarbeitungstechniken eingesetzt.

Insgesamt ergeben die fünf wesentlich von Mielke-Originaltönen eingeleiteten oder geprägten Phasen gleichsam fünf Pfeiler der *Sprechplastik*, von denen der zweite und vierte mit „Horrido" bzw. „Prost" eher die spießerhafte Geselligkeit des ‚fidelen Scharfrichters' zeigen, der erste, dritte und fünfte dagegen verbal elaborierter sind. Von diesen lässt der erste vor allem die abstrakte Kälte des Jargons der im Original angekündigten Maßnahmen erkennen, der mittlere zeigt auf der semantischen Ebene das „Hinrichten [...] ohne Gerichtsbarkeit" als entlarvenden Höhepunkt staatlicher Brutalität, und der fünfte, besonders mit jenem Mittelpfeiler kontrastierend, das deplatzierte und in seiner Unbeholfenheit schlechthin absurde Liebesbekenntnis (vgl. Abb. 1).

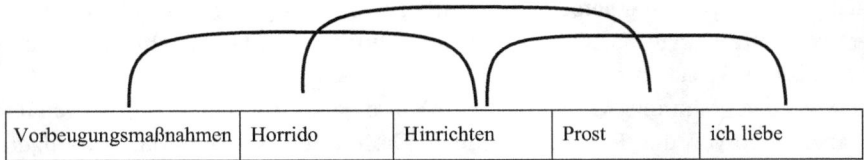

Vorbeugungsmaßnahmen	Horrido	Hinrichten	Prost	ich liebe

Abb. 1: Die fünf Hauptphasen des *Hotels zur Ewigen Lampe.*

Dabei führt der erste, sprachlich komplexe Mielke-Originalton neben der Permutation und Variation des Wortmaterials auch die musikalischen Merkmale gesprochener Sprache vor, die in einem komplexen Hörfeld z. B. mit Hilfe des Saxophons herausgefiltert werden können. Die Verarbeitung von „Horrido" bricht einzelne Laute aus der ohnehin asemantisch-magisch-lautmalerischen Worteinheit heraus; der Gesang „Prost" bereitet auf ironische Weise – als inszenierte Geselligkeit – der Liebeserklärung gleichsam den Boden.

Der mittlere prominente Mielke-Originalton besteht zwar aus elaborierterem verbalem Material. Seine Verarbeitung setzt aber gerade nicht auf die fatalen, semantisch schwer belasteten Ausdrücke wie „Hinrichten" und „ohne Gerichtsbarkeit", sondern hauptsächlich auf das fast bedeutungsleere „und so weiter", dessen markante Rhythmik herausgearbeitet wird. Bei der Liebeserklärung schließlich werden sowohl rhythmisch-melodische Eigenheiten, ihr sprachlicher Fragmentcharakter als auch ihre pragmatische Absurdität durch unterschiedliche Verarbeitungstechniken kenntlich gemacht.

Fazit

Aus gestalttheoretischer Sicht lässt sich also feststellen, dass in den Verarbeitungen der Mielke-Originaltöne unterschiedliche Ebenen auditiver Einheiten hervortreten. Insgesamt zeigt sich ein Wechselverhältnis zwischen zyklischen Elementen – der symmetrischen Anordnung von eher verbal dominierten (Nr. 1, 3 und 5) und eher lautlich-gesanglich geprägten Mielke-Originaltönen – und einer vielleicht als Metanarration aufzufassenden Struktur, die sich aus den Kontrasten zwischen den verbal dominierten Originaltönen und der allmählichen Entfaltung unterschiedlicher Verarbeitungstechniken ergibt. Deuten auch Aufführungsort und -anlass in Donaueschingen klar auf ein Musikstück, lässt sich doch kaum bestreiten, dass Hörerinnen und Hörer von der zu Anfang gewissermaßen ungestört einsetzenden Stimme Mielkes bis zur Demonstration der Absurdität seiner Liebeserklärung zugleich ein Stück Geschichte mitgehört haben, dass also die Destabilisierung verschiedener Einheiten vom Laut bis zum Satzfragment für sich einen narrationsähnlichen Ablauf darstellt.

Literatur & Medien

das gras wies wächst. Hörspiel von Franz Mon. Regie: Franz Mon. SR/BR/WDR 1969.

Erich Mielke: Ein deutscher Jäger. Ein Feature von Joachim Walther. Regie: Holger Jackisch. Deutschlandfunk/hr/MDR 1995. URL: http://www.eva-maria-hagen.de/Allerhand/Mielke. shtml (10.05.2021) (zitiert wird nach dem Manuskript).

Hotel zur Ewigen Lampe. Operative Vorgänge. Eine Sprechplastik. Komposition für die Donaueschinger Musiktage. Komposition und Text: Michael Lentz. SWR 2014.

Starallüren. Hörspiel von Ludwig Harig. Regie: Heinz Hostnig. SR/SDR 1966/1967.

SWR2 Archivradio: Erich Mielke: „Aber ich liebe doch alle Menschen". URL: https://www.swr. de/swr2/wissen/archivradio/erich-mielke-aber-ich-liebe-doch-alle-menschen-100.html (17.05.2021).

***

Bregman, Albert S.: Auditory Scene Analysis. The Perceptual Organization of Sound. Cambridge/London 1990.

Demetz, Peter: Worte in Freiheit. Der italienische Futurismus und die deutsche literarische Avantgarde (1912–1934). Mit einer ausführlichen Dokumentation. München 1990.

Maurach, Martin: Das experimentelle Hörspiel. Eine gestalttheoretische Analyse. Wiesbaden 1995.

Protokoll der 11. Tagung der Volkskammer der DDR 1989. URL: https://www.chronik-der-mauer. de/material/180401/rede-von-stasi-minister-erich-mielke-in-der-ddr-volkskammer-13-november-1989 (16.05.2021).

Holger Schulze

Sonischer Materialismus

Klang als materialer Eingriff – Oder: *who taught you to be white?* (von Phoebe Unter)

Ich streiche die Terrasse. Bevor unsere Kinder aufstehen und wir frühstücken, sie
ihre Schulaufgaben und wir unsere beruflichen Aufgaben abarbeiten, möchte ich
Dielen streichen. Ich rieche Lösungsmittel, bin müde. Die Sonne steht am Himmel, Renovierklamotten machen gute Laune. Barfuß pinsle ich die erste Diele.
Ganz selbstbezogen in körperlicher Aktivität zum Erhalt des Holzes wähle ich
einen Podcast. Ich bin privilegiert: Zeit, Familie, Ressourcen, Werkzeuge. Es ist
weniger Mühsal als Erholung. Die Podcasts von *The Heart* haben mich oft begeistert. Sie sind suggestiv und körperlich spürbar. Intime Selbstwahrnehmungen
und Denkempfindungen erkunden die Macherinnen zwischen Identität, Sexualität, Wirklichkeitserfahrung, Beziehung und Selbstzweifel. In der neuen Staffel
Race Traitor setzt Phoebe Unter sich mit ihrer Identität als Weiß gelesen Person
auseinander. Ich höre die erste Episode *who taught you to be white?* und vergesse
beim Hören und Streichen: mich. Unter vertraut mir an, wie sie den Unterschied
ihres Lebens zu dem von Nichtweiß-Gelesenen erahnte. Ich höre ihren Schmerz,
die Beschränkung der eigenen Weltsicht zu erkennen: wie blind Weiße Privilegien machen. Ich kenne ihre Wut auf die Hürden, dem entgegenzuwirken – und
nicht im Wohlgefühl der Nabelschau zu verharren. Was tun?

> Is a whiteness that is anxious about itself – its narcissism, its egoism, its privilege, its
> self-centeredness – better? What kind of whiteness is a whiteness that is anxious about
> itself? What does such an anxious whiteness do? (Ahmed 2004)

Sara Ahmeds *Declarations of Whiteness* lernte ich durch Unters Podcast kennen.
Meine materiale Erneuerungsarbeit am Holz verband sich mit der Arbeit, die
die Autorin an ihrer Identität vornahm. Ich zweifelte ebenso: wie leicht waren
Bekenntnisse zum Nichtrassismus – und wie schwer die Verhaltensänderung
zum Antirassismus. Ahmed kritisiert „the claim that anti-racism is performative" (Ahmed 2004). Der Sprechakt des Nichtrassismus allein befreit Sprechende nicht von ihrer Schuld:

> It might be assumed that the speech act of declaring oneself (to be white, or learned, or
> racist) ‚works' as it brings into existence the non- or anti-racist subject or institution. [...]
> They have a very specific form: they define racism in a particular way, and then they
> imply ‚I am not' or ‚we are not' that. (Ahmed 2004)

Die geführte Reflexion in *Race Traitor* war situiert in meiner körperlichen Arbeit. Mein Hören von Unters Selbstreflexion erlaubte mir, Ahmeds Überlegungen auf mein Leben anzuwenden. Konnte ich durch den Klang dieses Podcasts meine Rolle in dieser Gesellschaft anders begreifen – um anders zu handeln? *Sound Leads Elsewhere* (Kahn 2016), wie Douglas Kahn schreibt:

> „sound," rather than being a destination, has been a potent and necessary means for accessing and understanding the world; in effect, it leads away from itself. A very nebulous notion of methodology, but also something that kicks in before methodology.
>
> (Kahn 2016, 41; vgl. auch Sterne 2012, 6)

Was ist sonischer Materialismus?

Hören ist situativ. Es verbindet sich mit Räumen, Tätigkeiten, Gerüchen, Mithörenden, Erwartungen: „The situation as interpreter" (Schulze 2019, 242). Die Erinnerung an einen Klang oder ein Musikstück umfasst die Hörsituation. Aber wie genau verbindet sich das Klangmaterial mit der Hörempfindung? Wie greifen Klänge in mein Leben ein? Diese Fragen untersucht der *sonische Materialismus*. Der Philosoph Christoph Cox schlug 2011 in *Beyond Representation and Signification: Toward a Sonic Materialism* vor, im Gegensatz zur musikästhetischen Tradition nicht die Ungreifbarkeit oder Flüchtigkeit von Klängen zu betonen, sondern deren Materialität, Körperlichkeit und Eindringlichkeit. Denn erst die Apparate der Medienkultur ermöglichten dieses materialistische Verständnis. Klänge werden seither begriffen als „object[s] to be contemplated, reconstructed, and manipulated, something that can be fragmented, industrialized, and bought and sold" (Sterne 2003, 9). Diesen materialen Strom der Klangerfahrung beschreibt Cox darum als „sonic flux" (Cox 2018): eine materiale, die Hörenden beeindruckende und zum Deuten, Denken und Fabulieren anregende Masse. Für Cox, der sich via Friedrich Kittler auch auf Jacques Lacan bezieht, stellt dieser Strom den Kern unserer Wirklichkeit dar:

> the perceptible plenitude of matter that underlies all representation, a material core that is not a fundament but a primordial flux out of which all signals and signs emerge and into which they inevitably recede.
>
> (Cox 2011, 3)

Mithilfe dieses Ansatzes lässt sich eine eindringliche Klangerfahrung material untersuchen und verstehen. Was heißt das genau? Der *sonic materialism* ist eine Strömung innerhalb des *new materialism*: die Materie der Wirklichkeit wird in den Mittelpunkt der Forschung gerückt – als Teil einer allumfassenden Sinnesmaterialität, die auch affektive Bezüge der einzelnen Hörenden vollständig enthält. Im Rahmen eines *feminist new materialism* (vgl. Barad 2007; Coole und Frost 2010, Haraway 2016, Voegelin 2019; auch Serres 1985; Howes 2006; Howes und Classen 2013) wird dies nun einerseits sinnesanthropologisch und gesellschaftskritisch erforscht und andererseits werden im *speculative realism* oder in der *object-oriented ontology* (vgl. Messailloux 2006; Brassier 2007; Bryant et al. 2011) erkenntnistheoretische und metaphysische Überlegungen angestellt. Für die Analyse eines Hörstückes wie *who taught you to be white?* ist nun der Ansatz des *feminist new materialism* besonders produktiv. Er geht davon aus, dass alle Akteurinnen und Akteure – seien sie der Biosphäre oder dem Reich der Dinge zugehörig, seien sie Naturereignisse, Verkehrsprozesse oder auch Programmarchitekturen – als tief verstrickt in und verantwortlich für die Geschehnisse und Katastrophen der Gegenwart anzusehen sind: *Staying with the Trouble* (Haraway 2016). Sie und ich, wir nehmen keine anonyme und nicht-affizierte Feldherrenposition nach dem Ende aller Katastrophen und Apokalypsen ein (was der *speculative realism* nach Brassier oder Meillassoux vorziehen würde).

> The sound as material is an event, an expansion in time and space, that generates an environment, which I inhabit not at the center of it but centered by it. The material object of the car sounds as thing amidst other things of which I am a thing too. Together we are producing vibrations that are not their own measure but a more ephemeral thickness within which we can perhaps gauge the ancestrality of the sonic world. (Voegelin 2019, 563)

Ich bewohne also – in den Worten Salomé Voegelins – die materiale, klangliche Umgebung, ohne jedoch ihr Zentrum oder ihr übergeordnet zu sein. Für die Analyse eines Hörstückes bedeutet das, dass ich als Hörerin oder Hörer ebenso dem Stück zugeordnet bin. Die Bezüge meines persönlichen, intimen, situativen und sensorischen Erlebens, all die Bedeutungen und Erinnerungen, Zuschreibungen und Selbstwahrnehmungen, die sich affektiv materialisieren, sind notwendige Substanz der Analyse im Sinne eines symmetrischen und kritischen „phenomenological materialism" (Voegelin 2019, 574): „Materialism is thus a relationalism, not of different things but of things together" (Voegelin 2019, 561). Die Konflikte sind nicht beigelegt, sondern bleiben brisant. Im Hören ringe ich mit den Klängen, ihrer Handlungsmacht, meinen Erinnerungen, Verstrickungen, Körperlichkeiten, Selbstzweifeln und Euphorien, den Brüchigkeiten und Remanenzen als hörende Person im Klang:

> A sonic persona is made out of a sensory corpus struggling with changing auditory dispositives. In these struggles, one negotiates a viable persona. The listening body of a researcher is hence an example of this sensory corpus under pressure. Yet, it is an indispensable ground for sonic research. Corporeal epistemologies rely on the researcher's corpus […] following sonic traces. (Schulze 2018, 157)

Who told you to be white?

Die Podcastserie *Race Traitor* (RT) erschien 2020, produziert vom Kollektiv *The Heart* rund um die Performerin Kaitlin Prest. In den vorherigen Staffeln zwischen 2015 und 2017 erkundeten sie in 65 Episoden intime Selbstverhältnisse sowie partnerschaftliche und sexuelle Selbstentdeckungen und -zweifel. Die Episoden waren wenigstens vier (z. B. *mr claus + mrs claus*, 23. Dezember 2015) und höchstens 47 Minuten lang (*hands on the wheel*, 19. Mai 2016), 10–15 Minuten die meisten. *The Heart* gewann etliche Preise: Peabody Finalist 2017, Third Coast International Audio Award für die beste Doku 2016 und den Prix Italia 2015. Kaitlin Prest ist zwar die zentrale Figur, doch die einzelnen Produktionen sind ohne die Erfahrungen und Kunstfertigkeiten der vier Frauen undenkbar, mit denen sie damals zusammenarbeitete: Mitra Kaboli, Sharon Mashihi, Phoebe Wang und Jen Ng. Für die Staffel im Jahr 2020 arbeitete sie mit Nicole Kelly, Phoebe Unter, Chiquita Paschal und Sharon Mashihi zusammen. Thematisch hat sich der Schwerpunkt dadurch verlagert. Intime Begegnungen und Reflexionen zu Sexualität, Körper und Identität bilden nicht mehr das ausschließliche Zentrum. Dagegen rücken Themen wie Rassismus in *Race Traitor* oder Beziehungs- und Selbstverhältnisse in den Vordergrund. Serien wie *One*, *Swelter* oder *e4e* drehen sich aber weiterhin um Sexualität, Körper und Identität, auch in *Race Traitor* spielt dieses Erfahrungsfeld eine große Rolle. Es ist *The Heart*: das Herz dieses Podcasts. Im Folgenden untersuche ich die erste Episode von *Race Traitor* mit dem Titel *who told you to be white?*. Die Herangehensweise des sonischen Materialismus bildet dabei meinen Ausgangspunkt. Ich möchte herausfinden, wie die Hörinszenierung in dieser Episode tatsächlich meine materiale und affektive Verstrickung aktiviert. Wie greift der Klang dieses Stückes in mein Erleben ein? Es beginnt mit der Anmoderation:

> I'm Kaitlin Prest. I... am – speaking to you directly from my parents' basement – in Canada...
> And I'm here, in your ear, to introduce you to this series. It's called *Race Traitor*.   (RT 00:11)

Sie spricht tatsächlich in meinem Ohr. Ihr Stimmhabitus ist der eines abgesenkten und ganz bei sich ruhenden, entspannten, offenen Sinnierens. Sie klingt, als spräche sie nur zu sich selbst – und doch zu Hunderten, Tausenden Menschen, die zuhören könnten. Dieses bühnenbewusste Selbstgespräch ist nicht unüblich für Sprecherinnen und Sprecher in Podcasts und Audioproduktionen, die nicht das Format der Gesprächsrunde wählen. Nicht Talkshow oder Talkradio sind hierbei die Vorbilder, sondern die geführte Meditation oder ASMR-Performance. Sie sprechen zu sich und finden Ruhe in ausgedehnten Pausen. Für einen dynamischen *audience flow* sind diese Pausen viel zu lang. Zögern und Selbstzweifel sind, paradoxerweise, der stärkste Antrieb. Reflektieren, zurückschauen, sich erinnern – und daraus den Schwung für die nächste Äußerung, die nächste Satzfolge gewinnen, aus dem Moment heraus. Keine Agenda peitscht die *talking points* der Sprechenden nach vorn. In diesen Klang und Duktus der Sprache passen sich auch der Klang und die Phrasierung der Musik im Hintergrund ein. Sie ist sanft und schaukelnd; ein tiefer Kontrabass schlendert, atmet durch, ruht. Stimmen verwehen in der Ferne; Largo, etwa 40 bis 60 BPM.

Ihre Anmoderation beendet Prest mit dem Klang eines tiefen Seufzers. Sie beklagt ihre eigenen Lippenbekenntnisse in Sachen Antirassismus – und annonciert: „Here's Phoebe." Die Musik zieht sich zurück, Stille. Phoebe Unter spricht, ganz klar und frisch erzählend: „As early as I can remember I wanted to be the best. As a kid I wanted to win, all the time. In a room full of people I wanted attention" (RT 02:18). Wir hören die lebhafte Diskussion ihrer Eltern:

> it's the first time I've been able to get my parents to say anything explicit about being white. They talk about their childhoods all the time. But this time I specifically asked them how they learned to be white, who taught them? And they're talking about experiences they had where they became aware of their difference from people of other races. It's so unusual. I grab my mic and stick it in my mom's face and then she doesn't want to talk about it anymore. (RT 03:29)

Wir hören Schmatzgeräusche am Tisch; das Zögern der Mutter; ihren Ärger; und ihren deutlichen Unwillen, überhaupt in das lästige Mikrophon zu sprechen:

> Oh, turn it off! [...] Because I'm not ready to answer. No, no, turn it off. Because I'm not sure, exactly... what the... what (RT 04:04)

Der Widerstand ist körperlich hörbar. Das Ringen mit der Frage, die Abwehr, der Widerstreit. Wir erfahren eine „sonic rupture" (Lacey 2016), von der Jordan Lacey spricht: Die Klanggestaltung bewegt sich weg von einer schützenden Musikalität zum Aufbrechen, Reißen, zur *rupture*. Es sind diese Bruchstellen misslingender Konversation, die zu uns sprechen. Eine *sonic persona* befragt sich selbst. Im Folgenden erzählt Phoebe Unter vor allem von ihrer Beschämung. Sie weiß, dass sie das Kind ihrer weißen und jüdischen Eltern ist und „their ideology lives in me!" (RT 05:37). Sie berichtet von Gesprächen mit ihren Freundinnen, bei denen sie die einzige Weiße Person ist. Sie fragt sich, ob ein ernsthaftes Gespräch über Erfahrungen von Diskriminierung und Repressionen ihr wohl faktisch unmöglich wäre. Die Gründung der USA durch Sklavenhalter, Patriarchen und deren heterosexistisches System der Ausbeutung scheint doch von Grund auf verfehlt.

Ich folge Unters Überlegungen. Ihre körperlich spürbaren Zweifel und der Widerstand ihrer Eltern übertragen sich in meinen Körper. Der Klang ihres Zweifels greift in mein Leben ein. Ich finde in meinem Lebensstil und Familienhintergrund zwar wenige, doch markante Bruchstücke und Verhaltensbrüche wieder. Ich frage mich: Wie haben meine Großeltern mütterlicherseits in Nazideutschland gelebt, eine Modistin und ein Verwaltungsbeamter? Wie genau war mein Urgroßvater am Genozid an den Herero und Nama in den deutschen Kolonien beteiligt? Von der Shoah erfuhr ich als junger Teenager, dieses kollektive Verbrechen und seine Verpflichtung begleiten mich seither. Doch die Kolonialgrauen und die Verantwortung meiner Familie rücken erst seit Kurzem wieder in den Vordergrund. Die öffentliche Debatte und Aufklärung darüber haben mich zu Nachforschungen bewegt. Ich weiß nun, aufgrund von Dokumenten, die ich nach dem Tod meiner Mutter fand, dass mein Urgroßvater eine Auszeichnung erhielt für seinen Beitrag zur Niederschlagung des Aufstands der Herero. Er hat also viele Menschen ermordet. Ich kann mir seine Verbrechen nur ansatzweise vorstellen. Einige Jahre später, so las ich, beging er Selbstmord – an der Dorfkirche seines Heimatortes, gemeinsam mit seiner Ehefrau.

Unter berichtet – und daran schließen meine Überlegungen an –, dass die Erfahrung der Shoa in ihrer jüdischen Familie offenbar ein Verständnis für die darüberhinausgehenden Formen rassistischer Unterdrückung und Gewalt verdeckt habe. Zwar nimmt sie eine starke Position als Feministin ein (ein Verständnis, das erst in den letzten zehn Jahren auch Teil meiner Persona wurde), doch erkennt sie die Wucht des Rassismus umso deutlicher, während sie über *black communities* in South Central Los Angeles Aufnahmen macht. Ihr Hören und ihre Klangwahrnehmung greifen wiederum in ihr Leben ein:

> I do spend a lot of time listening. And I learn from it. And I do care about what effect living here has on the people who've lived here a lot longer. (RT 10:44)

Ihr Selbstverständnis wird hörbar angeknackst, als sie bei einem Treffen mit anderen Feministinnen plötzlich begreift, dass dort, wo sie jetzt wohnt, ehemals eine Schwarze Freundin mit ihrer Familie wohnte und von dort vertrieben wurde.

> As a dyke, as a feminist who feels like I'm living my politics, that I am living a liberated life as a woman, I want to take up as much space as possible: I wanna yell – and tell off misogynist men. (RT 12:09)

Obwohl sie sich gegen patriarchale Unterdrückung einsetzt, erkennt sie, dass sie selbst zugleich eine Macht der Unterdrückung und der Gewalt, der Gentrifizierung gegen PoC darstellt:

> My stomach turns. I'm desperate for the moment to pass; for someone else to say something. It's so uncomfortable. [...] My mind is flooded with questions. (RT 13:30)

Ein Bruch in der Persona. Existenzielle Selbstzweifel werden hörbar, im Stimmklang. Materiell und auditiv erleben wir das Schwindelgefühl ihrer Existenz, ihres Handelns. „Is it my fault? [...] What can I even do?" (RT 14:01). Ich, der Autor dieses Beitrags, war ein Schuljunge in der dritten oder vierten Klasse, als ich bewusst zum allerersten Mal eine PoC in Deutschland traf, im gleichen Zugabteil. Er war Franzose wie mein Vater, Koch bei den französischen Streitkräften und auf dem Weg nach Straßburg wie ich und meine Mutter, die ebenfalls bei den *Forces armées* arbeitete, als Sekretärin. Wir plauderten und machten Quatsch. Nicht den blassesten Schimmer hatte ich freilich damals vom Rassismus, der beide Länder prägte und immer noch gewalttätig prägt. Von den Verbrechen des Kolonialismus hatte ich offenbar noch nie gehört, doch immerhin eine kleine Ahnung vom Massenmord der Shoah. Meine Mutter, als Kind in der Verehrung des Diktators erzogen, wollte, dass mir das Grauen der deutschen Geschichte nicht verborgen blieb. Ich erfuhr früh von den Kriegsverbrechen des gesamten Landes und der Massenvernichtung von Abermillionen Menschen. Mein Großvater und mein Stiefgroßvater sind im Zweiten Weltkrieg gestorben. Beide dienten dem Nationalsozialismus in seinen Raubzügen und der Massenvernichtung. Ich ahne nur, wie viele Menschen sie getötet haben und an welchen Kriegsverbrechen sie beteiligt waren: brandschatzen, erschießen, ausrauben, vergewaltigen. Meine Mutter lehrte mich eine Offenheit in dieser Hinsicht, trotz der räumlich beengten Verhältnisse, in denen ich aufwuchs, in einer winzigen Dachwohnung, meine Großmutter querschnittsgelähmt in der Wohnküche. Der klare Rassismus im Südwesten Deutschlands der 1970er Jahre blieb jedoch dahinter verborgen.

Die Geschichte von Phoebe Unter und die meine sind vollkommen verschieden. Sowohl die nationale, religiöse als auch sexuelle Verankerung ihres Milieus, ihrer Familie und ihrer Person unterscheiden sich radikal von meiner. Just dieser Unterschied aber erlaubt es mir, die Klänge dieser Episode in mich und mein Leben umso wirksamer eingreifen zu lassen. Ihre Selbsterkundung und ihre Selbstzweifel werden für mich wirksam. Ich befrage erneut und verstärkt nun meine Geschichte und Persona und die *white supremacy*, die Verankerung meines Milieus, meiner Familie und meines Lebens im deutschen Kolonialismus.

Ich höre die Klänge ihrer Stimme, Familie, Erinnerung und ihres Zweifels. Ich erlebe einen Ausdruck, ihrer *sonic persona*, eine Empfindungsbewegung, die sich mir klanglich überträgt und in mich eingreift. Sie zu hören, bringt mich aus der Bahn. Ich nehme Zweifel und Anliegen, Selbstentwicklungen und Selbstkritik von ihr in mich auf. Ich nehme sie an. Ein materieller Eingriff in mein Leben geschieht.

Der materielle Eingriff

Der „sonic flux" (Cox 2018) in Phoebe Unters *who taught you to be white?* ist nicht abstrakt und allgemein. Er bedeutet und greift ein. Die Stimme, ihr Ton, ihre persönliche Verantwortung, der Einsatz der Musik, der Einsatz von Stille, an- und abschwellenden Erinnerungsfetzen, O-Tönen und Interviewstatements von Freundinnen – alles das repräsentiert und agiert klanglich als eine *sonic persona* (vgl. Schulze 2018), die sich durch eine *sonic rupture* (vgl. Lacey 2016) offenbart, befragt und vielleicht wandelt. Es findet ein materieller Eingriff in mich als hörende Person statt. Die Klänge bleiben nicht indifferent vor mir stehen, sondern affizieren mich. Sie involvieren mich.

Der materielle Eingriff in mein Hören, mein klangliches Selbsterleben, meine *sonic persona* geschieht dabei nicht arbiträr. Es ist kein Schulbeispiel des spekulativen Realismus nach Messailloux oder Brassier, es ist keine allein epistemologisch argumentierte Materialreflexion. Es ereignet sich ein schmerzhafter und spürbarer Bruch im intim verankerten Erleben der Produzentin Phoebe Unter, ganz im Sinne eines *feminist new materialism*. Es ist ein körperlicher Impuls, an dem ich teilhabe. Er löst nicht nur Reflexion aus, Selbstzweifel und Befangenheit – sondern er bewegt mich, anders zu handeln. Anders zu denken und zu lesen.

Durch Unter, ihre Stimme und ihr Erleben, ihre Reflexion rassistischer Brüche und Ideologien in ihrem eigenen Leben lerne ich Kennzeichen einer *white supremacy culture* verstehen. Unter verweist auf einen Text gleichen Namens von Tema Okun (1999). Der Text ist eine Handreichung, die fünfzehn Merkmale einer Kultur der *white supremacy* auflistet, analysiert und bewertet. Er ist ein aktivistisches Werkzeug, ausdrücklich keine Forschungsarbeit und in der Rassismusforschung durchaus umstritten.[1] Der Text funktioniert jedoch tatsächlich aktivistisch für mich. Er regt mich an, mehr verstehen zu wollen, sowohl zum Rassismus in meinem unmittelbaren Forschungsfeld, den *Sound Studies*, die sich zunehmend antirassistisch und dekolonial ausrichten (vgl. Stoever 2016; Eidsheim 2019; Steingo und Sykes 2019; Robinson 2020) – als auch als gesellschaftliches Phänomen (vgl. Bonilla-Silva 2003; Painter 2010; Fields und Fields 2012; DiAngelo 2018; Kendi 2019). Ich beginne mit diesen Autorinnen, die impliziten Wertvorstellungen zu hinterfragen, die Menschen wie ich, aufgrund meiner Hautfarbe, gesellschaftlichen Position und kultureller, wirtschaftlicher sowie politischer Einflussnahme in aller Regel gar nicht in ihrer Vernichtungskraft erlebt haben. Weiße Menschen halten Werte für gut, richtig und notwendig, für gewöhnlich, die sich dennoch zerstörerisch und rassistisch auswirken können. Sie, wir, ich als Weiß gelesene Person habe nicht selbst erfahren, welcher Gewalt PoC im täglichen Leben ausgesetzt sind. Dies wird besonders deutlich im sogenannten „right to comfort" (Okun 1999, 7), auf das Okun hinweist: eine sehr bequeme Forderung der *white supremacy*, in ihrer Bequemlichkeit der gut geölten Privilegien in Beruf, Alltagsleben,

---

1 Ich danke Walter Gershon für diesen Hinweis.

in Politik und Beziehungen doch bitte nicht gestört zu werden. Was also tun? Okun schlägt vor:

> understand that discomfort is at the root of all growth and learning; welcome it as much as you can; deepen your political analysis of racism and oppression so you have a strong understanding of how your personal experience and feelings fit into a larger picture; don't take everything personally (Okun 1999, 7)

Okuns Empfehlungen sind im Duktus der Achtsamkeit, der persönlichen Heilung und Entwicklung, auch der Selbstveränderung durch Lernen und Lesen geschrieben. Rassismus und Antirassismus erscheinen hier leicht als lediglich persönliche oder höchstens kommunitarische Einstellungs- und Lebensstilfragen. Doch werden sie deutlich erkennbar als systemische Aufgaben, die Gesellschaft, Bildung und Wirtschaft zu verändern, wenn Merkmale wie ein *sense of urgency*, *defensiveness*, *quantity over quality*, *worship of the written word*, *fear of open conflict* oder auch *objectivity* benannt werden. Derart technizistische, formalistische und unerreichbar perfektionistische Ideale sind es noch heute – auch in der akademischen Arbeit –, die als Vorwand dienen, nicht antirassistisch zu handeln. Es sind aber ganz andere Beziehungen zwischen Menschen, Erfahrungen und Dingen, die eine Veränderung des konkreten Handelns erfordern. Selbstreflexion, Erneuerungsarbeit der eigenen Persona, „a relationalism, not of different things but of things together" (Voegelin 2019, 561).

Phoebe Unter hat mit *Race Traitor* in mein Leben und Denken nicht nur durch radiophone Ästhetik eingegriffen. Sie hat dadurch mein argumentatives Ziel dieses Beitrages neu ausgerichtet. Die methodische Einführung in eine Anwendung des sonischen Materialismus stand am Anfang. Diese Methode ist aber dadurch definiert, dass sie sich nicht formalistisch, anonym und unpersönlich anwenden lässt. Die persönlichen Beziehungen der Hörerin oder des Hörers werden angesprochen und ebenso zum Gegenstand wie Selbstbeobachtungen und -reflexionen. Die direkt persönlichen, idiosynkratischen und oft erratischen Folgen sind Teil der Forschung des sonischen Materialismus.

Die Wirkung des materiellen Eingriffs, den ich hier beschrieben habe, zeigt sich darum vor allem in konkreten antirassistischen Handlungen. An diesem Punkt überschreitet nun das Erfordernis der Methode den Rahmen dieses Beitrags. Ich scheitere mit meiner Analyse. Es wird mir nicht gelingen, den Übertritt in tägliches Handeln angemessen darzustellen. Die Konventionen akademischen Publizierens hinsichtlich von Redaktionsschluss, Textumfang und verbindlichen Zusagen an die Herausgeberinnen und Herausgeber setzen hier Grenzen. Ich werde diesen Text tatsächlich erst in einigen Monaten oder Jahren fertigschreiben können. Das performative Kundtun beim komfortablen Terrassenstreichen reicht da nicht aus. Die körperliche Kraft soll in die antirassistische Arbeit gehen, nicht in die Bemühung zur Hausverschönerung. Die harte Arbeit beginnt erst jetzt. Rational einmal Verstandenes in ein intuitives Handeln zu überführen, ist die größere Herausforderung. Der Effekt eines materiellen Eingriffs im Sinne des sonischen Materialismus ist eine echte materiale Erneuerungsarbeit. Die Herausforderung der Praxis.

Literatur & Medien

Race Traitor. Podcastepisode von Phoebe Unter. The Heart Radio 2020. URL: https://www.the heartradio.org/race-traitor-1 (16.01.2022).

***

Ahmed, Sara: Declarations of Whiteness: The Non-Performativity of Anti-Racism. In: Borderlands 2004, 2, S. 1–54.
Austin, John L.: How to do Things with Words. Hg. v. James O. Urmson und Marina Sbisà. 2. Aufl. Oxford/New York 1975.
Barad, Karen: Meeting the Universe Halfway: Quantum Physics and the Entanglement of Matter and Meaning. Durham 2007.
Bonilla-Silva, Eduardo: Racism Without Racists: Color-Blind Racism and the Persistence of Racial Inequality in America. Lanham 2003.
Brassier, Ray: Nihil Unbound: Enlightenment and Extinction. London 2007.
Bryant, Levi/Srnicek, Nick/Harman, Graham (Hg.): The Speculative Turn: Continental Materialism and Realism. Melbourne 2011.
Coole, Diana/Frost, Samantha (Hg.): New Materialisms: Ontology, Agency, and Politics. Durham 2010.
Cox, Christoph: Beyond Representation and Signification: Toward a Sonic Materialism. In: Journal of Visual Culture 2011, 2, S. 145–161.
Cox, Christoph: Sonic Flux. Sound, Art, and Metaphysics. Chicago 2018.
Deleuze, Gilles/Guattari, Félix: Qu'est-ce que la philosophie? Paris 1991.
DiAngelo, Robin: White Fragility: Why It's So Hard for White People to Talk About Racism. Boston 2018.
Eidsheim, Nina: The Race of Sound: Listening, Timbre and Vocality. Durham 2019.
Fields, Barbara J./Fields, Karen Elise: Racecraft. The Soul of Inequality in American Life. New York 2012.
Haraway, Donna: Staying with the Trouble: Making Kin in the Chthulucene. Durham 2016.
Howes, David (Hg.): Empire of the Senses: The Sensual Culture Reader. New York 2006.
Howes, David/Classen, Constance (Hg.): Ways of Sensing: Understanding the Senses in Society. London 2013.
Kahn, Douglas: Sound Leads Elsewhere. In: The Routledge Companion to Sounding Art. Hg. v. Marcel Cobussen, Vincent Meelberg und Barry Truax. London 2016, S. 41–50.
Kendi, Ibrahim X.: How to be an Antiracist. London 2019.
Lacey, Jordan: Sonic Rupture. A Practice-led Approach to Urban Soundscape Design. New York 2016.

Meillassoux, Quentin: Après la finitude. Essai sur la nécessité de la contingence. Paris 2006.

Okun, Tema: White Supremacy Culture. In: dRworksBook 1999. URL: http://www.dismantlin gracism.org/uploads/4/3/5/7/43579015/okun_-_white_sup_culture.pdf (16.01.2022).

Painter, Nell Irvin: The History of White People. New York 2010.

Robinson, Dylan: Hungry Listening: Resonant Theory for Indigenous Sound Studies. Minneapolis 2020.

Schulze, Holger: The Sonic Persona: An Anthropology of Sound. New York 2018.

Schulze, Holger: Sonic Fiction. New York 2020.

Schulze, Holger (Hg.): The Bloomsbury Handbook of the Anthropology of Sound. New York 2021.

Serres, Michel: Philosophie des corps mêlés: Les Cinq Sens. Paris 1985.

Steingo, Gavin/Sykes, Jim (Hg.): Remapping Sound Studies. Durham 2019.

Sterne, Jonathan: Sonic Imaginations. In: Sound Studies Reader. Hg. v. Jonathan Sterne. London 2012, S. 1–8.

Stoever, Jennifer: The Sonic Colour Line, Race and the Cultural Politics of Listening. New York 2016.

Voegelin, Salomé: The Political Possibility of Sound: Fragments of Listening. New York 2018.

Voegelin, Salomé: Sonic Materialism: Hearing the Arche-Sonic. In: The Oxford Handbook of Sound and Imagination, Bd. 2. Hg. v. Mark Grimshaw-Aagaard, Mads Walther-Hansen und Martin Knakkergaard. New York 2019, S. 559–578.

IV **Didaktische Aspekte gehörter Geschichten**

Sebastian Bernhardt

Ein didaktisch orientiertes Modell der Hörspielanalyse

Medienwissenschaftliche und -didaktische
Perspektivierung am Beispiel von
Thabo. Detektiv und Gentleman – Der Nashorn-Fall

Der vorliegende Beitrag entwickelt ein knappes didaktisch orientiertes Analysemodell des multimodalen Mediums Hörspiel am Beispiel der Produktion *Thabo. Detektiv und Gentleman – Der Nashorn-Fall* (TDG) nach Kirsten Boies gleichnamigem Roman. Anders als es Matthias Preis in seinem 2021 erschienenen Modell handhabt, soll es im vorliegenden Beitrag nicht darum gehen, materielle, paratextuelle oder kontextuelle Beobachtungskriterien zur Analyse eines Hörmediums mit einzubeziehen (vgl. Preis 2021, 26). In seiner breit angelegten Betrachtung thematisiert Preis auch Cover, Materialität und Rezensionen der Hörspiele und damit Kontexte, die auch in der Auswahl anderer Medien (Kinderbücher, Comics, Apps etc.) von Relevanz wären. Im nachfolgend explizit enggeführten Modell soll es darum gehen, eine medienimmanente Betrachtung des Hörspiels als narrativ-ästhetischem Gegenstand zu ermöglichen. Entsprechend soll eine handhabbare, literatur- bzw. mediensemiotisch orientierte Analyse des multimodalen Mediums Hörspiel erarbeitet werden. Dazu werden in einem ersten Schritt die unterschiedlichen, für die Analyse relevanten Ebenen vorgestellt, in einem zweiten Schritt zusammengeführt und in einem dritten Schritt didaktische Anschlussüberlegungen skizziert. Anders als in bisherigen didaktischen Modellen (vgl. Müller 2012; Wicke 2019; Preis 2021) besteht das Ziel der Erarbeitung also gerade darin, die unterschiedlichen Ebenen zu bündeln und dadurch eine Möglichkeit zur zielgerichteten Analyse des Hörspiels als literarästhetisch-narratives Medium in einem erweiterten Sinne zu entwickeln. Grundlegend für die Betrachtung des multimodalen Mediums Hörspiel ist die Anwendung und mediale Spezifizierung von Gérard Genettes Gliederung in *histoire* und *discours* in Bezug auf narrative Erzählformen.

Im Falle des Hörspiels *Thabo* lässt sich die *histoire* einfach zusammenfassen: Es geht um den jungen Detektiv Thabo aus Swasiland in Südafrika, der gemeinsam mit seinen Freundinnen und Freunden den Kriminalfall um zwei getötete Nashörner löst. Die Handlung verläuft einsträngig, es gibt also keine Parallelhandlungen. Handlungstragende Figuren sind Thabo, sein Onkel Vusi, seine großmütterliche Freundin Miss Agatha, deren Enkelin Emma und sein guter Freund Sifiso, darüber hinaus der Hauptverdächtige Mister Wu, der vermeintliche Tourist Mister Winterbottom sowie Inspektor Quinton Gwebu. Bis auf wenige Ausnahmen sind alle handelnden Figuren auch direkt in den Kriminalfall oder dessen Aufklärung involviert, sodass festzuhalten ist, dass ein überschaubares Figurenpanorama vorliegt. Gleiches gilt für die Handlungsräume: Neben Miss Agathas Heim und Lion Lodge spielt die Handlung im umgebenden Lions Park sowie dem alten Farmhaus und einem Schuppen. Die Handlungszeit umfasst wenige Stunden.

Leitfragen zur Analyse der *histoire*
- Welches Thema hat das Hörspiel?
- Wie verläuft die Handlung und wie viele Handlungsstränge gibt es?
- Welche Figuren handeln und wie übersichtlich ist das Figureninventar?
- Welche Handlungsräume werden ausgestaltet?
- Welche Spanne umfasst die erzählte Zeit?

Im Falle des Hörspiels weitaus komplexer ist der *discours*. Zu beachten ist, dass die Informationsvergabe im Falle des Hörspiels auf unterschiedlichen Ebenen erfolgen kann.[1] Insofern ist der *discours* folgendermaßen zu untergliedern:

Die extradiegetisch-narrative Erzählebene

Die im Sinne Huwilers äußerste Erzählebene (vgl. Huwiler 2005, 97) stellt die extradiegetische Erzählinstanz dar. In der Regel handelt es sich hierbei um eine erkennbare Erzählfigur, die eine narrative Erzählebene verbalisiert.[2] Sie beschreibt Handlungsorte, Figuren und/oder Situationen oder moderiert Szenenwechsel bzw. Zeitsprünge.

Selbst wenn es sich um eine homo- oder autodiegetische Erzählfigur handelt, die Erzählinstanz also identisch ist mit einer der handelnden Figuren, so befindet sie sich im Moment des Erzählens auf einer räumlich und/oder zeitlich distanzierten Ebene, was oft auch dadurch ausgedrückt wird, dass parallel zur Erzählstimme die sonst vorhandenen Hintergrundgeräusche (zumindest weit-

---

1 Vgl. dazu ausführlich die Analyse der narrativen Komponenten bei Huwiler 2005, insb. 95–106; 111–122; 133–148.
2 Zu beachten ist, dass es keinesfalls notwendige Bedingung für das Vorhandensein einer narrativen Erzählebene ist, dass eine Erzählstimme auftritt. Letztlich kann die Regulierung der Informationsvermittlung über die entworfene Welt auch ohne verbalsprachliche Erzählung durch die tonale Ausgestaltung realisiert werden (vgl. dazu ausführlich Huwiler 2005, 103).

gehend) ausgeblendet werden und in der Regel auch keine musikalische Untermalung vorliegt.

Im Falle des Hörspiels *Thabo* berichtet eine autodiegetische Erzählinstanz auf
der extradiegetischen Ebene in Ich-Form. Hintergrundinformationen und Beschreibungen von Figuren erfolgen aus der Sicht des Protagonisten und Erzählers
Thabo, dessen Stimme glaubwürdig einen acht- bis zehnjährigen Jungen darstellt.[3] Dabei reflektiert Thabo als Erzähler immer wieder die Limitierung seines
eigenen Standpunktes, etwa wenn er das älteste Dienstmädchen in Lion Lodge
vorstellt und betont: „Ich glaube, Lion Lodge ohne Dumisani hat es nie gegeben"
(TDG VII/00:57). An dieser Stelle wird durch die Unsicherheitsbetonung schon
auf der Textebene dargestellt, dass der Erzähler Thabo selbst über ein begrenztes
Wissen verfügt und in diesem Falle lediglich Vermutungen anstellen kann.

Die Differenzierung zwischen der extradiegetischen Erzählstimme und der diegetischen Figurenstimme Thabos in der Handlung erfolgt dadurch, dass Thabo als
Erzähler sowohl in Bezug auf den temporalen als auch den dynamischen und melodischen Akzent deutlich gleichförmiger spricht als in den Dialogen, in denen er
als handelnde Figur zu hören ist.[4] Insofern erzeugt schon die Art der Artikulation
einen Eindruck der Mittelbarkeit, die Erzählinstanz positioniert sich zwischen der
fiktionalen Welt des Hörspiels und der Ebene der Rezipientinnen und Rezipienten.

Dabei schreibt Mohn auch der Erzählinstanz die Möglichkeit zu, Spannung oder
Furcht durch die Betonung und Sprechweise zu inszenieren (vgl. Mohn 2019, 13).
Die stimmliche Ausgestaltung ist schwerlich zu objektivieren, weil jede Sprecherin
und jeder Sprecher eine andere Art der Artikulation, eine andere Grundgeschwin-
digkeit und bestimmte Betonungsbesonderheiten aufweist. Mütherig betont, die
Veränderungen in Bezug auf die Verbalisierung seien folglich nur relational er-
fassbar. Vor diesem Hintergrund entwickelt sie einen sprechwissenschaftlichen
Katalog für „temporale, dynamische, melodische und artikulatorische Akzente"
(Mütherig 2019, 244), wobei sie auch hier jeweils Abstufungen vornimmt, um die
graduellen Veränderungen beschreibbar zu machen (vgl. Mütherig 2019, 244 f.).

---

3 Vgl. zur Glaubwürdigkeit des Sprechalters sowie zur Relevanz der Menge an Figuren und
der Unterscheidbarkeit der Sprechstimmen Müller 2004, 11; Huwiler 2005, 123–127.
4 Eine Besonderheit der extradiegetischen Ebene in den *Thabo*-Hörspielen besteht darin, dass
die Erzählerrede gelegentlich durchbrochen wird durch eingespielte Zitate anderer Figuren. So
stellt Thabo beispielsweise Miss Agatha vor, woraufhin dann Miss Agatha mit einem kurzen
Zitat eingeblendet wird. Dieses Zitat ist dadurch weiterhin derselben diegetischen Ebene zuzuordnen, dass auch hier keine Hintergrundgeräusche und keine Musik als Untermalung
vorliegen.

Folgende Leitfragen strukturieren die Auseinandersetzung mit der extradiegetisch-narrativen Ebene:

Leitfragen für die Analyse der extradiegetisch-narrativen Ebene
Wenn eine Erzählinstanz/Erzählstimme vorhanden ist:
- Wie reguliert die Erzählebene die Informationen über die erzählte Welt? (Erzählperspektive und Fokalisierung)
- Wie und in welchem Maße werden mentale Prozesse von Figuren durch die Erzählfigur verbal ausgestaltet? (Schilderung von Gedanken und Gefühlen einer Figur)
- Wie werden Raum- und Zeitbeschreibungen verbalisiert?
- Welche Beobachtungen in Bezug auf Artikulation/Sprechdynamik/Sprechgeschwindigkeit/ Lautstärke lassen sich auf der Ebene der Erzählfigur anstellen?

Diegetische Ebene

Während die beschriebene narrative Erzählebene in der Regel außerhalb der Handlung situiert ist und mithilfe verbaler Zeichen die Narration entstehen lässt, basiert die diegetische Ebene auf einem weitaus komplexeren Zeichensystem. Es handelt sich im Sinne Huwilers um die „Ebene, in der sich die Begebenheit abspielt" (Huwiler 2005, 112). Die Informationsvermittlung erfolgt nicht nur auf der verbalen Ebene, sondern im Zusammenspiel unterschiedlicher klanglicher Zeichensysteme.

Figurenrede

Das Hörspiel lebt gerade davon, dass unterschiedliche Sprecherinnen und Sprecher ihre Rollen jeweils stimmlich, artikulatorisch und auch durch paraverbale Effekte (Lachen, Stöhnen, Schnaufen) gestalten. Dabei ist darauf zu achten, dass diese Ausgestaltungen jeweils eine Art von Vorstellung über die Figur vermitteln. Eine sehr jung klingende Stimme gibt einer Figur eine andere Facette als eine älter klingende Stimme. Das kann am Beispiel von seriellen Hörspielen gut nachvollzogen werden. Besonders eindrücklich lässt sich das am Vergleich einer Neuauflage desselben Hörspiels darstellen, wie beispielsweise Ina Schenker in einem Vergleich zwischen der ersten Folge *Die drei ??? und der Super-Papagei* von 1979 und der Jubiläumsausgabe von 2004 herausarbeitet. Hier erzielt derselbe Text durch die mittlerweile gealterten Sprecherstimmen eine veränderte Wirkung (vgl. Schenker in diesem Band).

Die Stimmen erzeugen durch ihre Artikulation, Betonung, Sprechdynamik, Stimmlage und -geschwindigkeit die Illusion, direkt die Szene zu durchleben. Entsprechend scheint in dialogischen Situationen eine Unmittelbarkeit vorzuliegen. Hierbei ist zu analysieren, wie die jeweiligen Sprecherinnen oder Sprecher ihre Figur anlegen und die Illusion von Unmittelbarkeit erzeugen. Beispielsweise spricht Thabo deutlich lauter und schneller als sonst, als er erfährt, dass sein Onkel Vusi als Hauptverdächtiger im Nashorn-Fall geflohen ist, wodurch Thabos Aufgeregtheit und Fassungslosigkeit ausgedrückt werden (TDG VIII/00:02). Sehr starke Sprechspannung oder sehr sprunghafte Veränderungen der Sprechgeschwindigkeit können beispielsweise Panik simulieren, ein Übergehen in gehauchtes Sprechen Gefahr oder Schwäche darstellen und so eine bedrohliche Stimmung erzeugen. Mohn unterscheidet diesbezüglich zwischen Emotionsthematisierung, in deren Rahmen die meist sprachliche Explikation eines Gefühls erfolge, und dem Emotionsausdruck, der implizit durch die stimmliche Präsentation hervorgebracht werde (vgl. Mohn 2019, 85). Neben dieser Stimmungserzeugung und dem Emotionsausdruck dienen die Stimmen und ihr Einsatz auch zur indirekten Charakterisierung der Figuren, da der Stimmklang – verstanden als Inszenierungselement – Rückschlüsse auf Lebensalter, Stimmung oder Charakter einer Figur erlaubt.

Zu achten ist gerade in Hörspielen aus den 1980er und 1990er Jahren auf *Racevoicing* (vgl. Schenker 2016 und in diesem Band), also das durch eine Sprecherin oder einen Sprecher vollzogene Verstellen der Stimme und Simulieren eines Akzents, um damit Menschen einer anderen Ethnie darzustellen. Auf derartige Phänomene ist schon bei der Auswahl eines Hörspiels zu achten, um die Reproduktion kultureller Stereotype zu vermeiden oder, sofern vorhanden, im unterrichtlichen Kontext kritisch zu reflektieren (vgl. Wicke 2019).

Folgende Leitfragen sind für die Analyse der Figurenrede maßgeblich:

Leitfragen für die Analyse der Figurenrede
- Wie viele unterschiedliche Figuren treten auf bzw. sprechen?
- Inwiefern passt die Sprechstimme zum Alter der Figuren?
- Inwiefern bildet die Artikulation Soziolekte, Dialekte oder Akzente ab? Inwiefern tritt *Racevoicing* auf?
- Wie werden Emotionen thematisiert und/oder ausgedrückt und wie wird das unmittelbare Erleben der Situation simuliert?
- Wie artikulieren und betonen die Figuren in unterschiedlichen Situationen?
- Welche paraverbalen Effekte (Lachen, Hauchen, lautes Atmen, Schnaufen) werden ausgestaltet?

Geräusche

Hörspiele arbeiten mit Geräuschen (vgl. dazu Bartel et al. 2020, 589 sowie Sinning in diesem Band). Geräusche können eine Szene klanglich nachvollziehbarer machen (z. B. Türknarren beim Öffnen einer Tür). In diesem Sinne sind auch Geräusche spezifische Zeichen, die auf klanglichem Wege eine Raumvorstellung eröffnen. Im Beispiel des Hörspiels *Thabo. Detektiv und Gentleman – Der Nashorn-Fall* ertönt gleich zu Beginn das Trompeten eines Elefanten, an anderen Stellen sind Geräusche wie etwa Schreie von Affen zu hören oder es wird eine Raumstimmung der Umgebung durch Rascheln hergestellt. Müller weist darauf hin, dass das Verstehen der Geräusche ein Weltwissen voraussetze (vgl. Müller 2004, 7). Insofern ist auch bei *Thabo* zu beachten, dass die Kinder das Rascheln und die Tierstimmen überhaupt identifizieren können müssen. Hier kann im Sinne eines aufmerksamen Hörens im Rahmen von Anschlusskommunikation aufgegriffen werden, welche Geräusche eingesetzt werden und welche Vorstellungen sie hervorrufen.

Leitfragen für die Analyse der Geräusche
- Welche Geräusche werden eingespielt?
- Wie laut/dominant ist die Geräuschkulisse?
- In welchem Verhältnis stehen die erzeugten Geräusche zur erzählten Geschichte?
- Welches kulturelle Weltwissen setzt das Verständnis der Klänge voraus?
- Inwiefern erzeugen die Geräusche eine klangliche Atmosphäre?
- Welche Arten von Raumwechseln werden durch die Überblendungen klanglich erzeugt? (vgl. dazu Ehlers 2016, 141)

Tontechnik/Schalleffekte

Zur Raumkonstruktion trägt auch bei, wie die Geräusche innerhalb dieses Raums wiedergegeben werden (vgl. dazu Hoppe in diesem Band). Beispielsweise können Geräusche sehr leise sein und damit weit entfernt oder umgekehrt laut und damit sehr nah wirken. Huwiler spricht diesbezüglich von der räumlichen Schallquellenpositionierung und der elektroakustischen Manipulation (vgl. Huwiler 2005, 64–66 sowie Huwiler in diesem Band). Schmedes zufolge kann in stereophonen Hörspielen ein zweidimensionaler Klangraum ausgestaltet werden (vgl. Schmedes 2002, 89), auf dieser Basis kann der Klang eines vorbeifahrenden Fahrzeugs von links nach rechts simuliert werden. Huwiler betont, durch die Stereophonie könne beispielsweise auch die Bewegung einer Figur in die Tiefe des Klangraums ausgestaltet werden (vgl. Huwiler 2005, 66).

Darüber hinaus bietet sich die Möglichkeit der Raummodulation durch klangliche Mittel der elektroakustischen Manipulation, etwa Hall oder Verzerrungen. In der hier analysierten Produktion ist beispielsweise Thabo zu Beginn mit verzerrter Stimme zu hören, wodurch klar wird, dass es sich um die Ansage seines Anrufbeantworters handelt (TDG I/00:28).

Leitfragen für die Analyse der Tontechnik/Schalleffekte
– Inwiefern wird mit der Schallquellenpositionierung gearbeitet?
– Wie werden Bewegungen im Klangraum moduliert?
– Welche Schalleffekte (Hall, Verzerrungen, Blende, Mischung etc.) werden eingesetzt?

Musik

Auch die Musik stellt sich im Hörspiel als ein vielschichtiges Zeichensystem dar (vgl. zur Hörspielmusik im Speziellen Wicke 2021). Bei extradiegetischer Musik handelt es sich um musikalische Elemente, die nicht Bestandteil der Erzählung sind; die handelnden Figuren können die extradiegetische Musik nicht wahrnehmen. Diese extradiegetische Musik kann entweder in einem syntaktischen, also gliedernden Sinne, zum Beispiel als Übergang zwischen verschiedenen Szenen, oder aber in einem semantischen Sinne eingesetzt werden, also Bedeutung konstruieren (vgl. Huwiler 2005, 61). Die durch Musik erzeugte Bedeutung kann in einem illustrativen oder charakterisierenden Sinne eingesetzt werden, um damit eine Szene greifbarer zu machen und zur Stimmungserzeugung beizutragen. Es besteht aber auch die Möglichkeit, dass die Musik in einem erweiternden oder distanzierenden Sinne eingesetzt wird und so eine Bedeutungsdimension eröffnet, die durch die Erzählinstanz sowie die Figuren nicht angelegt ist (vgl. Huwiler 2005, 61).

Von der extradiegetischen Musik zu unterscheiden ist die diegetische Musik (vgl. Huwiler 2005, 61), hierbei handelt es sich um musikalische Elemente, die innerhalb des Hörspiels durch eine der Figuren produziert/gehört werden. Es ist zu bedenken, dass die diegetische Musik ihrerseits eine spezifisch symbolische Aufladung besitzt und gleichzeitig auch als ein intertextuell markiertes Element zu betrachten ist.

Leitfragen zur Analyse der Musik
- Welche musikalischen Elemente sind vorhanden?
- Ist die Musik extradiegetisch (für die handelnden Figuren nicht hörbar) oder diegetisch (wenn beispielsweise im Hörspiel durch eine oder mehrere Figuren selbst Musik gespielt oder gehört wird)?
- Dient die Musik der atmosphärischen Untermalung/Bedeutungserzeugung (semantische Funktion) oder der Gliederung (syntaktische Funktion)?
- Wie laut/dominant ist die Musik?
- Welche musikalischen Leitmotive und/oder musikalischen Anspielungen gibt es in dem Hörspiel?

Multimodales Zusammenspiel: Entstehen einer *Sonosphäre*

Im multimodalen Zusammenspiel der unterschiedlichen Ebenen entsteht eine klangliche Atmosphäre und damit auch eine Form der Bedeutungserzeugung, die ich im Folgenden in Anlehnung an Kolesch als ‚Sonosphäre' bezeichne (vgl. Kolesch 2004, 36). Vorrath arbeitet mit diesem Begriff in Bezug auf die Beschreibung eines Hörgedichts und führt vor, dass Stimme, Musik und Tontechnik/Schalleffekte eine spezifische Sonosphäre herstellen (vgl. Vorrath 2019, 223). Die aus analytischen Gründen getrennt betrachteten Ebenen des Hörspiels entfalten ihre Wirkung erst im multimodalen Zusammenspiel. Die Sonosphäre ist also als die Zusammenführung der unterschiedlichen Zeichensysteme des Hörspiels zu verstehen.

Sonosphäre: multimodales Zusammenspiel
- Komplementäres Verhältnis: gegenseitige Ergänzung/Unterstützung der unterschiedlichen Ebenen
- Anreicherungsverhältnis: Durch das Zusammenspiel der unterschiedlichen Ebenen wird eine zusätzliche Bedeutungsdimension eröffnet.
- Widersprüchliches Verhältnis: Im multimodalen Zusammenspiel passen die unterschiedlichen Ebenen nicht zusammen und vermitteln unterschiedliche Eindrücke, sodass beispielsweise textuelle Aussagen als uneigentlich markiert werden.
- Dynamik der Sonosphäre: Ausgestaltung von Nähe und Distanz zur erzählten Welt durch das sonosphärische Zusammenspiel: Durch das Zusammenspiel kann entweder eine starke (akustisch-sonosphärische) Nähe zur erzählten Welt hergestellt (detailreich ausgestaltete Geräuschkulisse im Zusammenspiel mit Stimmmodulation und Musik) oder aber eine große Distanz (Ausblendung von Geräuschen und Sprung auf die Ebene der Erzählrede) erzeugt werden.

Zwischen den einzelnen beschriebenen Ebenen kann erstens ein *komplementäres Verhältnis* vorliegen. Gleich in der Anfangsszene von *Thabo. Detektiv und Gentleman – Der Nashorn-Fall* ist ein solches Zusammenspiel aus verbaler Ebene, Geräuschen und Musik zu bemerken: Thabos Handy vibriert und als er den Anruf entgegennimmt, spricht seine großmütterliche Freundin Miss Agatha mit leicht verzerrter, hoher, bewegter, lauter und sehr gespannter Stimme,[5] wobei sie sagt, dass ein Notfall vorliege, Thabo müsse ihr helfen. Der Erzähler Thabo schildert auf der extradiegetischen Ebene, dass er sofort alles stehen und liegen gelassen habe, um möglichst schnell zu Miss Agatha zu rennen. In diesem Falle begleitend zur Erzählerrede steigert sich nach und nach die extradiegetische Musik in ihrer Dramatik und ihrem Tempo, auf der diegetischen Ebene sind Geräusche von schnellen Schritten zu hören, was eine sehr dynamische und angespannte Sonosphäre erzeugt. Als Thabo eintrifft, ist Miss Agatha immer noch panisch, die Musik steigert sich weiter, aber wie sich herausstellt, besteht das Problem lediglich darin, dass sie den Laptop nicht zum Laufen bekommt, weil sie vergessen hat, ihn an das Stromnetz anzuschließen. Parallel zu dieser Szenenentwicklung fällt auch die Dynamik von Thabos Stimme schlagartig ab und untermalt damit den augenblicklichen Abfall der Spannung (TDG I/ 00:44; 02:32; 04:21). Dass in diesem Falle im multimodalen Zusammenspiel eine dramatische und dynamische Sonosphäre aufgebaut wird, die dann aber sogleich auf allen Ebenen abflacht, stellt einen sprunghaften Moduswechsel dar, der eine Situationskomik herbeiführt.

Zweitens kann eine *Anreicherung* der unterschiedlichen Ebenen vorliegen. Huwiler erläutert, dass zum Beispiel teilweise durch Geräusche zusätzliche Zusammenhänge entstehen, die aber nicht verbalisiert werden (vgl. Huwiler 2005, 225). Im Hörspiel will Thabo beispielsweise mit ein paar Freundinnen und Freunden unauffällig einen Verdächtigen beobachten, wobei die Szene im weiteren Verlauf nicht durch die Erzählerstimme vermittelt wird, sondern durch die Geräusche sowie die Sprecherinnen und Sprecher. Die Kinder unterhalten sich flüsternd, mahnen einander gegenseitig durch „Ssshht" zur Ruhe, bis auf einmal der Handyvibrationsalarm bei Thabo losgeht und der Beobachtete erschrocken „Hallo?" ruft, sie also bemerkt hat (TDG IX/01:30). In diesem Falle wird die Geschichte erst durch das multimodale Zusammenspiel der unterschiedlichen Ebenen nachvollziehbar und die Sonosphäre entsteht im unmittelbaren Mit-Erleben der Szene.

---

5 In diesem Falle lässt sich die relationale Betrachtung der Stimme deswegen gut darstellen, weil ja auf der extradiegetischen Erzählebene immer wieder Zitate von Miss Agatha eingespielt werden, in denen sie gerade nicht in die Handlung eingebunden ist. Die in diesen Zitaten verwendete Sprechstimme, -melodie und -dynamik können als Referenz dafür dienen, welche spezifischen Veränderungen sich in konkreten Situationen ergeben.

Drittens kann eine ironische Verfremdung durch *Widersprüche* erzeugt werden. In *Thabo* geht es beispielsweise um eine Safari, in deren Rahmen ein Tourist begeistert erklärt, er wolle möglichst viele wilde Tiere sehen: „Und die schießen wir jetzt!" (TDG II/02:09). In diesem Falle wird die Ironie einerseits dadurch deutlich, dass der Mann seine vermeintlich herzlose Aussage überbetont, und andererseits dadurch, dass er und seine Frau sogleich laut zu lachen beginnen. Wie sich herausstellt, will er tatsächlich lediglich Fotos von den Tieren schießen. Insofern liegt hier ein Fall vor, in dem sich die Figurenrede durch die Artikulation und die paraverbalen Zeichen selbst widerlegt und dadurch eine ironische Distanz herstellt.

In einem ähnlichen Sinne kann die musikalische Untermalung eines eingesprochenen Textes dessen Wirkung in eine ironische Richtung verändern. Eindrücklich dargestellt werden kann das an der Szene, in der Thabo seinen Onkel Vusi vorstellt, der touristische Safaris anbietet. Thabo berichtet gerade, dass sein Onkel sich westlich klingende Namen verleiht, wenn er Reisegruppen führt, damit diese mehr Vertrauen zu ihm haben (TDG II/02:56). Wicke beschreibt das Zusammenwirken der sprachlichen und der musikalischen Ebene als ironisch:

> Die Ironie dieser Szene wird noch dadurch unterstrichen, dass die Hintergrundmusik von Jan Peter Pflug, in der anfangs die Marimba dominiert, bei der Erwähnung der Franzosen kurz vom Akkordeon übernommen wird und bei den Deutschen in Richtung Musikantenstadl abbiegt. (Wicke 2018)

In diesem Falle entsteht nicht bloß eine Sonosphäre, die das Beschriebene illustriert oder untermalt, sondern die Musik eröffnet eine erweiterte, nicht verbalisierte Bedeutungsdimension und ruft Klischees in Bezug auf den folkloristischen Musikgeschmack in Frankreich und Deutschland auf, während gerade darüber gesprochen wird, dass Deutsche oder Französinnen und Franzosen stereotype Bilder mit Namen und deren Klang verbinden. Indem also die Musik quasi Stereotype perpetuiert, die der Sprechtext gerade implizit kritisiert, liegt hier eine ironische Brechung vor.

In der Betrachtung der durch das multimodale Zusammenspiel erzeugten Sonosphäre lässt sich festhalten, dass die Sonosphäre innerhalb des Hörspiels grundsätzlich als dynamisch erscheint und sich verändert. Durch die Ausgestaltung des Zusammenspiels der Ebenen gestaltet sich auf der Ebene des *discours* ein *Spiel mit Nähe und Distanz*. Beispielsweise wird in *Thabo* die Sonosphäre gebrochen und eine Distanz zwischen Erzähler und Erzähltem hergestellt, als Thabo und seine Freunde in einem Schuppen eingesperrt sind: „Eine Weile haben wir um Hilfe geschrien, meine Damen und Herren. Aber das möchte ich ihnen ersparen" (TDG XII/00:50). An dieser Stelle spricht der Erzähler Thabo und sämtliche

Hintergrundgeräusche werden ausgeblendet. Insofern wird hier sehr deutlich, dass eine Distanz zwischen der Handlung und den Hilfeschreien der Kinder sowie der eben sehr entfernt davon darstellenden Erzählinstanz vorliegt. Die Tatsache, dass hier nicht die Geräusche der verängstigten Kinder eingespielt oder zumindest ihre unsicher klingenden Stimmen direkt wiedergegeben werden, stellt eine maximale Distanz durch den Vorgang des Erzählens *ex post* her.

Diese exemplarischen Beobachtungen der Entstehung einer Sonosphäre im multimodalen Zusammenspiel der unterschiedlichen Hörspiel-Ebenen und der Narrativierung durch deren Ineinandergreifen lassen sich auch in exemplarische Impulse aus literatur- und mediendidaktischer Sicht überführen.

Didaktische Implikationen

Wicke erarbeitet neun Dimensionen der Hörspieldidaktik, die in weiten Teilen eine Aufmerksamkeit für die einzelnen semiotischen Ebenen (Stimme, Geräusche, Musik) fördern und Möglichkeiten für produktive Anschlusshandlungen bieten (vgl. Wicke 2019). Ähnlich geht auch Preis vor und bietet damit viele didaktische Facetten in Bezug auf die unterschiedlichen medialen Ebenen (vgl. Preis 2021, 43–46). Müller bezieht sich in ihrer Modulierung auf den breiten Kontext des Hörens, thematisiert aber auch spezifische Anschlussfähigkeiten an das literarische Lernen und erläutert, dass das Hören einen deutlich emotionaleren Zugang zu den entworfenen fiktionalen Welten erlaube als das Lesen eines literarischen Textes (vgl. Müller 2004, 9). Sie erarbeitet ausführlich anhand diverser Beispiele die Möglichkeiten des Einsatzes auditiver Medien in Bezug auf die Lesemotivation sowie die Förderung literarischen Lernens im Sinne Spinners (vgl. Müller 2012, 74–84; vgl. auch Müller 2021). Dabei skizziert sie, inwiefern sich Kaspar Spinners Aspekte literarischen Lernens auf das Medium Hörspiel übertragen und damit in Teilen womöglich forcieren lassen. Aus ihren Ausführungen geht hervor, dass auch in der didaktischen Betrachtung keine Trennung der unterschiedlichen Ebenen sinnvoll ist. Diese Überlegung soll im Folgenden auf Basis des hier entworfenen Modells fokussiert und weitergeführt werden.

Unter Rückgriff auf die Beobachtungen in *Thabo. Detektiv und Gentleman – Der Nashorn-Fall* lassen sich beispielsweise trefflich im Sinne Spinners „[s]ubjektive Involviertheit und genaue Wahrnehmung miteinander ins Spiel bringen" (Spinner 2006, 8 f.). Dadurch, dass die Stimmen und das Zusammenspiel mit den Geräuschen und der Musik eine spezifische Form der Sonosphäre herstellen und damit auch bestimmte Emotionen affizieren, besteht eine sehr schnelle Möglichkeit der subjektiven Involvierung, des emotional-affektiven Eintauchens in die konstruierte Welt des Hörspiels. Weil aber zudem in den Blick genommen werden kann, wie dieses Zusammenspiel oder auch dieses Auseinanderfallen entsteht und damit diese Sonosphäre konstruiert, lässt sich gleichzeitig die Aufmerksamkeit auf die Wahrnehmung der Konstruktion der Sonosphäre lenken.

Darüber hinaus lässt sich die Förderung weiterer literarischer Kompetenzen aus der Auseinandersetzung mit dem Hörspiel ableiten: So lässt sich pointieren, dass sich das Hörspiel allgemein dazu anbietet, die Schülerinnen und Schüler für die Vermittlungsebene von Texten im erweiterten Sinne zu sensibilisieren. Die Erzählinstanz in *Thabo. Detektiv und Gentleman – Der Nashorn-Fall* erweist sich z. B. als sehr präsent und spricht die Rezipientinnen und Rezipienten immer wieder direkt an. Wenn der autodiegetische Erzähler spricht, dann lässt sich die Stimme und damit die Vermittlungsebene leicht identifizieren. Das Hörspiel bietet sich folglich aufgrund seiner medialen Beschaffenheit dazu an, schon in unteren Jahrgangsstufen die Aufmerksamkeit auf die Art und Weise der Vermittlung der Geschichte zu legen. Diese Einsicht lässt sich dann auch bei Erzähltexten nutzbar machen (vgl. Dürr 2018, 245).

Auch in der Sekundarstufe I bietet es sich an, die Erzählinstanz eines Hörspiels genauer auf ihre Stellung zum Geschehen hin zu untersuchen. Ein Vorschlag ist, die Erzählerrede in *TKKG* und *Die drei ???* zu vergleichen und dadurch eine Sensibilität für die Zuverlässigkeit der Erzählebene herbeizuführen (vgl. Bernhardt 2021, 228–230). In der fortgeschrittenen Sekundarstufe I und noch ausgeprägter ab der Sekundarstufe II bieten sich dann Auseinandersetzungen mit Hörspielen an, in denen keine extradiegetische Erzählinstanz vorhanden ist und daher die Auseinandersetzung mit der Vermittlungsebene des Textes komplexer wird.

Dadurch, dass die Stimmen im Zusammenspiel mit der Ausgestaltung der Geräusche auch räumliche Vorstellungen erzeugen und jeweils darstellen,[6] inwiefern die Handlung gerade vermittelt oder unvermittelt präsentiert wird, bietet sich zudem eine Basis, um die Ausgestaltung von Nähe und Distanz in Bezug auf die Vermittlungsebene literarästhetischer Texte in einem erweiterten Sinne aufzugreifen. Im Zuge schulischer Anschlusskommunikation lässt sich eine Einsicht in die Mittelbarkeit und Unmittelbarkeit von Schilderungen herstellen und damit ein kumulativer Erwerb literarischer Kompetenzen im erweiterten Sinne anbahnen.

---

6 Vgl. zur Ausgestaltung von Räumlichkeit durch Hörtexte Müller 2012, 46 und Hoppe in diesem Band.

Durch markierte Formen der Artikulation oder paraverbale Widerlegungen (z. B. Lachen) im beschriebenen Sinne erlangen die Schülerinnen und Schüler zudem beim Hören eines Hörspiels schon ein erstes Gefühl für das Auseinanderfallen von expliziter und impliziter Bedeutung. So lässt sich beispielsweise durch überzogen differenzierte Artikulationen oder dilettierte Simulation von Husten oder Gähnen darstellen, dass hier eigentlich nicht gemeint ist, was gesagt oder behauptet wird. Basierend auf derartigen Fällen einer starken Betonung lässt sich durch den Einsatz von Hörspielen schon in der 4. Klasse eine Sensibilisierung für Ansätze ironischen Sprechens anbahnen (vgl. Bernhardt 2022). Diese Schärfung der Aufmerksamkeit für explizite und implizite Bedeutung lässt sich in den Sekundarstufen konsequent weiterführen.

Schließlich lässt sich durch die Art und Weise der Artikulation innerhalb des Hörspiels auch sehr gut die Möglichkeit der direkten und indirekten Figurencharakterisierung (vgl. Schilcher und Pissarek 2018, 324 f.) voneinander abgrenzen bzw. miteinander vergleichen, indem einerseits eine direkte Beschreibung der Erzählfigur und andererseits die implizit aus der stimmlichen Gestaltung und den Geräuschen abzuleitenden indirekten Charakterisierungsmöglichkeiten mit den Schülerinnen und Schülern besprochen werden. Insofern bietet das Hörspiel ein motivierendes Medium für den Literaturunterricht, das einerseits in seiner Eigengesetzlichkeit fokussiert und andererseits als multimodal-narratives Medium zur kumulativen Förderung literarästhetischer Kompetenzen im erweiterten Sinne genutzt werden sollte.

Literatur & Medien

Thabo. Detektiv & Gentleman. Der Nashorn-Fall. Hörspiel nach dem Roman von Kirsten Boie. Regie: Janine Lüttmann. NDR/Jumbo 2018.

**

Bartel, Michael/Wirth, Uwe/Binczek, Natalie: Glossar zentraler Begriffe. In: Handbuch Literatur & Audiokultur. Hg. v. Natalie Binczek und Uwe Wirth. Berlin/Boston 2021, S. 569–590.
Bernhardt, Sebastian: Detektion und moralische Wertungen in *TKKG* und *Die drei ???*. Perspektiven für den Literaturunterricht in der Sek. I. In: Serialität in der Kinder- und Jugendliteratur. Fachwissenschaftliche und fachdidaktische Perspektiven. Hg. v. Ina Brendel-Perpina und Anna Kretzschmar. Baltmannsweiler 2021, S. 226–234.
Bernhardt, Sebastian: Potenziale der Komik in TKKG junior und TKKG für das literarische Lernen. In: Komik in aktueller Kinder- und Jugendliteratur. Hg. v. Nicola König. Trier 2022 [in Vorb.].
Dürr, Susanne: Die Vermittlungsebene von Texten analysieren. In: Auf dem Weg zur literarischen Kompetenz. Ein Modell literarischen Lernens auf semiotischer Grundlage. Hg. v. Anika Schilcher und Markus Pissarek. 4. Aufl. Baltmannsweiler 2018, S. 229–260.

Ehlers, Swantje: Literaturdidaktik. Eine Einführung. Stuttgart 2016.

Huwiler, Elke: Erzähl-Ströme im Hörspiel. Zur Narratologie der elektroakustischen Kunst. Paderborn 2005.

Kolesch, Doris: Natürlich künstlich. Über die Stimme im Medienzeitalter. In: Kunst-Stimmen. Hg. v. Doris Kolesch und Jenny Schrödel. Berlin 2004, S. 19–39.

Mohn, Matthias: Die Inszenierung von Furcht und Schrecken im Hörspiel. Eine interdisziplinäre Untersuchung der Grundlagen, Mittel und Techniken der Angsterregung in der elektroakustischen Kunst. Münster/New York 2019.

Müller, Karla: Literatur hören und hörbar machen. In: Praxis Deutsch 2004, 185, S. 6–13.

Müller, Karla: Hörtexte im Deutschunterricht. Poetische Texte hören und sprechen. Seelze 2012.

Müller, Karla: Hören und/oder Lesen am Beispiel von Kinder- und Jugendliteratur. In: Taschenbuch des Deutschunterrichts. Bd. 2: Literatur- und Mediendidaktik. Hg. v. Volker Frederking, Axel Krommer und Christel Meier. Nachdruck der 2. Aufl. Baltmannsweiler 2021, S. 682–694.

Mütherig, Vera: Der „Mehrwert" des Hörbuchs. Die Beurteilungskriterien des Deutschen Hörbuchpreises auf dem Prüfstand. In: Literarisches Hören. Geschichte – Vermittlung – Praxis. Hg. v. Klaus Schenk und Ingold Zeisberger. Kiel 2019, S. 234–254.

Preis, Matthias: Hörmedien für Kinder und Jugendliche. Ästhetische und didaktische Perspektiven. In: Klangwelten für Kinder und Jugendliche. Hörmedien in ästhetischer, didaktischer und historischer Perspektive (= kjl&m 21.extra). Hg. v. Petra Josting und Matthias Preis. München 2021, S. 17–54.

Schenker, Ina: Racevoicing. In: kinderundjugendmedien.de 2016. URL: http://www.kinderund jugendmedien.de/index.php/begriffe-und-termini/1850-racevoicing (09.07.2021).

Schilcher, Anita/Pissarek, Markus: Kompetenzmodell Literarisches Lernen. In: Auf dem Weg zur literarischen Kompetenz. Ein Modell literarischen Lernens auf semiotischer Grundlage. Hg. v. Anita Schilcher und Markus Pissarek. 4. Aufl. Baltmannsweiler 2018, S. 324–325.

Schmedes, Götz: Medientext Hörspiel. Ansätze einer Hörspielsemiotik am Beispiel der Radioarbeiten von Alfred Behrens. Münster et al. 2002.

Spinner, Kaspar H.: Literarisches Lernen. In: Praxis Deutsch 2006, 200, S. 6–16.

Vorrath, Wiebke: Visualität und Sonalität in Albert Ostermaiers Hörgedicht „Fernsehabend". In: Diskurse des Sonalen. Klang – Kunst – Kultur. Hg. v. Britta Herrmann und Lars Korten. Berlin 2019, S. 215–229.

Wicke, Andreas: Boie, Kirsten: Thabo. Detektiv & Gentleman. Der Nashorn-Fall (Hörspiel und Hörbuch). In: kinderundjugendmedien.de 2018. URL: http://kinderundjugendmedien.de/ index.php/hoerspiele-und-buecher/2452-boie-kirsten-thabo-detektiv-und-gentleman-der-nashorn-fall-hoerspiel-und-hoerbuch (04.08.2021).

Wicke, Andreas: Hörspieldidaktik. In: kinderundjugendmedien.de 2019. URL: http://kinderundjugendmedien.de/index.php/152-fachlexikon/fachdidaktik/3179-hoerspieldidaktik (04.08.2021).

Wicke, Andreas: Hörspielmusik. Henrik Albrechts Orchestererzählung *Das Gespenst von Canterville* (2006). In: Klangwelten für Kinder und Jugendliche. Hörmedien in ästhetischer, didaktischer und historischer Perspektive (= kjl&m 21.extra). Hg. v. Petra Josting und Matthias Preis. München 2021, S. 153–164.

Henriette Hoppe

Vorstellungen von Raum und Zeit entwickeln

Auditive Gestaltungen in Milena Baischs Kinderhörspiel *Anton taucht ab*

Spezifische Möglichkeiten der differenzierten Wahrnehmung von Ort und Zeit bietet das Kinderhörspiel *Anton taucht ab* nach der Buchvorlage von Milena Baisch. Die Themen Ferien, Gewalt, Überwindung von Ängsten und das Erleben von Natur laden dazu ein, ähnliche Erfahrungen von und mit Kindern aufzugreifen. Der Erzähler Anton fungiert als mögliche Identifikationsfigur, die im Roman einen an seine Eltern – und gleichzeitig an die Leserinnen und Leser – gerichteten Monolog verfasst und dabei einen Erzählraum etabliert. Damit legt bereits die Erzählung im Buchformat den Grundstein für die Adaption des Buches als Hörspiel.[1]

Anton macht im Verlauf seiner Ferien eine Wandlung durch, die als Heldenreise im übertragenen Sinne, nämlich als innere Entwicklung, verstanden werden kann (vgl. Kumschlies 2013).[2] Mit den Großeltern am Urlaubsziel angekommen, muss Anton feststellen, dass es auf dem Campingplatz keinen Swimmingpool, sondern nur einen See gibt. Anton, der Computerspiele und ferngesteuerte Autos liebt, ist vom See angeekelt und verschließt sich anderen Kindern gegenüber. Durch die Rettung des Fisches ‚Piranha‘, den der Großvater geangelt hat und zu dem Anton eine Beziehung aufbaut, wird eine Veränderung angestoßen. Als Anton ihn am letzten Tag in den See zurückbringen muss, fällt er selbst ins Wasser und ‚taucht‘ damit ab. Die Entdeckung des Lebensraums seines Freundes hat eine psychologische Dimension und wird im Hörspiel besonders hervorgehoben, wobei die Raumsymbolik der Erzählung eng an die Gestaltung der Zeitwahrnehmung geknüpft ist.

---

1 Das Kinderhörspiel *Anton taucht ab* ist als Produktion des SWR und WDR unter der Regie von Maidon Bader entstanden und gewann 2012 den Deutschen Kinderhörspielpreis. Für das Hörspiel wurde die Buchgrundlage gekürzt; viele Passagen des Prätexts wurden wörtlich übernommen. Mit einer Dauer von 52 Minuten ist das Hörspiel für Kinder der Altersgruppe von 8 bis 10 Jahren angemessen und kann mit diesem Umfang und durch die technisch gute Handhabbarkeit sowie eine angemessene Aufnahmequalität gewinnbringend eingesetzt werden (vgl. Müller 2012, 65–72).
2 Das Motiv der Heldenreise lässt sich wie eine Folie der Erzählung unterlegen; Parallelen zur Mythologie sind auch in der wiederholten Thematisierung des Namens zu finden.

Im Anschluss an grundsätzliche Überlegungen zur Vorstellungsbildung von Raum und Zeit und deren Zusammenwirken im Hörspiel werden im Beitrag am Beispiel von *Anton taucht ab* (ATA) die Analysekategorien konkretisiert sowie methodische Vorschläge für die Rezeption und Produktion im schulischen Kontext präsentiert.

Didaktische Perspektiven der Hörspielarbeit im Deutschunterricht

Die Bedeutung der Hörspielarbeit für unterschiedliche Kompetenzbereiche des Faches Deutsch ist vielfach hervorgehoben und ausdifferenziert worden. Wermkes Konzeption von Hörerziehung, die unterschiedliche Rezeptionsformen beim Hören berücksichtigt und vor allem auch Alltagssituationen einbezieht, stellt einen Kontext für die reflexiven und analytischen Verfahren dar, die Müller neben den produktiven Verfahren für die Hörspielarbeit im Deutschunterricht unterscheidet (vgl. Müller 2012, 83–85). Konsens besteht in unterschiedlichen Ansätzen darüber, dass Hörtexte einen wichtigen Beitrag zur Ausbildung literarischer Kompetenzen leisten können (vgl. Spinner 2006; Müller 2012; Wicke 2019). Wie einige der fokussierten Aspekte von Raum und Zeit, die grundlegende Kategorien nicht nur unserer Wahrnehmung, sondern auch Kategorien „zeichenhafter Äußerungen" (Titzmann 2020, 169) darstellen, für den Unterricht aufbereitet werden können, wird im Folgenden modelliert. Ansatzpunkte für das Zuhören und produktive Gestalten werden anhand der neun Dimensionen der Hörspieldidaktik von Wicke (2019) systematisiert und zielen auf die Entwicklung literarisch-medialer Kompetenz.

Systematik der Darstellung und Gestaltung von Räumen im Hörspiel

Grundsätzlich gibt es im Hörspiel verschiedene Möglichkeiten, anhand auditiver Elemente Raum und Zeit zu bestimmen, Veränderungen zu markieren und diese Dimensionen zu gestalten. Dabei kann grundsätzlich zwischen einer syntaktischen und einer semantischen Ebene (vgl. Müller 2020) unterschieden werden: Räume werden im Ablauf der Zeit benannt, gewechselt und voneinander abgegrenzt; gleichzeitig kann den Räumen aufgrund ihrer akustischen Gestaltung eine Bedeutung für die Figuren bzw. für die *histoire* zugeschrieben werden.

- Wie viele/welche Räume können unterschieden werden?
- Wie (oft) finden Raumwechsel statt? Mit welchen Geräuschen und Vorstellungen sind diese verbunden?
- Wie verhalten sich die Figuren im Raum? Durch welche akustischen Elemente wird ihr Verhalten dargestellt?
- Mit welchen akustischen Elementen wird eine semantische Aufladung des Raums vorgenommen?

Unterscheidung verschiedener Räume	Gestaltung von Räumen auf der verbalen Ebene	Gestaltung von Räumen durch Geräusche	Unterstützung der Vorstellungsbildung von Räumen durch Musik
– Realer Raum – Fantastischer Raum – Erzählraum	– Schauplatz (-wechsel) durch Erzähler benannt – Figuren thematisieren Schauplatz (-wechsel) explizit/implizit – Besondere Gestaltung des *discours* bei der Thematisierung von Räumen	– Geräusche veranschaulichen den Raum – Raumakustik lässt die Darstellung authentischer wirken; ermöglicht Vorstellungsbildung	– (Diegetische) Musik charakterisiert den Schauplatz – (Extradiegetische) Musik deutet den Raumwechsel an oder leitet zu neuem Schauplatz über – Musik mit symbolischer Funktion im Hinblick auf die Bedeutung des Raums

Gestaltung von Räumen in *Anton taucht ab*

Neben den realen Räumen (Auto, Campingplatz, Wohnwagen, Waschhaus) wird bei *Anton taucht ab* ein weiterer Raum durch einen Sprecher etabliert. Die Titelfigur Anton tritt als autodiegetischer Erzähler in zwei unterschiedlichen Modi auf (vgl. auch Bernhardt in diesem Band). Zum einen erzählt er seine Heldengeschichte und vermittelt den Hörenden seine Gedanken. In diesem Modus wirkt Anton sehr nah, weil die Sprecherstimme von Lyonel Holländer als Erzähler „raumlos aufgenommen" (Wicke 2019) wurde bzw. nur mit Musik unterlegt ist. Innerhalb dieses Erzählraums werden aufgrund der prosodischen Merkmale und der akustischen Gestaltung Informationen geliefert, die über die Textgrundlage hinausgehen.

Diese erzählenden Passagen werden unterbrochen von szenischen Einschüben, in denen Anton als Figur auftaucht und die mit „Raumakustik realisiert" (Wicke 2019) sind. So beginnt Anton im Intro mit der Einführung in die Situation, nämlich der Beschreibung der Autofahrt und des Wohnwagens. Diese Beschreibung wird aufgegriffen, als Anton in der folgenden, szenisch angelegten Passage seinen Opa auffordert: „Gib doch mal ein bisschen Stoff, Opa" (ATA I/ 00:22). Verbunden werden beide Erzählmodi durch eine ruhige Gitarrenmusik, über die eine Sommerferienstimmung vermittelt wird.

Durch die Verwendung des Präsens im Sprechakt wird eine zeitliche Parallelität der gestalteten Erzählräume angelegt; es wird des Öfteren hin- und hergesprungen, sodass die verdichteten Gedanken des Erzählers Anton im Anschluss durch die szenische Darstellung gut vorstellbar werden oder eine Szene in die zusammenfassenden Überlegungen des erzählenden Ichs übergeht. An einigen Stellen übernimmt auch die Musik die Erzählfunktion und gibt damit eine atmosphärische Gestaltung des Erzählraums vor.

Abzugrenzen vom Erzählraum sind fantastische Räume, nämlich Passagen, in denen Anton als Erzähler eigene Vorstellungen konkret werden lässt, vergleichbar mit dem *Mindscreen* beim Film. Dieser Vorstellungsraum wird konkret greifbar, als Anton auf Nachfrage seiner Oma die Gedanken kreisen lässt. „Gute Frage: Was macht man in einem Swimmingpool? Vielleicht einen Köpper? [...] Also mir fallen tausend Sachen ein: Ich würd' zum Beispiel die Kinder vorm Ertrinken retten. [...]. Also, es gibt wirklich tausend Sachen, die man mit einem Swimmingpool anstellen kann. Und ein Campingplatz ohne Swimmingpool ist Schrott" (ATA II/00:00). Durch die höhere Geschwindigkeit, die Dynamik und die lässige Klangfarbe in der Sprechgestaltung wird verdeutlicht, dass Anton ein Gedankenspiel als Superheld durchführt. Ein anderer und im weiteren Sinne fantastischer Raum – die andere Welt, in der sich Anton während seines Computerspiels befindet – wird durch eine langsame, dumpfe elektronische Musik von der Realität abgegrenzt. Die Assoziation, dass Anton sich hier wie in einer Welt ‚aus Watte' befindet, wird durch die semantische Aufladung dieses Raums durch die Musik bewirkt.

Im Laufe der Geschichte kommt der akustischen Gestaltung des Eimers, in dem der Fisch Piranha schwimmt, eine symbolische Bedeutung zu. Piranha spielt eine Schlüsselrolle für Antons Entwicklung. Anton bemerkt zufällig, dass der Fisch, den der Opa aus der „braunen Pissbrühe" geangelt hat, im Eimer in glasklarem Wasser schwimmt. Der anfängliche Ekel gegenüber dem Fisch weicht seiner Neugier. Akustisch eingeleitet wird die wachsende Zuneigung durch ein helles ‚Pling'-Geräusch (ATA V/02:40); die einsetzende Musik erinnert an die Swimmingpoolszene. Entsprechend erklärt Anton seinem Opa, dass der Fisch einen Swimmingpool habe (ATA V/03:54). Die positiv aufgeladene Symbolik der akustischen Gestaltung wird kontrastiert mit der prosodischen Gestaltung der verbalen Beschreibung des Sees. Anton reiht dazu voller Ekel negativ besetzte Ausdrücke stark akzentuiert aneinander: „Die Brühe ist braun, grau, moderig, schlammig, das Gegenteil von durchsichtig. Oah, das muss alles voll von Horrorzeug sein" (ATA III/00:00).

Antons Veränderung wird am letzten Urlaubstag durch seinen Gang zum See eingeleitet. Nachdem er erfahren hat, dass er Piranha nicht mit nach Hause nehmen darf, steht er früh auf und macht sich mit dem Fisch auf den Weg zum See. Durch den Raumklang, der u. a. durch die Schritte Antons und die Fahrgeräusche des ferngesteuerten Autos mit Piranha im Gurkenglas erzeugt wird, entstehen Authentizität und eine intime Situation der Nähe. Während der Raumdurchschreitung bekommen die Rezipientinnen und Rezipienten Gelegenheit zur Vorstellungsbildung und erfahren gleichzeitig die zeitliche Erstreckung des Handlungsschritts. Ebenso trägt Antons näselnde Stimme, nachdem er die Taucherbrille aufgesetzt hat, zur Veranschaulichung der Situation und damit zur akustischen Annäherung an das Unbekannte bei. Mit den Worten „Jetzt gehst du auf Reisen" (ATA XI/01:38) verliert Anton das Gleichgewicht, macht ein quiekendes Geräusch und fällt ins Wasser.

In der Unterwasserwelt teilt Anton sich wieder in ein erzählendes und ein erlebendes Ich auf. Als er einen Punkt wahrnimmt, der auf ihn zu schwimmt, und er darin Piranha erkennt, der dann noch an seine Brille stupst, vermischen sich beide Erzählmodi. Dieses Erlebnis wird mit einem hellen und freundlichen, sphärisch anmutenden Klang begleitet, der wieder in dem ‚Pling'-Geräusch gipfelt, womit nun See und Swimmingpool assoziiert werden. In den Erzählermonolog werden auch Dialogversatzstücke eingefügt. Damit wird auf der akustischen Ebene das Verschmelzen der beiden Erzählebenen im See angedeutet.

In der Unterwasserwelt wird Anton von extradiegetischer Musik begleitet: Die langsamen Rhythmen der beruhigenden, entrückten Klänge charakterisieren den See als einen wunderbaren Ort, an dem es viel zu entdecken gibt. In die Musik mischen sich schließlich Töne des Helden-Tagtraums sowie weitere spannungserzeugende Elemente. Anton bezeichnet sich selbst als *Special Agent* auf der Suche nach Unterwasserhöhlen", der „lautlos und schnell" (ATA XI/03:11) durch das Wasser zischt. Nach dieser Neuorientierung bricht durch die Begegnung mit Marie, die ihn inzwischen im See sucht, wieder die Realität in Antons neue Welt. Die semantische Tiefenstruktur seiner Veränderung wird also auf der Textoberfläche durch die Überschreitung der räumlichen Grenze, nämlich der Wasseroberfläche, veranschaulicht (vgl. Müller 2020, 91).

Vorstellung von Raum entwickeln

Grundsätzlich bietet das Hörspiel *Anton taucht ab* wegen der wortgewandten Beschreibungen viele Ansatzpunkte für die Entwicklung von Vorstellungsbildung. So lassen sich zu den beschreibenden Passagen, wie z. B. der Ankunft auf dem Campingplatz, der Beschreibung von Antons Antagonisten Pudel oder dem gehassten See, mit der Anschlusshandlung, ein Bild zu malen, bereits wichtige Imaginationen der Schülerinnen und Schüler aufrufen. Darüber soll anschließend ein Austausch in Gang gesetzt werden. Auch Skizzen können auf der Grundlage des mehrfach gehörten Textes entstehen und mit eigenen Ergänzungen (in anderer Farbe) erweitert werden.

Für eine Fokussierung der Vorstellungsbildung vom Raum können wesentliche Elemente der oben herausgearbeiteten Konzeption des Hörspiels auf den Unterricht übertragen werden. Das Ziel, die Bebilderung der ‚inneren Bühne‘ (vgl. Wicke 2019), kann durch eine analytische Perspektive gestützt werden, wobei eine Stufung dieser Kategorie anhand der gezielten Auswahl von Passagen und deren Kontrastierung sinnvoll ist.

Bei einer hörenden Rezeption von *Anton taucht ab* sollte zunächst erfahrbar gemacht werden, dass sich das Geschehen an unterschiedlichen Handlungsorten abspielt (vgl. Schilcher und Pissarek 2020). Ein möglicher Arbeitsauftrag zielt auf die Unterscheidung zwischen Autofahrt und Campingplatz, Strand und Waschhaus, dem Platz vor dem Wohnwagen und dem Inneren des Wohnwagens. So zum Beispiel könnte der Handlungsort Waschhaus als abgegrenzter Ort mit leicht identifizierbaren Geräuschen und einer besonderen Raumakustik untersucht und atmosphärisch in Beziehung zu anderen Orten gesetzt werden.

Zur Wahrnehmung räumlicher Gegensätze auf der semantischen Ebene können die Symbolik des Swimmingpools und die außergewöhnliche Beschreibung des Sees vergleichend gegenübergestellt werden, ergänzt durch Antons wechselnde Zuordnung zu diesen Räumen. Die Beschäftigung mit den Geräuschen dient der Hörerziehung, leistet zudem aufgrund des symbolischen Gehalts aber auch einen wichtigen Beitrag zum literarischen Lernen. Das ‚Pling‘ eignet sich hervorragend dazu, „Geräusche als Zeichen [zu] hören und [zu] analysieren" (Wicke 2019), denn es ist ein Effekt, welcher nicht der realfiktiven

Ebene entspringt und nur für Anton hörbar ist. Eindrücke hierzu sollten verbalisiert werden; im Gegensatz dazu können auf der Grundlage der Beschreibung des Sees eigene Geräusche entwickelt werden, die der gehörten Beschreibung entsprechen. Schließlich kann an dieser Stelle antizipiert werden, wie die Verbindung von See und Swimmingpool auf der inhaltlichen und auf der diskursiven Ebene gestaltet sein könnte.

Die Vorstellung von Räumen anhand des Hörspiels zu entwickeln, heißt auch, dass hier symbolisch aufgeladene Bewegungen der Raumdurchschreitung wie das Abheben mit einer Rakete oder das Eintauchen ins Wasser mit den zugehörigen Geräuschen im Unterricht zum Gegenstand gemacht werden (Welche Bedeutung hat das Geräusch des Abhebens der Rakete, als Anton erneut in den See springt?).

Sehr komplex ist die auf der Figurenebene angelegte funktionale Unterscheidung zwischen Erzähler und Figur (vgl. Wicke 2019), die im Hinblick auf die Raumgestaltung die Etablierung eines Erzählraums nach sich zieht. Hierbei handelt es sich um eine abstrakte und komplexe Größe, die für Schülerinnen und Schüler im Grundschulalter hohe Anforderungen stellt. Zur Erfassung kann ein Medienvergleich mit der Buchvorlage beitragen, da hier die Zuhörsituation expliziert wird. Methodisch ließe sich diese Erzählweise als Vorlesesituation (z. B. auf einem Lesesessel) inszenieren, die mit der Rezeption des Hörspiels im Wechsel konzipiert ist.

Systematik der Darstellung und Gestaltung von Zeit im Hörspiel

Auch für die Systematisierung der Darstellung von Zeit können die syntaktische und die semantische Ebene unterschieden werden. Neben der Situierung von Zeitpunkten und der Darstellung des Voranschreitens von Zeit kann auch die Zeit semantisch aufgeladen sein, indem zum Beispiel die subjektive Wahrnehmung von Zeit durch die Figuren thematisiert wird.

- Wann spielt die erzählte Geschichte? (Wie wird eine historische Zeitvorstellung in der Geschichte ausgestaltet?)
- Wie wird das Voranschreiten der Zeit auf semantischer Ebene ausgestaltet?
- Wie ist das Verhältnis von Erzählzeit zu erzählter Zeit?
- Ist die Darstellung eher szenisch angelegt (dramatischer Modus) und damit zeitdeckend oder durch eine Erzählinstanz vermittelt (narrativer Modus)?
- Inwiefern wird die Geschichte von der Musik rhythmisiert?
- Welche Wirkung entsteht durch das Zusammenspiel der genannten akustischen Elemente? Entsteht die Vorstellung, dass Zeit langsamer/schneller vergeht?
- Wie wechseln sich eher langsam erscheinende Passagen mit eher schneller erscheinenden ab?

Aspekte von Temporalität auf verbaler Ebene[3]	Sprechausdruck[4]	Geräusche im Dienst der Zeitgestaltung	Musik als Mittel der Semantisierung von Zeit
- Temporale Situierung (in Bezug auf die Datierung der dargestellten Welt oder der Sprechsituation) - Temporale Strukturierung - Thematisierung von Zeitwahrnehmung durch die Figuren	- Tempo (Geschwindigkeit, Geschwindigkeitswechsel, Pausen) - Dynamik (Betonung, Lautstärke, Lautstärkewechsel) als Signale für Zeitempfinden der Figuren - Artikulation (Deutlichkeit, Laut-, Wort- und Satzverbindung) in Bezug auf die zur Verfügung stehende Sprechzeit	- Geräusche zur temporalen Situierung der Erzählung in einer anderen Zeit - Geräusche zur zeitlichen Situierung des Geschehens innerhalb der Diegese	- Musik füllt Pausen im *discours* - Musik bewirkt eine Rhythmisierung der Handlung - Musik vermittelt den Eindruck von langsam oder schnell vergehender Zeit

---

3 Vgl. die ausführliche Darstellung dazu in Titzmann 2020. Die Beschreibung der zeitlichen Gestaltung auf narrativer Ebene wird hier stark verkürzt dargestellt, da sie für das Medium Hörspiel nur zum Teil Relevanz hat.
4 Vgl. Müller 2012, Arbeitsblatt 4.1 im Downloadbereich.

Gestaltung von Zeit in *Anton taucht ab*

Mit Antons einleitendem Kommentar zum alten Wohnwagen seiner Großeltern, der „nicht gerade ein Space Shuttle" ist, wird die Erzählung in der heutigen Zeit situiert; gleichzeitig wird durch die Gitarrenmusik, die mit einem auf der Stelle tretenden Rhythmus vor sich hin intoniert, Bedeutung unterlegt. Zum einen wird die geringe Geschwindigkeit, mit der die Fahrt in den Urlaub vorangeht, abgebildet, zum anderen wird durch die sehr sparsam wirkende akustische Gitarre eine Atmosphäre von Nostalgie vermittelt, die diese Szene ergänzt und das Hörspiel auch als ein doppelt adressiertes auszeichnet.

Im Intro des Hörspiels stellt sich der Erzähler selbst vor, indem er direkt zu den Hörerinnen und Hörern spricht. Er etabliert einen Erzählraum im Hier und Jetzt und vermittelt damit auf zeitlicher Ebene die Parallelität von erzählenden und szenischen Passagen. Durch die Instanz des Erzählers können Beschleunigungen oder Verzögerungen in Bezug auf die *histoire* vermittelt werden. Die dadurch entstehenden und für eine Erzählung konstitutiven Rhythmuseffekte (vgl. Genette 2010, 54) werden in *Anton taucht ab* durch unterschiedliche akustische Elemente unterstrichen.

Wenige Passagen im Hörspiel sind zeitdeckend, also ausschließlich szenisch gestaltet. Immer wieder gehen szenische Darstellungen in Kommentare des Erzählers über oder aus den Kommentaren des Erzählers ergeben sich szenische Weiterführungen. Der dadurch entstehende Effekt kann in den Fällen, in denen die Erzählerfigur Anton ihre Gefühle und die Entwicklung ihrer Persönlichkeit beschreibt und reflektiert, als Pause bezeichnet werden. In diesen Passagen wird Antons Gedankenwelt beleuchtet, ohne dass die Handlung voranschreitet. Eine ähnliche verlangsamende Wirkung haben Passagen, in denen Anton Dinge beschreibt, wie zum Beispiel die „Pissbrühe", das Seewasser. Zusätzlich sind Passagen zu nennen, in denen Anton aus der szenischen Darstellung heraus seine Sichtweise aus der Innenperspektive ergänzt (ATA X/05:20).

Eine wichtige Rolle für die Vermittlung von Zeitwahrnehmung spielen ferner der Sprechausdruck und die Musik. Sie fungiert als Pausenelement zwischen Handlungsabschnitten; durch sie wird außerdem die Überleitung zwischen den szenischen und den reflexiv gestalteten Passagen geschaffen. Die Musik besteht aus zwei unterschiedlichen Themenkomplexen: Zum einen gibt es Gitarrenklänge, bei denen eine sparsame, eingängige Tonfolge, die wenig Bewegung enthält, immer wieder abgewandelt wird und an Filmmusik aus Westernfilmen erinnert. Damit wird eine ruhige sommerliche Atmosphäre vermittelt. Der andere charakteristische Themenkomplex, mit Didgeridoo, Schlagzeug und Keyboard realisiert, kann als vorantreibende, stark rhythmisierte und mit breiteren Klängen unterlegte

Melodie beschrieben werden, die auch Elemente von Showmusik und von Filmmusik aus Agentenfilmen enthält.

Als Besonderheit ist ferner zu verzeichnen, dass die musikalische Untermalung verschiedentlich das Tempo ändert und damit das Voranschreiten der Zeit als gedehnt oder komprimiert erscheint. So erklingt zu Beginn von Track III in der Musik das Motiv von Antons Tagtraum als Swimmingpoolheld (ATA III/00:00), welches sich nach und nach zu einem schleppenden Grundschlag verlangsamt. Der Erzähler Anton übernimmt seine Rolle und resümiert: „Sie haben gewonnen, den ganzen blöden Weg bis zum See gehe ich schon hinter denen her" (ATA III/00:14). Dabei ist auch im Sprechausdruck eine gewisse Müdigkeit ohne Dynamik zu vernehmen.

Eine zeitraffende Gestaltung wird im Hörspiel durch Ellipsen erreicht, wie z. B. zu Beginn des Hörspiels, nachdem Anton seinen Tagtraum vom Swimmingpool vorgestellt hat. Es folgt ein Schnitt, der vom Erzähler nicht kommentiert wird. Die Handlung setzt erst wieder ein, als Anton am nächsten Morgen von seinem Großvater geweckt wird. Die zeitliche Situierung wird aber nicht auf verbaler Ebene, sondern durch Handlungen und entsprechende Geräusche vermittelt. Dabei werden zum Teil unwichtige, sich doppelnde Informationen (Anton wird geweckt, der Opa macht sich fertig für den Tag, die Oma ruft zum Frühstück) geliefert, um so den Zeitsprung ‚abzufedern'. Nach der zuvor auch in der Musik realisierten eher rasanten Erzählung des Swimmingpoolhelden wird in dieser Szene die Erzählgeschwindigkeit stark verlangsamt; im Ergebnis scheint dieser Rhythmus die Ankunft am Urlaubsort zu unterstreichen.

Die Vorstellung von schnell verfliegender Zeit liegt auch in Form eines Erzählerberichts vor, am Schluss des Urlaubs fasst Anton zusammen:

> Heute ist schon der letzte Ferientag. Morgen reisen wir ab. Seit dem Abend neulich, als ich mit Piranha hinterm Waschhaus war, ist nichts Besonderes mehr passiert. Jeden Morgen haben wir Piranhas Wasser gewechselt, danach bekam er einen Wurm. Oma und Opa haben sich die ganze Zeit am See vergnügt. Ich bin mit Piranha durch die Gegend gezogen. (ATA X/00:00)

Auch für die Gestaltung von Antons Lüge wird mit der Variation von Geschwindigkeiten gespielt: Anton belügt seine Großeltern, die sich um ihn sorgen. Er erzählt ihnen, dass er mit den Kindern gemeinsam in den See springe (ATA IX/01:05). Diese Passage zeichnet sich durch eine höhere Sprechgeschwindigkeit Antons aus. Durch die Kontrastierung mit der bereits bekannten Gitarrenmusik, die im Anschluss an die Präsentation der Lüge viel langsamer intoniert wird, kann die Lüge als solche entlarvt werden.

Auch das Erleben von Gleichzeitigkeit unterschiedlicher Zeitpunkte wird durch die Elemente des Hörspiels ermöglicht. Als Anton zum letzten Mal am See entlang geht, wird durch die Benennung des Sees mit dem zu Anfang gegebenen Namen („Pissbrühe") gleichzeitig auch der Beginn der Geschichte aufgegriffen. Zusätzlich spürt Anton wieder die Düsenantriebsrakete, die ihn früher meistens gesteuert hatte. Dass sie auch jetzt noch da ist, wird deutlich an der Stimme, die von zehn auf null einen Countdown herunterzählt, bei dem Anton schließlich einstimmt. Diese Rakete als Teil seiner Vergangenheit hat immer noch Macht über ihn, drängt ihn jetzt aber dazu, über den Steg zu laufen und mit einem lauten „Karramba" (ATA XII/01:41) in den See zu springen. Die Inszenierung bewirkt, dass unterschiedliche Zeitebenen zu einer Einheit verschmelzen. Bereits zuvor waren die „Karramba"-Rufe der anderen Kinder des Campingplatzes öfter ertönt und hatten damit diesen Höhepunkt antizipiert.

Vorstellung von Zeit entwickeln

Für die Entwicklung der Vorstellung von Zeit hat die Musik eine hohe Relevanz. Um Musik als narrative und atmosphärische Ebene wahrzunehmen (vgl. Wicke 2019), bietet es sich im Unterricht an, zwei Passagen zu kontrastieren: Die Musik zu Antons Tagtraum im Swimmingpool (ATA II/00:00) zeichnet sich durch einen schnelleren Puls aus und wirkt unterhaltsam. In der folgenden Auseinandersetzung mit den Großeltern beim Frühstück geht es darum, ob Anton mit zum See kommen soll (ATA II/02:02). Nahtlos übernimmt dann in Track III kurzzeitig die Musik die Erzählfunktion und erinnert aufgrund des Tempos an Antons Heldenfantasie. Langsam wird der Grundschlag heruntergefahren und Anton ist wieder als Erzähler etabliert: „Sie haben gewonnen ..." (ATA XIII/00:15). Anton befindet sich in der realen Handlungsebene mit den Großeltern auf dem Weg zum See. In die nun leisere und langsamere Musik mischen sich zusätzlich die Gitarrenklänge vom Anfang. Durch einen fokussierten Hörauftrag (auch mit der Aufforderung, den Grundschlag zu klopfen) kann der Gegensatz im Grundtempo dieser beiden Passagen herausgearbeitet werden. Ein Austausch über die unterschiedliche Wahrnehmung von Zeit beim Hören weiterer Passagen schließt sich an.

Zur Rekonstruktion von zeitlicher Ordnung nach einem Schnitt kann die Passage am ersten Morgen im Wohnwagen (ATA II/01:10) vorgespielt werden, die ohne weitere Erzählerkommentare einsetzt. Durch mehrfache Benennung der Tageszeit und durch unterschiedliche Geräusche (Gähnen, Sachen suchen, Kitzeln zum Wecken) ist eine zeitliche Situierung und damit die Bebilderung der ‚inneren Bühne' möglich, die fragend-entwickelnd erschlossen wird (Wann spielt diese Szene? Mit welchen Geräuschen hätte man die Szene auch anders darstellen können, z. B. Wecker, krähender Hahn, Kaffeemaschine etc.? Welche Geräusche habt ihr gehört, als ihr heute aufgestanden seid?). Im Kontrast zu dieser Erarbeitung wird die Szene gegen Ende der Geschichte angehört, in der Anton zeitraffend den Rest der Ferien zusammenfasst (ATA X/00:18). Die Thematisierung der unterschiedlichen Wirkung schließt sich an.

Zusammenspiel von Raum und Zeit in *Anton taucht ab*

Es ist deutlich geworden, dass die aus Gründen der Systematik getrennten Ebenen Raum und Zeit eng zusammenhängen. In Bezug auf eine Gestaltung der auditiven Ebene fällt auf, dass der Raumwechsel innerhalb der *histoire* oft eine szenische Gestaltung des neuen Schauplatzes nach sich zieht und damit eine zeitliche Dehnung erfolgt. Nach der Ankunft auf dem Campingplatz beschreibt Anton diesen zunächst einmal sehr ausführlich. Obwohl er alleine spricht, ist auch für diese Beschreibung eine szenische Darstellung gewählt, denn Anton geht den Raum ab und vergegenwärtigt ihn damit für die Hörerinnen und Hörer. Nach der ersten Nacht wird den Rezipientinnen und Rezipienten die Enge des Wohnwagens verdeutlicht, in dem die Figuren agieren. Die Leerstelle, die durch den Schnitt entstanden ist, wird durch mehrmalige Bezugnahme auf die Tageszeit kompensiert. Auch bei diesem Beispiel ist mit dem Erkunden des Raums die Zeit semantisch aufgeladen, denn alle Äußerungen beziehen sich auf den Start in den Urlaub.

Wenn Anton am letzten Urlaubstag früh morgens aufsteht, um den Fisch in den See zu bringen, dann hat auch diese zeitliche Situierung eine ganz besondere Relevanz. Der frühe Morgen verheißt eine spezifische Atmosphäre: Alle schlafen noch, in dieser Ungestörtheit, die einem Zeitstillstand gleichkommt, kann er die besondere Erfahrung der Unterwasserwelt machen und damit sein bisheriges Ich abstreifen. Diese Anreicherung einer relativ kurzen Zeitspanne mit Bedeutung wird akustisch vielfach konkretisiert. Der lange Weg, den Anton mit Piranha bis zum See zurücklegt, wird ausgestaltet durch das ferngesteuerte Auto sowie Antons einseitige Unterhaltung mit dem Fisch; die näselnde Stimme mit Taucherbrille bildet eine Veränderung der eigenen Gestalt ab. Schließlich bewirkt das Eintauchen ins Wasser – auf der syntaktischen Ebene ein Raumwechsel – semantisch aber das Eintauchen in einen „Extremraum" (Schilcher und Pissarek 2020, 319), der die Veränderung des Protagonisten ermöglicht, weil hier die Gesetze der Zeit außer Kraft gesetzt scheinen. Anton ist im Raum der Langsamkeit angekommen, so erzählt die Musik. Dass auf syntaktischer

Ebene eine lange Zeitspanne vergangen ist, wird verbal vermittelt (Uhrzeit, trockene Kleider). Antons Erschrecken, dass es schon so spät sei, und die Reaktion der Oma laden die Erkenntnis mit Bedeutung auf. Kurz darauf springt Anton erneut mit Absicht in den See. Dieses Mal wird er von beschwingter Musik und den Raketengeräuschen seiner „Düsenantriebsrakete" begleitet, womit Antons Wandlung bestätigt und positiv besetzt wird.

Raum und Zeit produktiv im Hörspiel umsetzen

Hörspielrezeption in der Grundschule lässt sich gewinnbringend durch die produktive Hörspielarbeit ergänzen, die einen wichtigen Baustein von Medienkompetenz darstellt (vgl. Groeben und Hurrelmann 2002) und „medien- und literaturdidaktische Kompetenzen miteinander verknüpft" (Reiske 2021, 125).

Methodisch könnte dabei zum einen auf den Erzählraum abgezielt werden; dazu könnte im Kontext der Rezeption der Buchvorlage der erste Abschnitt in einen szenischen Text umgeschrieben und anschließend entsprechend reflektiert werden: Wer erzählt hier eigentlich? Durch welche Geräusche kann vermittelt werden, dass Anton und seine Großeltern im Auto fahren? Die Aufgabe impliziert neben dem szenischen Schreiben auch das Üben des Vortragens dieser Szene und das Nachdenken über Geräusche, die ergänzt werden können.

Eine weitere Option ist das Füllen von Leerstellen des Textes mit kurzen Audiodateien. Dazu werden zunächst konkrete Schreibaufträge erteilt, z. B. ein Gespräch mit Marie, ein Telefonat mit den Eltern oder ein Gespräch mit den Eltern nach Antons Rückkehr nach Hause, die auditiv umgesetzt werden. Bei einer abschließenden Betrachtung der Erzählung könnten die entstandenen kurzen Einspieler die Figuren zum Sprechen bringen und Veränderungen aufzeigen.

Die produktive Auseinandersetzung kann auch die Sprechgestaltung zum Gegenstand machen (vgl. Pompe et al. 2018, 220). Passagen der Erzählung werden zuerst gelesen und als Hörfassung erstellt, bei der unterschiedliche Formen der Sprechgestaltung erprobt und Lesevorträge mit Geräuschen und Musik versehen werden. Bei der Lektüre von *Anton taucht ab* könnten zum Beispiel Unterschiede im Sprechausdruck der Figuren Anton und Pudel kontrastiert werden. Eine weitere Möglichkeit der produktiven Auseinandersetzung mit *Anton taucht ab* bietet die Thematisierung des Lageplans des Campingplatzes, der mit der Raumvorstellung der Schülerinnen und Schüler verglichen werden kann.

Fazit und Ausblick

Das Hörspiel *Anton taucht ab* bietet eine Fülle an Details mit Potenzial für die Hörspielarbeit im institutionellen Kontext. Grundlegende Konzeptionen der Kategorien Raum und Zeit wurden in ihrer unterschiedlichen Ausdifferenzierung vorgestellt und konnten auf verschiedenen Ebenen verortet und in ihrem Zusammenspiel diskutiert werden. Insbesondere die Figurendarstellung Antons, der als Erzähler seiner Geschichte und gleichzeitig als Figur in der dargestellten Welt auftritt, wird durch die akustische Gestaltung greifbar. Eine wichtige Funktion hat auch die Musik, die in der Rolle der Erzählerin anhand unterschiedlicher Gestaltungen für die atmosphärische Färbung sowie die inhaltliche Einordnung und Zusammenführung bestimmter Passagen sorgt.

Das Hörspiel eignet sich im Hinblick auf die gezielte Anbahnung literarischer und medialer Kompetenzen. Insbesondere die verbale Gestaltung, die Figurengestaltung und die Wahrnehmung von Musik können in der auditiven Adaption die Vorstellungsbildung unterstützen. Die komplexen Gestaltungen der Kategorien Raum und Zeit können durch Kontrastierung einschlägiger Passagen zugänglich werden. Dieses Verfahren dient sowohl der Bebilderung der ‚inneren Bühne‘ als auch dem Erkennen unterschiedlicher (symbolischer) Funktionen von Musik. Weitere Ausdifferenzierungen, die die Bedeutung akustischer Elemente für bereits bestehende Modelle literarischen Lernens herausarbeiten, sind für die Arbeit mit Hörspielen im schulischen Kontext vorzunehmen und tragen dazu bei, Hörspielarbeit stärker im Unterricht zu verankern.

Literatur & Medien

Anton taucht ab. Hörspiel nach dem Roman von Milena Baisch. Regie: Maidon Bader. SWR/ WDR 2012 (Der Audio Verlag 2012).
Baisch, Milena: Anton taucht ab. Weinheim/Basel 2010.

***

Frederking, Volker/Krommer, Axel/Maiwald, Klaus: Mediendidaktik Deutsch. Eine Einführung. Berlin 2012.
Genette, Gérard: Die Erzählung. Übers. v. Andreas Knop. Mit e. Nachw. v. Jochen Vogt. 3. Aufl. Paderborn 2010.
Groeben, Norbert/Hurrelmann, Bettina (Hg.): Medienkompetenz: Voraussetzungen, Dimensionen, Funktionen. Weinheim 2002.

Kumschlies, Kirsten: Baisch, Milena: Anton taucht ab. In: kinderundjugendmedien.de 2013. URL: https://www.kinderundjugendmedien.de/index.php/werke/729-baisch-milena-anton-taucht-ab (04.01.2022).

Müller, Karla: Hörtexte im Deutschunterricht. Poetische Texte hören und sprechen. Seelze 2012.

Müller, Karla: Semantische Ordnungen erkennen. In: Auf dem Weg zur literarischen Kompetenz. Ein Modell literarischen Lernens auf semiotischer Grundlage. Hg. v. Anita Schilcher und Markus Pissarek. Baltmannsweiler 2020, S. 87–104.

Pompe, Anja/Spinner, Kaspar H./Ossner, Jakob: Deutschdidaktik Grundschule. Eine Einführung. 2. Aufl. Berlin 2018.

Reiske, Jennifer: Let's tell. Mit digitalen Medien Erzählkompetenz fördern und für Literatur begeistern. In: Grundschule digital. Innovative Konzepte für die Fächer Deutsch und Mathematik. Hg. v. Silke Ladel und Volker Frederking. Münster/New York 2021, S. 123–136.

Schilcher, Anita/Pissarek, Markus (Hg.): Auf dem Weg zur literarischen Kompetenz. Ein Modell literarischen Lernens auf semiotischer Grundlage. Baltmannsweiler 2020.

Spinner, Kaspar H.: Literarisches Lernen. In: Praxis Deutsch 2006, 200, S. 6–16.

Staiger, Michael: Erzählen mit Bild-Schrifttext-Kombinationen. Ein fünfdimensionales Modell der Bilderbuchanalyse. In: BilderBücher. Bd. 1: Theorie. Hg. v. Julia Knopf und Ulf Abraham. Baltmannsweiler 2014, S. 12–23.

Titzmann, Michael: Zeitliche Gestaltung rekonstruieren und beschreiben. In: Auf dem Weg zur literarischen Kompetenz. Ein Modell literarischen Lernens auf semiotischer Grundlage. Hg. v. Anita Schilcher und Markus Pissarek. Baltmannsweiler 2020, S. 169–198.

Wicke, Andreas: Hörspieldidaktik. In: kinderundjugendmedien.de 2019. URL: https://www.kinderundjugendmedien.de/index.php/fachdidaktik/3179-hoerspieldidaktik (04.01.2022).

Florian Rietz

Perspektivübernahmekompetenz im Kinderhörspiel

Multiperspektivisches Erzählen in Thilo Refferts *Nina und Paul*

Paul: Es war der schönste Tag in meinen Ferien, Nina.

Nina: Ja. Bis auf die, die noch kommen. Mit dir, Paul Zacher.

Paul: *(im Lkw)* Als ich neben Vater sitze und er schiebt rückwärts den Weg zurück und vor uns wird der Traktor immer kleiner, in dem Nina jetzt sitzt, da, wo ich gesessen habe heute vor dem Mittag, und sie schaut zu mir, winkt nicht, schaut bloß, da frage ich mich, hat sie das gesagt, oder habe ich nur gewollt, dass sie das sagt: ‚Bis auf die, die noch kommen.'

Nina: *(im Traktor)* Mutter fährt langsam den Feldweg entlang nach Hause, aber wir ziehen trotzdem eine Staubfahne hinter uns her, dass ich den Lkw mit Paul darin kaum noch sehen kann. Hat er meine Augensprache verstanden? Ich konnte nichts sagen, sonst hätte ich am Ende noch das Heulen gekriegt. Aber ich glaube, er hat mich auch so verstanden, an den Worten vorbei.   (NP 51:20)

Mit diesen Sätzen endet Thilo Refferts preisgekröntes Kinderhörspiel *Nina und Paul* (NP), das am 3. Juli 2011 urgesendet und im selben Jahr mit dem Deutschen Kinderhörspielpreis ausgezeichnet wurde. Das Hörspiel basiert auf dem im Jahr zuvor veröffentlichten gleichnamigen Kinderbuch.[1] 2012 wurde *Nina und Paul* als Theaterstück uraufgeführt. Inhaltlich geht es um den letzten Schultag von Nina und Paul vor den Sommerferien. Paul erfährt überraschend, dass Nina mit Beginn des neuen Schuljahrs die Schule in Bad Windungen besuchen wird und sie somit nicht mehr gemeinsam in eine Klasse gehen werden. Nach dem Unterricht verbringen die beiden zum ersten Mal gemeinsam den Nachmittag und besteigen ein Windrad, wo sie sich zum Abschluss küssen. Die erzählte Zeit umfasst einen Tag, der mit dem Aufstehen der beiden Figuren beginnt und mit der Ankunft von Pauls Vater am Windrad kurz nach 17:00 Uhr endet. Das Figurenensemble ist mit zwölf Personen übersichtlich und die Handlungsorte werden durch spezifische atmosphärische Geräuschkulissen verdeutlicht: Stadtwohnung, Schule, Bauernhof, Traktor, Windrad und LKW.

Das Hörspiel zeichnet sich besonders durch den Einsatz von Multiperspektivität und inneren Monologen aus. Dies verdeutlicht die bereits eingangs zitierte Szene, in der es sich nicht um gesprochene Rede handelt, sondern um

---

1 Es wird für Kinder ab einem Alter von 7 Jahren empfohlen.

gedachte. Es sind innere Monologe der beiden Figuren. Die Hörerinnen und Hörer haben zunächst den Eindruck, dass sich die beiden Hauptfiguren voneinander verabschieden. Doch in den folgenden inneren Monologen wird deutlich, dass Nina nicht auf Pauls Abschiedsgruß reagiert und sie gehofft hat, dass er sie auch so verstanden hat, „an den Worten vorbei" (NP 52:24), was schließlich auch der Fall war. Wicke kommt in seiner Analyse von *Nina und Paul* zu folgendem Fazit:

> Durch die inneren Monologe und das multiperspektivische Erzählen macht Reffert deutlich, dass es bei der Annäherung der Figuren keine richtige oder zentrale Perspektive geben kann, sondern gerade die individuellen Sichtweisen von Bedeutung sind. Gleichzeitig wirken innere Monologe im Hörspiel nicht unnatürlich, es liegt im Gegenteil der Reiz akustischen Erzählens darin, die unterschiedlichen Perspektiven und Erzähleben zu einem Gesamteindruck zu verbinden. (Wicke 2019a, 99)

Doch wie gelingt es einer jungen Hörerin oder einem jungen Hörer, diese unterschiedlichen Ebenen des multiperspektivischen Erzählens (vgl. Nünning und Nünning 2000b, 42) den einzelnen Figuren zuzuordnen, voneinander abzugrenzen und zu koordinieren, um sie als ein Ganzes wahrzunehmen und zu einem Gesamteindruck zu verbinden? Über welche Kompetenzen müssen die jungen Hörerinnen und Hörer verfügen, um diesen komplexen Prozess zu bewältigen. Und wie kann dieser Prozess im schulischen Unterricht unterstützt und begleitet werden? Der vorliegende Beitrag versucht, diese Fragen anhand des literaturdidaktischen Modells der Perspektivübernahmekompetenz zu beantworten.

Perspektivübernahmekompetenz

Ziel des Modells der literarischen Perspektivübernahmekompetenz (vgl. Rietz 2017a) ist es, sich einem literarischen Text unter Berücksichtigung des jeweiligen entwicklungspsychologischen Standes der Leserin und des Lesers anzunähern (vgl. Bischof-Köhler 2011), ihn zu analysieren und mögliche Fragen und Besonderheiten des Textes auf der Ebene der Perspektivübernahme der einzelnen literarischen Figuren herauszuarbeiten. Der Fokus kann dabei auf verschiedenen Stufen des Modells liegen und damit unterschiedliche Dimensionen des Textes berücksichtigen (vgl. Rietz 2017a, 89–91).[2] Der zugrundeliegende Perspektivbegriff umfasst einen breiten theoretischen Rahmen. Er verbindet beispielsweise narratologische Begriffe wie Erzählinstanz und Perspektive im Sinne von Stanzel mit entwicklungspsychologischen Aspekten aus dem Bereich der *theory of mind*. Die folgenden Definitionen der drei Stufen der Perspektivübernahmekompetenz geben einen Einblick in die Ausdifferenzierung des komplexen Perspektivbegriffs (vgl. Rietz 2017a, 47–67).

Die erste Stufe bezeichnet den Erwerb der Fähigkeit zur Perspektivenkoordinierung im Alter zwischen ca. 4 und 7 Jahren. Das zuhörende Kind kann dabei „alle selektiven Informationen, die ihm durch den Erzähler bzw. die durch ihn konstruierten Figuren vorliegen, den jeweiligen Figuren zuordnen, voneinander abgrenzen und koordinieren sowie für sich selbst als Ganzes wahrnehmen/vergegenwärtigen" (Rietz 2017a, 89). Dabei entwirft der Erzähler die literarische Welt, indem er die Innen- und/oder Außenperspektiven der Figuren (vgl. Stanzel 2008) darstellt und auf dem Hintergrund dieser Informationen den Wissensstand einer literarischen Figur konstruiert.

Die Perspektivkonstruktion und Perspektivideologie bildet die zweite Stufe des Kompetenzstufenmodells ab und berücksichtigt den entwicklungspsychologischen Abschnitt zwischen dem 10. Lebensjahr und der Adoleszenz. „Der Rezipient kann Vorstellungen, Abgleichungen und Bewertungen von Perspektiven von den literarischen Figuren in Bezug zur konstruierten literarischen Welt durchführen" (Rietz 2017a, 90). Die genannten Figurenperspektiven sind dabei im Sinne von Schmid „ideologisch" (Schmid 2008, 132) und umfassen die „soziale, gesellschaftliche, kulturelle, ethnische, religiöse, geschichtliche sowie geschlechts- und altersmäßige" (Nünning und Nünning 2000b, 52) Bandbreite.

Auf der dritten und letzten Stufe entwickelt sich die Fähigkeit zur Perspektivrelativierung. Sie setzt nach der Phase der Adoleszenz ein und bleibt lebenslang erhalten. „Der Rezipient kann seine eigene Perspektive, die durch sein Erfahrungs- und Weltwissen beeinflusst ist, bzgl. der durch den Erzähler präsentierten Sachverhalte relativieren" (Rietz 2017a, 91).

Durch den Medienwechsel vom Buch zum Hörspiel und insbesondere durch die von Reffert gewählte multiperspektivische Darstellungsform rückt die vermeintlich einfache erste Stufe der Perspektivenkoordinierung in den Fokus. Die jungen Rezipientinnen und Rezipienten müssen in der Konstruktion des gesamten Settings eine hohe kognitive Leistung erbringen, um die einzelnen Perspekti

---

2 Das Modell wurde auch am Beispiel des multiperspektivischen Erzählens in Paul Maars *Herr Bello und das blaue Wunder* (vgl. Rietz 2017b) sowie des unzuverlässigen Erzählers in Andreas Steinhöfels *Rico, Oskar und die Tieferschatten* (vgl. Rietz 2021) angewandt.

ven zu koordinieren und ihren Zusammenhang zu verstehen. In der textbasierten Version ist dieser Vorgang einfacher. Zwar ist auch der Roman *Nina und Paul* multiperspektivisch erzählt, doch wird dort anhand der Linearität der Schriftsprache eine andere Darstellungsform gewählt: Auf der linken Buchseite erzählt die Ich-Erzählerin Nina, auf der rechten der Ich-Erzähler Paul.

Die Geschichte in diesem Buch hat zwei Seiten: meine und die von Paul. Dies hier ist meine Seite der Geschichte, sie steht links. Gegenüber, auf der rechten Seite, erzählt Paul die Geschichte. Was auf derselben Zeile steht, geschieht zur selben Zeit. Aber wenn wir dasselbe auch zur selben Zeit erleben – es ist oft nicht mal das gleiche. Wenn ihr unsicher seid, wo die richtige Version steht, schaut hierher, nach links, zu Nina. (Reffert 2010, 4)

Ich möchte mich vorstellen, damit ihr wisst, mit wem ihr es zu tun habt. Ich bin Paul. Ich erzähle hier die Geschichte eines einzigen Tages. Dieser Tag fängt vor dem Aufstehen an, dafür endet er auch eine Stunde zu früh – oder zwei. Gegenüber steht Ninas Seite der Geschichte. Vielleicht glaubt ihr nun, die Wahrheit liegt irgendwo in der Mitte. Stimmt nicht, sie liegt hier, bei mir, bei Paul. (Reffert 2010, 5)

Zusätzlich sind die Seiten jeweils mit dem gezeichneten Konterfei von Nina und Paul versehen. Diese paratextuellen Signale unterstützen den Leser und die Leserin also in der Koordinierung der Perspektiven, eine Hilfe, die bei der Hörspieladaption nicht gegeben ist. Hier werden die unterschiedlichen Perspektiven durch das Sounddesign und die akustische Raumwirkung markiert. Aufgrund des Medienwechsels und der Möglichkeit des synchronen zeitlichen Erzählens ergeben sich für den didaktischen Kontext somit Chancen und Herausforderungen.

Multiperspektivisches Erzählen in *Nina und Paul*

Die Besonderheit des Hörspiels *Nina und Paul* liegt in der multiperspektivischen Präsentation der Erlebnisse (vgl. Nünning und Nünning 2000a, 13), die im Hörspiel in einer „linearen Form" (Wicke 2019a, 97) präsentiert werden. Dies fordert bei den kindlichen Rezipientinnen und Rezipienten nicht nur ein aufmerksames Zuhören, sondern auch die Fähigkeit der Perspektivenkoordinierung, damit sie sich die einzelnen Perspektiven der Figurenrede, insbesondere der Titelfiguren, vergegenwärtigen und sie zuordnen können. Die Herausforderung liegt vor allem in der Abgrenzung der einzelnen Perspektiven voneinander, wenn zwischen den inneren Monologen und der Figurenrede unterschieden werden muss, da dieser Wechsel nur durch das jeweilige Sounddesign erkennbar ist (vgl. Wicke 2019b). So ist es im Hörspiel keine Seltenheit, dass beide Figuren zeitgleich zu hören sind. Dabei müssen die Hörerinnen und Hörer zuordnen, von welcher Figur sie jeweils den inneren Monolog und von welcher sie die Figurenrede hören, und somit koordinieren, was die jeweiligen Figuren voneinander wissen. Um das multiperspektivische Erzählen zu verstehen und aufzulösen, bedarf es daher neben den feststellbaren Merkmalen des Textes bzw. des Hörspiels auch der Fähigkeiten zur Perspektivenkoordinierung, die mit ca. 7 Jahren abgeschlossen ist.

Tab. 1: Einführung der Figuren Nina und Paul (NP 00:35).

Hörpassage	Perspektivenkoordinierung
Atmo Nina: Kühe blöken, ein Traktor rattert vorbei, eine Ziege meckert.	
Ich liege im Bett und erinnere mich, was Mama mir rausgelegt hat: die Cordhose. Der Tag ist sowas von im Eimer. Noch sieben Minuten bis zum Aufstehen. Ich hab's, wir haben ausgemacht, ich ziehe das an, was morgens daliegt. Wenn ich jetzt die Cordhose wegnehme und lege dafür die Jeans hin, die mit dem Muster hinten drauf, dann kann sie nichts sagen. Oder? Ich muss nur abwarten, bis sie beim Melken ist.	→ Perspektive Nina als Erzählerin
Wenn ich in die Stadt komme, fängt es an zu regnen. Langsam zuerst, dann stärker.	→ Perspektive Paul als Erzähler
Atmo Paul: Eine Dusche wird aufgedreht.	
Paul, duschst du schon?	→ Perspektive Pauls Mutter
Ja-ha.–	→ Perspektive Paul
– Unter meinen Füßen bilden sich Pfützen. Wenn ich hineintrete, spritzt das Wasser komplett weg. Ich laufe jetzt mit Riesenschritten durch den Regen, einer zwanzig Meter oder fünfzig Meter. Oder – ach, ich kann auch fliegen. Da, ich fliege! *(Die Dusche wird abgedreht.)* Nanu, der Regen hört auf? Dabei bin ich doch erst auf Höhe der Wolkenkratzer.	→ Perspektive Paul als Erzähler
Gleich wird sie die Melkmaschine anstellen, gleich. Dann kann ich zum Schrank flitzen, die Jeans rausholen und – *(Melkstand geht in Betrieb)* da, jetzt kann sie nicht weg! Nun aber los: Schrank auf! Nein! Die Hosen liegen ganz oben! Ich muss den Stuhl holen. Na? Na? *(Sie kommt kaum ran.)* Da, endlich, ich hab sie. Jetzt noch rüber ins Bad. Die olle Cordhose wegnehmen, meine Jeans hinlegen. Und wieder zurück ins Bett. War was? Nö! *(Der Melkstand rattert weiter.)*	→ Perspektive Nina als Erzählerin

Tab. 1 (fortgesetzt)

Hörpassage	Perspektivenkoordinierung
Ich muss durch die Wolken geflogen sein. Ich bin ja voller Schaum! Ich befehle dem Regen zu regnen. *(Dusche wird angestellt.)* Da, es geschieht! Das Himmelswasser gehorcht mir! Ich kann es sogar aufwärts strömen lassen!	→ Perspektive Paul als Erzähler
(entfernt) Was machst du, überschwemmst du wieder das Bad?	→ Perspektive Pauls Mutter
Ich? Überhaupt nicht. Das – war schon so!	→ Perspektive Paul
(näherkommend) Guten Morgen, Monsieur Platsch. Hier hast du dein Handtuch, mach hin, trödeln ist ab morgen. Weißt du was? Papa kommt heute! Er ist schon übern Brenner! Gegen fünf will er da sein.	→ Perspektive Pauls Mutter
Das ist – schön.	→ Perspektive Paul

Bereits in den ersten Minuten des Hörspiels *Nina und Paul* (vgl. Tab. 1) müssen die jungen Hörerinnen und Hörer unterschiedliche Figurenperspektiven zuordnen, voneinander abgrenzen und koordinieren sowie für sich selbst als Ganzes wahrnehmen. Dieser komplexe Prozess ist auf drei Ebenen des Hörspiels zu verorten: a) Perspektive Erzähler und Figur, b) Wissensstand der Figuren untereinander und c) räumliche Dimension.

Ad a): Auf der ersten Ebene gilt es, die Perspektiven der beiden homodiegetischen Erzählinstanzen Nina und Paul (weiß hinterlegt) sowie der Figuren Nina und Paul funktional zu unterscheiden und zu koordinieren. Unterstützt wird dies durch unspezifische Hintergrundtöne (dunkelgrau hinterlegt) und die jeweils spezifischen Ortsgeräusche bzw. die Raumakustik.

Ad b): Auf der zweiten Ebene geht es um die Koordinierung der Perspektiven der beiden Mütter, die über einen anderen Wissensstand verfügen als die Zuhörerinnen und Zuhörer, da sie den Inhalt des bereits Erzählten nicht kennen. Damit muss eine Abgrenzung des Wissens der einzelnen Figuren erfolgen.

Ad c): Auf der dritten Ebene bedarf es einer räumlichen Koordinierung (hellgrau hinterlegt), die neben der textlichen Beschreibung vor allem durch das spezifische Sounddesign, in diesem Bespiel durch die Dusche und den Bauernhof, konstruiert wird. Folglich müssen die Hörerinnen und Hörer „Geräusche als Zeichen hören und analysieren" (Wicke 2019b) können.

Die Koordinierung dieser drei Ebenen ist für das Verstehen des gesamten Hörspiels zentral und bildet zugleich die größte Herausforderung für die Hörerinnen und Hörer. Außerdem bietet das multiperspektivische Erzählen nach einer erfolgreichen Perspektivenkoordinierung die Möglichkeit eines unmittelbaren Einblicks in die Gedanken und Gefühlswelt der jeweiligen Erzählinstanz. Auf der einen Seite wird die kindliche Unsicherheit im Umgang mit dem anderen Geschlecht deutlich, auf der anderen Seite zeigt sich, dass die Interpretation der jeweils anderen Perspektive nicht immer erfolgreich ist. Durch diese unmittelbaren, synchronen Alteritätserfahrungen besteht bei den Hörerinnen und Hörern die Möglichkeit, durch die Perspektivübernahme und das Abgleichen mit den eigenen Erlebnissen Erfahrungen darüber zu sammeln, wie andere Menschen denken. Unterstützt wird damit die Ausbildung der Perspektivkonstruktion (zweite Stufe), die entwicklungspsychologisch erst etwa mit dem 10. Lebensjahrs beginnt.

Im folgenden Textbeispiel (vgl. Tab. 2) erfahren die Hörerinnen und Hörer ein Vielfaches mehr durch die inneren Monologe der Figuren als durch die Figurenrede selbst.

Tab. 2: Figurenrede und Erzähler (NP 18:17).

Hörpassage	Perspektivenkoordinierung
Atmo: Kühe und Hühner sind im Hintergrund zu hören.	
Noch könnten wir vorbeigehen. Ich sage einfach, ich finde es heute nicht. Oder noch besser, der Wind hat es weggepustet.	→ Perspektive Nina als Erzählerin
– Hier ist es.	→ Perspektive Nina
Hier wohnst du?	→ Perspektive Paul
– Autsch, blöde Frage, ich muss besser aufpassen, was ich sage.	→ Perspektive Paul als Erzähler
War ja klar, dass er entsetzt ist.	→ Perspektive Nina als Erzählerin
Der Hof gefällt mir. Ich sehe einen Schuppen mit Spielzeug darin. Vor dem Schuppen stehen ein Kettcar, ein Traktor und ein Roller.	→ Perspektive Paul als Erzähler
Die beiden süßen Kätzchen kommen an, aber Paul sieht sie nicht.	→ Perspektive Nina als Erzählerin

Tab. 2 (fortgesetzt)

Hörpassage	Perspektivenkoordinierung
Wenn man dort oben losfährt, hat man unten auf der Gasse bestimmt einen Zacken drauf. Und hinter dem Schuppen –	→ Perspektive Paul
Paul steht noch immer da mit offenem Mund.	→ Perspektive Nina als Erzählerin
Moment mal. Wie riecht es denn hier überhaupt. Oh, nein, hinter dem Schuppen, das ist der Misthaufen! Und ich habe die ganze Zeit durch den Mund geatmet.	→ Perspektive Paul als Erzähler
Jetzt klappt er ihn zu.	→ Perspektive Nina als Erzählerin
Eine Million Kuhkackestinkteilchen sind jetzt in mir drin, –	→ Perspektive Paul als Erzähler
Aber wie guckt er jetzt? Als hätte er was verschluckt!	→ Perspektive Nina als Erzählerin
– kleben an meinem Gaumen. Liegen auf meiner Zunge!	→ Perspektive Paul als Erzähler
Oder vielmehr als müsste er erst noch etwas schlucken!	→ Perspektive Nina als Erzählerin
Was mache ich jetzt? Kann ich hier ausspucken?	→ Perspektive Paul als Erzähler
Ich glaube, er will etwas fragen.	→ Perspektive Nina als Erzählerin
(er schluckt) Wollen wir dann?	→ Perspektive Paul
Was denn?	→ Perspektive Nina
Na, auf dein Zimmer!	→ Perspektive Paul
Mein Zimmer? Auf keinen Fall! Da hängt das … dieses Winnie-the-Pooh-Poster, die ganzen Barbies und … Was jetzt?! Da kommt Papa! Der ist meine Rettung.	→ Perspektive Nina als Erzählerin

Nina ist es peinlich, dass sie mit ihrer Familie auf einem Bauernhof wohnt, deswegen interpretiert sie Pauls Äußerung als eine Form des Entsetzens über den Anblick ihres Zuhauses. Doch durch den unmittelbaren Perspektivwechsel hin zu Paul als Erzähler erhält man einen Einblick in dessen Gedankenwelt und erfährt, dass ihm seine Aussage unangenehm ist und ihm der Hof von Ninas Eltern gefällt. Dadurch wird ersichtlich, dass die Perspektivübernahme durch Nina nicht korrekt war. Anhand dieser Tatsache lässt sich die Perspektivkonstruktion von Nina diskutieren. Auch die Hoffnung, dass Paul die „süßen Kätzchen" sieht und dadurch eine schöne Seite des Landlebens kennenlernt, geht nicht in Erfüllung. Doch sind Ninas Sorgen unbegründet, da Paul von den Spielmöglichkeiten des Hofes begeistert ist. Das Hörpublikum erhält in dieser Sequenz Einblicke in die Figuren und kann sie mit seinen Erfahrungen abgleichen. Die scheinbar nicht gelungenen Perspektivübernahmen der einzelnen Figuren sind keinesfalls als negativ zu bewerten, sondern spiegeln den „geschlechts- und altersmäßige[n]" (Nünning und Nünning 2000b, 52) Entwicklungsstand wider.

Auch Paul versucht, sich die Perspektive Ninas zu vergegenwärtigen, wenn beide gemeinsam auf das Windrad steigen. Nina zweifelt während des Aufstiegs an ihrer Idee und bekommt Angst, dass ihnen etwas passieren könnte. Dies erfährt man von der Ich-Erzählerin durch zwei unterschiedliche Reaktionen, während Paul laut die bewältigten Sprossen zählt. So führt sie einerseits die Katzenreime fort, welche sie und ihre Mitschülerinnen und Mitschüler in der letzten Stunde des Schuljahres verfassen sollten, andererseits beginnt sie zu singen, um sich von ihrer Angst abzulenken.

> Paul: Ich muss an die Stunde vor den Zeugnissen denken. Und an die Reime, die wir machen sollten. Ob ich ihr oben sage, dass mir das nur passiert ist, weil sie mich angeguckt hat: Auf einem Sofa, das alt war, lag ein Kater, der verknallt war.
>
> Nina: Auf einem Sofa ...
>
> Paul: Ach, lieber nicht, nachher findet sie das blöde.
>
> Nina: Auf einem Sofa, das rot war, lag eine Katze, die
>
> Nina: *(Singt vor sich hin.)*
>
> Paul: Jetzt singt sie! Ich staune über Nina. Ich bin froh, dass ich noch japsen kann. Wenn ich schätzen sollte, wie hoch wir sind, würde ich sagen, wir gucken schon oben raus.
>
> (NP 41:07)

Paul interpretiert Ninas Singen auf einer naheliegenden deskriptiven Ebene, indem er es als besondere sportliche Leistung deutet. Er vergegenwärtigt sich in dieser Situation nicht die Perspektive von Nina und hinterfragt nicht die äußerlich erkennbare Reaktion auf einer tieferliegenden Ebene; dies entspricht, wie auch schon bei Nina, dem entwicklungspsychologischen Stand der Figur.

Neben Ninas und Pauls Perspektivübernahmen finden auch durch andere Figuren Vergegenwärtigungsprozesse statt. Nina ist es unangenehm, dass ihr Zimmer sehr kindlich eingerichtet ist, was sie gegenüber Paul als peinlich empfindet. Sie versucht, dies zu ändern, bevor Paul mit ihrem Vater vom Feld zurückkommt, und stellt dabei fest, dass es ihr in der verbleibenden Zeit nicht gelingen wird. Daraufhin beginnt sie zu weinen. In diesem Augenblick betritt ihre 17-jährige Schwester Denise das Zimmer.

> Denise: Hast du etwa eine Zwei gefangen?
>
> Nina: Nein! Es ist – wie es hier aussieht!
>
> Denise: Ach, du kriegst Besuch!
>
> Nina: Woher weißt du das?
>
> Denise: Wie heißt er denn?
>
> Nina: Und woher weißt du, dass es ein Junge ist? (NP 21:47)

Aufgrund ihres Alters und ihrer größeren Lebenserfahrung ist es Denise in dieser Situation möglich, die Perspektive von Nina zu übernehmen und unterstützend zu handeln. Dies steht im unmittelbaren Kontrast zu den Figuren Nina und Paul, die beide noch keine Beziehungserfahrungen gemacht haben und erst die damit verbundenen Missinterpretationen sammeln müssen, um Wissen zu konstruieren und zu erweitern.

Neben den beschriebenen Perspektivübernahmen durch die jüngeren Figuren finden auch solche durch die Eltern statt. Diese halten sich allerdings im Hintergrund und werden nur an wenigen Stellen durchgeführt. Eine zentrale Szene, die ihre Funktionen verdeutlicht, zeigt sich in der Situation, in der Ninas Vater mit Paul spricht, nachdem dieser ein Kalb aus dem Stall gelassen hat, um es vor dem Schlachthof zu retten. Es folgt ein verständnisvoller Monolog des Vaters, in dem er erklärt, wie Tiere die Welt wahrnehmen. Dabei versetzt er sich erfolgreich in Pauls Perspektive, da dieser keine Erfahrungen mit dem Landleben und den damit zusammenhängenden Abläufen hat.

> *Auf dem Hof.*
>
> Ninas Vater: Paul, was du gemacht hast, war Mist.
>
> Paul: Ich weiß.
>
> Ninas Vater: Und es war richtig.
>
> Paul: Wie bitte?
>
> Ninas Vater: Dass es mir nicht gefallen hat, ist eine andere Sache.
>
> Paul: Ich habe etwas richtiggemacht, obwohl es falsch ist?

Ninas Vater: Weißt du, für die meisten, auch für die meisten Bauern, ist die Kuh eine Art Maschine. Man steckt vorne das Gras rein und unten kommt die Milch raus. Für dich ist die Kuh ein Lebewesen, ein Geschöpf. Du hast mehr verstanden als die meisten.

Paul: Tja, so bin ich eben.

Ninas Vater: Ja, aber geholfen hast du dem Kalb nicht.

Paul: Tja, so bin ich eben.

Ninas Vater: Schau, was du verwechselst, sind Tier und Mensch. Tiere leben im Augenblick, verstehst du. Wenn sie im Augenblick glücklich sind, fragen sie nicht, was danach kommt. [...] Wenn man das könnte, Paul, wie die Viecher, nicht immerzu an das Vergangene denken!

Paul: Ja, an eine verlorene Mappe zum Beispiel.

Ninas Vater: Oder an das, was noch auf uns zukommt.

Paul: Wenn ich das blöde Zeugnis vorzeigen muss.

Ninas Vater: Ja! Das Kalb da hinten, das denkt nicht an den Schlachter. Das tun nur wir.

Paul: Meine Mappe! Mein Zeugnis! Meine Mutter!

Ninas Vater: Junge, wo willst du denn auf einmal hin?

Paul: Ich muss nach Hause!   (NP 34:14)

Paul folgt den Ausführungen von Ninas Vater nur bedingt und gibt den Hörerinnen und Hörern keinen Einblick, ob und wie er dessen Erklärungen versteht. Vielmehr bleibt er in seiner eigenen kindlichen Welt und gleicht seine Perspektive nicht mit der des Erwachsenen ab. Ab einem bestimmten Zeitpunkt denkt er nur noch an seine vergessene Mappe. Eine Reflexion seines Fehlverhaltens findet nicht statt. Seine Reaktion spiegelt seinen entwicklungspsychologischen Stand, da er noch nicht auf der Stufe der Perspektivkonstruktion angekommen ist. Diese setzt erst ab dem 10. Lebensjahr ein und könnte ihn dazu befähigen, Vorstellungen, Abgleichungen und Bewertungen von Perspektiven anderer durchzuführen. So zeigt auch sein Verhalten, wie zuvor das von Nina, seinen Entwicklungsstand.

Die exemplarischen Analysen verweisen auf das didaktische Potenzial dieses Hörspiels auf der ersten Stufe der Perspektivübernahmekompetenz, da auch die anderen Prozesse und Stufen sowohl dem Entwicklungsstand der literarischen Figuren als auch dem der potenziellen Hörerinnen und Hörer im Alter von etwa 7 Jahren entsprechen. Die zentrale Herausforderung in diesem Alter besteht darin, über eine ausgebildete Fähigkeit der Perspektivenkoordinierung zu verfügen, um das multiperspektivische Erzählen aufzulösen, als Ganzes neu zu konstruieren und zu verstehen.

Didaktische Relevanz

Das Genre Hörspiel zeichnet sich durch seine lineare Rezeption aus. Die Hörerinnen und Hörer springen selten beim Hören zu einer vorherigen Stelle zurück, wenn sie etwas nicht verstanden haben, vielmehr hören sie weiter zu und versuchen, den Anschluss an das Erzählte zu finden. Über den Prozess des Hörens müssen die einzelnen Figuren und die Erzählerin bzw. der Erzähler voneinander unterschieden werden. Unterstützende textuelle Marker, wie beispielsweise die Interpunktion bei Dialogen oder entsprechende *verba dicendi* bzw. *credendi* im Erzähltext, fehlen. Dies führt dazu, dass den durch die Rezipientinnen und Rezipienten durchgeführten Perspektivübernahmen der Figuren im Hörspiel eine doppelte Funktion zukommt. Auf der einen Seite muss eine erfolgreiche Unterscheidung zwischen Erzähler und Figur vorgenommen werden und auf der anderen Seite müssen Perspektivübernahmen der einzelnen literarischen Figuren u. a. auf den Ebenen der Abgrenzung und Koordinierung erfolgen. Dies zeigt den komplexen Prozess hinsichtlich der Perspektivübernahmefähigkeit, welcher bei den Hörerinnen und Hörern stattfinden muss, um das Hörspiel erfolgreich zu rezipieren.

Der Fokus bei *Nina und Paul* sollte auf der ersten Stufe, der Perspektivenkoordinierung, liegen. Denn durch das multiperspektivische Erzählen ergibt sich eine zentrale Herausforderung, auf die sich sowohl Wicke als auch Böckelmann in ihren Überlegungen beziehen. Wicke führt in seinen neun Dimensionen der Hörspieldidaktik unter dem vierten Punkt an: „Erzähler und Figuren funktional unterscheiden". Er akzentuiert, dass es „für kindliche Rezipientinnen und Rezipienten" komplizierter wird, „wenn eine Figur gleichzeitig als (Ich-)Erzähler fungiert" (Wicke 2019b). Böckelmann betont in ihrem Kriterienraster, dass beim Einsatz von Hörspielen für Kinder bis zu einem Alter von 7 Jahren zu beachten sei, dass nur eine einzelne Erzählperspektive dargestellt wird (vgl. Böckelmann 2002, 39–45). Bei *Nina und Paul* handelt es sich jedoch um gleich zwei (Ich-)Erzähler, die zusätzlich noch als Figuren fungieren, wodurch eine weitere Hürde im Verstehensprozess genommen werden muss. Dies ist allerdings kein unüberwindbares Hindernis in der Entscheidung, das Hörspiel im Unterricht der Grundschule zu thematisieren, da anhand seiner Komplexität unterschiedliche Schwerpunkte gesetzt werden können, die sich unter dem Begriff der „Hörerziehung" (Wermke 2013, 182) subsumieren lassen.

Wenn der Fokus darauf liegt, mit den Schülerinnen und Schülern die einzelnen Perspektiven zu koordinieren und dabei „Geräusche als Zeichen [zu] hören und [zu] analysieren" (Wicke 2019b), ist ein erster Schritt hin zum Verstehen des multiperspektivischen Erzählens getan. Dabei kann im Unterricht mit gezielten Höraufträgen gearbeitet werden, bei denen die Schülerinnen und Schüler beispielsweise in kurzen Sequenzen auf das Sounddesign achten sollen, um anschließend zu benennen, an welchem Ort sich Nina und Paul zu Beginn befinden. Dadurch wird ersichtlich, dass zwar die Schülerinnen und Schüler beide Perspektiven kennen, den fiktiven Figuren selbst aber die Perspektive der bzw. des jeweils anderen aufgrund der räumlichen Distanz unbekannt ist. Sicher ist es hilfreich, wenn nicht ganz einfach zuzuordnende Sequenzen mehrfach gehört werden. Indem die Schülerinnen und Schüler die Begriffe ‚Erzähler', ‚Erzählerin' und ‚Figur' verwenden, lernen sie zentrale narrative Mittel kennen und unterscheiden. Ebenso bietet sich eine vergleichende Medienarbeit mit der literarischen Vorlage an. Da auch im Roman multiperspektivisches Erzählen vorliegt, könnte von den Schülerinnen und Schülern eingefordert werden, dass sie sich zu einem bestimmten Zeitpunkt der Rezeption der Hörspieladaption überlegen sollen, wie sie das Gehörte und damit die einzelnen Perspektiven als literarischen Text verfassen bzw. eine kurze Hörsequenz basierend auf der Textvorlage produzieren würden, um somit aufzuzeigen, welche Möglichkeiten die einzelnen Medien besitzen, um multiperspektivisches Erzählen zu realisieren.

Literatur & Medien

Nina und Paul. Hörspiel nach dem Roman von Thilo Reffert. Regie: Judith Lorentz. Deutschlandradio 2011.
Reffert, Thilo: Nina und Paul. Vastorf 2010.

✳✳✳

Bischof-Köhler, Doris: Soziale Entwicklung in Kindheit und Jugend: Bindung, Empathie, Theory of Mind. Stuttgart 2011.
Böckelmann, Angelika: Hörspiele für Kinder. Kinderliteratur als Vorlage für Hörspiele – Otfried Preußler als Autor – Bewertungskriterien. Oberhausen 2002.
Nünning, Vera/Nünning, Ansgar: Multiperspektivisches Erzählen. Zur Theorie und Geschichte. In: Multiperspektivisches Erzählen. Zur Theorie und Geschichte der Perspektivstruktur im englischen Roman des 18. bis 20. Jahrhunderts. Hg. v. Vera Nünning und Ansgar Nünning. Trier 2000a, S. 3–38.

Nünning, Vera/Nünning, Ansgar: Multiperspektivität aus narratologischer Sicht: Erzähltheoretische Grundlagen und Kategorien zur Analyse der Perspektivenstruktur narrativer Texte. In: Multiperspektivisches Erzählen. Zur Theorie und Geschichte der Perspektivenstruktur im englischen Roman des 18. bis 20. Jahrhunderts. Hg. v. Vera Nünning und Ansgar Nünning. Trier 2000b, S. 39–77.

Rietz, Florian: Perspektivübernahmekompetenzen. Ein literaturdidaktisches Modell. Baltmannsweiler 2017a.

Rietz, Florian: „Was ist denn Herr Bello?" Aspekte einer Perspektivübernahmekompetenz am Beispiel von Paul Maars *Herr Bello und das blaue Wunder*. In: Paul Maar. Studien zum kinderliterarischen Werk. Hg. v. Andreas Wicke und Nikola Roßbach. Würzburg 2017b, S. 273–289.

Rietz, Florian: Unzuverlässiges Erzählen in Andreas Steinhöfels *Rico, Oskar und die Tieferschatten*. Überlegungen zur Förderung von Perspektivübernahmekompetenz im Literaturunterricht. In: Andreas Steinhöfel. Texte – Analysen – didaktische Potenziale. Beiträge zur Didaktik der deutschsprachigen Gegenwartsliteratur. Bd. 6. Hg. v. Jan Standke und Dieter Wrobel. Trier 2021, S. 97–111.

Schmid, Wolf: Elemente der Narratologie. Berlin/New York 2008.

Stanzel, Franz K.: Theorie des Erzählens. Göttingen 2008.

Wermke, Jutta: Hördidaktik und Hörästhetik. Lesen und Verstehen auditiver Texte. In: Taschenbuch des Deutschunterrichts. Hg. v. Volker Frederking, Axel Krommer und Christel Meier. Baltmannsweiler 2013, S. 182–201.

Wicke, Andreas: „Erzählinstanz ja, Erzähler ungern". Narratologische Experimente in den Kinderhörspielen Thilo Refferts. In: libri liberorum 2019a, 20, S. 95–104.

Wicke, Andreas: Hörspieldidaktik. In: kinderundjugendmedien.de 2019b. URL: https://www.kinderundjugendmedien.de/fachdidaktik/3179-hoerspieldidaktik (30.01.2022).

www.ingramcontent.com/pod-product-compliance
Lightning Source LLC
Chambersburg PA
CBHW050644270326
41927CB00012B/2872